한국 교회가 나아갈 길

한국 교회가 나아갈 길

초판_2007년 (SFC)
재판_2011년 (SFC)
개정 1판_2018년 8월 28일 (CCP)
개정 2판_2025년 3월 3일 (말씀과 언약)

지은이_이승구
펴낸이_김현숙
편집인_윤효배
펴낸곳_도서출판 **말씀**과 **언약**
　　　　서울시 서초구 명달로 15길 11, 402호
　　　　T_010-8883-0516

디자인 · Yoon & Lee Design

ISBN 979-11-987009-8-8(93230)

값 20,000원

잘못 만들어진 책은 교환해 드립니다.

The Way that the Korean Church Should Take:
How to become the Church and the Saints
of Which the New Testaments Speak

by

Seung-Goo Lee
Verbi Dei Minister
B. A., M. Ed., M. Div., M. Phil. Ph. D.

Namsong Chair Divinity
Hapdong Theological Seminary

ⓒ Seung-Goo Lee, 2007, 2018, 2025

The Word & the Covenant Press
2025

이 책은
한국개혁주의연구소의 지원 사업으로
출간이 가능하게 되었습니다.

이 땅에 개혁파적인 사상이 가득하게 하기 위해
성경에 충실한 개혁파적인 책들을 출간하도록
귀한 도움을 주시는 한국개혁주의연구소에 감사드립니다.
또한 이런 일이 이루어 질 수 있도록 매달 귀한 후원비를 보내 주시는
다음 여러 교회와 성도들에게도 깊이 감사드립니다.

예수비젼교회 (도지원 목사 시무)
올곧은교회 (신호섭 목사 시무)
신반포중앙교회 (김지훈 목사 시무)
경신교회 (신민범 목사 시무)
언약교회 (박주동 목사 시무)

차례

책머리에_8

개정판 서문_12

2025년판 서문_13

제 1 부 예수님께서 주인이신 교회의 모습
    1. 예수님께서 주인이 되시는 교회의 모습_17
    2. 교회 절기에 대한 바른 이해_28

제 2 부 교회의 예배
    3. 공예배의 방향: 칼빈과 개혁신학의 성경적 입장에서 본 한국 교회 예배 개혁의 과제_49
    4. 헌상에 대한 성경 신학적 이해_92

제 3 부 교회의 제도와 직분들
    5. 개혁파 교회 제도와 교회의 직원들_133
    6. 해외 교회의 임직자 선출, 교육, 사역 분담의 모범적 사례_154
    7. 목사직과 설교에 대한 바른 이해_169
    8. 개혁파적 목회는 어떤 것인가?_194
    9. 한국 교회의 연합 문제에 대한 교의학적인 한 성찰_206

제4부 성숙한 교회를 위하여

10. 교회 회원의 바르고 성숙한 의식_235
11. 다른 종파나 다른 종교와의 관계_271
12. 성경과 현실 모두를 중시하는 성경 독자들로서의 그리스도인_301
13. 전체 구조로 본 요한계시록 이해_307
14. "영성" 개념의 문제점과 성경적 경건의 길_322

제5부 교회와 세상

15. 우리가 지향하는 건강한 교회는 과연 어떤 교회인가?_355
16. 기독교적 문화 변혁론_373

부록_403
참고 문헌_413

책머리에

이 책은 『기독교 세계관이란 무엇인가?』(서울: SFC, 2003; 재개정 3판, 2016)와 『기독교 세계관에 비추어 본 21세기 한국 사회와 교회』(서울: SFC, 2005; 개정판, 서울: CCP, 2018)의 후편으로 기독교 세계관에 비추어 오늘날 한국 교회가 과연 어떻게 평가될 수 있고, 과연 어떤 방향으로 나아가야 하는지를 논의한 〈기독교 세계관 시리즈〉의 세 번째 책이다. 강조를 위해서 『한국 교회가 나아갈 길』이라는 거창한 제목을 붙여 보았다.

사실 『기독교 세계관에 비추어 본 한국 사회와 한국 교회』는 『우리 사회 속의 기독교』라는 제목으로 우리 사회의 문제들에 대한 기독교 세계관적 성찰을 담으려고 했었는데, 그 내용에도 상당 부분 교회가 과연 어떻게 해야 하는가 하는 논의가 담겼었다. 그리하여 『기독교 세계관에 비추어 본 한국 사회와 한국 교회』라는 긴 제목을 지닌 책이 나왔었다. 그 책에도 교회에 대한 관심이 상당히 반영되어 있었다. 더구나 지난 몇 년간 필자의 관심은 주로 교회 문제에 집중되어 있었다고 해도 과언이 아니다. 그래서 여기 그 생각들을 모아 『한국 교회의 나아갈 길』이라는 제목으로 기독교 세계관 시리즈의 세 번째 책을 내어 놓는다. 그러므로 이 책은 한 편으로는 〈기독교 세계관〉을 좀 더 실천적으로 구체화하되, 교회라고 하는 맥락에서 그 모습을 드러내도록 하기 위해 쓰여진 것이라는 점에서 기독교 세계관 시리즈의 다른 책들과 함께 읽으면 좋을 것이고, 또 한편으로는 교회에 대해서 필자가 이전에 출간해 낸 책들인 『교회란 무엇인가?』(서울: 여수룬, 1996, 1999; 개정판 서울: 말씀과 언약, 최근판, 2020)와 『성령의 위로와 교회』(서울: 이레서원, 2001, 개정판, 2005, 재개정 6판, 2022)와 함께 읽으면 도움이 될 것이다.

    그런데 교회에 대한 필자의 다른 책들에 비해서 이 책은 매우 현실적인 관심을 가지고 우리네 한국 교회를 생각해 보는 책이라고 할 수 있다. 한국 교회를 생각할 때 우리는 매우 반어적(反語的, ironical) 상황에 직면하게 된다. 그것은 한국의 거의 모든 그리스도인들은 주님을 사랑하고 교회를 사랑한다고 말하고 있는데도 우리들의 교회와 사회 속에서 주님의 뜻은 잘 구현되고 있지 않다는 현실적 상황이다. 어떻게 이렇게 말도 안 되는 일이 발생하고 있는 것일까? 어쩌면 이것은 주께서 가르치신 기도를 할 때마다 "뜻이 하늘에서 이루어진 것처럼 땅에서도 이루어지이다"라고 기도하는 우리들이 실상은 하늘에 계신 하나님의 뜻을 중심으로 생각하며 살아가고 있지 않다는 것을 단적으로 보여주는 것이 아닐까? 우리가 '주님을 사랑하고 교회를 사랑한다'고 하는 것이 말뿐이지 진심이 아니라는 것을 보여 주는 것은 아닐까? 개개인 그리스도인들의 헌신이 항상 의문시되거나 열심히 종교적인 일을 하는데 주께서 원하시며 명령하시고 요구하시는 것과는 다른 것에 대해 잘못된 동기로 열심인 경우들이 너무 많은 것은 아닐까? 부디 이런 생각들이 기우(杞憂)이기를 바라면서 이 논의를 시작한다.

그래서 이 책은 보다 단순하고 쉬운 말로 우리의 문제가 과연 무엇이며, 우리가 어디서 잘못되었고, 이런 상황 가운데서 우리들은 과연 어떻게 해야 하는지를 논의해 본 것이다. 물론 이전의 책들과 같이 이 책에서의 주장도 단적인 선언이 아니고, 우리의 문제를 끌어안고 고민하며 함께 그 문제를 해결하자고 하는 지난(至難)한 몸짓의 한 부분이다. 그러므로 이는 우리의 상황을 성경과 기독교 세계관에 비추어 보고, 그 빛에서 이를 해결할 수 있는 나름의 생각을 제안하는 것일 뿐이다. 부디 보다 많은 사람들이 함께 읽고, 이 문제 제기를 검토하여 함께 신약 성경이 말하는 교회를 이루어 가는 일에 힘써 주었으면 한다.

『한국 교회의 나아갈 길』이라는 제목을 생각하면서 왜 거창하게 한국 교회라는 표현을 사용하는 지에 대해 불편해 하실 분들을 위해 사족을 붙인다. 물론 우리는 매우 구체적인 교회(정확히 표현하면 지교회 [肢敎會, local church])의 회원으로 있다. 아주 구체적인 교회에 속하여 그 회원 노릇을 제대로 하지 않는 사람들은 실상 교회의 지체로서의 사명을 다하지 않는 것이다. 사실 우리의 많은 문제는 이렇게 구체적인 교회의 지체 노릇을 제대로 하지 않는 사람들이 많다는 사실에 있다고 해도 과언이 아니다. 그러나 매우 구체적인 교회의 지체로 활동하면서 우리는 동시에 한국 교회 전체가 성경이 가르치는 교회의 바른 모습을 지니도록 하는 일에도 신경을 써야 한다. 모든 참된 교회는 항상 그 시대의 교회와 함께하는 것이기 때문이다. 우리는 항상 사회 속에서 그 영향을 받기에 우리가 속해 있는 구체적인 교회만 제대로 되면 다 된다는 생각을 할 수 없다. 물론 내가 속해 있는 구체적인 교회가 제대로 되어야만 한국 교회가 제대로 될 수 있다. 그러나 내가 속한 구체적인 지교회만 제대로 되어서는 교회가 그 역할을 제대로 하는 것이라고 할 수 없다. 이 땅에 사는 우리는 한국 교회 전체에 대해 관심을 가지고 기도하며 성경이 지시하는 교회의 모습을 향해 나아가도록 힘써야 한다. 그러므로 우리는 매우 구체적인 교회의 회원으로서 그 지체(肢體)의 역할을 제대로 감당하면서, 동시에 한국 교회가 제대로 되기를 위해 항상 기도하고 힘써야 한다.

이로부터 더 진전해 가기를 원하는 분들은 필자의 다른 책인 『21세기 개혁신학의 방향』(서울: SFC, 2005, 개정판, 서울: CCP, 2018)을 읽어 주시기 바란다. 부디 이 책에서의 논의가 한국 교회를 성경적 방향으로 나아가게 하는 일에 조금이라도 도움이 될 수 있기를 간절히 기원한다.

2007년 5월 8일
신학대학원대학교 연구실에서

『한국 교회가 나아갈 길』
개정판 서문

2007년에 냈던 『한국 교회가 나아갈 길』이 2011년에 재판된 이후에 절판된 상황에서 여기에 몇 편의 글을 추가하여 새로운 형태로 〈한국 교회가 나아길 길〉을 다시 제시해 본다. 아마도 우리들은 더 어려운 길을 가야 할 것 같다. 2007판과 2011년 판의 표지는 어려운 길을 올라가야 하는 것 같은 인상을 주는 표지를 출판사가 제시해 주었는데, 2018년의 개정판의 표지는 마치 고속도로 위에 있는 것 같은 인상을 주고 있다. 우리가 어떻게 하느냐에 따라서 주께서 인도하시는 대로 바른길로 빨리 나아갈 수도 있고, 또 잘못하면 마치 고속도로에서와 같이 더욱 급속하게 잘못된 방향으로 나아가게 될 수도 있을 것이다. 새롭게 편집하시는 윤 목사님의 이 도전을 우리 모두가 심각하게 받아들였으면 한다.

부디 바라기는 한국의 모든 그리스도인들과 교회의 성원들이 찬찬히 이 글을 씹어 가면서 읽어 주셨으면 한다. 우리가 과연 어떤 길로 가야 하는 지를 생각하면서 진정 주께서 원하시는 교회가 되려는 마음을 가졌으면 한다. 그것이 교회의 직분자들에 대한 이해에서나 직분자 선출 방식과 그에 대한 태도에서나 특히 우리의 예배에 대한 이해에서나 이 세상 속에서의 교회 다운 활동과 문화 변혁 사역에서도 잘 나타나기를 기원하면서 다시 이 책을 한국 교회의 여러 성원들에게 제출하는 바이다.

2018년 8월 뜨거운 열기 속에서

2025년판 서문

2027년, 2011년, 2018년에 나온 것에 이어서 2025년에 다시 이 책이 우리에게 주어졌다. 세월이 가도 이 책에서 제시하는 "성경적인 방향"으로 한국 교회가 나아가기를 바라는 마음은 더욱 강하게 일어난다. 교회가 그와 다른 방향으로 나갈 때는 희망이 없기 때문이다.

필자가 섬기는 언약교회에서는 직분자들이 이 책을 가지고 직분에 대한 공부와 교회에 대한 공부를 한다. 그런데 얼마 전에 여수의 백초 교회에서 제직들을 훈련시킬 때 이 책을 읽히고 같이 생각하게 하셨다는 말씀을 들었다. 깊이 감사해 하면서 많은 교회들이 그런 예들을 본받아 갔으면 한다. 더욱 많은 사람들이 이 길로 같이 나가기를 바라면서 다시 이 책을 세상에 내 보낸다.

2025년 3월 3일

합신의 남송석좌 교수

제 1 부

예수님께서 주인이신 교회의 모습

1

예수님께서 주인이 되시는 교회의 모습

이단이 아닌 이상 "교회의 머리는 예수님"이시라는 것을 공개적으로 부인하는 교회는 이 세상에 없다. 현저한 이단으로 가는 길의 하나는, 문선명이나 박태선의 경우처럼, 그리스도 대신에 자신들을 교회의 머리라고 주장하며 자신이 속한 공동체를 자의적(恣意的)으로 좌지우지하려고 하는 것이다. 그리스도가 아니라 자신이 교회의 머리라고 명시적으로나 묵시적으로 말하는 이들은 다 이단이다. 심지어 천주교회조차도 "교회의 머리는 그리스도"라고 말한다. 그러나 그들은 천상에 계신 그리스도의 지상적 대리자(vicar)가 필요하며, 교황(Pope)이 바로 그리스도의 대리자라는 잘못된 주장을 한다. 그러나 이런 주장을 하는 천주교회만이 잘못된 것이 아니라, 명목상으로는 그리스도의 머리되심을 말해도 실질적으로 자신이 그리스도의 머리 되심을 대신하려는 이들은 이 땅에도 많이 있다. 이와 같이 자신이 그리스도를 대리하여 교회의 머리로 있다고 주장하는 것이나 그런 함의를 시사하는 것도 잘못된 길로 나가는 것이다. 사실상 이 세상에 그리스도의 대리자(vicar of Christ)란 있을 수 없다. 또한 그 외에도 각각의 교회가 잘못된 주장을 하며, 잘못된 일을 하는 경우는 무수히 많다.

그렇다면 과연 각 교회의 말과 행위를 판단할 수 있는 판단의 시금석은 무엇일까? 이 글에서는 먼저 각 교회의 잘잘못을 판단할 수 있는 판단의 시금석을 제시하고, 그 시금석에 따라 몇 가지 문제에 대해 우리의 모습을 진단하고, 그에 근거하여 우리가 과연 어떻게 해야 하는지를 생각해 보고자 한다.

1. 시금석(criteria)

무엇보다도 먼저 (1) 우리의 교회가 성경이 말하는 신약 교회의 참된 모습과 일치하는가 하는 것이 교회에 대한 기본적인 판단의 시금석이 된다고 할 수 있다. 그러므로 중요한 문제는 우리의 모든 것이 성경적인가 하는 것이다. 우리가 무엇을 믿어야 하는가 하는 신앙의 내용에 대해서도 그러하거니와 교회의 모습에 대해서도 "오직 성경"(sola scriptura)의 원리가 이처럼 중요하다. 이와 함께 (2) 우리가 교회와 관련한 모든 것을 성령님께서 인도하시는 대로 하여 나가려고 하는가 하는 것이 기본적인 판단의 시금석이다. 교회로서 우리가 하려는 바가 과연 성령님의 지시하심과 인도하심을 따르는 것인가?

그리고 이 두 가지 시금석은 서로 떨어져 있는 것이 아니라, 항상 같이 있다. 그러므로 성경이 지시하는 원칙대로 나아가지 않는 것은 비성경적일(unbiblical) 뿐만이 아니라, 비성령적인(unspiritual) 것이기도 하다. 마찬가지로 성령님의 인도하심에 복종하지 않는 것도 비성령적인 것일 뿐만 아니라, 비성경적인 것이다. 따라서 이 둘을 항상 연관시켜 강조하는 것이 옳다. 성령님을 강조하면서 성경의 객관적 가르침을 무시하거나 온전한 성경적 가르침에 온전히 순종하지 않는 교회는 참된 의미에서 카리스마적인 교회(charismatic church)가 아니다. 그런 교회는 자신들이 강조하는 성령님께 실질적으로는 순종하지 않는 것이기 때문이다. 성경적 가르침에 충실하려고 하는 교회가 성령님의 인도하심에 민감할 때, 그런 교회만이 참된 의미의 카리스마적인 교회다. 또한 성경적임을 강조하면서 성령님의 인도하심을 따르지 않는 교회는 성령적(spiritual)이지 않을 뿐만 아니라, 참으로 성경적(biblical)이지도 않은 교회이다. 그런 모습이 심화될 때 우리는 죽은 정통(dead orthodoxy)의 모습을 목도(目睹)하게 된다. 오직 성경적이고 동시에 성령님의 인도하심을 따를 때만 교회는 그 머리 되신 그리스도께 순종하는 교회로서 그 존재와 행위의 정당성을 주장할 수 있다.

이제 이 시금석에 따라서 우리네 교회의 몇 가지 측면들(예배, 제도, 관계성, 의사 결정과 실천)에 대해서 생각해 보기로 하자.

2. 우리네 교회의 모습들

2-1. 우리의 예배는 성경적이며, 성령님의 인도하심을 따르는가?

교회의 모습은 일차적으로 예배에서 드러난다. 그러므로 무엇보다 우리의 예배가 성경적이며, 성령적이어야 한다. 신약 교회가 처음 시작되었을 때 그들은 참으로 사도의 가르침에 근거하여 성령님 안에서 예배하였다. 그것이 참된 교회의 바른 예배였고, 오늘날 교회의 바른 예배의 토대이다. 그러나 교회가 성령님께 의존하고 사도적 가르침에 근거하여 예배하는 모습에서 점차 벗어나 다양한 의식(儀式)들이 예배를 주도하여 교회가 의식들에 사로잡히는 루터의 이른바 "교회의 바빌론 유수 시대"가 도래하게 되었다. 그것은 아마 성령님의 임재의 결여를 의식(儀式)들로 보충해 보려는 것이었고, 바로 거기서 일정한 의식(儀式)만 집행하면 자동적으로 성령님께서 역사하신다는 의식주의(ritualism)가 발현한 것이라고 할 수 있다. 이에 반(反)해서 개혁자들이 교회를 개혁할 때는 무엇보다도 먼저 "사도적 형태와 정신의 예배"로의 개혁을 시도하였다.

사도들이 있던 사도적 교회는 이전의 회당 예배를 사도적 가르침에 근거하여 변혁시킨 예배 형태를 사용하여 성령님 안에서 삼위일체 하나님께 경배하였다. 개혁자들은 이런 사도 시대의 예배를 전범으로 삼고, 사도적 가르침으로부터 교회의 예배의 요소들을 찾아내고, 그 예배의 요소들에 근거한 예배 형식을 수립하여 그에 따라 하나님께 경배하였다. 따라서 우리도 성경에서 예배에 대한 사도적 가르침을 이끌어 내고, 그에 따라 성령님 안에서 예배하는 일을 회복해야 한다.[1]

그러므로 첫째로, 우리는 성경적 근거를 가지지 못하는 모든 요소를 우리의 예배 가운데서 일소하는 일을 하여야 한다. 그리하여 성경에 나타난 예배에 대한 사도적 기준을 따르는 진리 안에서의 예배(worship in the truth)가 이루어져야 한다. 과거의 개혁자들과 청교도들이 향을 피우는 것이나 촛불을 켜는 것과 무릎을 꿇는 것 등을 제거한 것과 같이,2 우리도 우리의 예배 가운데 성경적이지 않고 하나님 중심적이지 않은 모든 요소들을 예배에서 제거하도록 해야 한다. 성경적 근거가 없는 일들이 예배의 요소로 자리 잡고 있을 때, 우리는 성경의 가르침에 근거해서 성령님께 순종하면서 그런 요소들을 제거하는 일을 해야 한다. 또한 우리 예배의 요소 가운데서 하나님을 중심으로 하지 않고, 인간의 심정에 호소하는 요소들도 모두 예배에서 제거해야 한다. 여흥 중심의 요소나 인간을 중심으로 하는 요소들도 우리의 예배에서 정화되어야 할 것이다. 예배를 통해 결과적으로 주께서 주시는 은혜를 받는 것은 당연하지만, 우리들이 은혜받는 것 중심으로 예배가 구성되고 진행되어서는 안 된다. 오히려 우리는 성경이 가르친 원리에 근거해서 하나님께 온전한 경배를 하도록 해야 할 것이다.

이처럼 사도적 가르침에 근거하여 예배하되, 그 일을 어떤 형식을 따르는 것으로 하는 것이 아니라 참으로 성령님의 인도하심을 따라서 예배하도록 해야 한다. 그것이 성령님 안에서의 예배(worship in the spirit)이다. 따라서 우리는 형식에만 매달리는 무미건조한 예배도 옳지 않음을 강하게 지적하면서, 성경적 진리의 요소에 근거하여 성

---

1 이에 대한 좀 더 구체적 논의는 본서 3장을 보라.

2 이에 대해서 이승구, 『21세기 개혁신학의 방향』 (서울: SFC, 2005, 개정판, 서울: CCP, 2018), 제 3장 청교도들에 대한 논의를 참조하라.

령님께 의존하면서 참된 예배를 해야 한다. '성령님 안에서의 예배'는 '진리 안에서의 예배'와 대립하는 것이 아니라 항상 함께 있는 것이다. 우리 주님께서 예배하는 자는 "영과 진리 안에서 예배할지니"(요 4:24)라고 말씀하셨음을 기억해야 한다.

2-2. 우리 교회의 제도는 성경적이며, 성령님의 인도하심에 따르는가?

개혁자들이 예배의 개혁과 함께 중시(重視)한 것이 교회 제도의 개혁이었다. 성경이 말하는 제도가 아닌 것이 우리를 지배하고 있을 때 그것을 성경적인 방식으로 바꾸는 것이 그들의 사명이었다면, 우리는 개혁자들이 제시한 성경적 제도에 우리가 과연 충실한지를 살펴야 한다. 우리의 교회에는 개혁자들이 피 흘리는 희생으로 회복해준 성도들의 대표자로서 하나님의 세우심을 입어 성도를 다스리시는 장로의 역할을 하는 사람들이 있고, 교회의 자비 사역을 주관하는 집사들이 있다.[3] 심지어 다른 나라의 감리교회에는 목사 중에서만 '장로인 목사'가 있고 '집사인 목사'가 있지 성도들 가운데 장로와 집사가 없음에도 불구하고, 한국의 감리교회는 성도들 가운데 장로와 집사를 세워 성경적인 제도에 가까운 모습을 가지고 있다. 이것을 감리교회의 전통에서 벗어난 것으로 지적하기 보다는 오히려 그렇게 한 것이 좀 더 성경적인 모습에로 나아간 것으로 축하하며, 그것을 세계 감리교회에도 수출해야 할 것이다.

그러나 우리는 동시에 우리의 장로교회와 감리교회에 이름뿐만

---

[3] 이에 대해서 이승구, 『21세기 개혁신학의 방향』, 211-24와 본서 6장을 보라.

이 아닌 진정한 의미에서 성도들 가운데 있는 장로들과 자비의 사역의 실천자들(집사들)이 있는지를 물어야 한다. 성경적 직분만 있지, 그들이 성경 가운데서 하기로 되어 있는 일들은 알지도 못하고, 하지도 않는 상황 가운데 있는 것은 아닌지 우리는 진지하게 물어야 한다. 여기에 진정한 교회적 회개가 있어야 한다. 성경의 가르침에 비추어서 우리 가운데서 진정한 목사, 장로, 집사 제도가 있도록 하신 성경적 직분제도의 의미가 나타나도록 해야 한다. 이들로 말미암아 교회가 세워지고 성도들이 온전케 되며, 봉사의 일을 하게 되는 결과가 나타나도록 해야 한다. 그리하여 교회 안에 있는 사람들이 하나님의 말씀과 뜻에 가까워지고 그 뜻의 실천으로 나아가며, 교회 안과 밖에 있는 이들에 대한 진정한 자비의 실천이 넘쳐나야 한다. 이렇게 각각의 직분이 그저 이름만 가지고 있는 것이 아니라, 성경적 의미를 제대로 실천하게 될 때 우리는 이 세상 속에서 교회로 부름 받은 바를 잘 구현해 갈 수 있게 된다.

또한 목회자들이 지역 교회들을 함께 목회한다는 정신을 잘 살리는 노회 제도와 교회의 문제가 있을 때 여러 사람에게 주어진 하나님의 지혜를 모아서 함께 하나님께 순종한다는 정신을 나타내는 총회 제도가 있지만, 과연 오늘날 노회나 총회 제도를 정말 그런 의미로 생각하며 이런 제도를 통해 우리를 진리와 사랑으로 인도하시는 하나님께 감사하며 순종해 가는지를 심각하게 질문해야 한다. 오히려 뜻이 있는 많은 목회자들이 이런 제도에 대해 회의적인 생각을 할 정도로 우리들이 이 좋은 제도의 의미를 잘 드러내고 있지 않다면, 우리는 하나님과 이 제도를 피 흘려 회복해 주신 우리 선배들에게 죄송한 마음을 가져야 한다. 그러므로 우리는 성경을 근거로 우리 선배들이 피 흘려 회복한 이 좋은 제도를 참으로 의미 있게 드러나게 하는 일에 최선을 다해야 한다.

2-3. 우리의 관계성은 성경적이며, 성령님의 인도하심에 따르는가?

이보다 더 근본적이고 오늘 우리에게 실천적으로 중요한 것으로 '교회 성도들 사이의 관계가 성경이 가르치고 성령님께서 인도하시는 모습을 지니고 있는가' 하는 문제가 있다. 이것이야말로 가장 근본적인 문제다. 사람과 사람의 관계가 인간의 타락으로 심각하게 손상되었을 때, 하나님께서는 예수 그리스도의 구속으로 말미암아 우리의 관계성을 회복하시고 우리들이 참으로 사랑하는 관계 가운데 있도록 하셨다. 그런 관계성을 제대로 드러나게 하신 것이 바로 교회 공동체다. 그런데 만일 교회 안에서 성도들 사이의 관계가 다시 죄로 물들어 있는 것일 때 우리는 매우 안타깝게도 우리의 교회가 실상은 바른 교회가 아니라는 것을 드러내는 것이다.

이 세상의 여러 차이 때문에 나타나는 차별성을 극복한 진정한 관계성의 회복이 교회 안에는 있어야 한다. 서로 다른 사람들의 대립이 아닌, 그리스도의 구속에 근거하여 서로를 포용하며 인정하고, 더 나아가 서로를 위해 존재하는 '사랑을 드러내는 관계성'이 교회 공동체 안에 있어야 한다. 그것은 성경의 가르침을 실천하는 것이며, 성령의 하나되게 하신 것을 힘써 지켜 나가는 것이다.

우리가 하나 됨이나 사랑의 관계성을 만드는 것이 아니라, 이미 십자가로 말미암아 성령님께서 하나로 묶어 주신 것을 우리가 있는 그대로 인정하고 힘써 지켜 나가는 일을 해야 한다. 그렇게 할 때에라야 우리가 그리스도의 피로 하나 된 공동체요, 진정한 유기체로서 그리스도의 몸임을 잘 드러낼 수 있다. 이 일을 위해서는 각각의 교회나 각 교단이 과연 이런 하나 됨을 드러내는 일을 제대로 실천하고 있는지를 심각하게 물어야 한다. 그것은 우리를 내어놓고, 진정으로 서로 사랑하는 '관계성의 회복'이 있을 때만 이루어질 수 있는 것이다.

2-4. 우리의 의사 결정과 실천은 성경적이며, 성령님의 인도하심에 따르는 것인가?

마지막으로, 교회의 의사 결정 과정과 그 결정 내용이 성경의 가르침을 따르고 성령님의 인도하심을 따라가는 것인지를 질문해야 한다. 이 일이 이루어질 때 우리는 하나님의 의도를 따라 함께 하나님의 일을 해 나가는 사람들임을 드러내게 된다. 그러나 그렇지 않을 때, 우리는 함께 모여 있으나 실질적으로는 몇몇 사람이 주도하는 공동체, 또는 함께 모여 결정하며 나아가지만 주께서 인도하시는 것과는 거리를 둔 공동체가 되어 주님의 공동체가 아닌 배교하는 공동체나 '사단의 회(會)'가 될 수도 있다.

그러므로 우리의 의사 결정에서는 (1) 궁극적으로 그 결정 내용이 성경의 가르침과 뜻을 제대로 반영하고 있는지, (2) 의사 결정 과정에서 공동체에 속한 모든 이들의 '성경과 성령님을 따르려는 마음'이 잘 반영되고 있는지, (3) 의견 결집 과정에서 성령님을 따라 인격적인 의견 결집이 이루어지고, (4) 그렇게 성령님을 따라 결정한 것을 성령님께서 주시는 힘에 의존하여 수행하는가 하는 것이 매우 필수적이다.

3. 마치는 말

이 네 가지 측면에서 우리 교회의 모든 측면이 성경적이며 성령님을 따라가는 것이라면 우리는 상당히 건강한 교회에 속해 있다고 할 수 있다. 그러나 그렇지 않은 측면이 발견되더라도 우리 자신의 문제점을 솔직하게 인정하고 성경에 근거하여 성령님께서 인도하시는 대로 고쳐 나가려 한다면 우리는 그래도 좋은 교회에 속해 있다고 할 수 있다. 이런 노력이 있다면, 비록 우리가 문제 가운데 있을지라도 희망은 있기 때문이다.

문제는 우리의 문제가 드러났음에도 불구하고 우리 자신의 편견이나 전통, 우리네 문화의 독특성에 사로잡혀 현존하는 우리의 모습을 지속적으로 고집할 때 발생한다. 그리스도인이나 교회가 이 땅에 있을 때는 우리가 얼마나 완벽한가 하는 것에 의미가 있는 것이 아니라, 우리가 얼마나 우리의 머리이신 그리스도의 가르치심과 그리스도의 영이신 성령님의 깨우치심에 순종하여 가는가 하는 것이 중요하다. 그리스도의 성경적 가르침과 성령님의 인도하심에 순종하여 회개하면서 고쳐 나가는 교회가 이 땅 가운데서 참 복음을 그 행위로도 증언하여 나가는 교회이다. 개인이나 교회나 우리는 우리의 완전성에 의존하여 서는 것이 아니라, 십자가에 못 박히신 그리스도의 공로에만 의지하여 서며, 그리스도의 구속 사역을 믿는 믿음으로만 의롭다 칭하여지며, 그렇게 그리스도의 공로에 근거하여 믿음으로 의롭다 하심을 받은 존재답게 감사하면서 날마다 잘못된 것을 고쳐나가고 회개에 합당한 열매를 맺어가는 성화의 길로 나아가는 것이다. 이렇게 우리는 우리의 믿음에서나 선포뿐만이 아니라, 개인과 공동체의 삶의 과정에서도 복음을 드러내야 한다. 그런 교회만이 그리스도께서 머리 되심을 드러내는 참 교회이다. 부디 우리가 속해서 주님을 섬기는 교회들이 모두 이런 시금석을 만족시키며 우리의 선포와 존재와 행위로 복음을 드러내는 교회이기를 원한다. 그때에라야 우리의 교회로서의 정당성이 주장될 수 있기 때문이다.

2

교회 절기에 대한 바른 이해

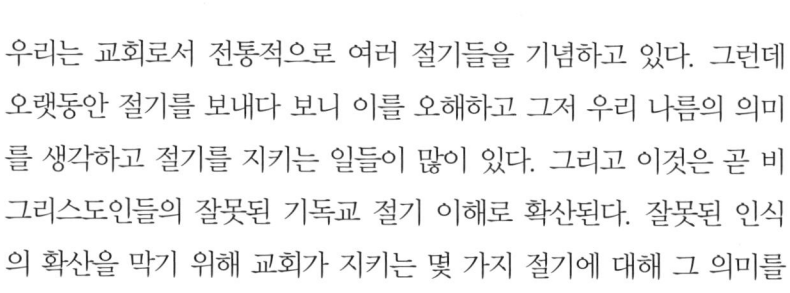

우리는 교회로서 전통적으로 여러 절기들을 기념하고 있다. 그런데 오랫동안 절기를 보내다 보니 이를 오해하고 그저 우리 나름의 의미를 생각하고 절기를 지키는 일들이 많이 있다. 그리고 이것은 곧 비그리스도인들의 잘못된 기독교 절기 이해로 확산된다. 잘못된 인식의 확산을 막기 위해 교회가 지키는 몇 가지 절기에 대해 그 의미를 분명히 하여 교회가 과연 어떤 모습으로 이 세상에 있어야 하는지에 대해서 생각해 보기로 하자.

1. 성탄의 의미

해마다 성탄 카드를 쓰면서 "성탄의 큰 의미로 가득한 성탄이 되시기를" 기원하는 문구를 넣는 습관이 있다. 오랫동안 우리 주변 사람들의 성탄 맞음에서 성탄의 큰 의미가 퇴색된 모습을 보았기 때문이다. 백화점의 진열대(show window)에 먼저 찾아오는 성탄은 과연 성탄의 큰 의미로 가득한 것일까? 교회마다 행사로 진행하는 성탄 축하는 과연 성탄의 큰 의미로 가득한 것일까? 구세군의 자선냄비로부터 시작하여 일 년에 한 번씩 연말연시에 즈음하여 이웃의 아픔을 돌아보는 일은 과연 성탄의 큰 의미로 가득한 것일까? 우리는 이에 답하기 전에 과연 성탄의 참된 의미가 무엇인가를 깊이 생각해 보아야 한다.

성탄은 기본적으로 성자 하나님께서 우리를 구원하는 구속 사역을 위해 당신님께서 영원부터 가지고 계신 신성 외에 인간성을 취하시어 신인(神人, the God-man)의 독특한 존재로 이 세상에 성육신하신 것을 기념하는 일이다. 물론 우리는 우리 주 예수께서 정확히 언제 탄생하셨는지 알지 못한다. 예수님께서 정확히 12월 25일에 탄생하셨기 때문에 12월 25일을 성탄절로 지키는 것이 아니다. 우리는 이 점을 유념하고 모든 사람에게 정확히 가르치도록 해야 한다. 과거의 교회는 12월 25일에 성탄을 기념하기도 했고, 1월 6일에 기념하기도 했다. 그러다 점차 서방 교회 안에서 12월 25일에 성탄을 기념하는 것으로 정착되었다. 따라서 12월 25일은 정확히 그날 주께서 탄생하신 것으로 기념하는 것이 아니라, 온 세상 교회의 성도들과 함께 보편적으로 우리 주 예수의 나심과 성육신을 기념하는 것이다. 그러므로 성탄의 핵심은 성육신의 사실과 주 예수께서 왜 성육신하셨는지를 생각하는 것에 모아진다.

그러므로 우리가 먼저 강조해야 할 일은 성육신의 역사성(historicity)이다. 비록 12월 25일과 연관시켜서는 안 되지만, 주 예수께서 이 세상에 탄생하신 일은 시간과 공간 가운데서 일어난 사건이고, 그 일을 그 모친 마리아가 기억하고 마음에 두고 있다가(눅 2:19 참조), 필요한 때에 그 경위를 주변 사람들에게 말하고, 하나님께서는 마태와 누가로 하여금 그 전해 들은 사실을 성령의 영감으로 기록하게 하심으로 세상의 모든 사람들이 성탄과 성육신에 대해 알게 된 것이다. 물론 천사들의 이른바 "온 백성에게 미칠 큰 기쁨의 좋은 소식"을(눅 2:10) 자신들이 경험한 대로 전해 준 목자들도 당대 사람들에게 이 사실의 역사성을 전달하는 데 기여하였을 것이다. 문제는 주께서 시간과 공간 안으로 들어오셔서, 일정한 기간 동안 우리가 사는 이 시간과 공간 안에서 사신 일이 발생했다는 데에 있다. 그러므로 기독교회는 항상 이 역사적 사건을 기본으로 생각하고, 이 역사성에 근거해서 복음을 선포해야 할 것이다.

동정녀 탄생으로 이루어진 성육신이라는 역사적 사건은 마태공동체와 누가공동체만이 받아들이던 것이라고 말해서는 안 될 것이다(pace James Dunn). 오히려 온 세상의 기독교가 이 동정녀 탄생으로 이루어진 성육신의 역사적 사실 위에 세워져 있다고 선언해야만 한다. 이 사실이 부인되면 사실상 진정한 기독교회가 이 세상에서 사라지게 된다는 것을 유념해야 한다. 오늘날에는 동정녀 탄생에 의한 성육신 없는 기독교를 말하는 사람들이 많아졌고, 예수님 자신은 그렇게 의식하고 언명하지 않았다가 후에 그가 성육신하신 하나님의 아들이라는 신앙이 생기게 되었다고 말하는 것이 신학적 입장인 양 나타나기도 하는 이상한 세상이 되어 버렸다. 이런 시대야말로 동정녀 탄생에 의한 성육신의 역사성을 강조하는 일이 필요하다.

이 성육신이 시공간 안에서 일어난 역사적 사건임을 우리들은 성탄절을 기회로 하여 온 세상에 선포해야 한다. 이것은 우리가 경배하고 섬기는 하나님께서는 자신이 아무런 손상을 입지 않고서도 시간과 공간 안으로 들어오실 수 있는, 그러나 시공간 안으로 들어오셔도 제한받지 않는 분이심(*extra humanum, extra Calvinisticum*)[1]을 잘 드러내는 사건이기도 하다. 그는 시공간에 대하여 내재와 초월을 동시에 가지시는 분이다.

그렇다면 과연 이 역사적인 성육신은 왜 일어나게 되었는가? 전통적으로 기독교회는 이 일이 인간의 죄 때문에 일어난 것이며, 죄에 빠진 인간을 구원하시기 위해 일어난 것이라고 생각해 왔다. 즉, 성육신은 구속 사건의 한 부분이라는 말이다. 이는 인간의 죄가 없었어도 성육신이 일어났었겠는가에 대한 모든 사변을 중지할 것을 요구하는 말이다. (이런 사변을 하던 오시안더(Osiander)에 대해 혹독한 비판을 아끼지 않은 칼빈의 『기독교 강요』의 해당 부분을 보라). 우리 주께서는 인간의 죄 문제를 해결하기 위해 이 세상에 오셨다. 물론, 어떤 이들의 사변과는 달리, 주님의 성육신에서 바로 구속이 이루어지는 것은 아니다. 그러나 역사적인 구원이 이루어지기 위해서는 성육신이라는 '구속자의 오심'이 있어야 한다. 그러므로 성육신은 예수님의 이 세상에서의 생애, 가르치심, 수난받으시고 십자가에서 죽으심, 부활하심, 승천하여 하나님 우편에 앉으셔서 신약 교회에 성령을 부어 주시고, 예수님께서 지금도 이루시는 구속 역사(*historia salutis*)의 한 시작점이라고도 말할 수

---

[1] 이에 대해서 이승구, 『21세기 개혁신학의 방향』 (서울: SFC, 2005), 제 1장을 보라.

있다. 성육신하신 일이 있어야 그가 사시며 하나님의 뜻을 온전히 순종하셔서 온전한 의를 이루시고, 우리를 위해 죄에 대한 형벌을 다 받아 주시어 구속의 일을 이루시고, 부활한 몸으로 하늘에 오르시고, 성령을 부어주심으로 그의 영적인 몸인 교회를 세워 구속사가 계속 진행되게 하실 수 있다.

그러므로 그의 성육신은 하나님 나라를 이 땅에 가져오시고, 진행시켜 나가시는 사역의 기초가 되는 일이다. 성육신 없이는 하나님 나라가 이 땅에 침입할 수 없다. 성육신하신 성자가 계셔야 그가 하나님 나라의 온전한 의를 보이시고, 그 의를 가르치시며, 그 의를 우리에게 가져다주실 수 있다. 결국 예수님은 이 땅 위에 하나님 나라를 세우시고, 십자가의 구속 사건을 통해서 우리로 그 나라 백성이 되게 하시고, 이 땅에서 이미 그 나라 백성으로 살며, 이 땅에서 진행하고 성장하며 충만해 가는 그 나라의 극치를 대망하도록 하기 위해 이 땅에 오신 것이다.[2] 이것이 성탄의 기본적인 의미다.

우리는 여기에 그가 인간성을 취하셔서 신성과 인성을 동시에 지닌 분으로 이 세상에 오신 일과 관련해서 우리 선배들의 생각을 참조하여 두 가지 생각을 덧붙여 볼 수 있다. 그 하나는 이렇게 그가 인간성을 취하신 것은 인간이 죄를 지었으므로, 인간의 죄를 담당하시기 위해서라는 안셈(Anselm)적인 생각이다(*Cur deus homo* 참조). 이 안셈적인 생각에서 중세적인 요소만 제거할 수 있다면 우리는 이 설명을 매우 중요한 생각으로 받아들일 수 있다. 그는 실로 우리의 질고를 지고 우리를 위해 죄에 대한 형벌을 받으셨다. 이 일을 위해서 그

---

[2] 이 말의 의미를 더 이해하기 위해서는 이승구, 『기독교 세계관이란 무엇인가?』 (서울: SFC, 2005), 제3장을 보라.

는 인간성을 취하기 위해 성육신하신 것이다. 여기서 우리는 하나님의 공의와 사랑이 동시에 나타난 것을 볼 수 있다. 하나님의 공의는 범죄한 인간성(몸과 영혼)이 형벌을 받도록 요구하신다. 그래서 그는 이 인간성(사람의 몸과 사람의 영혼)을 취하셔서 이 세상에 오신 것이다. 그러나 그 어떤 사람도 자신과 많은 사람을 위한 이 형벌을 받을 수 없으므로 무한한 가치를 지니신 성자께서 친히 인간성을 취하셔서 신성과 인성을 지닌 신인(the God-man)이 되시어 우리 가운데 오셨다. 이보다 더 큰 사랑을 어디서 찾을 수 있는가?

그리고 그가 인간성을 취하신 또 하나의 이유는 우리네 인간들의 인간성을 온전히 성화시키어 그 원상을 회복하게 하시므로 이제 그 안에서 구속됨으로 말미암아 세상을 사는 우리들이 온전한 인간성, 참된 인간성을 드러내며 살 수 있는 형이상학적 기초와 도덕적 모범을 보여 주기 위한 것이다. 주님은 이런 목적을 위해서도 인간성을 취하셨다. 이것이 그리스도의 십자가 구속을 받은 우리들이 하나님께서 창조 때에 염두에 두셨던 그 온전한 인간성을 드러낼 수 있는 근거가 된다. 그리스도께서 인간성을 취하심이 우리의 온전한 인간성을 드러내는 존재론적 기초이다(은혜). 또한 그리스도께서 나타내 보이신 온전한 인간성은 우리가 그 뒤를 따라가야 하고 본받아 가야 하는 윤리적 토대다(책임). 우리는 이제 그리스도 안에서 진정한 인간성을 드러낼 수 있게 되었고(은혜, *Gabe*), 그 진정한 인간성을 드러내야 할 책임을 지닌 것이다(과제, *Aufgabe*). 이는 구속받은 사람들의 매일의 삶을 규정하는 특성이어야 한다. 우리는 십자가의 구속에 의해서 그리스도께서 온전케 하신 참된 인간성, 참된 하나님의 형상을 회복하게 되었다. 그러므로 우리는 날마다 그 온전한 인간성, 참된 하나님의 형상을 온 세상에 드러내야만 한다. 이렇게 그리스도인은, 성탄에 즈음해서만이 아니라, 날마다 매순간마다 십자가와 성탄의 빛에서 살아야 한다. 십자가와 성탄이 이렇게 연관되어 있다. 성탄에서 기념하는 성육신이 있어야, 십자가의 구속이 있을 수 있기 때문이다. 믿음으로 십자가의 구속에 참여해야, 성탄에서 기념하는 인간성을 취하심의 참된 의미를 드러낼 수 있다.

  부디 매년의 성탄을 이런 성탄의 큰 의미로 충만한 성탄으로 보낼 수 있기를 기원한다. 그러면 우리는 성탄에 대해 참된 감사를 하나님께 드릴 수 있다. 그리고 성탄 때만이 아니고, 매일을 이런 의미에 충실해서 살아갈 때 우리는 온전한 기독교의 증인으로 이 땅에 있을 수 있다.

2. 고난 주간과 그 의미

2-1. 고난 주간을 맞으면서 십자가를 바라보는 우리는 무슨 생각을 해야 할까?

고난 주간이 다가올 때 대부분의 그리스도인들은 적어도 이 주간에는 그리스도의 고난에 대해 생각하려는 경향이 있다. 그것은 좋은 일이다. 평소에는 십자가를 전혀 생각하지 않던 사람들이라도 고난 주간을 맞아 그리스도의 십자가의 의미와 그의 죽으심의 의미, 그리고 고난의 의미를 생각하게 된다면 정말 좋은 일이다. 그러므로 우리는 그리스도의 십자가와 그 고난의 의미를 깊이 묵상하고, 또한 그 깊이 있는 뜻을 이 주간 전후에 우리 주변의 믿음이 없는 이들에게 전하고, 생각 없이 교회에 출석하기만 하는 이들에게 좀 더 깊이 있게 우리의 신앙의 의미를 생각하도록 요청해야 한다. 이 기간을 하나님 나라의 복음을 전하는 전도와 영적 성숙의 좋은 기회로 삼아야 한다.

그러나 우리는 그것으로 만족해서는 안 된다. 진정한 그리스도인과 교회는 고난 주간에만 그리스도의 고난을 생각해서는 안 되고, 평생에 걸쳐 그리스도의 고난과 십자가의 의미를 생각해야 한다. 40일이나 고난 주간에만 십자가와 고난을 생각하는 것으로는 기독교의 진정한 의미를 놓치기 쉽다. 그러므로 진정한 그리스도인과 교회는 그 삶의 모든 국면에서 그리스도의 십자가에 근거해서 살아가도록 최선의 노력을 해야만 한다. 이것이 루터와 칼빈이 강조한 그리스도인의 삶의 의미였다. 그들은 성도들이 소위 사순절에만 그리스도의 고난을 생각하며 살아서는 안 되며, 소위 사순절에 어떤 특별한 의미를 부여하지 않고 오히려 그리스도인의 평생이 그리스도의 뒤를 따라가는 고난의 삶이어야 한다는 것을 강조하였다.

이 글에서는 그렇게 살아가는 진정한 그리스도인의 삶의 모습을 북돋우기 위해서 우리네 한국 교회 안에 들어와 있는 세속주의의 두 가지 양태를 생각해 보면서, 그것을 극복하는 방법을 제시하려 한다. 이것은 우리 시대의 교회가 진정으로 그리스도의 십자가를 바라보며 살아가고 있는지를 깊이 있게 생각해 보는 한 가지 방법이다.

2-2. 교회 안에 들어온 세속주의의 현저한 양태

세속주의는 교회 안에서 여러 가지 형태로 나타난다. 그 중 하나는 우리 주변에 창궐하고 있는 아주 명확한 비도덕성과 비인격성, 물질 추구, 인간적 방법으로 교회를 이루고 유지하려는 노력 등으로 나타나고 있는 노골적인 세속주의다.

교회도 세상과 마찬가지로, 때로는 이 세상에서 보는 것보다 더 심각한 여러 형태의 현저한 죄악이 있고 불의가 있음을 많은 사람들이 지적하고 있다. 우리는 그 모든 일에 대해 회개해야만 한다.

또한 교회 안에도 물질을 추구하며 사람의 인격을 무시하는 일들이 나타나고 있다면 우리는 그것을 철저히 버려야 한다. 물질 추구와 인격 모독은 특히 교회 공동체 안에서 결코 있어서는 안 되는 일이다. 우리가 신앙생활을 열심히 하는 동기가 무엇인지를 깊이 생각해 보라. 그것의 한 부분이 물질 추구에 있다면 우리는 그것을 심각하게 반성하고 회개해야 한다. 또한 우리 사회에서 과연 어떤 교회가 존중되는 교회이며, 우리 교회에서 어떤 교우가 존중되는 교우인지를 심각하게 생각해 보라. 이런 판단에서 세상적인 것들이 매우 중요한 판단 기준으로 나타나고 있다면 그것은 우리들의 교회가 매우 세속적이라는 증거가 된다.

또한 교회 안에 인간적인 방법으로 일을 하고 교묘한 정치적 방법으로 교회를 이끌어 가는 경우가 있다면 그것이야말로 현저한 세속주의다. 개 교회에서의 인간관계가 어떻게 되어 가고 있는지, 교단 안에서 어떤 일이 나타나고 있는지를 심각하게 하나님 앞에서 질문해야 한다. 교단에서나 교회들 간의 모임에서 어떤 사람이 어떤 기준으로 중요한 역할을 하게 되는지를 깊이 생각해야 한다. 그 기준이 무엇인가에 따라 우리들의 교회가 세속적인지 아닌지가 드러난다. 만일 이런 점을 검토한 결과 우리가 세속주의에 물들어 있다고 판단된다면 우리가 아무리 영적인 것과 종교적인 것들을 강조하는 것처럼 보여도 우리는 실질적으로 세속적이라는 것을 인정하고 깊이 회개해야 할 것이다.

이것은 아주 심각한 문제다. 그렇지만 그래도 정신을 차리고 있는 사람들은 이런 것을 세속적인 것으로 여기고 있다는 점에서 다음에 생각할 주제보다는 덜 심각한 문제라고 할 수 있다. 다음에 생각할 교묘한 세속주의의 양태는 많은 그리스도인들과 교회가 그것을 세속주의적인 것이라고 생각하지 않을 가능성이 높다는 점에서 더 심각한 형태의 문제다.

2-3. 교회 안에 들어온 교묘한 세속주의

우리네 교회에 들어와 있는 교묘한 세속주의란 기본적으로 우리 자신의 힘에 의존하려는 경향을 뜻한다. 교회가 이 세상에서 문자적으로 힘이 없을 때는 이와 같은 세속주의는 나타나지 않는다. 그러나 이 땅에 많은 그리스도인들이 생기기 시작하면 우리도 모르는 사이에 우리들의 숫자의 힘이나 경제력, 그리고 정치적인 영향력 등에 의존하게 되기 쉽다. 아주 명확한 악에 대항하는 우리의 바른 노력에서도 조금만 잘못하면 우리 자신의 힘과 노력에 의존하는 어리석음이 나타나기 쉬운 것이다. 더구나 아주 명확한 악이 아님에도 불구하고 우리 자신들의 유익을 지키려고 하는 노력 가운데서는 힘을 과시하고 드러내며, 세상으로 하여금 우리를 감히 무시하지 못하도록 하려는 행동이 나타나기 쉽다.

그러므로 교회 안에 있는 가장 교묘한 세속주의는 궁극적으로 우리가 성령님께 온전히 의존하지 않는 것이다. 성경을 통해서 우리를 다스리시는 성령님께 의존하지 않고, 이 세상적인 것에 의존하든지, 우리 자신들의 믿음과 우리의 기도나 구제 등과 같은 우리의 종교적 행위에 의존하든지, 우리들이 체험한 종교적 경험에 의존하는 것이 가장 심각한 문제가 된다. 우리의 종교적 경험에 의존하면 우리는 자신들이 전혀 세속적이지 않고 오히려 매우 영적이라고 생각하게 되기 때문이다. 자신의 병을 모르는 그 상태가 가장 심각한 상태다. 따라서 성경을 통해서 우리를 통치하시는 성령님께 의존하지 않고, 왜곡된 성령의 역사를 강조하며, 그것에만 의존하는 것은 매우 심각한 세속주의의 양태다. 성령님을 온전히 따르지 않고 성경의 가르침과 다른 방향으로 나아가든지, 비인격적인 방향으로 나아가든지 하는 것은 아무리 성령님을 강조한다고 해도 실상은 성령님을 따라가는 것이 아니다.

2-4. 십자가 아래 있는 교회의 참 모습을 회복해야

그렇다면 우리는 어떻게 이런 세속주의를 극복할 수 있을까? 십자가를 깊이 있게 생각하는 것만이 이를 극복하는 유일한 길이다. 그리스도인과 교회는 항상 십자가 아래서 우리의 삶과 교회를 생각하면서 오직 그리스도의 공로와 힘만을 의존하려고 해야 한다. 적어도 고난 주간에 우리는 그렇게 생각하기를 시작해야 한다. 그리스도인과 교회는 항상 십자가 아래 있기 때문이다.

십자가 아래서 우리는 그리스도에게 집중하지 않을 수 없다. 십자가 아래에서도 자신의 힘과 행복과 자신의 영광을 생각하는 사람이 있다면 그는 십자가에 그리스도를 못 박은 유대의 종교 지도자들이나 그들의 지시대로 예수를 십자가에 못 박아 죽이라고 외쳐대던 유대 민중(오클로스)이나 빌라도의 지시대로 십자가 처형을 준비하고 그 일을 시행한 무자비한 로마 병정들과 같은 사람이 되고 말 것이다. 그와 같은 일을 자행한 이들도 후에 복음 선포를 들은 후에는 "우리가 어찌할꼬?" 했었는데, 예수님을 믿고 십자가를 믿는다고 말하는 우리가 결국 우리 자신의 힘과 우리 자신의 행복과 우리 자신의 영예만을 추구해 간다면 이 얼마나 모순된 일인가?

　　우리는 십자가 아래서 우리의 죄를 없애기 위해 우리 자리에 서시어 십자가에 못 박히신 그리스도를 바라보아야 한다. 십자가를 바라보며 자기를 추구하는 것은 십자가를 믿는 것이 아니다. 그러므로 우리는 자기를 추구하지 않아야 한다. 우리 자신의 행복을 우리의 모든 것의 실질적 목표로 여기지 않아야 한다. 우리는 오히려 십자가에서 못 박히신 그리스도께서 그 십자가 사건과 부활과 승천 등의 구속 사역을 통해서 이 세상에서 궁극적으로 이루려 하시는 하나님 나라와 그의 의를 추구하며, 그것을 우리의 궁극적이고 실질적인 목표로 삼고 살아가야만 한다. 하나님 나라를 추구하는 사람들은 이 세상에서 자기 왕국을 구축하지 않는다. 하나님의 온전하신 뜻만이 이 세상에 온전히 드러나기만을 바란다.

　　또한 우리는 십자가를 바라보면서 그 십자가 사건과 부활의 사실성을 분명히 말해 주고 그 의미를 명확히 해석해 주는 성경의 가르침을 생각해야 한다. 진정으로 십자가를 바라보는 사람은 결국 부활의 빛에서 사는 사람이고, 예수님의 부활 생명이 그 안에서 약동하는 사람이다. 그는 성경의 가르침에 근거하여 하나님을 믿고 이 세상을 살아간다. 또한 그는 오직 성경이 하나님을 믿는 것과 사는 일에 유일하고도 충족한 기준임을 분명히 인식한다. 그는 이 세상에서 그리스도인으로 살기 위해 다른 어떤 것을 필요로 하지 않는다. 진정한 그리스도인과 교회는 성경을 통해 우리를 다스리시는 성령님의 통치에만 온전히 의존하여 살아간다. 우리는 십자가 아래에 있는 교회의 모습을 회복해야 한다.

3. 부활 주일과 매주일

우리 주님께서 죽음과 흑암의 세력을 깨뜨리시고 죽은 자들 가운데서 다시 살아나서 영원히 사시는 삶으로 들어가신 날을 기념하는 부활절을 맞으면서 우리는 과연 어떤 생각을 해야 할까? 현대성과 포스트-현대성의 도전 앞에서는 이 부활 사실의 역사성(historicity)에 대한 상기가 늘 중요하게 언급되어야 한다. 주님은 참으로 다시 살아나셔서 지금도 살아 계시고 영원히 그 부활 생명으로 사실 것이다.

그런데 이 부활 사건의 역사성을 추호도 의심하지 않는 우리들은 이 부활절에 좀 다른 측면을 깊이 생각하는 기회가 되어야 한다. 우리는 이 부활절을 맞아서 혹시 우리가 일 년에 한 번씩만 부활의 의미를 생각하려고 하지 않았는지 깊이 반성해야 할 것이다. 아니 어쩌면 우리는 일 년의 한 번도 부활의 진정한 의미(significance)를 생각하지 않으려고 했을 수도 있다. 부활의 역사성에 의문을 표하는 많은 사람들을 조롱하고 비판하면서 우리 자신은 정작 그 부활의 참된 의미를 생각하지 않았다면, 우리도 그 비판과 조롱을 받아 마땅한 것이다.

사실 우리는 주님의 부활을 매주일 기념하는 것이다. 그래서 우리는 주께서 부활하신 안식 후 첫날에 같이 모여서 주님을 기리고 찬양하며, 그분의 뜻을 나누며, 그대로 살자고 권면하고 격려한다. 이것이 주일의 참 의미다. 우리는 일 년에 한 번이 아니라, 매주일을 부활의 의미로 충실하게 보내야만 한다. 그리고 사실 매주일을 이렇게 보내는 것은 매일의 삶을 하나님 앞에서 그리스도와 함께 죽고 다시 일으킴을 받아 새 생명 가운데서 살아가는 성도로 산다는 것을 표하는 것이다. 매주일을 부활의 의미가 가득하게 살리려면 매일을 주님과 함께 십자가에 못 박혀 죽고 주님의 부활과 함께 일으킴 받았으나, 아직은 우리 몸의 온전한 부활을 기다리는 사람으로 살아야만 한다. 그것이 가능하려면 우리는 매순간을 중생으로 인해 그리스도 안에서 새로 얻은 부활 생명의 빛에서 살아가야 한다. 여기도 "이미… 그러나 아직 아니"의 구조가 있다. 주님의 부활과 함께 우리는 이미 중생에서부터 부활 생명을 가지고 있다. 그러나 또 "아직 아닌" 측면이 있어서 우리는 또 "날마다 죽노라"고 고백해야만 한다. 우리는 매순간 우리의 육체($σαρξ$), 즉 부패한 인간성의 잔재를 죽이고, 영을 살려가야 한다. 그것이 매주일을 의미 있게 주님께 드리는 것이고, 부활절을 의미 있게 맞는 일이다.

그러므로 우리는 다음과 같이 자문해 보아야 한다. "나는 과연 이미 그리스도와 함께 죽었고, 따라서 이제는 매일, 매순간을 그의 부활 생명을 가지고 살아가는가? 또한 나는 과연 매일 매순간 나 자신과 부패한 인간성의 잔재를 죽이면서 살아가는가?" 우리가 이렇게 살 때, 우리 자신과 교회의 진정한 의미의 성취가 이루어질 것이다.

우리의 매순간이, 매일이, 그리고 매주일이 이렇게 부활의 의미로 충만한가를 이번 부활절에 우리 모두 깊이 있게 스스로에게 물었으면 한다. 그리고 부족한 모습에 대해 애통하면서 그 다음 순간은 부활의 의미를 잘 드러내도록 해야 할 것이다. 이 일을 우리 모두 함께 성령님께 의존해서 힘써 나갈 수 있기 바란다.

4. 중추절과 추수 감사

해마다 중추절이 되면 3일 동안, 또 어떤 이들은 좀 더 길게 오랫만의 휴식과 가족 방문 등의 의미를 지닌 중추절 연휴를 지낸다. 어떤 이들은 참으로 좋은 휴식의 기간을, 어떤 이들은 오랜만에 가족들과 좋은 시간을 보낼 것이다. 또 어떤 이들은 이 기간을 더 쓸쓸하게 보낸다. 이 좋은 기간을 보내면서 우리네 그리스도인들이 생각해야만 하는 몇 가지 점을 같이 나누고자 한다.

4-1. 감사와 감사의 대상 등과 관련된 종교적 문제에 대한 생각

우리나라의 전통적 개념에 의하면 '한가위'는 가족이나 온 동리 사람들이 함께 모여서 감사하며, 좋은 시간을 보내는 절기다. 한 해의 농사를 마무리하면서 감사의 마음을 가지고, 감사를 표현하는 방식을 오랜 시간에 걸쳐서 개발시켜 온 것은 참으로 우리네 한국인들 안에 "하나님을 알 만한 것이" 있었음을 보여 주는 것이다(롬 1:19 참조).

온 세상과 그 진행 과정, 그리고 우리 안에 있는 (칼빈의 이른바) "신의식"(*sensus deitatis* 또는 *sensus divinitatis*)이 함께 작용하여 사람들의 마음속에 감사가 생긴 것이다. 그런데 문제는 이와 동시에 우리의 마음속에서 사람들이 "불의로 진리를 막는" 일이 진행되고 있는 점이다(롬 1:18상 참조). 그 결과 사람들은 참 하나님 대신에 다른 것들에게 감사를 표하게 되었다. 그래서 한 해의 추수를 마무리하면서 참 하나님께 감사를 표하거나 하나님을 영화롭게 하지 아니하고, 오히려 다른 것들 - 막연한 "하늘" 또는 "천지신명" 또는 "조상신" 등에게 감사를 표하기 시작했다. 신의식(神意識)을 불의로 억누른 결과, 결국 우상 숭배가 나타났다. 감사를 표현하는 것은 좋은 마음이지만 결국은 그것이 우상 숭배의 행위가 되고 말았다. 이것은 바로 불의(不義)로 신의식이라는 진리를 억누른 결과다.

추석은 이렇게 우리 조상들의 의식 속에 종교적으로 어떤 사유의 과정이 있었는지를 보여 준다. 일반 은총 가운데서 제대로 사유하는 측면도 있지만, 또한 그것을 오용(誤用)하는 인간들의 근본적 문제가 이런 고유의 명절에서도 드러나고 있다.

4-2. 가족 간의 관계

추석이 보여 주는 좋은 측면의 하나는 가족들이 서로 만나 가족애를 나누는 것이다. 이런 점에서는 미국의 추수감사절이나 성탄절 때에 미국인들이 그런 가족애를 나누는 것과 비슷한 현상이 좀 더 깊은 형태로 이루어지는 것이라고 할 수 있다.

그런데 이런 가족애 나눔의 기회가 때로는 여러 가지 스트레스의 요인이 되기도 한다. 함께 모여서 이전에 나누지 못했던 정을 나누는 기회가 때로는 불화의 원인이 되기도 한다. 그러나 이는 좋은 것에 따라 나타나는 역기능 중의 하나이므로, 이번에는 좋은 측면들을 중심으로만 생각해 보기로 하자.

이런 기회에 우리의 참된 가족애와 그것을 나누는 방식을 생각해 보는 것이 좋을 것이다. 첫째로, 모든 가족이 참 하나님을 알고 섬길 수 있도록 하는 것이 참된 가족애를 나누는 길이 된다. 그것이 이루어지기 전까지는 예수님께서 말씀하신 검과 불의 작용이 가족 간에 있게 된다. 물론 이것 때문에 평안과 화목을 해치는 방식으로 나가서는 안 된다.

또 믿는 가족들은 모두가 주 안에서 참으로 성숙해 가야만 한다. 그래야만 우리의 가족들 사이에서 참된 기독교 문화를 드러낼 수 있다. 가족들 간의 관계, 가족들이 함께 시간을 보내는 방법 등에 참된 기독교적 정신이 나타나야만 한다.

그리고 교회 안에 있는 이들의 형제자매 됨에 대한 의식을 좀 더 심화시켜 나가는 것도 추석과 같은 가족애를 나누는 시점에 우리가 생각해 보아야 할 점이라고 생각된다.

4-3. 이 사회의 가난한 이들과 소외된 이들을 생각하는 마음

그리고 우리는 성경이 늘 강조하고 있는 대로 "고아와 과부" 그리고 "나그네 된 이들"을 돌아보는 마음을 가져야 한다. 그들이 이런 명절 때에 상대적 빈곤을 더 느끼게 되기 때문이다. 우리들이 가족들과 보내기 위해 많은 신경을 쓰고, 우리 자신을 분주하게 하는 동안 우리 사회의 소외된 이들은 우리 주변에서 상대적 박탈감을 더 절실하게 느끼게 된다. 그러므로 우리는 우리와 함께 살아가고 있는 조선족들이나 외국인 노동자들을 이런 기회에 함께 생각해야 할 것이다. 그들이 이스라엘의 나그네 된 자들에 해당하는 사람들이기 때문이다. 그리고 우리 주위에는 항상 가난한 이들, 우리의 도움을 필요로 하는 사람들이 있다. 그들에 대해 무관심하게 될 때 우리는 참 신앙에서 벗어나 있는 것이라고 할 수 있을 것이다.

5. 신년과 새해의 의미

한 해가 가고 또 다른 한 해가 온다는 것은 어떤 의미에서는 별로 큰 변화가 없는 단순한 일상의 진행이고, 또 한 측면에서는 새로운 일을 시작할 수 있는 좋은 기회이기도 하다. 이 두 가지 측면을 모두 다 의식하는 것이 필요하다. 단순한 일상성을 잊어버리면 새로움에 사로잡히고 또 다시 실망하는 일을 경험하게 될 것이고, 새로움을 전혀 무시하면 태양과 달을 주어 일자와 사시와 징조를 드러내게 하신 계획을 무시하는 것이 되기 때문이다. 따라서 우리는 이 두 가지 측면을 늘 염두에 두어야 한다.

그리고 그것은 사실 매순간의 의미이기도 하다. 매순간은 새해와 같이 항상 계속되는 일상이면서 동시에 새로운 일의 시작이다.

이것에 십자가의 구속적 의미가 부여될 때 우리는 비로소 모든 순간의 진정한 의미를 잘 알 수 있게 된다. "영원한 순간"(eternal now)을 말하던 우리의 선배들을 따라서 우리는 이제 창조와 십자가의 구속의 빛에서 진정 영원한 순간을 말하고 경험할 수 있는 것이다. 그러니 이런 의미를 제대로 파악할 수 있는 그리스도인들이 먼저 새해와 매순간을 이런 영원의 의미를 담아서 생각하고, 그런 영원을 사는 것이 필요하다. 그래야만 그런 생각을 전혀 하지 않는 이 세상의 다른 사람들에게도 우리의 순간순간이 어떻게 영원으로 깃들여져 있는지를 증언하고, 그에 부합하게 생각하고 살 수 있도록 권할 수 있을 것이다.

그러므로 그리스도인들에게 있어서 새해는 늘 계속되는 그리스도 안에 있는 영생의 삶의 한 부분으로 어제와 동일한 날이므로 계속해서 그리스도 안에서 우리에게 주어진 영생에 부합한 삶을 살아야 하다는 일상적 의미로 가득한 것이어야 한다. 그러나 또 한편 지난 해에 우리가 영생에 부합하게 온전히 살지 못한 측면이 있는가를 생각하면서 올해는 모든 순간순간에 영생의 의미로 가득한 삶을 살아야겠다는 귀한 결단이 주어지고 그것을 부단히 실현하는 기회가 되도록 해야 할 것이다.

항상 바르고 정상적으로 해야 할 일을 하면서도 또 한편으로 새로운 시작의 의미를 가지는 바로 그런 새해가 되어야 한다.

제 2 부

교회의 예배

3

공예배의 방향: 칼빈과 개혁신학의 성경적 입장에서 본 한국 교회 예배 개혁의 과제

오늘날 한국 교회 안에는 이 세상 그 어떤 시대, 그 어떤 장소에서 보다 예배가 많이 행해진다고 해도 과언이 아니다. 그런데 그 많은 예배에 대해서 많은 사람들이 상당히 많은 우려를 한다. 그대로 있어서는 안 되고 예배의 개혁이 이루어져야 하겠다는 데에 상당히 많은 사람들이 동의한다. 「목회와 신학」 374호 (2012년 4월호)의 특집 논문들과 컨퍼런스 보도 등이 이를 여실(如實)히 보여 주고 있다고 할 수 있다.[1] 우리 모두는 이 땅의 예배가 개혁되어야 한다는 것에 동의한다. 그럼에도 불구하고 한편으로는 이멀징 예배(emerging worship)를 포함한 여러 대안 예배에 대해서도 개방적이고, 또 한편으로는 루터파적

---

[1] Cf. 「목회와 신학」 374호 (2012년 4월호)의 특집 논문들과 컨퍼런스 보도를 보라.

인 모델을 활용한 성찬 예배나 WCC의 한 위원회가 제안한 세례와 성찬에 대한 통일안인 소위 리마 문서(the Lima Text) 제안들이 나타나고, 많은 사람들이 이것을 따라 갈 때 한국 교회의 예배가 과연 어떻게 될 것인가를 생각할 때에 또 심각한 걱정이 들게 된다. 한국 교회의 예배 개혁이 있어야 한다는 것에 충심으로 동의하면서, 과연 어떻게 나아가야 우려할 만한 제안을 벗어나서 우리들의 예배가 바람직한 방향으로 나아갈 수 있는지에 대해서 생각하는 일에 종교개혁시대 개혁자들의 노력은 우리에게 좋은 모범이 된다고 할 수 있다.

이 장에서는 개혁자들(reformers)의 제안과 모범을 참고하면서 성경이 말하는 예배는 어떤 것인지를 살피고, 과거 교회가 이런 성경적 예배를 구현하기 위해 노력한 바를 살펴본 후, 이런 성경적 예배를 하기 위해 우리가 고려해야 할 점들을 고찰해 보기로 하자.[2]

1. 예배에 대한 성경적 이해

예배란 무엇인가? 엄격하게 말해서 예배는 구속함을 받은 하나님의 백성들이 삼위일체 하나님께서 이루신 구속에 감사하여 성령 안에서

---

[2] 이 글은 이전에 개혁자들의 제안에 의존하여 예배에 대해 필자가 했던 제안들을 다 망라하여 제시한 것이다. 그러므로 당연히 다음 논의와의 중복을 발견할 것이다. 이승구, "성경적 공예배를 지향하며", 『한국 교회가 나아갈 길』 (서울: SFC, 2007), 39-71; "성경적 예배를 위하여", 「목회와 신학」 375호 (2012년 5월호)의 특집 논문. 이 글에서는 헌상에 대해서는 많이 논의하지 못했다. 헌상에 대한 바른 이해와 개혁을 위해서는 "헌상에 대한 성경신학적 이해", 『한국 교회가 나아갈 길』, 본 서 4장 (85-117)을 보라.

그리스도의 구속에 의존하여 삼위일체 하나님을 하나님으로 바로 알고서, 그 삼위일체 하나님께 그 영혼을 숙여 경배하는(προσκυνέω) 것이라고 말할 수 있다. 요한계시록이 말해주고 있는 우주적 예배의 정황(계 5:13)을 미리 이 땅에서 선취하여 하나님 앞에 드러내는 것이다. "최후의 할렐루야 찬양은 하나님 백성들의 모임 가운데서 이미 시작되는 것이다." 그리고 이때 우리는 믿음으로 그리스도께서 계신 그 하늘에 천사들과 온전케 된 성도들과 다 함께 모여서 그 천상의 예배에 함께 참여하는 것이라고도 말할 수 있다.[3] 이런 우주적 예배에 참여하는 교회의 예배는 (1) 무엇보다 구속에 대한 감사의 표현으로 하는 것이고,[4] 또한 (2) 하나님께서 예배하도록 명령하신 것이니, 이는 하나님께 드리는 당위이다.[5] 그러므로 기독교회가 예배를 중요시하지 않은 적은 한 번도 없었다. 카슨이 잘 지적한 바와 같이, "모든 성경적 종교의 핵심은 하나님 중심성, 다시 말해서 예배"이기 때문이다.[6] 그러나 역사상에서 교회가 그 예배를 주께 드리는 방식을 이해해 온 것은 상당히 달랐다.

---

[3] 이 점에 대한 좋은 논의로 David Peterson, "Worship in the New Testament," in *Worship: Adoration and Action*, ed., D. A. Carson (Carlislie: The Paternoster & Grand Rapids: Baker, 1993), 51-91, 특히 89f.을 보라.

[4] 이를 잘 표현한 윌리엄 니콜스의 다음 말을 인용할 만하다: "기독교적 예배는 본질적으로 온전하고 종국적 구속을 주신, 그리고 그 구속으로 하나님의 모든 피조물과의 깨어진 관계에서 우리를 회복시켜 주신 하나님께 감사하는 것이며, 주께 찬양하도록 명령받은 것이다. 우리는 예수 그리스도의 얼굴에서 하나님의 영광을 보았으므로 예배하는 것이다."(William Nicholls, *Jacob's Ladder: The Meaning of Worship* [Richmond: John Knox Press, 1958], 18).

[5] 이 점에 대한 강조로 김홍전, 『예배란 무엇인가』 (서울: 성약, 1987), 68; 이승구, 『교회란 무엇인가? 교회론 강설』 (서울: 말씀과 언약, 2022)을 보라.

[6] D. A. Carson, "'Worship the Lord Your God': The Perennial Challenge," in *Worship: Adoration and Action*, 13.

전체적으로 비교해 보면 비교적 공식적인 예배의 형태를 강조하던 고전적 예배 유형과 자유로운 형식의 예배를 강조하는 유형이 있다. 그리고 이 두 유형은 시대에 따라서 진자 운동을 하면서 어느 한 편으로 치우쳐 가는 방식으로 진전해 왔다. 초대 교회의 예배 유형을 정확히 알아내기는 어려우나 대개 회당 예배의 형태와 비슷한 형태의 예배가 드려지는가 하면, 일부에서는 무질서한 형태의 예배가 나타나기도 해서 바울은 모든 것을 질서 있고 단정하게 하라고 권면하고 있음을 볼 수 있다(특히, 고전 14:40). 그 권면에 따라 예배가 일정한 형식에 따라 드려지다가 그것이 지나치게 형식화하고 의식화하는 경향을 가지자, 다시 자유로운 예배를 강조하는 교회의 자유스러운 예배(free worship)와 극단의 퀘이커적인 예배 형태도 나타났다. 다시 근자에는 여러 가지 요인들로 말미암아 예배에 있어서 어떤 형식을 강조하는 추세가 나타나는가 하면, 전통적 예배 형식과 전통적 예배의 개념을 깨고 구도자 예배(seeker's service) 등으로 새로운 형태의 예배를 실험하는 일들이 동시에 일어나고 있다. 이런 상황 가운데서 개혁교회와 장로교회의 예배는 비교적 일정한 형식을 따라 드리는 **예배의 형태를** 지니고 있다고 할 수 있다. 공예배가 일정한 형식을 따라 드려지게 된다는 것은 개혁교회와 장로교회의 오랜 전통이다.

그러나 이렇게 일정한 형식을 따라 드리는 예배를 강조하는 동방정교회와 천주교회와 루터파와 개혁파의 예배 이해를 비교할 때, 천주교회는 예배에 도움이 된다고 하는 요소들은 모두 사용하며 특히 과거의 전통 가운데서 의미 있게 사용되어 온 것의 계속적인 사용을 지향하여 나가는 데 비해서, 동방정교회와 루터파 교회는 그 가운데서 성경이 명백히 금하고 있는 요소들은(예를 들어서, 상[像, image] 숭배) 제거하고, 성경이 언급하고 있지 않은 요소들에 대해서는 소위 '아디아포라'(*adiaphora*)의 문제로 여기면서 비교적 자유로운 입장을 취하는 데 반해서, 개혁교회에서는 오직 성경이 규정한 것만을 중심으로 하여 주께 예배해야 한다는 입장을 천명한다고 할 수 있다. 여기 개혁교회의 예배 이해의 독특성이 있다. 칼빈은 "명령되지 않은 것에 대해서도 우리가 마음대로 선택할 수 있는 것이 아니다"고 단언했다.[7] 사실 그는 하나님께서 명령하신 것을 넘어서 교회가 어떤 새로운 규례를 만들 수 있다는 것을 온전히 거부했다. 사람들과 교회의 "자의적인 주권의 주장은 하나님 나라에 대한 침해이다."[8] 이런 칼빈의 후예들에게 있어서는 "명령되지 않은 것은 금해진 것이다"는 원칙

---

[7] John Calvin, *Tracts and Treatises on the Doctrine and Worship of the Church*, vol. 2 (Edinburgh: Calvin Translation Society, 1849; reprinted, Grand Rapids: Eerdmans, 1958), 118: "First, whatever is not commanded, we are not free to choose." 또한 같은 책의 122쪽도 참조하라.

칼빈이, 후에 사람들이 "예배에 대한 규정적 원리"라고 하는 것에 실질적으로 동의하였다는 또 다른 논의로 Nick R. Needham, "Worship through the Ages," in *Give Praise to God: A Vision for Reforming Worship, Celebrating the Legacy of James Montgomery Boice* eds., Philip Graham Tyken, Derek W. H. Thomas, and J. Ligon Duncan, III (Phillipsburgh, NJ: P&R, 2003), 400을 보라. 그는 쯔빙글리도 그랬다고 한다(398). 또한 이를 말하는 Bryan Chapell, *Christ-Centered Worship: Letting the Gospel Shape Our Practice* (Grand Rapids: Baker, 2009), 44도 보라: "God established the way that he is to be worshiped in his Word, and this Regulative Principle of Christian worship meant that Calvin studies the Scriptures to find his liturgy." 브라이언 채플은 다음 사람들도 같은 의견을 말한 것으로 제시하고 있다: R. J. Gore, Jr. *Covenantal Worship: Reconsidering the Puritan Regulative Principle* (Philadelphia: P&R, 2002), 89; Greg Perry, "Reforming Worship," *Reformed Theological Review* 61/1 (April 2002): 34.

[8] John Calvin, *The Institutes of the Christian Religion*, LCC edition, edited by John T. Mc Neill, translated by Ford Lewis Battles (Philadelphia: Westminster, 1960), 4. 10. 7. 이하에서 이 책으로부터의 인용은 다음과 같이 약하기로 한다: *Institutes*, 4. 10. 7.

이 준수되었다.9 그러므로 개혁파에서는 예배의 요소들과 예배의 방식을 될 수 있는 대로 성경적 가르침에 근거해서 주께 드리려고 노력해 왔다. 이런 원칙에 따르는 개혁파 선배들은 하나님께 드리는 예배를 어떻게 이해했는가?

첫째로, 개혁교회는 다른 모든 바른 교회들과 함께 오직 삼위일체 하나님께만 드려질 수 있는 **예배는 구속함을 받은 하나님의 백성들이 성령 안에서 삼위일체 하나님께 그 영혼을 숙여 경배하는**(προσκυνέω) 것이므로, 구속의 근거가 되는 예수 그리스도의 온전하신 삶과 십자가의 구속에 의존해서만 하나님께 드려질 수 있는데, 이는 오직 성령에 의존할 때만 가능한 일이라고 하는 점을 강조한다. 그러므로 참된 예배는 **구속함을 입은 성도들이 그들의 구속의 근거가 되는 예수 그리스도의 공로에 의지해서 성령 안에서 삼위일체 하나님께 경배와 찬양을 드리는 것**이라고 이해된다. 기독교에서는 지성이면 감천이 아니고, 사람의 의라도 다 떨어진 누더기 같은 것이므로 이것으로 하나님께 감히 나아가 경배할 수 없음을 인정하면서 오직 예수 그리스도의 온전하신 의에만 의존해서 하나님께 나아가 경배하는 것이다. 그러기에 성령 안에서 나의 영이 주께 경배해야 한다. 이것이 "영으로"(우리말 개역 성경에 "신령으로"라고 번역된 ἐν πνεύματι) 경배한다는 말의 진정한 의미이다. 모든 진정한 예배는 이런 뜻에서 성령님 안에서 우리 존재 전체가 경배하는 영적인10 활동이다(προσκυνέω). 그러

---

9 Cf. John Murray, "Worship," in *Collected Writings of John Murray*, vol. 1: *The Claims of Truth* (Edinburgh: The Banner of Truth Trust, 1976), 168.

10 "영 안에서"라는 말을 이런 이중적 의미로 이해하는 다른 이들 중 대표적인 예로 Robert G. Rayburn, *O Come, Let Us Worship: Corporate Worship in the Evangelical Church* (Grand Rapids: Baker, 1980), 105-11을 보라. 그는 우리 예배가 (1) 성령 안에서

므로 하나님께 경배할 때는 우리의 마음 가운데 하나님을 공경하여 그 앞에 절을 하겠다는 소원이 있어야 하고, 내가 절하는 그 대상이 받아야 할 만큼 나의 마음을 하나님께 반드시 드려야 하는 것이다. 이 일을 위해서는 예배의 대상이 되는 하나님을 바로 알아야만 한다. 하나님을 하나님으로, 삼위일체 하나님으로 창조하시고 섭리하시고 구속의 일을 이루시는 크신 하나님으로 바르게 알며 우리의 일생, 몸 전체를 다 드려서 섬겨도 그것으로 부족할 정도로 크시고 엄위하신 하나님으로 바르게 알아야 하며,[11] 그 엄위에 비해 자신은 스스로의 자격으로는 감히 나아갈 수 없는 존재이므로 그리스도의 공로에만 의존하는 대단히 조심스럽고 두려운 심정을 가지고, 그러나 그리스도의 공로에 의존해서 담대하게 당당하게 경배하는 심정으로 나아가 섬겨야 한다.[12] 공예배에서는 온 교회가 함께 이런 심정으로 하나님께 경배해야 한다. 바로 이것이 "영 안에서" 경배하는 모습이라고 할 수 있다. 이런 "영적인 예배"(spiritual worship)는 "성령에 의해서 공인되고, 성령님에 의해서 규제되며, 성령님 안에서 드려지는 예배"다.[13] 이것이 참된 의미에서 영적인 예배, 카리스마틱한 예배이고, 따라서 오순절주의자들이나 신오순절주의자들이 아니라 이런 예배를 드리는 그리스도의 모든 교회가 카리스마틱한 것이다.[14] 이런

의 예배이고, (2) 우리의 영적인 활동임을 강조한다. 또한 우리의 영적 활동이라고 할 때 그것이 우리의 전존재(the whole human personality)가 하는 것임을 잘 강조하기도 한다 (109).

    11 이 점에 대한 강조로 김홍전, 『예배란 무엇인가?』, 83, 85, 86, 87, 88을 보라.
    12 Cf. 김홍전, 『예배란 무엇인가?』, 89-91.
    13 이는 존 머리 교수의 표현이다. Murray, "Worship," 167f.: "worship authorized by the Holy Spirit, constrained by the Holy Spirit, offered in the Holy Spirit."
    14 이점에 대한 강조로 Anthoney A. Hoekema, *Saved by Grace* (Grand Rapids: Eerdmans, 1989), Chapter 3를 보라.

"성령님 때문에, 사실 기독교 예배는 하나님 앞에 모여진 믿는 공동체 안에서 그리고 이 공동체를 통한 하나님의 사역이다"고 할 수 있다.15

둘째로, 참된 예배는 "진리 안에서"(ἐν ἀληθείᾳ) 드려져야 한다. 개혁파적 예배 이해는 바로 이 점에 가장 큰 강조점을 둔 이해라고 할 수 있다. 그래서 개혁파 선배들이 진리로 받아들인 "하나님의 말씀인 성경"에 보증이 있는 예배의 요소들만을 사용하고, 성경적 근거가 없는 것들은 모두 제거하고 삼위일체 하나님께 경배하려고 한 것이다. "예배의 방식과 요소들에 대해 하나님 말씀의 공인이 있어야만 한다"는 원칙에 충실한 것이다.16 신학과 교리에서만이 아니라 **예배에서도 하나님께서 계시하신 것 이외에는 그 어떤 것도 덧붙여져서는 안 된다는 것을 개혁파 선배들은 강조했다.**17 예를 들어서, 칼빈은 "나는 성경에서 도출된 따라서 전적으로 신적인 하나님의 권위에 근거한 인간의 제도들만을 시인할 뿐이다"고 말한다(*Institutes*, IV. x. 30). 그리고 벨직 신앙 고백서(1561)에서는 아주 분명히 천명하기를 교회의 치리자들은 "우리의 유일하신 선생님이신 그리스도께서

---

15 이 점을 강조하는 여러 다른 시각이 있을 수 있다. 가장 바른 의미로 이를 잘 표현한 Rayburn, *O Come, Let Us Worship*, 109를 보라.

16 Murray, "Worship," 168: "... for all the modes and elements of worship there must be authorization from the Word of God."

17 이 점에 대한 논의로 Edmund P. Clowney, "Distinctive Emphases in Presbyterian Church Polity," in *Pressing Toward the Mark: Essays Commemorating Fifty Years of the Orthodox Presbyterian Church*, ed. C. G. Dennison and R. C. Gamble (Philadelphia: Orthodox Presbyterian Church, 1986):100-105; Clowney, "Presbyterian Worship," in *Worship: Adoration and Action*, 113-118, 특히 113을 보라. 예배에 대한 규정적 원리에 대한 또 다른 좋은 논의로 웨일즈 출신으로 리폼드 신학교에서 조직신학과 실천신학을 가르치는 Derek W. H. Thomas, "The Regulative Principle: Responding to Recent Criticism," in *Give Praise to God*, 74-93을 보라.

제정하신 것을 떠나지 않도록 주의를 기울여야 한다. 그러므로 우리는 모든 인간적 창안물들, 하나님을 예배하는 일에 사람들이 도입하여 그 어떤 방식으로든지 양심을 얽어매고 강요하는 것들 모든 법들을 거부한다"라고 하였다.[18]

또한 웨스트민스터 소요리 문답(1647) 제51문에서는 십계명 제 2계명과 관련해서 가장 직접적으로 생각할 수 있는 "형상을 사용하여 하나님을 예배하는 것" 외에도 "그의 말씀 가운데 정하지 아니한 어떤 다른 방법으로 예배하는 것"이 금해진 것이라고 단언하였던 것이다. 웨스트민스터 신학자들은(Westminster divines) 예배에 관한 문제를 **양심의 자유의 문제**로 파악한 것이다. 그래서 인간의 양심은 그 누구도 규제할 수 없고 오직 양심의 주님(Lord of conscience)이신 하나님께서 내신 법에만 매일 수 있다는 것을 천명했다. 그 누구도 하나님께서 요구하지 않으신 것을 행하게 할 수 없다는 것이다. 그래서 과거의 개혁파 선배들은 특히 신약에 나타나고 있는 규정과 모범을 찾아서 그에 따라 예배하려고 했다.

신약 성경의 나타난 것을 살펴보면 회당 예배에서와 같이 공기도가 있었고(행 2:42; 딤전 2:1, 8; 고전 14:16; 엡 5:20), 성경 봉독이 있었으며(딤전 4:13; 살전 5:27; 살후 3:14; 골 4:15, 16; 벧후 3:15, 16; 계 1:3), 설교로 그 내용을 풀어 주는 일이 있었다(눅 4:20; 딤후 3:15-17; 딤후 4:2). 또한 새 언약 백성들의 찬송이 명령되었고, 시사되었으며(엡 5:19; 계 5:9-13; 11:17f.; 15: 3,4), 찬송과 기도에 '아멘'으로 응답하는 일이 관

---

[18] *The Belgic Confession*, Art. XXXII, in *The Creeds of Christendom*, vol.. III: *The Evangelical Protestant Creeds*, ed. Philip Schaff (Harper and Row, 1931; reprinted, Grand Rapids: Baker, 1990), 423.

례화 되었다(고전 14:16; 계 5:14; cf. 롬 1:25; 9:5; 엡 3:21). 가르침은 식탁 교제, 특히 성찬과 연관되어졌고(행 2:42; 20:7, Cf. vv. 20, 25, 28), 이 때의 감사 기도가 언급되었으며(고전 11:24), 세례가 있고 이와 신앙 고백이 연관되어졌다(벧전 3:21). 그리하여 공적인 신앙 고백이 시사되고 있다(딤전 6:12; 벧전 3:21; 히 13:15; cf. 고전 15;1-3). 그리고 가난한 이들을 위한 연보가 때때로 함께 나타났고(고전 16:1-3; 고후 9: 11-15; 빌 4:18), 백성들은 삼위일체 하나님의 축복을 받았다(고후 13:13; 눅 24:50; cf. 민 6:22-27).[19] 그러므로 예배에 대해서 다음과 같이 묘사하는 클라우니의 묘사는 매우 간단히 성경적 예배의 요소와 그 예배적 의미를 잘 요약하고 있는 것이라고 할 수 있다: "교회는 하나님께 또한 서로 아뢰고, 그의 말씀을 들으며, 기도하고, 찬양하며, 그가 제정하신 성례 가운데서 그의 구원을 송축하기 위해서 하나님의 면전에 모이는 것이다(행 2:1; 4:23-31; 5:42; 13:2; 고전 11:18-34; 14:23-25; 엡 5:19, 20; 골 3:16; 벧전 3:21)."[20]

이렇게 성경에 나타난 요소들만을 가지고 예배하되, 여러 지역에 흩어져 있는 모든 교회는 그들의 정황과 지혜에 따라 적절한 순서를 마련해서 예배할 자유를 가지고 있다. 이 점은 칼빈이 강조하여 말한 바이다. 하나님께서는 공식적인 예배의 순서를 명확히 지시해 주지 않으셨으므로 각 시대와 여러 지역의 교회가 적절히 순서를 만들어 바르게 하나님을 경배해야 한다는 것이다.[21] 그러나 이러한 자

---

[19] 이상의 요소들에 대한 정리는 개혁파적 원리에 유의하면서, 또한 바른 주해를 염두에 두면서 Edmund P. Clowney, "Presbyterian Worship," in *Worship: Adoration and Action*, 117의 말한 바를 다시 검토하여 제시한 것이다.
[20] Clowney, "Presbyterian Worship," 112.
[21] Calvin, *Institutes*, 4. 10. 30.

유에는 예배의 새로운 요소를 도입하는 것이 포함될 수 없다.[22] 웨스트민스터 소요리 문답 제51문에 대해 설명하면서 윌리암슨은 "하나님의 말씀에 기초를 두지 않은 것들이 종교적 가르침과 예배의 영역에 도입될 때마다 제2계명을 위반하게 된다. 또한 성경에 기초를 두지 않은 예배가 오늘날 얼마나 성행하고 있는지 알기 위해 수많은 개신교 교회들을 방문해 볼 필요가 있다"고 지적하고 있다.[23] 이렇게 선배들의 귀한 노력과 피 흘려 세운 성경적 전통으로부터의 일탈을 다시 바로잡기 위해 우리의 장로교 선배들이 예배를 위하여 온 노력들을 잠시 점검해 보기로 하자. 왜냐하면 기독교회의 예배는 그리스도의 주님 되심에 대한 반응이기 때문이다. 그러므로 예배에 대해서도 우리는 주께서 규정하시고 제시해 주신 것을 존중하며 그것에 충실하려고 해야 한다. 예배에 대한 그리스도의 통치와 통제에도 순종해야 한다는 말이다.

2. 과거 개혁파 선배들의 노력들

과거의 개혁파 교회와 장로교회는 예배에서도 그리스도의 주님 되심(Lordship)에 제대로 반응하고 그리스도에게 순종하기 위해서 여러 가

---

[22] 이 점에 대한 강한 강조로 Clowney, "Presbyterian Worship," 117을 보라.

[23] G. I. Williamson, *The Shorter Catechism*, vol. I & II (Philadelphia: Presbyterian and Reformed Pub. Co., n. d.), 최덕성 역, 『소요리 문답 강해』 (서울: 한국개혁주의 신행 협회, 1978), 198.

지 구체적인 노력들을 하여 왔다.

첫째로, 개혁자들의 예배 개혁은 이와 같이 예배가 "제사"(sacrifice)가 아니라는 것을 분명히 하는 일로부터 시작되었다.[24] 그리고 루터는 모든 그리스도인이 제사장임을 강조했다. 우리의 삶을 하나님 앞에서 바르게 사는 것이 거룩한 산 제사를 드리는 것이며 그것이 우리가 그리스도의 희생 제사에 근거해서 주께 드릴 진정한 제사 행위라고 본 것이다. 그러므로 모든 그리스도인이 제사장이라고 했다.[25]

둘째로, 루터파나 쯔빙글리파 사람들과 함께 칼빈주의적 사람들은 예배당 안에 특히 예배 때에 상(像)이 사용되는 것을 엄히 금하여 왔다. 루터는 예배당 안에 수많은 성상(聖像)들이 있는 것은 "상(像)을 만들어 그 앞에 경배하지 말라"는(출 20: 4-5; 신 5:8-9) 성경의 명백한 가르침에 반하는 것이라는 것을 천명하면서 예배당 안에 상(像)들을 제거하도록 했다. 이를 가장 급진적으로 실현한 시민들은 쯔빙글리(Zwingli)에게서 비슷한 설교를 들은 스위스 취리히(Zurich) 시의 성도들이었다. 말씀에 따르는 즉각적인 반응의 대표적인 예가 바로 그런 예가 아닐 수 없다. 이전까지 수많은 상(像)들이 있던 바로 그 예배당에서 계속 예배하면서 그 예배당 안에 있던 십자가상을 비롯하여 여러 상(像)들을 다 제거한 것은 예배의 개혁의 중요한 출발점이었다. 오늘 우리의 입장에서 볼 때에도 이것이 얼마나 놀라운

---

[24] Cf. 김영재, 『기독교 교회사』(서울: 이레서원, 200), 399; Philip Melanchthon, *Loci Communes, 1555* (Grand Rapids: Baker, 1982), 이승구 역, 『신학 총론』(고양: 크리스챤 다이제스트사, 2000), 399f.; Calvin, *Institutes*, 4. 18. 1.

[25] 이 점을 잘 드러내어 논의하는 Lewis W. Spitz, *The Protestant Reformation*, 『종교개혁의 정신』, 정현철 역 (서울: 풍만, 1990), 105f.를 보라.

것이었는지를 생각해 보길 바란다.26

　　웨스트민스터 대요리 문답 제109문답에서도 앞부분에서는 "하나님의 삼위나 그 중 어느 한 위의 형상이라도 내적으로 우리 마음속에 가지든지 외적으로 피조물의 어떤 형상이나 모양으로 만드는 것과 이 형상이나 이 형상 안에서나 이것에 의한 하나님을 예배하는 일, 거짓 신들의 형상을 만들고 그들을 예배하고 섬기는"것이 제2계명에서 금하여진 것임을 아주 분명히 진술하고 있다. 따라서 개혁파 교회와 장로교 전통에서는 하나님이나 그리스도에 대한 그 어떤 상과 그림도 허용되지 아니하는 것이다. 화상(icon)을 사용하던 동방교회에도 동의하지 않는 개혁파의 전통이 여기에 있다.

　　셋째로, 개혁파 교회와 장로교회에서는 전통에 근거해서나 우리 자신이 고안해 내서 성경 외의 어떤 요소들을 예배에 도입하는 것을 금하여 왔다. 개혁파는 루터파적인 예배도 더 성경적으로 개혁하기를 원했다. 그래서 향과 촛불 켜는 것, 예배 중에 무릎 꿇는 것,27 특히 성찬을 받을 때에 무릎을 꿇는 것,28 예배당 안의 십자가 상,29 사순절30 등은 신약 성경 가운데서 예배에 대한 지침으로 주어지지

---

26 칼빈도 같은 입장에서 여러 논의를 한다. Cf. Calvin, *Institutes*, 1. 11. 1-16; 2. 8. 17.

27 칼빈 등을 따라 청교도들에게 있었던 이에 대한 강한 반대 논의에 대해서는 이승구, "청교도에 대한 조직신학적 접근", 『21세기 개혁신학의 방향』(서울: SFC, 2008; 개정판, 서울: CCP, 2018), 제3장을 보라.

28 Calvin, *Institutes*, 4. 17. 36: "사람들이 떡 앞에 엎드려 거기서 그리스도를 경배하는 것을 미신적 경배라고 할 것인가?" "우리는 하나님께 대한 우둔하고 육적인 개념에 가득 찬 위험한 예배 방식을 고안해 내서는 안 되고, 오직 하늘 영광 가운데 계신 그리스도를 영적으로 예배해야 한다." 또한 Calvin, *Institutes*, 1. 11. 7도 보라.

29 Calvin, *Institutes*, 4. 17. 35, 37.

30 Calvin, *Institutes*, 4. 12. 20.

않은 것으로 여겨서 예배에서는 모두 제거하였다.

그들은 신약 성경에서 제시된 요소들만 가지고 하나님께 예배하기를 원했으니, 예배와 같이 중요한 문제에 대해서 하나님께서 지침을 내려주지 않았을 수 없다는 생각에서였다. 그들은 모두 하나님께서 예배에 대하여서도 명확한 가르침을 주셨다고 했고, 그렇게 성경 가운데서 주신 예배에 대한 "규정적 원리"(regulative principle)에 따라서 삼위일체 하나님을 예배하기를 원했다. 칼빈은 "명령되지 않은 것에 대해서도 우리가 마음대로 선택할 수 있는 것이 아니다"고 단언했다.31 사실 그는 하나님께서 명령하신 것을 넘어서 교회가 어떤 새로운 규례를 만들 수 있다는 것을 온전히 거부했다. 사람들과 교회의 "자의적인 주권의 주장은 하나님 나라에 대한 침해이다."32 칼빈은 예배와 관련해서도 "나는 성경에서 도출된, 따라서 전적으로 신적인 하나님의 권위에 근거한 제도들만을 시인할 뿐이다"라고 말한다.33

칼빈의 후예들에게 있어서는 "명령되지 않은 것은 금해진 것이다"는 원칙이 준수되었다.34 17세기의 웨스트민스터 소요리문답에서도 하나님께서 "그의 말씀 가운데서 정하지 아니한 어떤 다른 방법으로 예배하는 것"도 금해진 것이라고 단언하였다.35 그러므로 개혁

---

31 John Calvin, *Tracts and Treatises on the Doctrine and Worship of the Church*, vol. 2 (Edinburgh: Calvin Translation Society, 1849; reprinted, Grand Rapids: Eerdmans, 1958), 118: "First, whatever is not commanded, we are not free to choose." 또한 같은 책의 122쪽도 참조하라.

32 Calvin, *Institutes*, 4. 10. 7.

33 Calvin, *Institutes*, 4. 10. 30.

34 Cf. John Murray, "Worship," in *Collected Writings of John Murray*, vol. 1: *The Claims of Truth* (Edinburgh: The Banner of Truth Trust, 1976), 168.

파 교회들은 성경에 있는 요소들을 가지고 하나님을 예배하려고 하는 열심에서 천주교 예배 중에서 성경적 근거, 특히 신약 성경적 근거를 가지지 않은 것들은 모두 제거하였다. 이것은 그들이 얼마나 하나님께 참으로 예배하기를 원했는가를 잘 나타내어 보여 주는 것이다.

웨스트민스터 신앙고백서에서는 예배에 대해서 이렇게 말한다: "참된 하나님을 예배하는 가납할 만한 방식은 주께서 친히 정하셨고 당신님 자신의 계시된 의지로 제한하셔서, 그가 사람들의 상상과 고안에 의해서, 사탄의 시사에 의해서, 그 어떤 가시적 표현 아래서, 또는 성경에 규정되지 않은 다른 방법으로 경배를 받지 않게 하셨다(*Westminster Confession of Faith*, XXI, 1).

역시 〈웨스트민스터 대요리문답〉〈제109 문답〉은 다음과 같이 계속 진술한다: "제2계명에서 금지된 죄들은 하나님께서 친히 제정하지 않으신 어떤 종교적 예배를 고안하고, 의논하며, 명령하고, 사용하고, 어떤 모양으로라도 인정하는 것들이며, 거짓 종교를 용납하는 것과 …… 우리 자신들이 발명하든지, 전통을 따라서 사람들로부터 받았든지, 옛 제도, 풍속, 경건, 선한 의도, 혹은 다른 어떤 구실로 예배에 추가하거나 삭감하여 하나님의 예배를 부패하게 하는 시민적 고안들입니다. …" 경건한 동기에서나 선한 의도로 시작된 것이라고 그것이 성경적 근거를 가지고 있지 않은 것들은 우리의 예배에 도입되어서는 안 된다는 것이다. 17세기 웨스트민스터 신조의 작성자들에게 있어서 그것은 예배에 향이나 의식적 촛불이 도입되는 것

---

35 The Westminster Shorter Catechism, 51문답.

이나 성찬 때에 떡을 무릎을 꿇고 받는 일 등을 뜻했는데, 그들에게 있어서 이는 아주 심각한 문제였다. 그러므로 우리는 과거의 선배들이 의식적으로 배제한 모든 비성경적인 요소들을 매우 주의하면서 그것들이 알지 못하는 사이에 우리들의 예배로 다시 들어오지 않도록 유의해야 한다.

넷째로, 개혁파 교회와 장로교회는 하나님 **예배에 적합한 회중 찬송을** 회복시키고 강조해 왔다. 특히 시편 찬송(the singing of Psalms)은 성경에 대한 강해(설교)와 함께 종교 개혁의 특성이라고도 불린다.[36] 성도들로서는 회중 찬송을 함께 찬양하여 드리는 것이 예배에 참여하는 아주 주요한 한 형태다. 칼빈은 자신이 친히 시편을 운율에 맞게 번역해서 사용하기도 하였고 당대의 프랑스 최고의 시인으로 불리던 마로(Clément Marot, 1497-1544)의 운율적 번역을 사용하여 찬송케 하기도 했다.[37] 1543년에 나온 마로의 『제네바 시편가』에는 49편의 시편이 불어로 번역되었고, 시므온의 노래, 마리아의 찬가, 십계명, 사도신경, 그리고 주께서 가르치신 기도가 포함되어 있었다.[38] 그는 이미 제네바의 1537년 규례(the Article of 1537)에서 "시편들은 우리의 심령을 하나님께 올려 줄 수 있으며, 우리의 찬양으로 그의 이름의 영광을 부르며 높이며 열심 있게 할 수 있다"고 선언한 바 있다.[39] 이미 1539년에 그는 스트라스부르에서 불어 시편

---

[36] 이에 대해서 Clowney, "Presbyterian Worship," 117을 보라: "Along with the exposition of Scripture, the singing of Psalms was characteristic of the Reformation."

[37] James Hastings Nichols, *Corporate Worship in the Reformed Tradition* (Philadelphia: Westminster, 1968), 57.

[38] Needham, "Worship Through the Ages," in *Give Praise to God*, 401.

[39] The Article of 1537, cited in Klaas Runia, "The Reformed Liturgy in the

찬송 초판을 발행하였는데, 여기엔 18편의 시편과 3편의 영창(canticles)이 실렸고("이제 족하옵나이다"(the *Nunc dimittis*)라는 시므온의 노래, 눅 2:29-32, 십계명, 그리고 사도신경?),40 이 중 7편은 칼빈이 친히 번역했다고 한다. 이 시편 찬송들이 후에 제네바 시편 찬송(the great Genevan Psalter, 1562)의 모태가 되었다고 한다.41 마로는 1544년에 죽었기에 나머지 번역은 베자(Theodore Beza, 1519-1605)가 하여 1562년 시편가를 냈다.42 이 시편가의 곡은 Louis Bourgeois (c. 1510-61)가 1545 (혹 그 이전부터?)-1557 사이에 감당했고, 그 후에는 Claude Goudimel (1510-72)이 감당했다고 한다.43 그리하여 시편 찬송은 핍박받는 위그노들의 특성이 되었다. 물론 개혁 교회는 시편만을 부른 것은 아니다. 그럼에도 불구하고 때때로 후대의 규정적 원리는 시편만을 고집하고 나간 때도 있었다. 그렇게 지나치게 나간 것은 문제이지만, "시편의 하나님 중심적 경건의 풍성함이 개신교적 헌신을 특징 짓도록 했다"는 말은 참된 것이다.44

이 점은 모든 회중이 참여하는 공예배의 공적이며, 공동체적 성격의 한 부분으로 인식될 수도 있다. 그러므로 개혁파 선배들은 예

Dutch Tradition," in *Worship: Adoration and Action*: 100. 이 논문은 졸역, "화란 개혁파 전통의 예배 의식", 『개혁신학』 제10권 (서울: 웨스트민스터 출판부, 1998), 189-224에 번역되어 있다. 인용문은 202쪽에서 온 것이다. 이하 이 논문으로부터의 인용은 Runia, "The Reformed Liturgy," 면 수=한역, 면 수로 하기로 한다.

40 Cf. Needham, "Worship Through the Ages," in *Give Praise to God*, 400.
41 Runia, "The Reformed Liturgy," 100=한역, 203.
42 Needham, "Worship Through the Ages," in *Give Praise to God*, 401.
43 이에 대해서는 Needham, "Worship Through the Ages," in *Give Praise to God*, 401을 보라. Goudimel은 1565년 가정용 시편가도 내었고, 세인트 바돌로뮤의 날에 학살당한 위그노 중의 한 사람이다(402).
44 Clowney, "Presbyterian Worship," 118.

배의 공적이며 공동체적인 성격, 모든 회중이 함께 참여하는 성격을 강조한 것이다.

다섯째로, 개혁파 교회와 장로교회는 공인되고 모든 이가 그에 따라야 하는 기도서(the Book of Common Prayer)보다는 예배 모범(Directory for the Public Worship)의 전통을 남겨 주었다. 예배 모범은 강제적인 것이기보다는 예배에 대한 성경적 풍성함에 충실할 수 있는 모델(model)을 제시해 주는 데 있다. 이는 가장 성경에 따르는 예배를 드릴 것을 요구하면서도 예배의 비본질적인 소위 "정황"(circumstance) 문제에 대해서는 어떤 일정한 양식을 강제하지 않고, 각 교회와 회중의 자유를 존중하는 전통이다. 장로교회의 예배 신학에서 매우 중요한 점은 바로 예배의 요소들(elements)에 있어서는 철저하게 성경적 근거를 따져서 그 요소들을 찾고 그에 충실하려고 하면서도 예배의 정황들(circumstances)에서는 자유를 강조하여 어떤 고정적인 의식(liturgy)을 확정짓고 그에 집착하려 하지 않은 데 있다고 할 수 있다. 개혁파 교회는 결코 어떤 예전적 운동을 벌여 나가지 않았다. 존 머리는 "개신 교회들에서 예전적 운동(liturgical movements)이 성행하는 것은 (교회가) 타락한 표식들의 하나이다"라고 말한다.45

3. 몇 가지 역사적인 예들에 대한 고찰

---

45 Murray, "Worship," 167.

그러면 이제 장로교회의 풍성한 예배 모범의 전통을 따라서 이제 개혁파적이고 장로교적인 예배 모범 몇 가지를 열거하고 그 장점들만을 중심으로 우리의 예배 모범을 제안해 보기로 하자. 이 목적은 어떤 고정적인 의식을 만들려는 것이 아니다. 그것은 장로교 예배 신학의 특성인 자유의 신학에 대립하는 것이다. 단지 풍성한 전통과의 대화 가운데서 가장 성경에 충실한 모범을 찾아보려는 것이다.

3-1. 칼빈의 예배 이해와 예배 순서에 대한 칼빈의 제안

칼빈은 (1) 우리의 성도다운 삶과 함께 (2) 우리의 예배를 하나님께 드리는 감사의 제사(sacrifice of thanksgiving)로 이해하면서 이는 그리스도께서 온전히 드리신 속죄의 제사(sacrifice of expiation)에 근거하여 드려지는 것임을 강조한다: "우리의 모든 기도, 찬양, 감사, 그리고 우리가 하나님을 경배하며 하는 모든 것이 여기에 포함된다. 이 모든 것들은 종국적으로 더 큰 제사(the greater sacrifice)에 의존하니, 이 더 큰 제사에 의해서 우리는 영혼과 몸 모두에서 주님의 거룩한 성전으로 성별되는 것이다. 왜냐하면 우리의 외적 행위들이 하나님 섬김에 사용되는 것으로는 충분치 않기 때문이다. 먼저는 우리 자신이, 그 뒤에는 우리에게 속한 것 모두가 하나님께 성별되고 드려져야만 한다. 그래서 우리 안에 있는 모든 것이 하나님의 영광을 섬기는 것이 되고, 우리가 하나님의 영광을 증진하기 위해 열심이 될 수 있어야 한다"(*Institutes*, IV. xviii. 16). 이렇게 칼빈에 의하면 신자들은 그리스도의 제사에 근거해서 우리의 삶과 예배로 "그들의 존재 전체와 그들의 모든 행위들을 하나님께 갚아드림으로써" 하나님께 드린다(*Institutes*, IV. xviii. 13).

예배를 이렇게 이해하는 칼빈은 1541년 제네바로 다시 왔을 때는 스트라스부르의 부셔(Bucer)에 의해서 만들어지고 사용된 예배 식순을 채용하여 제네바 예배식을 제안하고 실천하였다.46 그는 이렇게 말했던 것이다: "나는 스트라스부르의 예배 형식을 취하여 그 상당한 부분을 빌어 썼다."47 이는 그가 1542년에 낸 "초대 교회의 관

---

46 사실 부셔가 스트라스부르에 왔을 때 그 도시는 이미 루터파인 디볼트 쉬바르츠(Diebold Schwarz, 또는 Theobald Schwarz, 1485-1561)가 1524년 2월 16일에 만든 독일 미사(the German Mass)라는 좀 개혁된 예배 순서를 가지고 있었으니, 이는 중세의 미사 가운데서 문제가 되는 부분을 모두 정화하고, 몇 가지 고대의 반응들인, '주여 우리를 불쌍히 여기소서'(*Kyrie*), 영광송(*Gloria*), 거룩송(*Sanctus*), 그리고 축복송(*Benedictus*) 등을 도입하였고, 신경 고백과 기도를 회중들이 하게 한 것이다. 부셔는 이 예배 의식을 "더 오래고 참되며 영원한"(*das alt, recht und ewig*) 형태로 좀 더 고쳐서 회중들로 하여금 음악에 맞추어 시편을 부르도록 하였고, 니케아 신조 대신에 사도신경을 도입하였고, 로마의 lectionary를 따르지 않고 "연속적 성경 읽기"(*lectio continua*)를 예배 순서 중에 도입하였다. 그러나 그도 고대 예배 의식의 기본적인 틀은 그대로 유지하였다. 이상에 대해서는 Klaas Runia, "The Reformed Liturgy in the Dutch Tradition," in *Worship: Adoration and Action*: 99=한역 200을 보라. 또한 부처는 기존의 제단(altar)이라고 부르던 것을 상(table)이라고 부르고, 벽면에 붙어 있던 것을 회중석을 향한 앞쪽 중앙에 위치하게 하고, 목사(minister)가 회중을 향해 서도록 하였으며, 성찬을 위한 성직자의 특별한 복장도 허용하지 않고 주일에 검정 가운을 입는 것은 무방하다고 하였다. 참조를 위해 스트라스부르의 예배 순서를 소개하면 다음과 같다:

말씀의 예전
준비, 영광송(Gloria), 죄의 고백, 사죄 선언, 시편 교송, 인사와 응답, 입당송, 자비를 구하는 기도, 영광송(Gloria), 기도문 낭독, 서신서 봉독, 복음서 봉독, 신조 고백

성만찬
봉헌, 배열 준비, 인사와 서송("주를 앙망할지어다"), 성찬 제정의 말씀의 서문, 시편 95편, 손 씻음과 기도문, 성찬 제정의 말씀 전문, 중보 기도, 생활을 위한 기도, 성찬의 말씀, 회상, (운율에 맞춘) 주께서 가르치신 기도, 입맞춤, 하나님의 어린 양에 대한 찬송(*Agnus Dei*), 성찬 기도, 성도들의 교제, 분병, 분잔, 참여, 성찬 후 기도, 인사와 응답, 축도.

례에 따른 기도 형태와 성례 집례 방식"에 나타나 있는 다음과 같은 순서의 제안에 잘 나타나고 있는 것이다.[48]

말씀의 예전(The Liturgy of the Word)

기원(*votum* or *adjutorium*: "우리의 도움이 천지를 지으신 여호와의 이름에 있도다")

영광송(*Gloria*)

죄의 고백

용서에 대한 성경 말씀 낭독과 주의 용서 선언의 말 선언

시편 찬송(운율에 맞춘 시편, 또는 십계명의 앞부분,

    각 계명에 대해 "주여 우리를 불쌍히 여기소서"(*Kyrie*로 반응함)

거룩송(경우에 따라 생략)

조명을 위한 기도[49]

성경 봉독

설교

---

[47] Calvin's saying, cited in John M. Barkley, *The Worship of the Reformed Church* (London: Lutterworth, 1966), 17.

[48] "The Form of Prayer and Manner of Ministering the Sacraments according to the Use of the Ancient Church," in W. D. Maxwell, *The Liturgical Portions of the Genevan Service Book* (New York: Oliver and Boyd, 1931), 114-15. Cf. Geddes MacGregor, *Corpus Christi* (London: MacMillan, 1959), 53f.; Howard G. Hageman, *Pulpit and Table* (London: SCM, 1962), 27f.
칼빈 자신은 liturgy라는 말을 사용하지 않았으나 칼빈이 스트라스부르에 와 있는 프랑스 피난민 교회를 위해 만든 예배 순서를 그의 후계자 Valerand Poullain이 *Liturgia Sacra* (1551)라는 제목으로 출판하였기에 그 예배 순서가 역사상 처음으로 *Liturgia*로 언급되어 천주교에서 나온 1558년 문서보다 앞선다는 논의로 Hughes Oliphant Old, "Calvin's Theology of Worship," in *Give Praise to God*, 479, n. 2를 보라.

[49] 조명을 위한 기도(a prayer for illumination)가 칼빈 등의 새로운 도입이라는 논의로 Bryan Chapell, *Christ-Centered Worship: Letting the Gospel Shape Our Practice* (Grand Rapids: Baker, 2009), 50을 보라.

*(가난한 자들을 위한 모금[collection]

중보 기도

[뜻을 풀어 씀] 주께서 가르치신 기도

[회중이 함께 부르는] 사도신경

시편 찬송

아론적 축복기도)50

다락방 예전(The Liturgy of the Upper-Room)

가난한 자들을 위한 모금(collection)

중보기도

(뜻을 풀어 씀) 주께서 가르치신 기도

(성찬 준비 하는 중에 회중이 함께 부르는) 사도신경

성찬을 위한 기도

성찬 제정 말씀 봉독

성찬을 위한 권면

성찬으로의 초대

분병, 분잔, 성찬

성찬 이후의 권면

기도, 시므온의 찬미(*Dunc Dimittis*, 눅 2:29-32)

아론적 축복 기도

그러므로 칼빈은 스트라스부르의 부셔(Bucer)를 따르면서 중세에 존재하게 된 요소들과 의식들을 거의 모두 완전하게 버려 버렸지만 "예배 의식의 전통적 형태를 조심스럽게 유지했다"는 하게만의 말에

---

50 *( )안의 순서는 아래와 같이 성만찬이 뒤따르지 않을 때의 순서이다.

우리는 상당히 동의할 수 있다.[51]

3-2. 화란 개혁파의 예배 의식

화란의 캄뻔 신학교 실천 신학 교수였던 끌라스 루니아(Klaas Runia)는 16세기와 17세기에 화란 개혁파 교회들이 비슷한 예배 의식을 사용하였는데, 그 예배 의식이 어떤 대회나 총회에서 결정되어, "그 어떤 대회나 총회에서도 예배를 위한 온전한 의식(liturgy)을 준비하거나 강요한 일이 없었다"고 한다.[52] 가장 예배 의식에 대한 언급이 많아 예배 의식적 회의(litergical synod)라고 불리우는 도르트 회의(Synod of Dort, 1574)에서도 교회들에 고정된 순서를 강조하지 않았다는 점을 루니아는 강조한다.[53] 이때 결정 사항에 비추어 볼 때 당시의 예배를 다음과 같은 순서로 재구성해 볼 수 있다. 기원(votum), 기도, (시편 찬송), 설교, 기도, 신앙 고백, 축도. 그리고 오후 예배에서는 설교 앞에 십계명 읽기가 있었고, 헌금은 예배당 입구의 헌금궤에 드려졌다고 한다.

아마도 이때까지의 화란 개혁파 교회의 신학과 예배 의식 형성

---

[51] Cf. Hageman, *Pulpit and Table*, 16.

[52] Klaas Runia, "The Reformed Liturgy in the Dutch Tradition," in *Worship: Adoration and Action*: 95-109, 인용문은 97에서 온 것임이 논문은 "화란 개혁파 전통의 예배 의식", 개혁신학 제10권 (서울: 웨스트민스터 출판부, 1998), 189-224에 번역되어 있다. 인용문은 193f.쪽에서 온 것이다. 이하 이 논문으로부터의 인용은 Runia, 면 수=한역, 면 수로 하기로 한다.

[53] Runia, "The Reformed Liturgy," 97=한역, 196. 1574년의 이 도르트 회의는 1618-1619년의 유명한 도르트 회의, 화란 사람들이 the Great Synod of Dort라고 부르는 그 도르트 대회와 혼동되지 말아야 한다.

에 있어서 가장 영향력 있었던 인물은 영국 런던으로 피난갔다가 프랑크푸르트(Frankfort), 팔라티네이트의 프랑켄탈(Frankenthal in the Palatinate) 등지로 옮겨 다니던 화란 피난민 교회의 목회자였던 피터 다떼누스(Peter Dathenus)라고 여겨진다. 팔라티네이트의 예배식은 요하네스 아 라스코(Johannes à Lasco), 칼빈(Calvin), 우르시너스(Ursinus) 등의 영향을 받은 다음과 같은 순서를 지니고 있었다고 한다: 기원이 아닌 인사(salutation), (긴 죄의 고백을 포함한) 설교 전의 기도, 성경 봉독, 설교, 죄의 고백과 사죄나 풀지 않음의 선언, (감사와 중보의) 긴 기도, 시편, 아론적 축도.54 바로 이 예배 순서가 소위 베셀 모임(the so-called Convention of Wesel, 1568)과 여러 대회의 의장으로 선임된 바 있는 다떼누스에 의해서 화란 개혁파 교회에 받아들여진 것으로 여겨진다. 그리고 화란에서의 중요한 시도로 미델부르그 대회(The Synod of Middelburg, 1581)의 결정 중 하나인 별개의 죄용서의 선포는 불필요하다는 선언을 언급할 수 있다. 사제적 의식을 드러내는 선언보다는 죄 용서와 사죄에 대한 하나님의 선언을 이미 포함하고 있는 설교로 충분하다고 여겨진 것이다.55 점차 죄의 고백조차도 화란 개혁파 예배에서 사라지게 되었다. 이에는 목회기도 안에 이미 삽입되어 있다는 의식이 작용한 듯하다.

16세기 말에 이 엄격하고 단순한 예배식이 더 단순화되어 일부 순서, 즉 성경 봉독과 시편 찬송이 예배 이전 순서로 옮겨진 때가 있었다고 한다. 이는 예배가 시작되기 전에 "교인들이 쓸데없는 잡담을 하므로 혼란케 되지 않도록" 하기 위해서였다. 그리고 후에 이 예

---

54 Runia, "The Reformed Liturgy," 101=한역, 205f.
55 이상에 대해서 Runia, "The Reformed Liturgy," 97-98=한역, 196f.

배 전 순서에 십계명 읽기와 사도 신경 고백이 포함되었었다고 한다. 그러나 후에 이 모든 순서가 다시 본 예배 순서 속으로 들어가게 되었다.56

도르트 대회(the Great Synod of Dort, 1618-1619)에서는 예배 의식 개정을 위한 위원회를 선정했으나 이 문제를 다룰 충분한 시간을 갖지는 못하고, 아침 예배 때 십계명을 읽도록 하고 오후 예배는 요리 문답 강해 예배로 드리도록 지정했다고 한다. 그리고 나머지 문제에 대해서는 최종적 예배 순서를 각 지교회(肢教會, local church)의 결정에 맡겼다. 여기에 개혁파 예배 신학의 자유의 원리가 나타나고 있는 것이다. 성경의 가르침을 중심으로 예배하고, 그 요소들만을 사용하되 그 원칙을 가지고 자유롭게 하도록 규정한 것이다. 그들은 예배 의식이 "단순하고 정신차린 것"(simple and sober)이기를 원했다.57 대개 이 때의 예배 순서는 다음과 같이 진행되었다:

> 기원(*votum*, 시편 124:8), 사도적 인사, 시편송(마리아의 노래, 사가랴의 노래, 시므온의 노래, 주기도문에 곡을 붙인 것, 사도신경에 곡을 붙인 것 등 11편의 곡), 십계명 봉독(장로들 중 한 분), 통회와 권면의 시편(오후 예배에는 장로 중 한 분이 사도신경 읽음), 성경 봉독(장로님들이 신구약에서), (죄 용서와 중보기도 포함한) 긴 기도[목회기도], 시편송(부르면서 헌상), 설교(대개 둘째 부분 후에 시편송 부르고 셋째 부분 설교하고 듣기), 적용을 위한 기도, 시편송, 축도.58

그런데 19세기 말과 20세기 초에 화란에서 소위 예전 운동(liturgical

---

56 Runia, "The Reformed Liturgy," 102=한역, 206f.
57 이상에 대해서 Runia, "The Reformed Liturgy," 98=한역, 197을 보라.
58 이상의 순서는 Runia, "The Reformed Liturgy," 96f.=한역, 194에 나온 루니아의 기억에 의한 어린 시절 예배 순서 제시에서 온 것이다.

movement)이 일어나서 단순한 이전의 예배 의식에 변화를 시도하는 운동이 화란 개혁 교회와 개혁 교회 안에서 일어났다고 한다.59

3-3. 〈웨스트민스터 예배 모범〉의 제안들(1644)

영국 국교회의 공동 기도서(the Book of Common Prayer)의 대안으로 제시된 이 예배 모범은 따라서 공동 기도서의 의무적인 사용이 이미 정해진 기도문의 낭독(낭독 기도)을 강요하고, 다른 식으로 기도하는 것을 막으며, 설교를 줄이게 하고, 예배를 기계적으로 만드는 등 참된 예배에 도움이 되기보다는 방해가 되었다는 점을 지적하면서 제안된 것이다.60 그러므로 역사적 장로교주의는 예배의 질서와 일정한 순서도 고려할 뿐만 아니라 예배의 자유도 같이 고려했다는 클라우니의 말이 옳다.61 웨스트민스터 예배 모범은 공예배의 요소들을 묘사하고, 교회의 공예배를 위한 순서와 진행 방법에 대한 제안을 하고 있다. 그것은 의무적인 강요가 아니라 예배에 대해 성경이 말하는 풍부한 것들을 표현하는 모델로서 제시된 것이다.

---

59 그 구체적인 내용에 대해서는 Runia, "The Reformed Liturgy," 102-103=한역, 207-10을 보라. 그리고 이에 대한 비판적 논의를 위해서는 번역 글에 딸린 역자 주를 참조하라: "예배식에서 헌상 부분이 그 본래적 의미를 차지하게 되는 것은 옳다. 그러나 이런 식으로 구획화하여 하나님께서 내려주시는 부분과 인간이 올리는 부분을 나누어 예전을 발전시키는 것이 과연 좋은 것인지도 재고해야 할 문제의 하나이다.······ 전반적으로 성례전을 강조하여 예배 의식에서 설교와 성례전의 균형을 잡은 것은 칼빈적 강조로의 회복이라고 할 수 있으나, 현대의 지나친 예전주의가 예배 의식의 예전화, 의식화를 낳는 것은, 그리고 에큐메니칼적인 유대를 위해 그런 것이 발전되는 것에 대해서는 좀 더 생각해 보아야 할 것이다"(한역, 210, 211의 역자 주).

60 The Preface를 보라. http://www.athens.net/~wells/dpwg/
61 Clowney, "Presbyterian Worship," 111.

Alexander Henderson, Samuel Rutherford, Robert Baillie, George Gillespie 목사와 같은 (웨스트민스터 총회에서 공식적으로 투표는 할 수 없었던) 스코틀랜드 신학자들과 Thomas Goodwin, Philip Nye, William Bridge, Anthony Burgess, Edward Reynolds, Richard Vines, Stephen Marshall 그리고 Dr. Temple 등의 위원으로 임명되어 초안을 작성하고 (11월 27일에 완성되어 의회의 인준을 받은) 혼인과 장례에 대한 모범을 제외하고서는, 1644년 11월 22일에 의회(Parliament)의 인준을 받아 공포되었다.62 이를 작성한 사람들은 예배에 대한 규정적 원리를 굳게 믿던 분들이었다.63 그것을 순서를 중심으로 요약해 보면 다음과 같은 순서를 얻을 수 있다.

말씀의 예전(The Liturgy of the Word)

예배로의 부름(Call to Worship)
예배를 위한 기원(하나님을 높이고 찬양하며 은혜와 조명을 주실 성령의 임재를 기원)
구약의 말씀(한 장)
운율에 맞춘 시편가
신약의 말씀(한 장)
운율에 맞춘 시편가

---

62 William Maxwell Hetherington, *History of the Westminster Assembly of Divines*, Third Edition (Edinburgh, 1956; reprinted, Edmonton, Canada: Still Water Revival Books, 1993), 179.

63 Cf. R. J. Gore, Jr. *Covenantal Worship: Reconsidering the Puritan Regulative Principle* (Philadelphia: P&R, 2002), 25-40: David Lachman and Frank J. Smith, eds., *Worship in the Presence of God* (Greenville, SC: Greenville Seminary Press, 1992), 16-17, 75-79; Terry L. Johnson, ed., *Leading in Worship* (Oak Ridge: TN: Covenant Foundation, 1996), 4-5; Chapell, *The Christ-Centered Worship*, 56.

죄 고백과 중보기도(Prayer of Intercession)

강설

(구속과 복음과 말씀에 대한 감사의) 기도, 주께서 가르치신 기도

다락방 예전(The Liturgy of the Upper-Room)

성물을 드리는 일(Offertory)

성찬으로 초대(invitation=Fencing the Table)

성찬을 위한 감사 기도

성찬 제정의 말씀(고전 11장) 봉독

교훈의 말

봉헌 기도

분병, 분잔

참여와 묵상

성찬에 참여한 자다운 생활을 위한 권면

성찬 후의 기도

시편 찬송

축복 기도

이 예배 모범에 대해 논의를 할 때는 웨스트민스터 회의 참석자들 사이의 별로 큰 의견의 차이가 있지 않았다고 하니 당대에는 예배 문제에 있어서는 상당한 의견의 일치가 있었던 듯하다. 특히 교회 정치 문제에서의 이견들과 오랜 논의와 비교하면 이는 상당히 비슷한 의견들이 당대의 분위기를 주도했다고 볼 수 있다. 특히 안식일의 성화에 대한 견해에 대해서 그랬었다. 논의가 된 문제로 성경을 봉독할 때 목사 이외의 사람이 읽어도 되는가 하는 문제에 대해서는 앞으

로 목회자가 되기로 준비하는 이들(probationers)이 때때로 봉독하는 것을 허락하는 것으로 결론 내려졌다고 한다.64 성찬과 세례 문제에 대해서는 오랜 논의가 있었고 특히 성찬을 위한 성도들의 배열의 문제에 대해서 논쟁이 있었는데 스코틀랜드의 신학자들은 성찬상을 중심으로 앉아 성찬을 나누는 것을 옹호하고, 독립파 사람들이 이에 익숙하지 않은 관계로 성도들이 그들의 회중석에 앉아 관전할 것을 주장했다고 한다.65 결국 성찬상(table) 중심의 배열을 예배 모범은 제안하고 있다.

이런 웨스트민스터 예배 모범을 살피면서 클라우니는 장로교 예배를 특징짓는 근본적 확신들로 다음 몇 가지를 제안하고 있는데, 그것은 웨스트민스터 예배 모범의 전통에 충실하면서 그 정신을 잘 반영하고 있는 것으로 여겨진다.66

첫째로, 다른 모든 측면(즉, 신학의 구조와 삶에 대한 이해)에서도 그러하지만 개혁파에서는 예배에서도 하나님의 영광을 가장 중요시했다. 그러므로 이는 "오직 하나님께만 영광을"(*soli Deo gloria*)이라는 어귀로 잘 요약될 수 있다. 이런 의미에서 "우리의 모든 삶은 예배의 섬김이다; 우리는 모든 것을 주 예수 그리스도의 이름으로 하나님의 영광을 위하여 한다(골 3:17; 엡 5:20; 고전 10:31)"(111). 그러나 삶 전체가 다 하나님께 드리는 예배이지만 우리 주께서 그의 제자들과 함께 하나님을 높이는 시간을 가지셨듯이 공예배의 필요성이 있다. 클라

---

64 Hetherington, *History of the Westminster Assembly of Divines*, 178.
65 Hetherington, *History of the Westminster Assembly of Divines*, 178.
66 이하에서는 Clowney, "Presbyterian Worship," 111-21에 제시한 바를 요약하고 이에 대한 우리의 이해를 덧붙이기로 한다. 그러므로 특별한 언급이 없는 한 이 단락에서 인용문은 이 글로부터의 인용이고 ( )안에 그 면수만을 밝히기로 한다.

우니는 시편 찬송과 주의 날을 예배의 날로 엄수하는 것이 장로교 예배의 송영적 성격을 강화시켜 준다고 지적한다(112).

둘째로, 클라우니는 장로교 예배에서는 성경에 대한 강조가 큰 특징이라고 말한다. 성경의 권위에 대한 강조, 특히 성경의 충족성의 강조가 장로교 예배에서 분명히 나타난다. 성경에 기록된 하나님의 경륜 전체 이외에 "성령으로부터 왔다는 새로운 계시에 의해서나 사람들의 전통으로" 그 무엇도 덧붙여져서는 안 된다(Westminster Confession of Faith, I, 6). 물론 "종교 개혁 이전에도 뛰어난 설교자들이 있었다. 그러나 종교 개혁에서 새로운 것은 성경의 내용에 대한 체계적인 설교이다"(113). 그러면서 그는 그 예로 칼빈이 거의 성경 전부를 설교한 것을 들고 있다.[67] 개혁파 교회에서는 기록된 하나님의 말씀을 봉독하고 듣고 설명하여 주는 일이 예배의 중심을 차지하는 것이다(113). 그리고 예배도 성경으로부터 온 요소들만으로 조직하여 드리는 것이다.

셋째로, 클라우니는 성경의 언약 신학을 반영하는 것을 장로교 예배의 특성으로 언급한다(118). 특히 언약의 자녀들과 언약 백성의 연대성을 강조하며 가정 예배와 요리 문답 교육에 대한 강조, 그리고 치리의 중요성과 의미가 언급된다.

넷째로 장로교 예배는 주일을 그리스도인의 안식일(the Christian Sabbath)로 여기는 장로교적 주일 교리에 뿌리를 내리고 있다고 한다(120).

---

[67] Cf. Hughes Oliphant Old, *Worship, Guides to the Reformed Tradition* (Atlanta: John Knox, 1985), 75.

마지막으로, 클라우니는 가난한 자들에 대한 배려인 자비의 사역(집사직의 사역)에 대한 강조를 장로교 예배의 특성으로 언급한다 (120). 웨스트민스터 예배 모범이 가난한 자들에 대한 배려를 안식일의 의무로 권고하고 있는 것이 이를 잘 반영한다는 것이다.

이와 같은 클라우니의 관찰은 제시된 순서를 그저 교조적으로 반복하고 따르는 것이 아니라, 웨스트민스터 예배 모범의 모범으로서의 성격을 잘 파악하며 그 정신을 잘 드러내고 있는 것이라고 할 수 있다.

3-4. 로버트 레이몬드의 제안

근자에 장로교 신학자가 조직신학 교과서 가운데서 예배 순서의 한 예를 제시한 것을 검토해 보는 것도 우리에게 도움이 되리라고 여겨진다. 웨스트민스터 신앙고백서에 근거한 조직신학 책을 낸 로버트 레이몬드는 예배에 대해서 다음과 같은 입장을 밝히고 자기 나름의 순서를 제안하였다.[68]

예배에 대해서는 "명령되지 않은 것에 대해서는 우리가 선택할 자유가 없다"고 하면서 성경에 있는 것을 중심으로 생각하려한 칼빈과[69] 웨스트민스터 신앙 고백서의 전통을 따라서 하나님 자신이 제시

---

[68] Robert L. Reymond, *A New Systematic Theology of the Christian Faith* (Nashville, Tennessee: Thomas Nelson Publishers, 1998). 이하 이 문단에서 이 책으로부터의 인용은 본문의 면 수만을 밝히기로 한다.

[69] Calvin, *Tracts and Treatises on the Doctrine and Worship of the Church* (reprint; Grand Rapids: Eerdmans, 1958), 2: 118, 122. 이에 근거해서 레이몬드는 웨스트

하신 방식에 따라 예배할 것을 제시한다(870, 868, 877). 그러나 이것은 예배의 요소들에 관한 것이지, 예배의 때나 장소, 예배의 순서들은 "본성의 빛과 기독교적 사려 분별에 의해, 세상의 일반적인 규칙들에 따라서" 질서 지워져야 한다고 웨스트민스터 신앙고백서(I/vi)에 따라 진술한다(870). 그리고 성령과 진리 안에서 예배해야 한다는 예수님의 말씀(요 4:24)과 관련해서 이는 하나님이 정하시는 방식에 따라 드려야 할 것을 의미하는 것이라고 해석한다(871).[70] 그리고 그런 예배는 성경적이고, 영적이고, 단순하며, 장엄하고, 하나님을 존중하는 예배가 될 것이라고 한다(872). 예배의 시간으로서 그는 주께서 부활하신 날로서의 주일 성수를 강조하며 이를 안식일 준수라고 표현하기도 한다(877). 이를 강조하기 위해 그는 찰스 핫지의 다음 말을 인용하기도 한다: "사람들이 [예수님의 부활]에 대한 지식이 없어지기를 원한다면, 그들로 하여금 주간의 첫날을 거룩히 지키는 것을 무시하도록 하라. 그러나 부활 사건이 어디에서나 알려지고 기억되기를 원한다면 그날을 부활하신 구주께 대한 예배로 거룩히 드리도록 해야 한다"(877).[71]

이런 원칙에 따라서 레이몬드는 지난 세대의 부흥회적 예배와

민스터 신앙고백서에 규정된 소위 "규정적 원리"(regulative principle)가 청교도들의 창안물(Puritan innovation)이라고 거부하는 패커의 견해를("The Puritan Approach to Worship," *Diversity in Unity* [London: The Evangelical Magazine, 1964], 4-5) 반박한다(870, n. 7). 비슷한 입장의 표명으로 Clowney, *The Church* (Leicester: IVP, 1995), 122를 보라.

[70] 여기서 레이몬드는 레온 모리스의 다음 주해를 소개한다: "[생명을 주시는 영이신] 그에게 적합하게 예배해야 한다. 사람은 예배의 방식을 주도할 수 없다. 사람은 하나님의 영이 엮어 주는 방식으로만 하나님께 나올 수 있다"(*The Gospel According to John* [Grand Rapids: Eerdmans, 1971], 272).

[71] Charles Hodge, *Systematic Theology* (1871; reprint, Grand Rapids: Eerdmans, 1952), 3:330.

오늘날 아직 신자가 되지 않은 분들을 중심으로 한 구도자 예배의 문제점을 지적한다(873). 또한 이런 예배들의 영향을 받아서 전통적인 장로교회들의 예배도 그 전통을 알 수 없는 예배가 되어 가는 것의 문제점을 지적한다. 그러면서 "우리 하나님은 가슴으로만이 아니라, 정신으로도 경배되어야 한다; 그에 대한 믿음은 이해를 요구한다"고 강력하게 말한다(873). 그러면서 이를 위해 신학적으로 건전한 회중찬송과 시편과,72 성경적으로 근거한 바르게 해석된 설교, 말씀을 읽고 묵상하는 일, 그리고 특히 이 시대에 필요한 율법의 제 3의 용에 대한 강조 등이 포함되어야 하며, 광고 등 하나님께서 명하지 않은 모든 것들은 다 배제되거나 필요한 광고의 경우에는 예배 전후로 나가야 한다고 제안하고 있다(874). 이 모든 것을 반영하면서 레이몬드가 제안하는 예배 순서는 다음과 같은 것이다(875f.):

말씀의 제의(Liturgy of the Word)

말씀을 위한 준비(Preparation for the Word)

(시편 인용이나 찬송을 사용한) 예배로의 부름, Call to Worship
찬양과 경배의 찬송이나 시편, 또는 찬양과 은혜와 조명을 비는 기도 (회중이 함께
주께서 가르치신 기도를 드리는 것으로 마쳐질 수도 있다).
하나님의 주권적 위엄과 우리의 죄인 됨을 깊이 새기게 하는 **구약 성경 봉독**
죄의 고백과 용서를 비는 기도
(이는 목회자가 대표로 하는 목회 기도일 수도 있고,

---

72 이를 위해 미국의 회중을 위해 그가 제안하는 찬송가와 시편 집은 다음과 같다: *Trinity Hymnal* and *Trinity Psalter* (Philadelphia: Penn.: Great Commission Publications).

기도문에 따라 하는 기도일 수도 있고, 교독 기도일 수도 있다)

죄 용서의 확신 Assurance of Pardon

하나님의 은혜에 대한 감사 찬송 또는 시편

헌상

중보기도

그리스도인의 삶에 대한 지침을 제공하는 **신약 성경 봉독**

말씀의 선포

하나님 말씀을 받아들이도록 준비하도록 하는 찬송

조명을 위한 목회기도

설교 본문이 되는 성경 봉독

설교

적용을 위한 기도

하나님 말씀의 선포에 반응하는 찬송이나 시편

축도(만일 성찬 예식이 뒤따르지 않는다면)

다락방의 전례(성찬 전례) (Liturgy of the Upper Room)

(반응의 찬송)

참된 신자들에 대한 주의 상으로의 초대와 불신자들을 금함

예배 송 또는 하나님의 은혜에 대한 감사 찬송

사도 신경 고백

성찬 제정의 말씀 낭독

성별을 위한 기도

떡의 분배

잔의 분배

감사 기도

찬양의 찬송이나 시편

축도

4. 성경의 가르침과 서구 교회의 전례에 근거한 한국 장로교회를 위한 예배 모범

이제 성경의 가르침과 과거 개혁파 교회의 예배 모범을 반영하면서 한국에서 신학과 음악에 조예가 깊은 김홍전 박사에 의해서 제안된 예배의 순서에 근거해서 한국 장로교회적인 예배 모범을 제시해 보기로 한다.

    하나님께 나아가는 마음을 모아 반주자가 주께 대표로 찬양을 올리고 모든 성도는 그 찬양을 속으로 따라 같이 마음을 모아 드리고 (전주, prelude) 그 하나님 앞에 기도하는데 바로 성경에 있는 기도인 시편을 낭송하여 함께 기도하고, 가장 모범적인 기도인 주께서 가르치신 기도를 드린 후에 삼위일체 하나님의 거룩한 영광을 기리는 찬송을 드리고(gloria), 시편을 교독한 후 (우리의 믿는 바로 사도 신조로 하나님과 온 세상 앞에 공표하고)[73] 삼위일체 하나님의 거룩하심을 기리는 찬

---

[73] 김홍전 박사는 예배 중에 사도신경 고백을 넣지 않았다. 이는 오직 성경에 있는 것만을 사용하려는 의도로 이해될 수 있을 것이다.
    그러나 (1) 사도신경은 비록 영감된 성경의 한 부분은 아니나 성경의 내용을 잘 요약한 가장 보편적인 신조이고, (2) 중세 때에 사도신경이 세례 예배 때만 그것도 라틴어로 낭

송을 드리고(sanctus), 목회자가 목회 기도를 하여 온 교회가 하나님의 뜻에 따라 제대로 진전해 나가기를 위해 기도하고, 하나님께서 행하신 일에 근거해 하나님을 경배하겠다는 경배송을 드리고(worship), 하나님의 말씀을 직접 듣고(성경 봉독과 듣기) 헌상(獻上) 예식을 하여 구속받은 자들이 하나의 공동체로 자신들을 다 주께 드려 주께서 교회로서 그리스도의 몸으로 사용해 주시기를 바라면서 자신들을 그리스도의 공로에 싸서 주님께 드리는 헌상 찬송(offertorium)과 헌상 기도를 드리고, 하나님께서 내려 주시는 말씀을 영혼의 양식으로 다른 지체들과 함께 받고, 간절한 마음으로 적용을 위한 기도를 하고, 우리가 경배하는 하나님의 영광을 기리는 송영(doxology)을 드리고 삼위일체 하나님의 축복을 받고, 반주자가 우리를 대표해서 드리는 후주와 함께 우리도 하나님을 속으로 찬양하면서 우리의 영혼이 다른 지체들과 함께 하나님께 절하는 예배 의식을 마치게 된다.

이런 예배에 있어서 어떤 요소는 모두가 같이 주께 드리고(찬송들, 헌상), 어떤 요소는 인도자가 우리 모두를 대표해서 주께 드리는 바(전주, 후주, 목회기도, 때로는 기도송, 찬양) 이때 모든 성도들은 그 인도자의 인도를 따라서 속으로 조용히 함께 그 찬송과 기도를 드려야만 한다. 특히 목회자가 공기도를 인도할 때 모든 성도들은 조용히 함께 속으로 그 기도의 내용을 따라서 같이 기도드리고, 마쳐지면 다 같이 조화롭게 "아멘"으로 응답하여야 한다.

이상은 주로 성례가 함께 있지 않은 경우를 중심으로 언급하였

송된 것에 반해서 칼빈이 온 회중이 자국어로 고백하도록 한 것을 생각하면(Cf. Nichols, *Corporate Worship*, 41), 사도신경을 사용해서 우리의 믿고 있는 바를 드러내는 것이 매 주일 예배의 한 순서가 되는 것이 유익하리라고 여겨진다.

으나 정상적인 예배는 항상 성찬이 함께 동반되어야 할 것이다. (그러나 이 경우 성찬이 어떻게 집례되어야 하는지는 다른 기회에 논의하기로 하자). 여기서는 단지 (1) 칼빈이 강조한 바와 같이 성찬이 자주 집례되어야 한다는 것과 이때 자기 자신을 살피는 자아 성찰(self-examination)이 의미 있게 수행되어야 한다는 것과 성찬식 자체에서는 (2) 그리스도의 십자가의 죽으심과 피흘려 주심에 모든 성도들이 공동체적으로 참여하는 것(communion)이라는 의미가 잘 드러나도록 하는 예식이 되어야 한다는 점, (3) 이를 위해서 우리 모두가 한 떡에 참여하며 한 잔에 참여한다는 것을 드러내기 위해 될 수 있는 대로 한 떡으로부터 나누어 먹고, 떡을 떼는 일이 예배 중에 일부라도 있어야 하며, 한 잔에 참여함을 보이는 붓는 일이 예배 중에 일부분이라도 있는 것이 좋다. 그리고 이 모든 것은 (4) 성령에 의존해서만 의미가 있고 유효하다는 점만을 언급하기로 한다.

5. 결론: 성경의 가르침과 장로교 예배 모범을 돌아보면서 우리들의 예배에서 고쳐져야 할 문제들에 대한 몇 가지 제언

이제까지 우리는 성경에 근거해서 또한 성경에 근거해 자신들의 예배 지침을 발견하고 그것을 예배의 전 과정에 적용해 보려고 했던 과거 개혁파 선배들의 노력을 돌아보면서 우리 나름의 장로교적 예배 모범을 제안하였다. 이를 마치면서 우리들의 예배에서 고쳐지고 앙

양되어야 할 몇 가지 사항을 지적해 보고자 한다.

(1) 그리스도의 공로와 십자가와 부활에 의존한 성령님 안에서의 예배라는 점이 확실히 인식되어야 한다. 따라서 예배를 예배하는 자에게 어떤 공로가 되는 것으로 여기면서 이에 근거해서 벌을 피하거나 복을 얻는 근거로 작용할 수 있는 것이 전혀 아니고, 예배는 마땅히 드려야 하는 당위이며, 오히려 예배에 참여하는 것 자체가 은혜로 되어지는 일임이 분명히 인식되어야 한다.

이 점에 근거해서 우리는 많은 개혁 신학자들과 함께 지난 세대의 부흥회적 예배와 오늘날의 아직 신자가 되지 않은 분들을 중심으로 한 구도자 예배의 문제점을 지적해야만 한다.[74]

(2) 성경으로부터만 예배의 요소들을 이끌어 내어 예배하려는 진리 안에서의 예배, 이와 함께 성경의 충족성에 대한 분명한 천명, 즉 성경에 제시된 하나님의 전 경륜 이외에 그 어떤 것이나 계시도 언급하거나 덧붙이지 않으려는 태도가 자명한 것으로 여겨지도록 해야 할 것이다. 끌라스 루니아 교수가 잘 말한 것과 같이 "신약 신자들은 성령과 진리 안에서 그들의 주님을 경배해야만 하는 영적인 성인(成人)들"이기 때문이다.[75]

따라서 오늘날 여러 교회들이 성경적 근거를 확인하기 어려운 요소들인 "춤이나 상징적 제의들을 예배에 도입하는 것은 예배의 정황을 넘어서는 것"이라고 생각하면서,[76] 예배에 공연적 요소를 도입하는 것은 "강단을 무대로, 선포를 여흥으로 대체하려는 것"이라고

---

[74] 이 점에 대해서는 특히 Reymond, *Systematic Theology*, 873을 보라.
[75] Runia, "The Reformed Liturgy," 107=한역, 219.
[76] Clowney, *The Church*, 128.

비판하는 일에[77] 우리의 목소리를 더해야 할 것이다.[78]

따라서 성찬을 행할 때에 무릎을 꿇는 순서 같은 것을 다시 생각해 볼 수 있다는 논의는 정말 꿈도 꾸지 말아야 할 것이다. 우리 선배들이 성경과 성령에 의존하여 피 흘려 가면서 폐지한 것을 되살릴 수 있다는 생각이 어떻게 가능할 것인가? 마찬가지로 성찬의 떡과 잔을 높이 치켜드는 것도 피해야 할 일이다. 중세 때에 이런 상징적 행위에 큰 의미를 부여하는 일이 많았기 때문이다(the elevation of the Host와 관련한 많은 논의를 보라).[79] 성찬의 의미를 설명하기 위해서 그리할 수 있으나 특히 웨스트민스터 신앙고백서에서 성찬의 요소들인 떡과 포도주 잔을 "높이 드는 것"(lifting them up)도 "성례의 성질에 반하는 것이고, 그리스도의 제정에도 반하는 것"이라고 명시하고 있으므로(웨스트민스터 신앙고백서 29장 4절) 이 점은 매우 주의해야 할 것이다.

(3) 온 교회가 같이 드린다는 공동체 예배, **공예배 의식의 함양** (이와 함께 스트라스부르의 부셔(Bucer)와 칼빈이 강조했던 공동체적 성격의 강조). 함께 모여야 공예배가 드려질 수 있다. 그러므로 모이기를 폐하는 어떤 이들의 습관과 같이 하지 말고 모이기를 힘써야 한다(히 10:24-25).

(4) 공예배와 공기도시에 방언을 사용하지 않아야 한다는 성경의 분명한 말씀(고전 14:6-11, 19)에 유의하는 일이 필요하다.[80]

---

[77] Clowney, *The Church*, 127.

[78] Cf. Peter Barnes, "Entertainment in Worship," in *The Banner of Truth*, 한글판, 34 (1998년 12월): 33f. 또한 근자의 서창원 목사의 논문.

[79] 이에 대해서 멜란히톤이 미신적이라고 하면서 강하게 반론하는 내용에 대해서 멜란히톤, 『신학 총론』, 398을 보라.

(5) 공예배 중에 구약과 신약의 말씀을 연속적으로 읽고 듣는 순서의 회복이 있어야 한다.

이렇게 성경으로부터 예배를 찾고, 성경을 배우며, 성경 전체를 중심으로 모이는 예배에서는 굳이 소위 교회력에 따른 예배를 따르기보다는 성경을 체계적으로 배워 나가며 그 내용을 따라 예배하는 방식을 취할 수 있을 것이다. 쯔빙글리와 불링거도 그리했었고, 칼빈이 그로부터 배운 마틴 부셔(Martin Bucer)가 전통적인 lectionary 대신 계속적 성경 읽기(lectio continua)와 그것에 근거한 설교를 도입한 것을 유념해야 한다. 칼빈도 이에 따라서 연속적인 강해를 하여 간 것을 기억해야 한다. 온전히 성경을 따르려 하던 이들은 심지어 성탄절도 굳이 지킬 필요는 없다는 입장을 취하기도 하였다. 따라서 현대에 와서 개신교에서도 나타나고 강조되고 있는 교회력에 따른 예배에의 강조는 어떤 면에서 과거 개혁파 선배들의 가르침에 깊이 유의하지 않은 것일 수 있음을 지적하고 성경을 체계적으로 공부해 나가면 그 성경을 중심으로 하는 예배로 나아가야 할 것이다.

---

80 이에서 더 나아가 방언 문제에 대한 개혁파 교회의 입장 천명으로 Anthoney Hoekema, *What about Tongue-speaking?* (Grand Rapids: Eerdmans, 1966), 103-13; idem, *Saved by Grace*, chapter 3; Clowney, *The Church*, 249; 그리고 Reymond, *A New Systematic Theology of the Christian Faith*, 59를 보라.

또한 다른 소위 이적적 은사들에 대한 개혁파적 견해를 보려면 Cf. Richard B. Gaffin, Jr., *Perspectives on Pentecost* (Phillipsburg, N.J.: Presbyterian and Reformed, 1979), 65-67; R. Fowler White, "Richard Gaffin and Wayne Grudem on I Cor. 13:10: A Comparison of Cessationist and Nocessationist Argumentation," *Journal of the Evangelical Theological Society* 35/2 (1992): 173-81; idem, "Gaffin and Grudem on Ephesians 2:20: In Defense of Gaffin's Cessationist Exegesis," *Westminster Theological Journal* 54 (Fall 1993): 303-20; O. Palmer Robertson, *The Final Word* (Carlislie, Pa.: Banner of Truth, 1993), 85-126; 그리고 Clowney, *The Church*, 257-68.

(6) 그 곡조와 가사가 예배에 적합한 찬송을 선곡하고, 작곡하여 찬송하는 일이 필요하다. 그러므로 예배에 적절하지 않은 곡과 가사들이 포함된 찬송을 하려 하거나 찬송을 찬송의 본래적 목적 이외의 것으로 전용하는 것은 있을 수 없는 일로 배격되어야 할 것이다.

따라서 예배 순서 가운데 예배에 적합한 찬송을 골라 부르며, 하나님께 경배하는 태도와 마음으로 잘 연습해서 찬양하도록 해야 할 것이다. 대표로 기도를 인도하는 분들이 대표로 하는 것이기에 우리 모두가 속으로 같이 기도하는 것이며, 특송을 하는 분들도 우리가 주께 드리는 찬송을 대표로 드리는 것이기에 우리가 같이 하는 마음으로 같이 찬송을 드려야 한다. 따라서 대표로 찬송한 후에 박수를 친다든지 하는 것은 함께 찬송한다는 의식이 결여된 것이라고 여겨야 한다. 예배 중에는 사람에게 박수를 치는 등 사람을 높이는 일을 피해야 할 것이다.

(7) 가난한 자를 위한 모금과 구속받은 존재 전체와 날마다의 삶을 주께 드리는 것으로서의 헌상의 의미를 회복하고 잘 드러내는 일이 필요하다. 헌금은 절대로 축복을 위한 수단으로 드려지는 것으로 언급되어서는 안 된다. 오히려 구속된 백성이 자신을 전적으로 주님과 주의 일에 드리는 의미로 헌상이 이해되고 수행되어야 한다.[81] 이와 함께 바른 정신의 헌상송과 헌상 기도가 드려질 것이 강조되어야 할 것이다.

(8) 예배가 지나치게 의식화되는 일(ritualization)의 문제점을 지

---

[81] 헌상에 대한 폭 넓고 깊이 있는 성경적 이해에 대한 가장 좋은 논의로 김홍전, 『헌상에 대하여』, 1 & 2 (서울: 성약, 1996); 이승구, "헌상에 대한 성경신학적 이해", 본서 다음 장을 보라.

적하고 고치려고 하는 일. 장로교회와 개혁 교회의 개혁파적인 예배는 단순한 예배이다. "예배의 개혁파적인 단순성은 빈곤함을 드러내는 것이 아니라, 성경적이며, 신학적이며, 더 정확하게는 구속사적인 원리이다!"[82]

예배당 안에 성찬상이 마치 제단과 같은 의미를 전달하는 형식으로 중앙에 있는 것, 성찬상에 촛불이 있는 것들은 모두 반드시 고쳐져야 한다. 우리 선배들이 피 흘려 가면서 폐지한 것들이 아무런 역사 의식(意識) 없이 도입되는 것은 무시무시한 일이다. 예배당 앞부분을 제단이라고 말하는 것도 없애야 할 잘못된 습관이다.

예배당 안에 십자가가 있는 것도 심각한 문제로 여겨야 한다. 선배들이 말씀에 대해 회개하면서 말씀을 따라 반응하면서 폐지한 것들이 슬그머니 들어오도록 해서는 안 된다.

예배를 인도하는 목사님 등이 예배를 위해 독특한 복장을 하는 것이나 가운을 입는 것도 심각하게 재고(再考)되어야 한다. 될 수 있는 대로 평상복을 입고 예배를 인도해 온 방식을 따르는 것이 좋고, 특별히 일상생활에서도 목사들이 독특한 성직자복을 도입하는 것은 애를 써서 성직자복을 폐지한 선배들의 노력을 무위화(無爲化) 하는 것이 된다.

(9) 하나님께 드리는 예배를 중심으로 한 예배 순서 중에 성도의 교제의 요소를 넣는 일을 지양하는 것이 좋을 것이다. 그러므로 성도의 교제와 이를 돕기 위한 광고 등은 예배 후로 미루는 것이 좋을 것이다. 특히 "사무상 필요로 광고를 한다면 그것은 예배가 끝난

---

[82] Runia, "The Reformed Liturgy," 107=한역, 219.

다음에 하는 것이 상례(常例)"라는 말을 유념하는 것이 좋을 것이다.[83]

(10) 예배와 삶의 관계의 정립이 필요하다. 예배한 사람들은 예배한 자답게 살아야 한다. 그리스도인에게는 예배와 삶이 모두 하나님을 섬기는 것이며, 그 둘은 상호 밀접하게 연관되어 있어서 그 둘이 분리되면 제의도 무의미해지기 때문이다. "회중은 하나님을 찬양하기 위해 모이지만, 그것은 이제 세상 안에서 활동하는 데로 이끌려져야 한다. 그것은 또 다른 형태의 예배이기 때문이다(즉, 예배가 예배를 이끈다)."[84] 우리는 그리스도를 찬양만 하지 말고, 그를 뒤따라가는 삶도 살아야 한다(Kierkegaard). 삶과 분리된 제의를 꾸짖으시는 여호와 하나님과 그의 말씀을 전하는 선지자의 호령은(특히 사 1:10-15을 보라) 지금도 살아 있는 것이다.[85] 그러므로 우리도 루니아 교수와 함께 다음 질문을 하게 된다: "주일에 드리는 예배가 그 회중들 각자로 하여금 세상에서 적극적이고 활동적이게 하며, 하나님과 폭넓은 사회 전반의 동료 인간들을 섬기게끔 하는가?"[86]

---

[83] 김홍전, 『예배란 무엇인가?』, 69. 또한 Reymond, *A New Systematic Theology of the Christian Faith*, 874도 보라.

[84] Runia, "The Reformed Liturgy," 109=한역, 223f.

[85] 이에 대한 주해적 논의로 졸고, "종교의 내적 본질과 외적 표현의 상관성: 이사야 1:10-15 석의", 『개혁신학에의 한 탐구』 (서울: 웨스트민스터 출판부, 1995): 15-25를 보라.

[86] Runia, "The Reformed Liturgy," 109=한역, 223.

4

헌상에 대한 성경 신학적 이해

예배 순서 가운데 헌상(獻上) 순서가 있어서 하나님께 경배하면서 헌상하는 일은 보편화되었다. 그러나 이러한 헌상의 보편화와 함께 헌상에 대한 오해도 우리 주변에 난무(亂舞)하다. 그러므로 목회에 대해 성경 신학적 고찰을 하여 우리의 목회가 진정 성경에 근거한 바른 목회가 되도록 하는 일에 있어서 헌상을 다시 생각하여 바르고 성경적인 헌상이 이루어지도록 하는 일은 매우 의미 있는 일이 될 것이다. 이는 우리의 삶과 특히 교회가 성경적 모습을 유지해 가는 데 기여할 것이다.

먼저 용어에 대한 정리를 하고 시작하고자 한다. 한국 교회 안에서는 예배 중에 하나님께 헌상하여 드리는 순서를 흔히 '헌금'(獻金)이라고 불러 왔다. 좋은 용어이지만 이를 오해하면 돈이나 재물만을 드리는 순서로 오해하기 쉽다. 헌금이라는 용어는 이제 우리가 밝히려고 하는 폭 넓고 바른 의미의 헌상이 가진 풍성한 뜻을 축소시킬 위험이 있다. 그러므로 헌금이라는 용어보다는 헌상이라는 용어를 사용하는 것이 더 나아 보인다. 또한 연보(捐補)라는 용어도 사용되는데, 이것도 의연금(義捐金) 같이 부족한 것을 보충하는 연금(捐金)이라는 뜻을 전달하므로 헌상된 것의 사용에 대한 하나의 성격을 암시한다는 점에서 좋은 도움을 줄 수 있으나 우리의 헌상의 폭넓은 의미를 포괄적으로 드러내기는 어렵다. 이런 뜻에서 진정한 성경적 헌상의 의미를 잘 드러내면서 가르쳐 오신 김홍전 목사님의 용어인 '헌상'(獻上)을 채용하여 사용하고자 한다. 이는 '위로 헌신하여 드림', '바치어 올려 드림'이라는 뜻을 지닌 용어로 결국 헌상의 내용이 구속받은 우리 자신임을 잘 드러내고 있는 좋은 용어라고 생각된다.[1]

따라서 우리는 '헌상'이라는 용어가 이후에 설명할 모든 의미를 잘 포괄할 수 있는 가장 좋은 용어라고 생각되어서 이 용어를 사용하면서 헌상에 관한 이 논의를 하기로 한다. 이와 함께 우리가 중요시해야 할 용어는 우리 말 성경에 "연보"라고 번역된 말의 헬라어인 "코이노니아"(κοινωνία)이다. 이 "코이노니아"라는 말은 "교제"라는 말인데 성경에서는 성도들을 위한 헌금에 대해서도 이 용어를 써서 표현하고 있다(고후 8:2; 9:13; 롬 15:26). 헌상은 '성도들 사이의 구체적인 교제'라는 의미를 전달한다. 그리고 그 깊은 의미를 가지고 생각하

---

[1] 이 용어 사용에 있어서만이 아니라, 이 글 전체의 흐름에서 나는 김홍전 박사님의 생각에 직접 간접으로 의존하고 있음을 밝힌다. 그의 다른 글들도 그렇지만 특히 김홍전, 『헌상에 대하여』 1, 2 (서울: 성약, 1996)를 보라. 물론 모든 잘못된 이해는 나 자신의 것이고 이 글에 대해서는 나 자신에게 책임이 있다.

면 그것은 또한 은혜를 주시는 하나님과 은혜를 받은 우리의 교제를 의미하기도 한다. 이런 점에서 헌상은 또한 넓은 의미의 "코이노니아", 즉 '교제'를 뜻하는 성경적 개념이다. 그러므로 우리는 교제(코이노니아)로서의 헌상이라는 용어를 선호하고자 한다. 그리고 이것은 결국 성경이 말하는 다른 용어인 성도들을 "섬김"(διακονία)이기도 하다(행 11:29, 30, 고후 8:4; 9:1, 12, 13).[2] 이외에도 헌상을 지칭하는 성경의 용어들은 "성도들을 위한 연보"(λογείας τῆς εἰς τοὺς ἁγίους, 고전 16:1, 2), 은혜(χάρις, 고전 16:3; 고후 8:4, 7)와 섬김의 의식(λειτουγία, 고후 9:12), 그리고 "율로기아"(εὐλογία, 고후 9:5)[3] 등과 같이 다양한 용어들도 사용되고 있다. 그러나 용어가 모든 것을 결정하는 것은 아니므로 '헌금'이라고 하든지 '연보'라고 하든지 그러한 전통적 용어 사용에 친숙한 분들은 전통적 용어들을 그대로 사용하면서 그 의미를 교제(κοινωνία)와 섬김(διακονία)의 의미를 지닌 헌상으로 생각하면서 진정으로 하나님께 자신들을 헌상할 수 있기를 원한다.

1. 헌상이란 무엇인가?

---

[2] 이 용어들에 대한 논의로 이승구, 『성령의 위로와 교회』 (서울: 이레서원, 2001), 101을 보라.

[3] 우리말로는 그저 연보라고 번역되었음. 일반적으로 희랍어에서는 영어의 eulogy와 같은 뜻으로 성경 희랍어에서는 "축복의 행위"(the act of blessing)나 축복(a blessing)으로 사용되는 이 말은 여기 고린도후서 9:5에서는 "관대한 선물"(generous gift)의 뜻으로 사용된 듯하다. Cf. Murray J. Harris, "2 Corinthians," *The Expositor's Bible Commentary*, vol. 10 (Grand Rapids: Zondervan, 1976), 375.

헌상이 무엇인가를 정확하고 쉽게 설명한다는 것은 다른 모든 개념 정의와 함께 가장 어려운 일의 하나이다. 무엇을 정확히 정의하기 어려운 경우에는 일단 그것에 대해서 잘못된 생각들을 열거하고 부정적 뉘앙스를 제거하는 작업을 통하여, 헌상의 긍정적 뉘앙스의 의미를 제시하는 것이 매우 좋은 탐구의 방법이다. 그렇다면 일단 헌상에 대한 잘못된 관념들을 열거하고 그것의 문제점을 살려 보기로 하자.

1-1. 헌상은 다음과 같은 것이 아니다.

(1) 헌상은 죄를 용서해 주신 것을 보상하기 위한 대가로 드리는 것이 아니다. 물론 헌상에는 주께서 우리의 죄를 씻어 주시고 구속해 주셔서 하나님의 자녀로 살게 하신 것에 대한 감사가 포함된다. 그런 의미에서 헌상은 구속받은 감사의 표현이라고 할 수는 있다. 그러나 헌상이 죄 씻음에 대한 대가일 수는 없다. 우리가 헌상하는 것으로는 주께서 우리를 구속해 주신 은혜를 갚을 수 없기 때문이다. 그러므로 우리는 헌상을 함으로써 주께서 우리를 구속하신 은혜를 갚는다는 어리석고도 얄팍한 생각을 버려야만 한다. 우리가 후에 드러내려고 하는 헌상의 장중한 의미를 생각할 때 헌상을 구속의 대가로 생각한다는 발상 자체는 있을 수 없고 한심한 것이다.

더구나 헌상은 이 세상적 의미에서 복 받은 대가로 드리는 것이 아니다. 도대체 어떻게 그런 생각을 할 수 있을까? 하나님이 이렇게 잘해 주셨으니 우리가 갚아야 한다는 마음으로 드린다는 것이 어떤 점에서 가능한 것처럼 보이지만 그런 생각은 사실상 아주 주제넘은 어리석은 생각이다. 도대체 하나님께서 우리에게 해 주신 것을 우리가 대가를 주고 갚는다는 생각을 어떻게 할 수 있다는 말인가? 우리가 후에 생각할 헌상의 의미를 생각한다면, 우리가 가진 모든 것을 드리고 나 자신을 드리고 나의 일생 전부를 온전히 주께 드린다고 해도 부족하다는 심정을 가져야 하는 것이다. 그러므로 주께서 주신 것에 대가를 주어 갚는다는 의미로 헌상하는 어리석은 생각을 우리는 버려야 한다.

(2) 헌상은 영적인 복을 얻기 위해 드리는 것이 아니다. 성경에서는 돈을 드려서 영적인 어떤 것을 얻을 수 있으리라고 생각하는 것에 대해서 그런 사람은 그 돈과 함께 망하리라는 것을 강하게 선언한다. 그러므로 헌상도 영적인 어떤 것을 얻기 위한 수단과 도구로 드리는 것이어서는 안 된다.

헌상은 더구나 이 세상적 의미의 복을 받기 위해 드리는 것이 아니다. 하나님께서는 돈을 많이 내는 이에게 이 세상적인 복을 더 주시고, 적게 내는 이에게 복을 덜 주고 하는 이 세상적인 신이 아니다. 하나님은 우리의 돈을 보고 행하시는 분이 아니다. 헌상은 무엇을 얻기 위해 드리는 수단과 도구가 아닌 것이다.

(3) 따라서 헌상은 하나님이 무엇이 부족해서 하나님을 좋은 것으로 배불리기 위해 드리는 것이 아니다. 다음 성경 구절은 이런 사람들의 태도에 대해서 하나님께서 얼마나 안타까운 마음을 가지고 계신지를 반어적으로 표현하는 대표적인 말씀이다.

내가 네 집에서 수소나 네 우리에서 숫염소를 가져가지 아니하리니, 이는 삼림의 짐승들과 뭇 산의 가축이 다 내 것이며, 산의 모든 새들도 내가 아는 것이며, 들의 짐승도 내 것임이로다. 내가 가령 주려도 네게 이르지 아니할 것은 세계와 거기에 충만한 것이 내 것임이로다. 내가 수소의 고기를 먹으며 염소의 피를 마시겠느냐?(시편 50: 9-13).

이는 구약 시대에, 즉 하나님께서 이스라엘 백성에게 양과 염소와 황소로 제사드릴 것을 명하셨던 시대에 주신 말씀이다. 그러나 그때에도 하나님이 무엇이 부족해서 이스라엘 백성에게 그런 제사를 요구하신 것이 아님을 분명히 하는 이 말씀의 뜻을 우리는 마음에 새겨야 한다. 사실 그 제물은 범죄하는 이스라엘 백성을 위해 필요한 것이었다. 하나님께서 필요로 하시는 것이 아니라, 이스라엘이 필요로 하는 것이다. 심지어 구약에 요구된 십일조와 헌물들도 결국 잘 따져보면 이스라엘 백성들로 하여금 하나님 앞에서 자신들의 존재 이유를 깨닫고 제대로 언약 백성으로서의 삶을 살아갈 수 있도록 하기 위해 주어진 것이지 결코 하나님 자신을 위해 필요한 것이 아니었다. 이것을 강조하기 위해서 하나님은 아주 강한 표현까지를 동원하신다. "내가 가령 주려도 네게 이르지 않을 것은…." 하나님께서 주리실 리가 없다. 또한 하나님이 주리셔도 그 분이 짐승과 생축과 세계와 거기 충만한 것들을 잡아드시는 분이 아니시다. 그럼에도 불구하고 이렇게까지 표현하신 것은 어리석은 이스라엘 백성들과 우리를 깨우치시기 위한 것이다. 이 말씀에서 우리는 하나님께서 무엇이 부족해서 우리에게 헌상하라고 하신 것이 아님을 분명히 알 수 있다.

(4) 헌상은 나의 어떤 목적을 이루기 위해 드리는 것이 아니다. 헌상은 내가 무엇인가를 이루려는 마음을 가지고 그것을 이루기 위

해 이런저런 하나님의 도우심을 받기 위해 드리는 것이 아니다. 도대체 이런 식의 발상 자체가 우리가 섬기는 하나님과 도무지 어울리지 않는 것이다.

(5) 헌상은 하나님을 시험하기 위해 드리는 것이 아니다. 이와 연관해서 사람들이 흔히 인용하곤 하는 다음 말씀의 진정한 의미가 무엇인지 생각하여 보라.

> 만군의 여호와께서 이르노라 너희의 온전한 십일조를 창고에 들여 나의 집에 양식이 있게 하고 그것으로 나를 시험하여 내가 하늘 문을 열고 너희에게 복을 쌓을 곳이 없도록 붓지 아니하나 보라(말 3:10).

이 말씀이 참으로 하나님을 시험하여 보라는 말씀으로 이해될 수 있을까? 오히려 이 말씀으로부터 우리는 구약 시대에 이스라엘 백성이 십일조를 행하여 자신들이 존재하는 이유와 사명을 다 행해야 할 텐데도 그렇게 하지 않는 모습에 대한 하나님의 안타까우심이 표현된 것으로 보아야 하지 않겠는가? 이런 말씀을 진정으로 하나님을 시험하여 보라는 뜻으로 이해하는 것은 하나님을 이해하며 말씀을 이해하는 수준이 지극히 낮다는 것을 반영하는 것이 아닐까?

(6) 헌상은 나의 소유 중 일부만을 하나님께 드리고 나머지는 내 것으로 하기 위해 드리는 것이 아니다. 성경의 전체적인 사상에 의하면 헌상된 것은 하나님의 것이고 나머지는 내 것이라는 의미가 있을 수 없다. 이를 바르게 이해하려면 이스라엘 백성들이 첫 열매를 주께 드리는 것을 먼저 이해해야 한다. 가나안 땅에 들어가서 수확하면 첫

열매 한 단을 제사장에게 가져가고, 제사장은 그것을 흔들어서 하나님께 드린다(搖祭). 그것은 밭에 있는 나머지 모든 것도 다 하나님의 것이며, 이것을 그 전체의 대표로 주께 드린다는 의미이지, 첫 열매만을 주께 드리고 나머지는 우리가 가지겠다는 태도로 사는 것이 아니다. 그래서 그 나머지를 가지고 살 때에도 하나님께서 그의 율법 가운데서 말씀하신 것을 잘 드러내면서 살아가야 하는 것이다. 이와 마찬가지로 오늘날 헌상할 때에도 헌상한 그것만을 주께 드리는 것이고, 나머지는 거룩하지 않은 것이라거나 내 마음대로 사용해도 된다는 생각을 해서는 안 된다. 이런 식의 사고는 나머지를 자신의 욕심대로 사용하려는 것에 대한 죄책감을 면해 보려는 심리적 면책 의식을 낳는 잘못된 기제로 사용된다. 그러므로 우리는 헌상된 것만이 하나님께 드려지고 나머지는 우리가 마음대로 사용해도 좋다는 의식을 가져서는 안 된다.

(7) 헌상은 자신의 부족한 삶을 보충하여 하나님의 애호를 받기 위해 드리는 수단이 아니다. 다른 삶이 하나님 앞에서 부족할 때 그것을 보충하기 위해 드리는 것이 헌상이 아니다.

(8) 헌상은 교회와 사람들 앞에서 자신을 과시하고 영향을 더 하기 위해 드리는 것이 아니다. 교회에서는 이와 같은 것이 있을 수 있는 여지가 없다. 이같은 것을 의식하는 자들을 죽게 하실 정도로(행 5:1-11) 하나님께서는 헌상의 자기 과시적 성격이나 다른 목적으로의 전용(轉用)을 경멸하신다.

이와 같이 수많은 잘못된 생각을 열거한 것은 그런 의미로 드려지는 헌금이 이 세상에 실로 무수하다는 것을 보여준다. 하나님 앞에 서 있을 수 없는 것들이 헌상이라는 고귀한 이름으로 교회 안에서 자행(恣行)되고 있는 것이다. 이 얼마나 무례하고 있을 수 없는 일인가? 헌상이 이와 같은 의미를 지닌 것이 결코 아니라면 과연 헌상은 무엇인가?

1-2. 헌상은 구속받은 나 자신을 하나님께 드리는 상징적 행위이다.

(1) 헌상에서 드려지는 것은 재화나 다른 것이 아니라 '구속받은 나 자신'이다.[4] 즉, 그리스도와 함께 죽고 그와 함께 다시 일으킴을 받은 나 자신을 구속하여 주신 주님께 다시 드리는 일이 헌상이다. 그러므로 구원받은 성도만이 헌상할 수 있는 것이다. 이는 헌상도 하나님과의 거룩한 교제의 한 부분이기 때문이다. 불신자가 헌상을 할 수 없고 혹시 헌상 예식에 참여한다고 해도 그것이 하나님 앞에서 온전한 헌상으로 여겨지지 않는 것이다. 오직 그리스도와 함께 죽고 살아난 사람만이 자기 자신이 하나님 앞에 무가치하지만 주께서 불쌍히 여겨 구속해 주심을 감사하며 이제는 온전히 주께 속한 삶으로 주님의 주관하심 가운데 주의 뜻을 수행하며 살겠다는 마음을 담아서 헌상하는 것이다. 이런 의미의 헌상은 언제나 그리스도의 구속에 근거한 헌상이다. 그렇게 될 때 우리의 헌상은 그리스도의 구속으로 말미암아 구속사적인 일의 한 부분이 되는 것이다. 우리가 구속으로 말미

---

[4] 특히 이 점은 김홍전 박사님의 가장 큰 가르침의 하나라고 여겨진다.

암아 그리스도께서 이루신 구속 공동체와 구속사의 진행의 한 부분이 된 것에 대해서 감사하면서, 자신을 구속사에 속한 일원으로 인정하며 드리는 것이 헌상이다. 그러므로 구속받은 자신을 온전히 주께 드리는 의미가 헌상에 담겨 있다. 이런 의미에서 모든 헌상은 기본적으로 그리스도께서 십자가에서 이루신 구속에 근거한 헌신(獻身)이다. 하나님께서 역사 가운데 이루어 가시는 구속사적인 진행에 우리 자신을 그리스도의 구속에 근거해서 온전히 드리는 일이다. 그러므로 헌신이 없는 헌상은 헌상이 아니다. 온전하지 않은 헌신도 헌상이 될 수 없다. 그런 의미에서 구약 성경에서는 흠 있는 것을 주님께 드리지 못하게 했던 것이다. 하나님께서는 그런 것을 받지 않으신다.

(2) 그렇다면 우리는 항상 흠이 있는 존재인데, 어떻게 주께 헌상할 수 있는가? 그 답은 항상 그리스도의 온전한 희생 제사에 의존하여 성령님 안에서 드리는 헌상만이 진정한 헌상이라는 것이다. 우리는 항상 그리스도와 성령님 안에서 우리 자신을 주께 드려야 한다. 우리는 성령님께 의존해서 우리 자신을 주께 드리는 것이다. 성령님의 온전하신 인도하심이 아니면 우리는 우리 자신을 감히 주께 드릴 수 없다. 따라서 온전히 성령님께 의존하는 우리의 헌상은 영적인 일(신령한 일)이기도 하다.

그리스도와 그의 구속의 공로 없이는 헌상이 없다. 하나님께서는 그리스도의 온전하신 구속에 근거해서만 헌상을 받으신다. 그리고 그리스도의 구속에 근거하여 드린 헌상은 바로 그리스도 때문에 온전한 것이다. 따라서 그리스도의 공로를 항상 우리에게 적용시켜 주시는 성령님의 사역이 없이는 헌상이 없다. 그러므로 헌상도 그리스도의 구속에 근거하여 성령님 안에서 삼위일체 하나님께 우리 자신을 드리며, 하나님께서 그리스도의 공로와 성령님께 둘러싸인 우리를 기꺼이 받으시는 삼위일체적인 사건이다.

(3) 헌상에서 나는 나 자신의 매일 매일의 삶과 그것이 모여 형성된 나의 삶 전체를 하나님의 뜻의 진전과 하나님의 경영하시는 바를 이루기 위해 드리는 것이다. 이런 의식이 헌상에 있어서 가장 중요하다. 우리의 헌상은 헌상의 목적과 의미를 알고 있는 헌상이어야 한다. 그러므로 왜 드리는지도 모르고, 또는 헌상에 대해서 잘못된 관념을 가지고 무조건 많이 드리기만 하면 된다는 것은 있을 수 없다. 우리는 날마다 성령님께 의존해서 성령님께서 인도하시는 대로 우리의 삶을 살아가야 한다. 그것이 헌상한 자답게 사는 일이다. 따라서 헌상 예식 때 드린 것은 이렇게 우리가 살아간다는 것을 상징적으로 표현하는 것이다. 그리고 그 구체적인 삶에서 우리는 하나님께서 주신 것을 받아 그 모든 것을 하나님의 뜻을 수행하기 위해 사용하며 자신의 생명과 재산과 노력과 모든 것을 다 드려, 주께서 맡기신 일들을 감당하며 살아가야 하는 것이다. 헌상된 것이 주께 의미 있으려면, 매일 매일의 삶 가운데서 우리가 먹고 마시고 쓰고 하는 것도 이렇게 주께 드려지는 것으로서 의미 있는 것인가를 생각하며 살아야 한다. 마치 구약 시대에 제사장들이 매일 진설병을 하나님 앞에 진설하여 놓는 것과 같다. 우리는 매일 주 앞에 드려진 자로서 살아가야 한다. 우리가 이렇게 성령님의 인도하심에 따라서 인생의 행보를 걸어 나가며, 성령님께서 인도하시는 대로 주님의 일에 우리 자신을 헌신해야 한다. 여기에 우리의 삶과 연관된 헌상의 의미가 있

다. 그런 의미에서 헌상은 우리의 삶과 함께 다시 한 번 더 신령한 일이다.

(4) 그러므로 삶과 분리된 헌상은 있을 수도 없다. 그런 것이 있다면 그것은 결국 하나님을 모독하는 행위가 되며, 그런 헌상은 하나님이 받지도 않으신다. 하나님께 드리는 헌상에 있어서는 돈을 얼마나 많이 드리는가 하는 것이 중요한 것이 아니라, 그 헌상의 의미에 충실하게 나 자신을 주께 드렸는가 하는 것이다. 하나님께서 이 세상 가운데서 이루어 가려고 하시는 바를 파악하는 일이 무엇보다 선결되어야 한다. 그것을 파악하여 하나님의 뜻을 아는 이들답게 하나님의 뜻의 수행을 위해서 자신을 드려 주님의 뜻을 수행하며, 재화를 드려 그 일이 잘 수행되도록 해야 하는 것이고 이것이 바로 헌상의 진정한 의미이다. 이처럼 헌상은 우리의 삶과 밀접히 관련되어야 한다.

(5) 헌상은 주께서 주신 은혜에 대한 감사의 표현이며 주께서 우리를 받으신다는 것 자체가 우리에게는 은혜로운 일이다. 헌상은 이렇게 다중의 의미로 은혜(χάρις)와 연관된다. 즉, (1) 하나님의 은혜로 구속함을 받은 이들만이 헌상하니, 헌상은 은혜에 대한 감사의 표시이다. 또한 (2) 헌상은 우리의 구체적인 삶으로 표현되는 은혜의 표현이다.[5] 그러나 (3) 우리는 헌상을 그저 감사의 표현으로만 여겨서는 안 되고, 그렇게 우리의 존재와 삶을 주의 것으로 받으셔서 주께

---

[5] Cf. Floyd V. Filson, "Exegesis: The Second Epistle to the Corinthians," *The Interpreter's Bible*, vol. 10 (Nashville: Abingdon Press, 1953), 364: "it is the expression of grace in active life."

서 당신님을 위해 사용하신다는 것 자체가 우리에게는 그야말로 황송하고 은혜로운 일이다. 그러므로 우리가 헌상을 하면서 무엇인가 주님을 위해 한다는 의식이 있어서는 안 되고, 주께서 우리를 구속하셔서 주께 우리 자신을 헌신하여 살게 하시는 것을 황송하게 여기며 은혜롭게 여겨야 하는 것이다. 진정으로 헌상하는 사람은 그렇게 헌상할 수 있는 것을 은혜로 여기는 사람이다. (4) 따라서 그렇게 헌상할 때 우리는 마치 하나님께서 그렇게 해주셨던 것처럼 풍성하고 자비롭게(generously) 헌상해야 한다. 즉, 우리는 하나님께서 은혜로 값없이 주시는 것을 받는 기쁨을 알아야 하고, 그 기쁨 가운데서 은혜롭게, 자비하게 헌상해야 하는 것이다.6 그런 의미에서 헌상은 "은혜(χάρις)"라고도 불려지는 것이다.

1-3. 헌상은 교회의 지체인 우리를 함께 주께 올려 드리는 상징적 행위이다.

헌상은 결코 개인적인 행위가 아니다. 헌상은 교회의 공동체적 행위이다. 헌상은 그리스도의 몸인 교회 공동체가 그 그리스도의 몸 전체를 주께 드려 주께서 시키시는 일을 다 수행하겠다고 드리는 행위이다. 이 교회가 주께서 불러 시키시는 일을 잘 감당하도록 주의 뜻을 깨닫고 그 뜻에 온 교회를 온전히 바쳐 드리는 행위이다. 헌상은 교회가 이 세상에 존재하는 것이 이 세상 자체를 위한 것도 우리들 자신들을 위한 것도 아니고 오직 주님의 뜻을 수행하기 위한 것임을 드

---

6 이 점에 대한 좋은 강조로 Colin Kruse, *2 Corinthians*, Tyndale New Testament Commentaries (Grand Rapids: Eerdmans, 1987), 150-51 등을 보라.

러내는 교회의 각성과 의식의 표현이다. 따라서 개개인들은 교회 공동체의 지체로서 그 일원으로서 자신이 속한 교회가 주님의 뜻을 제대로 수행해 가도록 하기 위해 자신을 그 교회의 일부로 주께 드리는 것이다. 그러므로 헌상은 교회적인 일이다. 개인적으로 헌상하는 것은 있을 수 없는 일이다. 헌상은 항상 교회의 예배 중에 그 온전한 교회적 의미를 다 담아서 주님께 드려야 하는 것이다. 물론 모든 교우들이 다 참여해야 한다. 아무리 가난해도 이 교회적 행위에서 빠지는 것은 있을 수 없다.7 이 땅에서 하나님의 나라를 가장 잘 드러내도록 부름 받은 교회가 그 사명을 제대로 감당하기 위해 몸의 각 지체가 자신을 주께 드리는 공동체적 행사가 예배 중에 드리는 헌상이다. 따라서 다음 절에서는 헌상과 예배의 관계를 생각해야 한다.

2. 헌상과 예배

2-1. 예배의 중요한 부분으로서의 헌상

헌상은 예배의 중요한 한 부분이다. 지교회(肢敎會)가 모여 하나님의 뜻을 기리고 찬송하며 하나님께 그 영혼의 무릎을 꿇어 절하는 공동체적 경배의 여러 요소 가운데는 하나님께 드리는 찬양과 기도도 있

---

7 이 점에 대한 좋은 지적으로 Archibald Robertson and Alfred Plummer, *First Epistle of St. Paul to the Corinthians*, ICC, second Edition (Edinburgh: T. & T. Clark, 1914), 384를 보라.

고, 하나님의 말씀을 듣고 배우며 결단하는 순서가 있는 동시에 그렇게 배운 하나님의 말씀에 반응하며 우리 자신을 공동체로 주께 드리는 행위가 있도록 하신 것이다.

그러므로 교회 공동체가 예배 중에 드리는 헌상에는 첫째로, 우리의 한 주간 동안의 삶을 구속받아 주님의 뜻을 수행하기 위해 사는 사람들로서의 삶으로 인정하고 온전히 주께 드린다는 복음에 대한 온전한 신앙 고백(confession of faith)의 의미가 포함되어 있다.

둘째로, 헌상에는 우리가 그리스도께 의존해서 성령님의 인도하심 가운데서 살아가는 삶에 힘써 노력하여 살아감에도 불구하고 우리의 부족함과 잘못 때문에 흠과 죄가 많음을 인정하는 죄고백(confession of sins) 행위이다. 이 죄 고백은 그리스도의 온전한 구속의 공로에 기대는 것이며 성령님께서 그의 사역으로 그리스도의 구속을 우리에게 온전히 적용하여 주시기를 고대하는 것이다. 성령님께서 효과적으로 우리에게 적용시키시는 그리스도의 공로만이 우리로 하나님께 감히 접근하게 하는 "시은소"(施恩所, mercy-seat)이다. 따라서 우리는 헌상하면서 자만한 마음으로 할 수 없다. 자족하여 스스로 설 수 있는 마음으로 하는 헌상이나, 이만하면 충분하다는 마음으로 하는 헌상이 있을 수 없는 것이다. 헌상은 항상 우리 자신의 부족과 잘못과 연약함과 힘없음을 겸손히 인정하는 것이다.

셋째로, 이제 다시금 힘과 용기를 얻어서 우리 자신을 주께서 부탁하시는 일에 온전히 드리겠다는 헌신(commission)의 다짐이다. 주님의 용서에 힘입어 이전보다 더 온전히 뜻을 깨달아 그 뜻에 온전히 자신들을 드려 나가겠다는 헌신의 재다짐인 것이다. 그리고 이런 것을 모든 교회의 지체와 함께 고백하는 것이므로 헌상은 예배 중에서 행해져야 한다. 이는 헌상이 복음 사건의 결과를 드리는 것이란 의미이며 그리스도께서 십자가에서 이루신 구속이 산출해낸 공동체가 그 전체를 주께 드리는 것임을 말하기에 구속받은 공동체 전체의 경배 가운데서 나타나야만 한다.

이런 의미에서 헌상 예식은 그것의 참된 의미에 근거해서 생각해 볼 때에 교회 공동체의 경배의 가장 상징적인 행위요 경배 전체를 요약하는 행위라고 할 수 있다. 경배는 구속받은 공동체가 창조하시고 구속하신 삼위일체 하나님께 절하며 하나님께 자신들은 온전히 드리는 일인데, 헌상에서 우리는 이렇게 구속받은 우리들을 온전히 삼위일체 하나님께 드리는 것이기 때문이다. 이런 의미에서 헌상 예식은 예배의 꽃이요 면류관이라고 할 수 있다. 이 말을 오해해서는 안 된다. 우리가 돈 내는 것이 가장 중요하다는 뜻이 전혀 아니고, 헌상의 진정한 의미에 비추어 볼 때 헌상은 우리 자신을 온전히 구속된 자로서 주께 드린다는 의미가 가장 잘 요약되어 나타나는 순서라는 말이다. 물론 우리는 찬송 가운데서 우리를 구속하여 주님의 뜻을 수행하여 살게 하신 주님의 크고 기이한 일을 찬양 드린다. 우리는 또한 기도 가운데서 그 일에 대한 감사를 직접적으로 표현한다. 또한 하나님 말씀을 읽고 듣고 그 말씀의 의미를 깊이 있게 풀어 설명하고 그 설명을 들으면서 하나님의 뜻을 깨닫고 그 말씀에 우리 자신을 쳐서 복종시키려 하는 일에서도 역시 같은 것이 나타난다. 그런데 헌상 예식에는 온전히 구속된 자들로서 자신들을 주께 드리고 주님의 처분을 받기를 원하는 예배의 의미가 가득 들어 있다.

2-2. 예배 때마다 헌상해야 하는가?

이렇게 예배와 헌상의 관계를 생각하다 보면 과연 예배 때마다 헌상 예식이 있어야 하는가 하는 질문이 제기될 수 있다. 과거 스코틀랜드 장로교회에서는 그런 점을 강조해서 공예배로 모일 때마다 헌상을 했었고 그것이 예배 순서 중에 아주 중요한 의의를 차지하고 있었다. 그러나 그것은 공예배로 모일 때마다의 모습이었음을 잊어서는 안 된다. 공예배가 아닌 시간에, 예를 들어서 기도회 시간이나 구역 모임을 하는 시간에 헌금을 한다든지 하는 것이 의미 있는 일이라고 생각해서는 안 되는 것이다.

더구나 예배 중에 헌상하는 것이 한 주간 동안 주님 앞에서 우리의 삶 전체를 다 담아 하는 것이라는 이제까지의 설명을 생각한다면 공예배라고 해도 그 모든 예배 때마다 헌상 예식이 있어야 한다고 생각하는 것보다는 일주일에 한번 주일 아침 예배 시간에 헌상 예식을 하고 그것에 집중하는 것이 그 의미를 더 잘 드러내는 순서로 의미가 있으리라고 판단된다. (1) 혹시 이것을 위한 성경적 근거를 굳이 말하자면, 고린도 교회에 대해서 예루살렘 교회의 가난한 성도들을 위한 구제를 말하는 중에 바울이 말하고 있는 바에서 찾을 수 있다. 물론 이 구절에 대한 다양한 주해의 가능성이 있으므로 이것에서 아주 명확한 성경적 근거를 찾는 것은 어려운 일이다. 여기서 바울은 "매주일 첫 날에(κατὰ μίαν σαββάτου) 너희 각 사람이 이를 얻은 대로 저축하여 두어서"라고 한다(고전 16:2). 이 말은 각 사람이 매주 첫 날에 각자의 집에 저축하여 두었다가 후에 내라고 생각하는 사람들이 크리소스톰 때부터 있어 왔다.[8]

---

[8] Cf. Robertson and Plummer, *First Epistle of St. Paul to the Corinthians*,

그러나 (a) 바울이 굳이 "매주일 첫날에"(κατὰ μίαν σαββάτου)라고 하여 사도행전 20장 7절이나 요한계시록 1장 10절과 연관될 수 있는 매주 첫 날의 예배를 상기시키는 표현을 하고 있다는 것과 그 날이 그리스도인들이 그리스도의 부활을 기념하며 모여 성찬 등을 나누던 날이었음을 생각할 때,9 그리고 (b) 그 뒤에 나오는 "내가 갈 때에 연보하지 않게 하라"는 말에 비추어 볼 때, 이는 매주일에 헌상을 하라는 뜻으로 이해하는 것이 더 나을 것이다. 왜냐하면, 모리스가 잘 말하고 있는 바와 같이, "바울이 (여기서) 예배를 언급하고 있지는 않으나 아마도 예배를 염두에 두었을 것이기" 때문이다.10

ICC, 385; Barrett, *A Commentary on the First Epistle to the Corinthians*, 387. F. F. Bruce, *I & II Corinthians*, The New Century Bible Commentary (1971; reprinted, Grand Rapids: Eerdmans, 1990), 158. 최근에 이런 입장의 강력한 주장은 Gordon D. Fee, *The First Epistle to the Corinthians*, NICNT, New Edition (Grand Rapids: Eerdmans, 1987), 813에서 나타나고 있다.

명확히 다음에 언급할 입장을 강조하지는 않지만 이것이 각자의 집에서 모아지는 것을 뜻할 이유는 없다는 논의로 Anthony C. Thiselton, *The First Epistle to the Corinthians*, NIGTC (Grand Rapids: Eerdmans, 2000), 1324를 보라.

9 그리스도인들이 이 날 헌상을 한 것은 아니라는 입장을 강하게 말하는 Gordon Fee도 여기까지는 아주 강하게 말한다. Fee, *The First Epistle to the Corinthians*, NICNT, 814. 또한 Thiselton, *The First Epistle to the Corinthians*, NIGTC, 1321-1324도 보라.

10 Morris, *I Corinthians*, 232f. 또한 Charles Hodge, *An Exposition of the First Epistle to the Corinthians* (New York, 1857; reprinted. Grand Rapids, Eerdmans, 1974), 364; R. G. Gromacki, *Called to be Saints: An Exposition of I Corinthians* (Grand Rapids, 1977), 200 등도 보라. 이를 아주 분명히 전제하고 논의하는 John Calvin, *The First Epistle of Paul the Apostle to the Corinthians*, trans. John W. Fraser (Grand Rapids: Eerdmans, 1976), 350; W. Harold Mare, "I Corintians," *The Expositor's Bible Commentary*, vol. 10 (Grand Rapids: Zondervan, 1976), 293도 보라.

흐로사이데도 이를 시사하나 그는 조금 중도적이다. F. W. Grosheide, *The First Epistle to the Corinthians*, NICNT (Grand Rapids: Eerdmans, 1953), 398. 또한 Clarence Tucker Craig, "Exegesis, The First Epistle to the Corinthians," *The Interpreter's Bible*, vol. 10 (Nashville: Abingdon, 1953), 256도 중도적으로 각 집에서 모았다는 뜻이나 고린도 교회도 후대 교회처럼 매 주일에 교회에서 모았을 수도 있다고 한다.

(2) 더구나 2세기에는 분명히 교회가 매주일에 모여 예배하는 중에 헌상하였음이 분명하기 때문이다.11

또한 (3) 우리가 주일 아침 예배 때 위에서 말한 온전한 의미를 다 담아서 헌상하였다면 그 헌상 예식 속에서 우리의 삶 전체가 다 포괄되기 때문이다. 오히려 저녁 예배 시간은 성찬 예배를 드린 경우에 성찬 감사 예배를 드리는 것과 같이, 아침 예배 때에 주께서 우리의 경배를 받아 주셨고, 또한 더불어서 우리에게 베풀어주신 모든 은혜에 대한 감사 예배로 드리는 것이 더 좋으리라고 여겨진다. 감사를 표현하는 예배를 하는 이때에 굳이 또 헌상 예식이 있어야 한다고 생각할 이유는 없다.

(4) 그리고 전통적으로 헌상 순서는 구제를 위한 헌물로서 성찬식의 요소들을 봉헌하면서 같이 이루어졌었다. 150년경 저스틴(Justin Martyr)이 쓴 변증서에 나타난 순서로도 그러하고,12 3세기 말과 4세기의 순서에서도 그러했으며, 부셔(Bucer)의 예배 의식이나 칼빈의 예배 의식에서도 그러하였다.13 그러므로 헌상은 성찬이 이루어지는 주일 아침 예배 순서에서 수행되는 것이 역사적으로도 의미 있다고 판단된다.

이와 더불어 주일 저녁이나 오후 예배 시간이 흔히 이루어지는

---

11 Morris, *I Corinthians*, 233에서는 Justin, *Apologia* I,67, 6를 인용하면서 이 정보를 제공하고 있다. Cf. Mare, "I Corintians," *The Expositor's Bible Commentary*, vol. 10, 293.

12 이에 대해서는 Robert E. Webber, *Worship Old & New* (Grand Rapids, 1982), 60 참조.

13 이에 대해서는 William D. Maxwell, *A History of Christian Worship* (Grand Rapids: Baker, 1973), 89, 114를 참조하라.

각 기관이나 전도회 헌신 예배와 그와 관련된 헌금에 대해서도 다시 생각해 볼 필요가 있다. 엄밀히 말하면 모든 예배는 그 자체가 헌신의 행위다. 따라서 헌신 예배가 따로 있다고 생각할 수 있는 소지를 주는 것은 별로 바람직한 것이 아니다. 따라서 그런 시간에 따로 헌금 순서가 있는 것도 어떤 의미에서는 헌상의 진정한 의미를 손상시키고 오해할 수 있는 여지를 준다.

2-3. 헌상과 관련된 순서의 진행 방안 제시

예배 중에 헌상을 할 때 정확히 어떻게 해야 하는 것인지 구체적으로 성경에 언급되어 있지는 않다. 그러나 헌상에 대한 성경의 의미를 생각하면서 건강한 시대의 교회가 헌상 예식을 하는 것에 비추어서 우리는 다음과 같은 헌상 예식 순서를 제안해 볼 수 있다.

헌상은 주일 아침에 예배당에 들어오기 전부터 시작된다. 기본적으로 한주간의 삶을 구속받은 사람으로서 하나님의 백성답게 살아가는 일 자체가 헌상이다. 그러므로 주일 예배 전에 자신의 삶을 잘 살펴서 이제 하나님 앞에서 산 삶을 다른 성도들과 함께 교회로서 드리려는 준비를 하게 된다. 주일 전날인 토요일에 이렇게 준비하여 주일 하루 종일을 하나님께 경배하는 일과 하나님의 말씀을 연구하며 봉사하는 일에 드리도록 잘 준비하는 것이 헌상의 준비가 된다.

주일 아침 예배 처소에 모이면서 각자 준비한 헌금을 헌금함에 넣는 것으로 헌상을 시작하는 것이 좋다. 여러 방법 가운데서 이것이 다른 생각을 하지 않으면서 헌상할 수 있는 방안이 된다. 이렇게 되면 성도들이 예배 시작 전에 모이면서 이미 각각을 주님께 자신을 드리고 함께 드리는 예배를 준비하게 된다. 온전히 자신을 드리는 각각이 모여서 하나로 주께 드릴 준비가 이루어지는 것이다.

경배를 드리면서 경배 순서 중에 정한 헌상 시간이 되었을 때 모든 성도들이 헌상송(獻上頌)을 올려 드림으로 헌상 예식이 시작된다. 우리들은 부족하나 그리스도의 공로에 근거해 우리를 주께 드리오니 하나님의 영광과 나라를 위해 사용하여 주시기를 간절히 바라는 내용을 담은 헌상송을 온 교회가 하나로 주께 드린다.[14] 헌상송이 끝날 때 집사님들 가운데서 맡은 이들은 온 교회를 대표해서 헌상을 주께 드리는 봉헌을 하는 순서를 가지는 것이 좋다. 봉헌과 함께 예배 인도자가 온 교회를 대표해서 주께서 우리의 헌상을 받아 주셔서 주의 뜻을 위해 온 교회를 사용하여 주시기를 기원하는 헌상 기도를 드림으로 (또는 헌상 기도 후에 헌상송을 하나 더 부름으로) 헌상 예식을 마치게 된다. 이렇게 헌상송이나 봉헌 순서나 헌상 기도 모두에서 하나님께 온 교회를 드리니 주께서 교회를 원하시는 대로 사용하여 주시기를 간절히 바라는 것만이 전체의 주조(主調)를 이루어야 한다. 하나님의 뜻을 이루기 위한 진전이 우리의 헌상 예식을 주관해야 하는 것이다.

(다시 말해서, 헌상 기도 중에 헌상한 자들을 높이는 말이나 암시가 있거나, 헌상한 자들에게 복 내려 주시기를 위한 어구가 있을 때 우리들이 헌상의 본래적인 목적을 오해할 위험이 많으므로 그런 것을 제외하는 것이 좋다.[15] 또한 헌상 시간

---

[14] 이런 헌상송의 내용과 곡조의 대표적인 예로 김홍전, 『찬송』 (서울: 성약, 1988)의 헌상송 부분을 참조하라.

[15] 이런 점을 또한 지적하며 시정하도록 권고하는 글로 김영재, 『교회와 예배』 (수원: 합동신학교 출판부, 1995), 55-56, 177를 보라.

중에 헌상한 이들을 일일이 호명하는 것도 헌상의 본래적 의미를 손상시킬 수 있으므로 하지 말아야 할 것이다).

3. 어떻게 드려야 하는가?

3-1. 신약의 헌상에 대한 교훈

신약 시대에는 어떤 명확한 기준을 제시하여 그에 따라서 헌상해야 한다고 하지 않는다. 신약 시대에는 헌상과 관련한 정신을 좀 더 강조하고 있다. 그 정신을 나타내는 가장 기본적인 가르침은 다음과 같은 것들이다.

(1) "각각 그 마음에 정한 대로 할" 것이다(고후 9:7). 그리고 "각 사람이 이를 얻은 대로" 하는 것이다(고전 16:2).[16] 즉 "각각 그 힘대로" 하는 것이다(행 11:29). 또는 "있는 대로", 즉 "가진 대로" 하는 것이다(고후 8:11). 그래서 그 다음 절에 "할 마음만 있으면, 있는 대로받으실 터이요 없는 것을 받지 아니하시리라"고 덧붙여 말한다(12절). 이와 같은 말들이 신약에서 성도들이 얼마나 헌상해야 하느냐를 가장 잘

---

[16] 이에 대한 각 번역을 참조하면 도움이 될 것이다: "in keeping with his income"(NIV); "whatever profit he makes"(Barrett); "in accordance with whatever success or prosperity may have come their way that week"(Fee, *The First Epistle to the Corinthians*, NICNT, 814). Cf. "from his income in proportion as God has blessed him"(Calvin, *The First Epistle of Paul the Apostle to the Corinthians*, 351).

규정하고 있는 말씀이다. 그리스도께서 율법을 성취하신 신약 시대에는 소득에 대한 어떤 고정된 양을 규제하여 제시하지 않는다. 바울은 두 가지를 강조하고 있다.17 ① 각자가 그 소득의 정도에 따라서 해야 한다. 또한 ② 각자의 마음의 원함과 의지에 따라서 해야 한다.18 과연 어느 정도를 헌상해야 하는가 하는 그 양은 이 두 가지에 따라 각자가 정해야 하는데, 그때 유념해야 할 점들을 바울은 다음과 같이 덧붙여 주고 있다.

① 인색함으로 하지 말라(μὴ ἐκ λύπης, 고후 9:7).

② 억지로 하지 말라(μὴ ἐξ ἀνάγκης, 고후 9:7).

왜냐하면 ③ 하나님은 즐겨 내는 자를 사랑하시기 때문이다(고후 9:7).

각자가 알아서 정한 대로 헌상한다고 할 때 부패한 인간성이 구속받은 성도의 마음에도 영향을 미치면 어떤 결과가 드러나게 되는지를 바울 사도는 잘 알고 있기에 이런 부패한 인간성의 작용을 염두에 두면서 바울은 권면하는 것이다. 즉, 인색함으로 하지 말라(μὴ ἐκ λύπης)고 한다. 이는 문자적인 뜻으로는 "고통스럽게"(out of pain)19 "염

---

17 이 점을 잘 지적하는 Craig, "Exegesis, The First Epistle to the Corinthians," *The Interpreter's Bible*, vol. 10, 256을 보라.

18 이 점에 대한 좋은 강조로 Filson, "Exegesis: The Second Epistle to the Corinthians," *The Interpreter's Bible*, vol. 10, 369를 보라. 특히 다음을 주목하라: "The basic thing is the voluntary readiness. … Given that readiness, the gift that is according to what a man has is acceptable to God."

19 이에 대해서는 헬라어 원문에 근거한 Bruce, *I & II Corinthians*, 226의 진술을 보라. 또한 C. K. Barrett, *A Commentary on the Second Epistle to the Corinthians* (Harper & Row, 1973, reprinted, Peabody, Mass.: Hendrickson, 1987), 236: "not as if it hurt him (that is, in a grudging spirit)"도 보라.

려 가운데서" 또는 "꺼리면서"(reluctantly) 하지 말라는 것이다. 또는 그 반대로 체면치레나 다른 이유 때문에 억지로(ἐξ ἀνάγκης=under compulsion) 하지 않아야 한다고 말한다. 즉, 바울은 "각 사람의 양심에 따라 하도록" 권면하고 있다.[20] 억지로 헌상하지 않는 방법의 하나로 바울은 "준비하여야 참 연보답고 억지가 아니니라"(고후 9:5)고 말하고 있다. 성도들이 각자의 힘과 원하는 바에 따라서 준비하여 헌상하도록 하는 것이다. 왜냐하면 주님께서 그런 식으로 즐겨 내는 것을 원하시기 때문이다. 인색함으로나 억지로 하는 것은 즐겨 내는 것이 아니며 그것은 주께서 받으시지 않는 것이 된다.

이처럼 바울은 "자발적 행동의 자유"를 강조한다.[21] 이것이 신약시대의 헌상의 정도에 대한 큰 원칙이다. 즉, 헌상에는 그 어떤 강제도 있어서는 안 되고, 원칙상 각자의 능력과 원함에 따라 해야 한다는 것이다.[22]

---

[20] Morris, *I Corinthians*, 233.

[21] Cf. Grosheide, *The First Epistle to the Corinthians*, NICNT, 398; C. K. Barrett, *A Commentary on the First Epistle to the Corinthians* (1968; reprinted, Peabody, Mass.: Hendrickson, 1987), 386.
  이런 자발성은 여기서 언급한 헌상된 재물이 그리스도인들에게 중심적 위치를 차지하고 있는 예루살렘이 권세를 가지고 거둘 수 있는 일종의 의무적인 세금과 비슷한 것으로 보는 견해(Karl Hall; Bengt Holmberg)를 강하게 반박하는 것이다. 이에 대한 좋은 논의로 Fee, *The First Epistle to the Corinthians*, 810, n. 3; 그리고 Thiselton, *The First Epistle to the Corinthians*, 1320을 보라.

[22] Cf. Morris, *I Corinthians*, 233: "… one's giving should be in direct proportion to the way one prospers; it should be determined as a matter of principle, not something done on impulse." 또한 Robertson and Plummer, *First Epistle of St. Paul to the Corinthians*, ICC, 384도 보라: "… the giving is to be neither compulsory nor oppressive. Some of them would be slaves." Fee는 이를 좀 더 구체적으로 말한다: "There is no hint of a tithe or proportionate giving"(Fee, *The First Epistle to the Corinthians*, NICNT, 814). 또한 Craig, "Exegesis, The First Epistle to the Corinthians," *The Interpreter's Bible*, vol. 10, 256도 보라.

(2) "네 보물이 있는 그 곳에는 네 마음도 있느니라"(마 6:21). 보물이 있는 곳에 마음이 있다고 하셨으니, 이는 우리의 마음을 기울여서 우리의 마음이 다 가게끔 헌상해야 할 것을 시사한다고 할 수 있다. 물론 이 말씀의 보다 근본적인 뜻은 우리의 마음을 하늘에 두고 하늘에 속한 것을 중심으로 살아야 할 것을 시사하는 것이다. 그러나 이에는 또한 우리가 헌상할 때 마음을 기울여서 그만큼 헌상해야 할 것을 시사한다고 할 수 있다.

(3) 이렇게 온 마음을 다 기울여서 하는 헌상의 대표적인 예로 주께서는 과부가 헌상한 두 렙돈을 들어 설명하시고 있다(눅 21:1-4). 이 교훈은 부자들이 연보궤에 헌금 넣는 것과 과부의 두 렙돈 넣는 장면의 비교로부터 시작되고 있다. 이로부터 시작되는 예수님의 교훈은 동시에 두 가지 교훈을 하시는 것이다.

① 하나님 앞에서는 헌금의 다과(多寡)가 문제가 아니다. 예수님 당시에도 주께서 보시기에 부자들은 많이 헌금하였고, 가난한 이들은 적게 헌금하였다. 그러나 하나님 앞에서는 그 누구든지 진정으로 헌금하는 한(限), 누가 많이 하고 누가 적게 하는 그것은 전혀 중요한 것이 아니다. 부자가 진정으로 헌상한다면 그는 자신이 많이 헌상하는 것이라는 의식을 도무지 가질 수 없을 것이다. 그가 상대적으로 많이 헌상한다고 해도 그는 자신이 늘 부족하게 바치고 있다고 느낄 것이며, 하나님께는 자신의 생명과 재산을 다 드려도 부족하다고 느낄 것이다. 그러므로 하나님 앞에서는 헌금의 다과(多寡)가 전혀 문제되지 않는다. 하나님께서는 외모로 사람을 취하는 일이 없으시다. 따라서 하나님께서는 헌금의 다과로 사람을 취하시지도 않으신다. 따라서 헌금의 다과는 하나님께 전혀 문제 되지 않는다.

② 그러나 동시에 과부의 두 렙돈에 대해 모든 것을 다 아시는 우리 주님의 평가는 이런 것이었음을 주목해야 한다. "이 과부는 그 구차한 중에서 자기의 있는 바 생활비 전부를 넣었느니라"(눅 21:4). 그러므로 주님의 시각에서는 "이 가난한 과부가 모든 사람보다 많이 넣었도다"(눅 21:3)라고 판단하실 수 있다. 이것은 우리가 가진 바 생활비 전부를 헌상해야 한다든지, 그런 절대적인 의미에서 누구보다 많이 헌상해야 한다는 것을 말해 주는 것이 아니다. 오히려 이 말씀은 주께서 다른 곳에서 가르치신 '마음을 다하여, 마음이 기울어질 정도'로 하는 것을 주께서 의미 있게 보신다는 것을 보충하는 표현으로 이해해야 할 것이다.

신약 시대에는 어떤 구체적인 지침은 없었어도 헌상하는 정신을 규제하는 말씀들에 근거해서, 우리가 각기 정한 대로 하되 인색하게 하지 말고 마음을 기울여서 전부를 넣는 심정으로 헌상해야 한다. 이것이 즐겨 헌상하는 것이다.

3-2. 헌상한 돈과 헌상된 삶의 문제

다시 강조하지만, 헌상한 돈만이 주께 드려진 것이 아니라, 우리의 모든 재산, 건강, 그리고 삶을 살아갈 수 있는 힘 그 모든 것이 다 주님의 것이다. 따라서 헌상한 사람은 나머지 돈을 사용할 때에도 그것이 주님의 것임을 인정하며, 주님께로부터 그 재물의 사용을 담당하는 청지기로서의 역할을 하면서 살아가야 한다.

그러므로 우리가 구체적으로 무엇을 하든지 우리의 삶의 목적과 사는 방향이 주님의 뜻을 수행하는 것이어야 하고, 그런 자답게 재물을 사용해서 건강도 유지하고 식물도 먹으며 모든 것을 하나님의 뜻을 이루기 위해 살아야만 한다. 그러므로 그리스도인들에게는 우리가 번 것으로 우리가 먹고 사는 것이 아니라 주께서 날마다 우리의 쓸 것을 내려 주셔서 우리가 먹고 입고 살아간다는 의식이 있어야만 한다. 바로 이런 의식이 헌상에서 표현되는 것이며, 헌상한 것이 자신과 자신에게 속한 모든 것이라는 점이 반드시 나타나야 한다.

또한 자신의 삶과 사명 수행을 하고서 여유가 있는 재물이 있으면 주변에 의미 있게 사용할 수 있는 곳을 찾아서 청지기로서 의미 있게 하나님의 뜻을 수행하는 데 사용하는 일을 잘 감당해야 한다. 특히 구제하는 일에 신경 써서 우리가 풍족하게 받아 누리는 것처럼 우리 주변도 굶주리는 일이 없도록 해야 한다. 우리가 하나님으로부터 받아 누리는 것을 오직 우리만 받아 누려서는 안 된다. 오히려 우리는 많은 우리의 이웃들과 함께 나누며 함께 받아 누리는 일을 실천해 가야 한다. 이것이 진정 헌상한 사람다운 삶의 방식이다.

4. 교회의 헌상 관리와 사용의 문제

4-1. 바람직한 헌상 관리 방법

성도들이 자신 전체를 드리는 것을 대표하여 드린 헌상된 물질을 관리하는 일에서 교회는 매우 신중한 태도를 가져야 한다. 일단 이 헌상을 관리하는 일은 성경적으로 집사님들이 고유하게 맡은 일이다. 재정 출납을 집사님들이 담당하도록 했기 때문이다. 따라서 이 일을 담당한 집사님들은 드려진 물질을 신중하게 관리해야 한다. 특별한 이유가 없는 한 누가 얼마를 드렸는지를 알 필요가 없다. 그런 것을 알게 되었을 때 과연 누구에게 유익이 있겠는가? (그러므로 연말 정산에서 기부금에 대한 증빙 서류를 갖추는 목적이 없는 한(限) 재정 담당 집사님들조차도 누가 얼마를 드렸는지를 알지 않도록 하는 제도를 개발하는 것이 최선이다. 혹시 연말 정산과 관련해서도 그런 의식과 비밀 유지 중심의 관리가 필요하다.) 따라서 교회의 재정 관리에서의 큰 원칙은 은밀성과 정직성이다. 하나님께 드려진 것이기에 이 두 가지 원칙이 잘 보장되어야 한다. 그 누구도 헌상한 것에 손을 대지 못하도록 하는 정신의 회복이 필요하다. 그보다 더 중요한 것은 그렇게 헌상된 재물을 어떻게 사용하는 것이 최선인지에 대한 것이다. 다음에서 이 문제를 다루어 보기로 한다.

4-2. 헌상된 재물의 이상적인 사용

신약 성경에서는 헌상된 재물이 일차적으로 구제와 복음 전도에 사용되고 있는 것으로 나타나 있다. 아직 복잡하게 제도화되지 않은 처음 교회의 이 모습은 우리에게 매우 주요한 시사를 준다.

(1) 처음 교회는 교회 안의 과부와 같이 가난하고 자신들을 돌아볼 수 없는 이들을 돕고 그들의 생활을 지지하는 데 우선적으로 신경을 쓴 것으로 보인다. 사도행전 6장은 과부들에 대한 구제가 사건의 배경으로 나타나고 있고, 2장에서도 재산과 소유를 팔아 그것을 공동체의 목적을 따라 사용하도록 "각 사람의 필요를 따라 나눠주고"

(행 2:45)라고 명시하고 있다. 자발적인 마음으로 드리는 헌상된 물질이 각 사람들의 필요를 따라서 교회의 직임자들에 의해서, 특히 집사들에 의해서 공급된 것이다. "가난한 자들에 대한 돌봄은 교회가 수행해야 할 본질적인 과제였다."[23] 그러나 교회의 모든 과부나 가난한 이들을 모두 교회가 책임져야 하는 것은 아니다. 목회 서신에서 바울은 "만일 믿는 여자에게 과부 친척이 있거든 자기가 도와주고 교회로 짐지지 말게 하라. 이는 참 과부를 도와주게 하려 함이니라"(딤전 5:16)고 말하고 있다.

이런 구제는 한 교회 공동체 안에서만 이루어진 것이 아니고, 한 지역의 교회가 어려움을 당할 때 다른 지역의 교회가 헌금을 모아서 어려움에 처한 교회를 돕는 일을 신약 성경은 자주 기록하고 있다. 예를 들면, 유대 지역이 크게 흉년이 들었을 때에 안디옥 교회는 "각각 그 힘대로 유대에 사는 형제들에게 부조(扶助)를 보내기로 작정하고 이를 실행하여 바나바와 사울의 손으로 (예루살렘의) 장로들에게 보내니라"(행 11:29-30)고 했으며, "바나바와 사울이 부조의 일을 마치고 마가라 하는 요한을 데리고 예루살렘에서 돌아 오니라"(행 12:25)라고 했다. 이방의 안디옥 교회가 예루살렘과 유대 교회의 어려움에 구제하는 일을 각기 그 힘대로 실행한 것이다.

이는 후에 바울의 전도 여행 기간에도 여러 번 있게 된 일이었고, 바울은 이런 활동을 격려하는 일을 자주 하였다. 예를 들어서, 고린도전서 16:1-4에서도 바울은 고린도 교회 성도들이 매주일 첫날에 각 사람이 이를 얻은 대로 저축해서 자신이 고린도에 이르렀을 때에

---

[23] Grosheide, *The First Epistle to the Corinthians*, 397.

소위 특별 헌금을 하지 않도록 하라고 하면서 성도들이 이렇게 모은 것을 성도들을 위한 "연보"(λογεία τῆς εἰς τοὺς ἁγίους= the collection for the saints, 1, 2절), 또는 "은혜"(χάρις, 3절), 즉 자비로운 선물(a gift of kindness or of generosity)이라고 부르며, 그것을 가지고 예루살렘으로 갈 것이라고 한다. 예루살렘과 유대 지역의 어려움 당한 성도들을 위한 구제가 시사되고 있는 것이다. 예루살렘을 위한 것임은 고린도전서 16장 3절에 언급되고 있다. 이것이 그 곳의 가난한 이들을 위한 것임은 고린도후서 8장 13절과 9장 9절, 12절에 시사되었고 로마서 15장 26절에서 아주 명백히 언급되고 있다.

또한 고린도후서 8장~9장에서는 고린도를 포함한 아가야 지역의 교회와 마케도니아 교회(특히, 빌립보, 데살로니가, 베뢰아 교회)의 가난하고 어려운 예루살렘 교회를 위한 섬김을 언급하고 있다. 바울은 여기서도 구제를 위한 헌금을 "성도들을 위한 연보"(8:1, 2), 또한 "교제"(κοινωνία, 8:4; 9:13), 은혜(χάρις, 8:4, 7)와 섬김(διακονία, 8:4; 9:1, 12, 13), 섬김의 의식(λειτουγία, 9:12), 그리고 "율로기아"(εὐλογία, 9:5)[24] 등으로 다양하게 부르면서 이 모든 것은 서로 "보충하여 평균하게 하려 함이라"(고후 8:14)고 하여 헌상이 교회와 교회 사이를 평균케 하는 데 사용되어야 함을 시사하고 있다. 이런 것은 로마서 15장 25에서 27절에 바울이 언급하고 있는 예루살렘 성도 중 가난한 자들을 위해 기쁘게 얼마를 동정한 것과 같은 것이라고 판단된다. (또한 사도행전 24:17도 참조하라). 이와 같은 교회간의 구제는 그 자체로도 의미 있을 뿐만 아니라, 특별히 바울의 사도직을 의심하는 사람들이 많고 그의 사역의

---

[24] 이 용어에 대해서는 위의 각 주 3을 참조하라.

결과로 세워진 교회들이 그런 구제를 모아 보낸다는 점에서도 매우 의미심장하다고 여겨진다.[25] 자신을 미워하고 의심하는 이들에 대해서도 교회적인 유대를 구체적으로 표현하는 이런 일은 매우 중요한 일로 보인다.

이와 같이 성경의 가장 많은 부분에서는 교회 안에서 그리고 교회간의 성도를 섬기기 위한 목적으로 헌상된 재물이 사용되었고, 또 그런 목적을 위해 헌상되어야 한다고 언급되어 있다.

(2) 이보다 적게 언급된 것은 바울이나 사도가 복음을 전하는 사역을 위해 여러 교회들로부터 도움을 받은 것이다. 예를 들면, 바울은 고린도 교회를 향하여 "내가 너희를 섬기기 위하여 다른 여러 교회에서 비용(wages, financial support)을 받은 것이 (내가 다른 교회들을) 탈취한 것이라"고 한다(고후 11:8). 이는 다른 교회들이 자발적으로 보조한 것에 대한 바울의 빚진 심정을 너무 강하게 표현하는 말이라고 여겨진다. 좀 더 구체적으로는 "내가 너희에게 있어 용도가 부족하되 아무에게도 누를 끼치지 아니함은 마게도냐에서 온 형제들이 나의 부족한 것을 보충하였음이라"(고후 11:9)고 말한다(행 18:5 참조). 즉, 마케도니아와 다른 여러 교회들이 바울의 선교 사역을 도운 것이다. 복음이 온 세상에 효과적으로 전파되도록 하기 위해 먼저 은혜 받은 교회가 선교 사역에 힘쓰는 사역자를 경제적으로 지지하는 데 헌상된 재물과 개인적 도움과 교제인 연보가 사용되었음을 시사해 주는 것이다. 특히, 빌립보 교회는 바울이 마케도니아를 떠날 때에 바울을 후원한 유일한 교회였다(빌 4:15). 또한 그들은 바울이 데살로니아에서 사역할 때에도 여

---

[25] 이 두 번째 요점을 잘 지적하고 있는 Robertson and Plummer, *First Epistle of St. Paul to the Corinthians*, 382를 보라.

러 번 선교 헌금을 보냈다(빌 4:16). 또한 로마 감옥에 있는 바울을 위해서도 늘 생각하던 후원을 실행하고 아마도 에바브로디도를 통해 전달한 것에(빌 4:18) 대해서 바울은 기쁨과 칭찬의 마음을 가지고서 다음과 같이 말하였다: "내가 주 안에서 크게 기뻐함은 너희가 나를 생각하던 것이 이제 다시 싹이 남이니 너희가 또한 이를 위하여 생각은 하였으나 기회가 없었느니라"(빌 4:10).

물론 이런 선교 헌금에 대해서 바울이 칭찬할 때 그는 자신의 편의를 위해 그리하는 것이 아니었다. 그래서 그는 "내가 궁핍하므로 말하는 것이 아니라"는 것과(빌 4:11) "내가 선물을 구함이 아니요"라는 것을 강조한다(빌 4:17). 그는 "모든 것이 있고 풍부하다"(빌 4:18). 그는 또한 "어떠한 형편에든지 자족하기를 배웠다"(빌 4:11). 즉, 그는 "비천에 처할 줄도 알고 … 배고픔과 궁핍에도 일체의 비결을 배운" 것이다(빌 4:12). 바로 그런 의미에서 그는 "능력 주시는 자 안에서 내가 모든 것을 할 수 있느니라"고 주장한다(빌 4:13). 그러므로 이 말씀은 흔히 오용되듯이 우리가 하나님을 의뢰하고 꿈을 품으면 무엇이든 할 수 있다는 말이나 적극적 사고방식을 강조하는 말이 아니다. 이는 우리가 어떤 상태에서든지 자족하며 주께서 주신 한도 내에서 우리에게 맡겨주신 것을 행할 수 있다는 말이다. 이는 어려움 가운데서도 하나님에 대한 신뢰를 표현하는 말이며, 풍부 가운데서도 주께서 주신 일을 수행한다는 의지를 표현하는 말이다. 그럼에도 빌립보교회가 선교 사역을 하는 바울을 돕는 것은 그의 괴로움에 동참하는 교제의 한 부분이며, 하나님 앞에서 귀하고 아름다운 것이다.

이와 같이 하나님 나라 복음을 온 세상에 알게 하여 많은 이들을 하나님 나라로 데려오는 선교 사역을 위해 교회의 헌상과 개인의 기금이 사용된 것을 알 수 있다.

(3) 물론 이와 같은 도움을 받을 때 바울 등의 사도들은 매우 조심해서 자신이 지금 사역하고 있는 해당 교회로부터는 도움을 될 수 있는 대로 받지 않으려고 했다. 그들 중의 "아무에게도 누를 끼치지 아니하려고"한 것이다(살전 2:9, 고후 11:9). 그래서 고린도에서도 바울은 장막 깁는 일을 하였고(행 18:3), 데살로니가에서 바울은 "밤낮으로 일하면서 … 하나님의 복음을 전파하였다"(살전 2:9). 에베소에서도 바울은 "아무의 은이나 금이나 의복을 탐하지 아니하였고" … 자신의 손으로 자신과 동행들의 쓰는 것을 감당하였다(행 20:33, 34). 그가 그렇게 한 이유를 바울은 이렇게 말한다: "우리가 이 권을 쓰지 아니하고 범사에 참는 것은 그리스도의 복음에 아무 장애가 없게 하려 함이로라"(고전 9:12).

그러나 그는 이렇게 조심스러운 태도를 견지하면서도 소위 목회 사역자가 교회의 지지를 받는 것이 마땅하다는 원칙을 천명하는 일은 분명히 하고 있다. 그래서 그는 "우리가 먹고 마시는 권이 없겠느냐?"(고전 9:4) "우리가 … 자매된 아내를 데리고 다닐 권이 없겠느냐?"(고전 9:5) "어찌 나와 바나바만 일하지 아니할 권이 없겠느냐?"(고전 9:6)는 수사의문문을 제시하면서, 사람의 예대로 말한다고 하면서 "곡식을 밟아 떠는 소에게 망을 씌우지 말라"고 기록한 신명기 25장 4절의 말씀을 인용하고 또한 "성전의 일을 하는 이들은 성전에서 나는 것을 먹으며 제단을 모시는 이들은 제단과 함께 나누는 것을 알지 못하느냐?"(고전 9:13)고 구약의 제도까지를 인용하면서(민 18:8ff., 31; 신 18:1-4 참조), 마지막에는 주님께서 말씀하신 바 "복음 전하는 자들은 복음으로 말미암아 살리라"는 원칙을 재천명하고 있다.[26] 그는 자신이 이런 원칙을 천명하는 것이 자신을 위해 말하는 것이 아님을 아주 분명히 한다. "이것을 쓰는 것은 내가 이같이 하여 달라는 것이 아니라 내가 차라리 죽을지언정…."(고전 9:15). 그러나 원칙은 풀타임으로 복음 사역에 힘쓰는 사역자들을 교회가 그 생활을 지지하는 것이 마땅함을 분명히 하는 것이다.

디모데전서 5장 17~18절의 맥락과 이를 연결시키면 여기에는 말씀과 가르침에 수고하는 "특별한" 장로들(즉, 교훈 장로들)에 대한[27] 교회의 지지 책임이 시사되고 있음이 분명하다. 다스리는 일은 모든 장로들에게 주어진 것이나, 말씀과 가르침에 수고하는 이들에게는 특별한 고려가 주어져야 한다는 것이다.[28] 어떤 이들은 잘 다스리는 장로가 그들의 부가적 봉사를 시인하는 표현이라고 본다.[29] 마운스는 "말리스타"(μάλιστα)를 "즉"(namely)으로 해석하면서 그도 잘 다스리는 장로들을 말씀과 가르침에 수고하는 장로들이라고 본다.[30] 이때 장로

---

[26] 이때 그는 아마도 눅 10:7이나 마 10:8에 기록된 말씀과 같은 것은 예수님의 말씀을 염두에 두고 이 말을 하는 것으로 여겨진다. Cf. Craig, "Exegesis, The First Epistle to the Corinthians," *The Interpreter's Bible*, vol. 10, 102.

[27] 이 구절에서 다스리는 장로들 중에서 가르침에도 수고하는 특별히 구별된 직에 대한 시사가 있음을 언급하는 Donald Guthrie, *The Pastoral Epistles*, Revised Edition, Tyndale New Testament Commentaries (Grand Rapids: Eerdmans, 1990), 117을 보라. 명확진 않고 그저 "그런 일에도 더 수고하는"이라고 해석할 가능성도 남기나 위에서 해석한 방향을 시사하는 Walter Lock, *The Pastoral Epistles*, ICC (Edinburgh: T. & T. Clark, 1924), 62도 보라.

[28] 이런 해석의 대표적인 예로 Guthrie, *The Pastoral Epistles*, Revised Edition, Tyndale NTC, 117을 보라.

[29] Gnter Bornkamm, TDNT 5, 666f.를 긍정적으로 인용하는 Martin Dibelius and Hans Conzelmann, *The Pastoral Epistles* (1966), Hermenia (Philadelphia: Fortress Press, 1972), 78.

[30] William D. Mounce, *Pastoral Epistles*, Word Biblical Commentary 46 (Nashville: Thomas Nelson, 2000), 308, 306.

들에게 주어야 하는 "디플레스 티메스 (διπλῆς τιμῆς)"를 "상당한 지지"(ample or generous provision)로 해석하는 사람들이 있고,[31] 문자적인 의미에 치중하면서 영예(honour)와 사례(honorarium)를 생각하기도 하며 (Chrysostom), 다른 장로들에게 주는 것의 두 배를 생각하는 이들도 있고,[32] 아마도 과부들에게 주는 지지의 두 배를 생각하면서 해석하는 이들도 있다.[33]

물론 사역자 자신은 "돈을 사랑하지 말아야" 하고(딤전 3:3), "더러운 이를 탐하지 아니하여야" 하며(딛 1:7), 목회 사역을 "더러운 이를 위하여 하지 말아야" 한다(벧전 5:2). 그러나 교회로서는 그들의 생활을 지지하는 것이 마땅한 것이다.

이상의 성경적인 예를 잘 종합하면 헌상된 재물은 교회 안팎의 가난한 자들과 교회들을 평균케 하는 데 상당 부분 사용되어야 하며, 복음 사역을 효과적으로 하도록 전도자들과 해외 선교 사역을 돕고 그 사역자들을 생활을 지지하며, 목회를 담당하는 복음 사역자들의 삶을 지지하는 데 대부분 사용되어야 함을 알 수 있다.

이를 일 년에 세 차례 예루살렘을 방문하도록 했던 구약의 예를 들어서 요약하자면 우리를 하나님의 백성으로 세우신 그 하나님 백성의 사명을 잘 의식하도록 하고 유지시키며 그 사명을 잘 유지할 수 있도록 하는 데 헌상된 것들이 사용되어야 하는 것이다. 일 년에 세 차례의 예루살렘 방문은 그저 순례적 성격을 가진 것이나 그 자체가

---

[31] Guthrie, *The Pastoral Epistles*, Revised Edition, Tyndale NTC, 117.
[32] Dibelius and Conzelmann, *The Pastoral Epistles*, 78.
[33] Lock, *The Pastoral Epistles*, ICC, 62.

목적이 있는 것이 아니라, 그것을 통해서 구약 백성을 하나님 백성으로 세우신 그 성격을 상기하고 유지시키며, 실제로 그 성격을 드러내는 가장 기본적인 기초를 마련하도록 한 것이다. 그러므로 가장 바람직한 구약의 하나님 백성의 모습은 이런 절기에 참여하면서 하나님께서 자신들을 왜 이렇게 독특한 하나님 백성으로 부르셨는가를 생각하면서 주께서 의도하신 바를 이 세상 가운데서 드러내는 데 열심 있는 하나님의 친 백성의 모습을 잘 드러내는 것이다. 이와 마찬가지로 오늘날도 주께서 우리들을 하나님 백성으로 부르시고 세우셔서 원하시는 일을 하기 위해 헌상하는 것이므로 항상 주께서 우리를 불러 주의 백성으로 세우신 궁극적 목적이 무엇인지를 생각하고, 그것을 위해 헌상된 재물이 교회의 구체적 교제(구제)에 사용되는 것에 힘쓰며, 복음이 온 세상에 효과적으로 전파되도록 하는 일에 힘쓰고, 각 교회에서 목회를 담당하시는 분들의 생활을 잘 지지해서 그들이 다른 염려 없이 목회하며 말씀을 잘 가르치는 것에만 전념할 수 있도록 하여 주께서 교회를 세우신 뜻을 잘 드러내는 데 힘을 써야 한다.

이런 성경적 이상과 우리의 현실을 대조하면서 우리가 주의해야 할 몇 가지 요점은 다음과 같다.

(1) 교회의 건물을 치장하고 유지하는 일에 될 수 있으면 적은 돈이 들 수 있도록 노력해야 한다. 교회의 건물이 예배와 교육과 교제를 위해 필요할 수 있으나 이것에 너무 많은 헌상된 재물이 들어가도록 하는 것은, 특히 교회로서 마땅히 해야 할 구제와 선교, 교육과 전도의 일은 못하면서 이 부분에 너무 많은 재화가 사용되는 것은 문제가 있는 것이다.

(2) 사역자들을 잘 선정해서 그들의 삶을 잘 지지하도록 해야 한

다. 교회가 경제적으로 지지하지 않아도 되는 봉사자들이 교회에 많은 것은 당연한 일이다. 서로 자발적으로 섬겨야 할 일에 대해 교회가 경제적으로 지지하도록 하는 일이 줄어야 할 것이다. 대신에 교회에서는 전적으로 시간을 내어서 사역하는 분들의 삶을 잘 지지하도록 해야 한다. 물론 성경은 구체적으로 어느 정도의 생활 지지를 교회가 해야 하는지에 대해서는 구체적인 안을 주지는 않는다. 그러나 이제까지 한국 교회에서 나온 지혜를 종합하여 가장 바람직한 방안을 제시한다면 다음 두 가지를 유념하면 좋을 것이다. (a) 사역자들의 사례는 그 교회 교우들의 중간 정도의 사례가 적당하다. (b) 여러 사역자들의 사례의 정도는 기본적으로 부양 가족에 비례하여 결정하는 것이 좋다.

5. 결론: 우리의 헌상이 진정한 헌상이 되기 위해서

이제까지 우리는 헌상이 과연 어떤 것이지를 생각해 보았다. 이제 문제는 이런 의식에 충실하게 매주일 주께 헌상하는 일이다. 그것을 제대로 감당할 때 우리는 매주일의 헌상 예식만을 바르게 드리는 것이 아니라 매일 매일의 삶도 주께 헌상한 자답게 살아 갈 수 있을 것이다. 그렇게 헌상한 자로서 살아가는 사람들은 세월이 지남에 따라서 하나님의 성령의 인도하심에 더 온전히 순종하여 나갈 것이다. 주께서 저들의 삶은 책임져 주시고 친히 인도하여 가시는 삶의 실재를 경험하며 살게 된다.

그러므로 그렇게 온전히 헌상하는 이들은 세월이 지남에 따라서 헌상의 참된 의미를 더 풍성히 깨닫게 된다. 그러므로 혹시 부분적으로 오해하는 것이 있었을지라도 날마다 성경이 말하는 바른 헌상을 이해하고 복 받는 대가나 수단으로 헌금을 생각하지 않고, 헌상한 것과 나머지 부분에 대한 오해도 없이 헌상과 삶의 관계도 잘 정돈하게 될 것이다. 이렇게 진정 헌상하여 가는 이들은 날마다 교회아(敎會我) 의식도 풍성해져 교회가 주께 받은 사명을 수행해 가는 것에 대한 한 지체로서 자신이 해야 할 일을 잘 찾게 된다. 그리고 그는 날마다 그 인격이 성령님께서 원하시는 방향으로 진전해 가고, 모든 판단과 해 나가는 일이 주님의 뜻에 점점 더 부합하는 방향으로 나아가게 되는 것이다. 이렇게 하나님의 선하심을 맛보아 가는 데서 자신이 진정 헌상하고 있음을 확인할 수 있는 것이다. 부디 우리 모두와 우리가 속한 각 지교회(肢敎會)들이 이런 의미의 헌상을 실천해 갈 수 있기를 원한다.

제 3 부

교회의 제도와 직분들

5

개혁파 교회 제도와 교회의 직원들

개혁파 교회 제도(church system)에 대해서 생각해 보기로 한다.[1] 물론 성경은 교회의 구체적인 모습을 일일이 다 지시하고 있지는 않다. 그러나 성경은 교회가 마땅히 어떤 모습을 지녀야 하는지 그 근본 원리

---

[1] 이때 개혁파 교회 제도라는 말은 우리나라에서는 장로교 교회 제도라는 말과 동일시되어도 무방하다. 장로교회와 개혁 교회는 그 신학에 관한 한 같은 교회라고 할 수 있다. 단지 정치 체제에 있어서는 어느 정도의 일정한 차이가 있다. 이런 사소한 차이에 대해서는 Louis Berkhof, *Systematic Theology* (Grand Rapids: Eerdmans, 1942), 588; 허순길,『개혁교회의 목회와 생활』(서울: 총회출판국, 1997) 등을 보라. 그러나 한국의 장로교회는 상당히 초기부터 화란과 미국의 개혁 교회와 스코틀랜드와 미국의 장로교회의 좋은 점을 연결시켜 강조해 보려고 했다고 할 수 있고, 특히 합동신학대학원의 경우에는 초대 학장인 박윤선 목사님의 노력에 상당히 그런 의식적인 의도가 많이 나타나고 있다고 할 수 있다. 그러므로 우리들의 독특한 정황 가운데서 개혁파 목사라는 말은 장로교 목사라는 뜻을 지니지만, 또한 장로교회의 공식적인 신학인 개혁 신학에 참으로 충실한 목사, 개혁신학적 교회관에 참으로 충실한 목사를 뜻하는 말로 이해될 수 있다.

들은 분명히 제시한다.² 성경이 말하는 교회 제도(church system)의 근본 원리를 말하면서 루이스 벌코프는 다음 다섯 가지를 언급하고 있다.

1. 그리스도께서 교회의 머리이시며 교회 안의 모든 권위의 원천이시다.
2. 그리스도께서는 그의 권위를 그의 왕적인 말씀을 통하여 행사하신다.
3. 왕이신 그리스도께서 교회에 권세를 부여해 주셨다.
4. 그리스도께서는 이 권세의 구체적인 수행을 (회중들에 의해서 뽑혀진, chosen by popular vote) 대표적 기관들(representative organs)을 통해 하신다.
5. 교회의 권세는 기본적으로 지교회의 치리 기관(the governing body) 안에 있다.³

이 근본 원리를 생각하면, 교회에는 각 지교회(肢敎會)와 그들을 하나님의 말씀에 따라 잘 다스려야 하는 치리 기관(the governing body), 즉 후에 당회(堂會, 장로교회의 the session 또는 개혁 교회의 the consistory)라고 불리운 기관이 있음이 분명하고, 이 당회의 회원들은 교회의 왕되신 그리스도의 권세 아래서 그리스도의 뜻에 따라 온 교회의 회중들을 하나님의 뜻에 따라 살게끔 가르치고, 인도하며, 안내하는 역할을 해야 한다. 이때 모든 것은 그리스도의 왕적인 말씀에 따라야 하니, 그리스도께서는 그의 왕적인 말씀을 수단으로 해서 그의 권세를 행사하시기 때문이다. 그리고 각 지교회는 다른 교회들과 하나의 교회임을 인정하면서 더 많은 사람들의 지혜를 모으고, 주님에 뜻에 더 온전히 따르기 위해서 교회의 보다 일반적인 (보편적인) 회의에 권세를 이전시키고, 그 모든 교회들이 하나의 교회임을 인정하면서 같이 진전해 나가도록 되어 있다.

---

² Berkhof, *Systematic Theology*, 581.
³ Berkhof, *Systematic Theology*, 581-84. 또한 거의 비슷한 언급을 하고 있는 W. S. Reid, "Presbyterianism," in *The New International Dictionary of the Christian Church*, (ed.) J. D. Douglas (Grand Rapids: Zondervan, 1978), 801을 보라.

I. 성경이 말하는 교회의 직원들

이런 제도를 잘 수행하기 위해서는 먼저 성경에 따라 주께서 교회 안에 세우신 직원들을 주의 뜻에 따라 회복시키고, 각 직원들로 하여금 자신들의 고유한 직임을 잘 수행하여 주의 교회를 잘 세워 나갈 수 있도록 해야 한다. 이 문제를 대할 때 우리는 칼빈의 노력과 그의 생각을 반영하면서 스코틀랜드 교회를 개혁한 요한 낙스(John Knox)와 앤드류 멜빌(Andrew Melville)을 기억해야 한다.

또한 역시 같은 이상을 가지고 영국 교회를 개혁해 보려고 하던, 그래서 영국 청교도들 사이에서 장로교 제도의 아버지로 인정되기도 하는 토마스 카트라이트(Thomas Cartwright, 1535-1603)를 말하지 않을 수 없다. 그는 1550년 캠브리지의 St. John's College의 scholar로 선임되었으나, 메리 여왕이 즉위하자(1553) 대학을 떠나 그녀가 죽기까지 돌아 올 수 없었다. 그러다가 그녀의 사후에야 비로소 Trinity college의 Minor Fellow가 되었으나, 엘리자베뜨 1세의 통치 초기에 신학적 논쟁으로 1565-1567년에 아일랜드로 갔다. 그러다 1569년에야 비로소 캠브리지의 레이디 마가렛 신학 교수로 임명되어 사도행전에 대해 강의하면서 교회의 제도를 사도행전이 말하는 것과 같은 모습으로 회복하기를 강조했었다. 그러나 바로 그런 주장 때문에 2년 뒤인 1570년에 교수직을 박탈당했고, 1571년에는 fellow직 마저 박탈당하고, 결국은 제네바로 갈 수밖에 없었다. 1572년 11월에 존 필드(John Field)와 토마스 윌콕스(Thomas Wilcox)가 쓴 것으로 여겨지는 '성찬에서

wafer-bread의 사용과 무릎 끓는 일, 그리고 천주교도를 참여시키는 일을 금하고, 영국 교회를 감독교회가 아닌 교회로 만들어야 한다' 는 취지의 "의회에 드리는 권고"(Admonition to the Parliament)와 관련하여, 카트라이트 자신이 "의회에 드리는 제 2 권고"(The Second Admonition to the Parliament)를 써서 오랜 논쟁을 낳게 하여, 결국 1573년 6월 11일에 내려진 이런 주장을 금하고 억압하는 왕의 포고에 의해 체포됨을 피하여 탈출한 그는 결국 1585년까지 본국에 돌아올 수 없게 되었다. 후에 제임스 1 세가 즉위하자 그에게 드리는 소위 천인의 상소(the Millenary Petition, 1603)의 초안을 잡는 일을 감당했으나, 그것을 가지고 왕을 알현할 햄프톤 코트 알현(The Hampton Court Conference) 때까지 살아있지 못하고 소천(召天)한 영국 장로교주의의 아버지인 카트라이트의 평생에 걸친 고난과 노력은 결국 무엇을 위한 것이었는지를 생각해 보라. 결국 그는 교회는 그 제도까지도 성경이 말하는 제도를 가져야만 한다는 것을 절실히 깨닫고 그것의 성취를 위해 그 모진 고생을 한 것이 아닌가? 그의 노력에도 불구하고 영국에서는 온전한 개혁 교회가 있어 본적이 없었다는 것이 안스럽고 한스럽다.

그러나 개혁 교회에서는 이런 여러 사람들의 노력으로 교회 안에서 오랫동안 그 의미가 상실되었던 교회 제도를 회복시켜 내었다. 많은 사람들이 이런 제도는 16-17세기에 새롭게 나타난 것으로 생각하지만, 16세기와 17세기에 이 주장을 한 사람들은 그것은 신약 성경에 나타나는 사도적 모델인 교회의 본래적 모습의 회복이라고 여겼었다.[4] 그래서 그들은 같은 개신교도들인 루터파가 편의상 감독

---

[4] Cf. "Presbyterianism," in *The Oxford Dictionary of the Christian Church*, F. L. Cross and E. A. Livingstone, eds., Revised Version (Oxford: Oxford University

(bishops or superintendents)을 유지하고 있을 때, 신약에 '장로들'(πρεσβύτε ροι)이라는 말과 '감독들'(ἐπίσκοποι)이라는 말이 동의어로 나타나는 것에(행 20:17f.; 빌 1:1; 딛 1:5, 7) 주목하고서, 2세기부터 고정화되기 시작한 주교제도보다는 좀 더 신약적인 교회의 조직 형태에 따를 것을 주장하면서,5 결국 장로교적 제도를 제시했다.

그런 의미에서 장로교 체제가 감독체제와 다른 것은 장로교회 안에는 오직 한 수준의 성직자가(only one level of clergy) 있음을 주장하

Press, 1974), 1120. 그런데 이 사전에서 이 항목을 쓴 이는 후대의 장로교도들은 이런 주장을 완화시켰고, 다양한 형태, 상황에 맞게 변경시킨 형태의 장로교 제도가 나타난 것임을 말한다. 그리고 성경에 묘사된 교회의 정치 형태는 확정되어 있지 않고 다양한 형태를 지니고 있었음을 강조하는 논의도 있다(Erickson, *Christian Theology*, 1084). 그러나 문제는 어떤 이상이 과연 성경이 제시하는 이상에 부합하는 것인가 하는 것이다. 더 나아가서 많은 학자들은 신약의 교회는 감독제적 교회였다고 본다는 견해에 더 많은 문제점과 논의의 여지가 있다고 여기고 있다. 이에 대해서는 칼빈의『기독교 강요』제 4 권의 해당 부분과 비교하여 살펴 보라. 성경적이고 사도적인 사도시대의 교회 정치 형태를 찾는다면 그것은 복수의 장로들이 다스리는 제도라는 강한 주장으로 다음을 보라: Wayne Grudem, *Systematic Theology* (Grand Rapids: Zondervan, 1994), 912; Robert L. Reymond, *A New Systematic Theology of the Christian Faith* (Nashville: Thomas Nelson Publishers, 1998), 904, 908; David W. Hall, "History and Character of Church Government," in *Paradigms in Polity*, ed. David W. Hall and Joseph H. Hall (Grand Rapids: Eerdmans, 1994), 3-11; Thomas Witherow, "The Apostolic Church: Which Is It?," in *Paradigms in Polity*, 35-52; "Earliest Textual Documentation," 55-61. 이렇게 장로들에 의해 다스려지던 교회가 대개 Cyprian(195-258)의 영향하에서 감독 제도를 가지게 되고 그것이 고착되었다가 칼빈 아래서 다시 장로제로 복귀하게 되었다고들 생각한다. Reymond, *A New Systematic Theology of the Christian Faith*, 904를 보라. 이런 점에 더 잘 주의한 W. S. Reid는 칼빈은 신약 교회가 이런 제도와 구조를 가지고 있었고 당대의 교회도 이런 모델을 따라야 한다고 주장했음을 잘 지적하고 있다("Presbyterianism," 800).

5 *The Oxford Dictionary of the Christian Church* (Oxford, 1974)의 "Presbyter" 항목을 1974년 개정한 이는 "많은 신학자들이 지금은 두 직임[즉 장로직과 감독직]의 동일함을 주장한다"고 말한다(1119f.). 성공회 학자인 라이트푸트조차도 "신약의 용어에서는 교회의 같은 직임이 '감독'으로, '장로'로 구별 없이 불려진 것이라는 것은 서로 다른 견해를 가진 신학자들이 일반적으로 다 인정하고 있은 것이다"라고 했다. Cf. J. B. Lightfoot, *St. Paul's Epistle to the Philippians* (1868; reprint, Grand Rapids: Zondervan, 1953), pp. 95-99.

는 것이라는 핫지의 말이 옳다.6 또한 허순길도 "개혁 교회에서는 목사들이 다 동등한 권리를 가져야 한다고 생각한다"고 단언하고 있다.7 그리고 이런 정치 체제에서 중요한 것은 교회 직원들의 복수성 (plurality)과 평등성(parity)이라고 할 수 있다.8 이러한 장로교회적 교회 체제를 회복하려는 노력과 관련하여 우리는 무엇보다 먼저 이전에 그 의미나 직분 자체가 사라져 버린 직분을 개혁 교회가 회복시킨 점을 언급할 수 있을 것이다.

---

6 Charles Hodge, *The Church and Its Polity* (London: Thomas Nelson and Sons, 1879), 119.

7 허순길,『개혁교회의 목회와 생활』, 41. 그리고 42쪽에 제시된 화란 개혁 교회에서 이것을 실천하는 모습을 주목하여 보라.

8 이런 평등성과 복수성에 대한 강한 강조로 다음을 보라: John Murray, "The Form of Government," in *Collected Writings of John Murray*, 2: *Systematic Theology* (Edinburgh: The Banner of Truth Trust, 1977), 345-47; "Government in the Church of Christ," in *Collected Writings of John Murray:* 1. *The Claims of Truth* (Edinburgh: The Banner of Truth Trust, 1976), 260f. 복수성에 대한 강조로 Grudem, *Systematic Theology*, 912, 913, n. 12도 보라. 그는 행 14:23, 20:17; 딛 1:5, 딤전 4:4; 벧전 5:1-2 등에 호소한다. 에릭슨은 장로라는 단어가 대개 복수로 나타나는 것은 장로들의 권위가 개인적인 것이기보다는 집합적(collective)인 것을 시사한다는 점을 강조한다(Erickson, *Christian Theology*, 1075).

또한 평등성에 대한 강조로 Grudem, *Systematic Theology*, 926; 박윤선,『헌법주석』(서울: 영음사, 1983), 72, 83, 131, 145을 보라. 그는 J. A. Hodge, *Presbyterian Law* (1884), 11의 parity of ministry를 인용하며, 또한 I. Van Dellen and M. Monsma, *The Church Order Commentary*, 79-81을 언급하면서 강조한다. 또한 대한 예수교 장로회 (개혁) 총회,『헌법, 정치』(서울: 대한 예수교 장로회 (개혁) 총회 교육부, 1986), 34 (제 4 장, 제 2 조 , 제 4 절)도 보라: "위 삼직은 높고 낮음이 없을 뿐 아니라, 수직적인 상하 제도가 아니고, 수평적인 연립 제도이다(마 23:11-12 참조)." 또한 55, 57도 보라. 이런 점에서 Gordon D. Fee가 성경적인, 특히 디모데전서가 말하는 교회의 정체(政體)로 말하는 "지교회 수준에서의 복수적 지도성"(plural leadership at the local level)("Reflections on Church Order in the Pastoral Epistles," in *Listening to the Spirit in the Text* [Grand Rapids: Eerdmans, 2000], 156, 160)은 실질적으로 개혁파 교회가 이미 오래전부터 성경에 근거하여 강조해 온 것이라고 할 수 있다.

1. 목사직

첫째로, 개혁 교회는 이 땅에서의 구속 사역을 마치시고 하늘에 오르신 주님께서 "목사들 즉 교사들"(τοὺς ποιμένες καὶ διδάσκαλοι, 엡 4:11)을 세우셨다는 의미를 강조하며 목사직을 가르치는 직임으로 회복시켜 내는 귀한 일을 감당하였다.[9] 이 때 "목사들"이라는 말 앞에 정관사가 있고, 교사들 앞에는 정관사가 없으므로 목사와 교사를 하나로 보고 있다는 인상이 강조되며, 따라서 이 둘을 연결시키고 있는 "카이"(καὶ) 앞과 뒤의 말이 중언법(重言法, hendiadys)으로 사용된 것으로 해석해야 한다는 점이 강조된다. 이런 전통에 따라서 벌코프도 에베소서 4:11의 "목사와 교사"라는 말은 "두 종류의 다른 직임들(two different

---

[9] 칼빈은 한편으로는 크리소스톰, 어거스틴, 암부로시우스에게 동의하면서 (또 제롬의 견해와 같이) 목사와 교사의 직무를 연결시켜 말하면서(*Comm.* Eph. 4:11), 또 한편으로는 목사와 교사를 분리시켜 언급하기도 하였다(*Institutes,* IV. iii. 4; *Comm.* Eph. 4:11). 그때 교사는 박사들(doctors)이라고도 불리며, 이는 오늘날의 신학교 교수와 비슷한 제네바 아카데미에서 가르치는 일만을 하는 이들을 지칭하는 것이었음에 유의하라. 그들은 "교회의 선생님들"(*doctor ecclesiae*)이라는 뜻으로 사용한 것으로 보인다. 그런 의미에서 칼빈이 이해하는 교사는 성찬을 집례하지 않고, 학교와 교회에서 가르치는 직무를 전담하는 이로 이해할 수 있다. 그는 "가르침은 모든 목사들의 의무이지만, 바른 교리를 유지하는 데는 성경을 해석하는 은사만 있어도 된다"고 하면서 목사가 아닌 교사가 있을 수 있는 가능성을 말하는 것이다. 이런 해석에서 목사직의 교사로서의 기능, 가르치는 기능이 배제되는 것이 아님에 유의하라.

이와 같이 목사와 교사직을 구분하여 논의하는 대표적인 예들로 다음을 보라: C. Leslie Mitton, *Ephesians, The New Century Bible Commentary* (London: Marshall, Morgan & Scott, 1973; reprinted, Grand Rapids: Grand Gapids, 1989); Andrew T. Lincoln, *Ephesians, Word Biblical Commentary,* 42 (Dallas, Texas: Word Books, 1990), 250-52.

이하에서 우리가 취할 해석과 이 해석을 모두 다 허용하고 있는 견해로는 Francis W. Beare, "Exegesis to the Ephesians," in *The Interpreter's Bible,* vol. 10 (Nashville: Abingdon Press, 1953), 691; Richard J. Erickson, "Epehsians," in Walter A. Elwell, ed., *Evangelical Commentary on the Bible* (Grand Rapids: Baker, 1989), 1027을 보라.

classes of officers)을 구성하는 것이 아니라, 두 가지 연관된 기능을 지닌 한 종류의 직임(one class having two related functions)을 구성한다는 것을 분명히 보여준다"고 말한다.10 그루뎀은 아예 "목사-교사"(pastor-teacher)로 번역하는 것이 더 낫다고까지 한다.11 그러므로 이전에 천주교 신부가 하던 일을 이름만 바꾸어 목사가 하는 것이 아니라, 근본적으로 성격이 다른 직임을 성경에 맞게 회복시킨 것이다. 이 목사는 이제 더 이상 제사장[司祭, priest]으로 불려져서는 안 된다는 것을 강조하면서 모든 사제 의식을 불식해내었다. 그리하여 이제 교회 안에서 "말씀과 가르침에 수고하는 이들"(οἱ κοπιῶντες ἐν λόγῳ καὶ διδασκαλίᾳ)로서의(딤전 5:17) 목사의 본래적인 직무를 성실히 하도록 된 것이다.12

---

10 Berkhof, *Systematic Theology*, 586. See also Grudem, *Systematic Theology*, 913. See again F. F. Bruce, "The Epistel to the Ephesians," in *NICNT* (Grand Rapids: Eerdmans, 1984), 348: "it is appropriate … that the two terms, 'pastors and teachers' should be joined together to denote one order of ministry"; Ralph P. Martin, "Ephesians," in *New Bible Commentary* (Leicester: IVP, 1970), 1116. A. Skevington Wood, "Ephesians," in *The Expositor's Bible Commentary* 11 (Grand Rapids: Zondervan, 1978), 58와 Alfred Martin, "Ephesians," in *The Wycliffe Bible Commentary* (Chicaago: Moody Press, 1962), 1311은 그리 강하지는 않으나 자연스럽게 이런 해석으로 나아가고 있다. Harold W. Hoehner, "Ephesians," in *The Bible Knowledge Commentary* (N. P.: Victor Books, 1983), 635도 그렇다. 그러나 그는 Wood보다는 좀 더 강하다. Francis Foulkes, *Ephesians, Tyndale New Testament Commentaries*, Revised Edition (Leicester: IVP, 1989), 127f.는 자연스럽게 이 둘을 연관시키면서도 디모데서와 연관해서 교사로서의 교훈 장로와 치리 장로의 구별을 시사하기도 한다. 그는 그 둘 모두가 목회자라는 좋은 해석의 시사를 주고 있다.

11 Grudem, *Systematic Theology*, 913.

12 이렇게 에베소서 4:11의 "목사와 교사"는 디모데전서 5:17의 "말씀과 가르침에 수고하는" 장로들과 동일하다는 것을 명확히 확언하는 논의로 다음을 보라. John Murray, "Office in the Church," in *Collected Writings of John Murray*, 2: *Systematic Theology* (Edinburgh: The Banner of Truth Trust, 1977), 361. Ralph Earle은 이 구절에서 교훈 장로와 치리 장로의 구별을 이끌어 낼 수 있다고 보는 것에 반대하나, 그가 이에 대해서 주고 있는 설명은 장로교인들이 교훈 장로와 치리 장로를 구별하는 것에 정확히 상응한다. Cf. Ralph Earle, "I Timothy," in *The Expositor's Bible Commentary* 11 (Grand Rapids:

이런 개혁파적인 이해에 의하면, 목사 자신은 전혀 중요하지 않으나, 그가 감당하는 직임, 즉 하나님의 말씀을 선포하고 잘 가르치는 것은 매우 중요한 것이다.[13] 그러므로 아직도 사제직을 유지하고 있는 교회는 성경의 명백한 가르침을 거스리고 있는 것이라고 할 수 있고, 그 직무를 개혁했다고 하면서도 여전히 그런 용어를 유지하고 있는 교회들도 온전히 성경에 따르고 있는 것은 아니라고 할 수 있다. 만인제사장주의를 강하게 말했던 루터를 따른다고 하는 루터파 교회 안에 사제(priest)라는 용어와 심지어는 아직도 감독(ἐπίσκοπος, bishop)이라는 용어가 잔존하는 것에 대해서,[14] 그리고 성공회 안에 그런 용어와 제도가 잔존해 있는 것을 보면서 보다 성경적인 교회의 모습을 열망하기는 우리는 성공회 목사나 루터파 목사가 될 수 없다고 하면서 개혁파 목사로서의 길을 걷게 된다.

2. 장로직

'교사인 장로'(=교훈 장로, 즉 목사)직의 회복과 함께 개혁 교회에서는 오랫동안 교회 안에서 전혀 자취도 없이 사라졌던 '목사가 아닌 장로들'(πρεσβύτεροι)이라는 직분을 회복시켰다.[15] 이에는 디모데전서에서

Zondervan, 1978), 380.

    [13] R. B. Kuiper, *The Glorious Body of Christ: A Scriptural Appreciation of the One Holy Church* (Grand Rapids: Eerdmans, 1966; Edinburgh: The Banner of Truth Trust, 1967), 141. 목사의 설교하는 일의 의미와 중요성에 대한 강조로 허순길, 『개혁교회의 목회와 생활』, 53-62를 보라.

    [14] 루터의 후계자 멜랑흐톤에게 나타나고 있는 예로 다음을 보라. Philip Melanchthon, *Loci Communes* (1555), 한역, 『신학 총론』 (서울: 크리스챤다이제스트, 2000), 특히 432, 461, 449, 452, 453.

시사되어 이후로 발전된 가르치는 장로(teaching elder)와 다스리는 장로(ruling elder) 사이의 구별에서 온 것이라고 할 수 있다.16 이런 점에서 개신 교회라고 하면서도 오랫동안 이런 의미의 장로를 가지지 못했던 성공회의 목사들인 스팁스와 패커가 신약 성경이 말하는 장로, 즉 감독에 대해서 말하면서 다음과 같이 말하고 있는 것은 매우 흥미롭다: "우리 시대에 그에 상당하는 것은 현재 평신도 지도자나 교회의 교구 위원으로 섬기는 사람들에게 현재 우리의 제도가 목사에게 부과하고 있는 목회자의 책임을 충분히 공유하도록 하는 것이 될 것이다."17 이는 목사와 함께 우리들의 장로에 해당하는 사람들이 세워져서, 그들이 함께 목회자 역할을 하도록 해야 한다는 개혁 교회의 모습과 같은 교회 제도에 대한 생각을 표현한 것이라고 하지 않을 수 없다. 이에 대해서 스팁스와 패커는 "사람들은 이것이 신약 성경의 패턴이 요구하는 것이라고 인식하고, 하나님께서 경험으로 성숙한 발전에 이르도록 개인들에게 필요한 은사를 주신다고 믿으면서 믿음으로 이러한 모험을 할 목회자들을 보기 원한다"고 말하고 있다.18

성공회에 속한 이들의 (그들이 속한 교회를 생각할 때) 이 과감한 주

---

15 많은 이들을 이를 분명히 하지만 특히 회복에 대한 강조로 허순길, 『개혁교회의 목회와 생활』, 71, 74를 보라.

16 디모데전서에 이런 구별되는 장로들의 시사가 있을 수 있다는 해석들로 다음을 보라. Walter Lock, *The Pastoral Epistles, ICC* (Edinburgh: T. & T. Clark,, 1924), 62; 특히 Donald Guthrie, *The Pastoral Epistles, Tyndale New Testament Commentaries*, Revised Edition (Leicester: IVP, 1990), 117: "which may point to a particular class within the presbyterate."

17 A. M. Stibbs and J. I. Packer, *The Spirit Within You: The Church's Neglected Possession* (London: Hodder and Hodder, 1967; reprinted, Grand Rapids: Baker Book House, 1979), 졸역, 『그리스도 안에 계신 성령』(서울: 웨스트민스터 출판부, 1996), 107.

18 Stibbs and Packer, 『그리스도 안에 계신 성령』, 107f.

장을 감사하게 여기면서, 이 책의 번역자는 다음과 같은 역자 주를 붙이고 있다: "바로 이것을 제도적으로 잘 드러낸 것이 장로교회 제도이다. 그러므로 그 제도를 가지지 않은 성공회 신학자들과 목회자들은 이렇게 말해야 할 것이고, 그 제도를 가진 교회에 속한 이들은 그 제도의 의미가 현실적으로 드러나게끔 작업해야 할 것이다."[19] 그러므로 중요한 것은 성경이 말하는 패턴을 따르는 제도와 그 정신을 가지려고 하는가 하는 것이며, 그보다 더 중요한 것은 그런 제도가 표현하려는 성경적 정신에 충실한 사람들이 그 정신에 따라서 성령님께 의존해서 교회를 잘 섬겨 나가는 것이다. 그러므로 성경이 말하는 것에 상응하는 제도를 갖는 것이 중요하다. 그러나 그보다 더 중요한 것은 그 제도가 말하는 정신에 충실한 사람들이다. 사람들이 성경과 성령에 의존해 가지 않게 되면 아무리 좋은 제도를 가져도 참된 교회의 모습을 잘 드러내지 못하게 되기 때문이다.

3. 집사직

이와 함께 개혁 교회가 회복시켜 내어 우리가 지금까지 가지고 있는 집사직(the diaconate)에 대해서도 우리는 그 온전한 직분의 온전한 회복이 절실함을 느끼게 된다. 천주교회나 성공회, 그리고 그에 따라 감리교회도 집사직을 온전한 임직을 받기 이전의 얼마 동안(대개 1년 동안) 거쳐가는 직분, 즉 부제(副祭, 또는 감리교회의 deacon인 목사)로 여기는 것보다는 평생직으로서의 집사직에 대한 이해가 성경이 말하는 집사직

---

[19] Stibbs and Packer, 『그리스도 안에 계신 성령』, 107, 역자 주.

에 가까운 것으로 보면서 개혁 교회에서는 성경이 직분으로 말하고 있는(빌 1:1, 딤전 3:8)[20] 집사(διάκονος)라는 직분을 회복시켰고, 그리하여 결국 개혁 교회는 목사, 장로, 집사라는 성경적인 직분에 대한 이해를 갖게 되었다. 오늘날 제 2 바티칸 공의회 이후의 천주교회와 1968년 람베트 회의 이후 성공회 내에서도 평생직으로서의 집사직에 대한 논의와 회복의 시도가 나타나고 있는 것은 (물론 온전한 것은 아니지만), 이

---

[20] 이외에 사도행전 6:3, 4에 나오는 7사람은, 비록 집사라는 말이 본문과 다른 성경에 나오지는 않지만, 그들이 감당한 사역과 그들을 선출할 때 주어진 기준이 디모데전서 3장에서 말하는 집사의 자질과 유사하기 때문에, 이레니우스(*Against Heresies* 1.26; 3.12; 4.15), 키프리안(*Epistles* 3.3), 그리고 유세비우스(*Ecclesiastical History* 6.43)의 전통을 따라, 대개는 집사들로 인정된다. 이런 입장을 지지하는 글로는 다음을 보라: Berkhof, *Systematic Theology*, 587; Howard Sainsbury, "Deacon," in *The New International Dictionary of the Christian Church*, Revised Edition J. D. Douglas, ed. (Grand Rapids: Zondervan, 1978), 285; Grudem, *Systematic Theology*, 919. 별 논의 없이 이 일곱을 직접적으로 집사로 언급하는 이들로는 박윤선, 『헌법주석』, 82; 허순길, 『개혁교회의 목회와 생활』, 99; Reymond, *A New Systematic Theology of the Christian Faith*, 899를 보라.

그러나 이들은 그들에 대해 집사라든지 다른 공식적 명칭이 부여되지 않은 일정한 일처리를 위해 유대적 관례를 따른 일곱 명의 위원회라는 견해로 I Howard Marshall, *Acts*, Tyndale New Testament Commentaries (Leicester: IVP, 1980), 126을 보라. 또한 이들을 집사로 볼 수 있는 신약적 증거는 별로 없다는 논의로 David J. Williams, *Acts*, New International Biblical Commentary (Peabody, Mass.: Hendrickson, 1990), 121f.을 보라. 그리고 사람들이 집사가 아니며, 오히려 예루살렘 교회의 장로들로 여겨져야 한다는 견해로 Kevin Giles, *What on Earth is the Church: An Exploration in New Testament Theology* (Downers Grove, Il.: IVP, 1995), 홍성희 역, 『신약성경의 교회론』(서울: 기독교문서선교회, 1999), 148을 보라. 또 이들에 대한 자격과 사역이 딤전 3:8-13의 집사의 자격과 사역과 다르다는 논의로 그의 *Patterns of Ministry Among the First Christians* (Melbourne: Collins-Dove, 1989), 58을 보라. 위의 많은 학자들의 논의에 비추어 볼 때 Giles의 주장은 좀 독특한 것으로 여겨질 수 있다.

이런 다른 의견들에 대해서는 롱게네커의 주장, 즉 사람들이 집사로 불려지지는 않았으나, 그들의 사역은 딤전 3:8-13에 나오는 집사들의 사역과 기능적으로 같은 것이며, 이는 사역은 직분이 형성되기 전부터 있는 기능임을 확증시켜 준다는 말을 하는 것이 좋을 것이다. Cf. Richard N. Longenecker, "Acts," in *The Expositor's Bible Commentary*, vol. 9 (Grand Rapids: Zondervan, 1981), 331.

전에 개혁 교회가 성경에 근거해서 이룬 개혁의 방향을 향해 어느 정도 나아오는 것으로 여겨 환영한다. 그러나 아직까지 구체적인 시도가 그리 많지는 않은 듯하다. 이와 함께 이미 집사직을 회복시켜 상당히 많은 교우들이 집사직을 가지고 있는 우리들의 교회에서는 과연 참으로 성경적인 집사직이 회복된 것인지를 물어야 한다.

과거 개혁파 교회는 성경에 분명히 장로들 외에 집사들이 언급되어 있다는 것을 보고, 교회 안에서 불쌍히 여기는 일반적 사역(ministeriun misercordiae ordinari)인 교회의 모든 필요와 관련하여 기독교적 선의의 사역을 수행한 책무와 과업을 맡은 사람들이 집사들임을 천명하고,[21] 집사직을 회복시키고 세워서 교회 안팎의 구제의 사역을 힘입게 감당하도록 했었다. 이렇게 회복된 집사직의 현저한 예를 찾아볼 수 있는 곳이 제네바 교회라고 말할 수 있다. 그 교회에서 집사들은 참으로 교회 안팎의 사회 복지적 문제를 감당한 사람들이었다. 이런 점에서 집사직이야말로 교회의 섬김(diaconia)의 한 측면을 잘 말해 주는 것이라고 하지 않을 수 없다.

그러므로 문제는 교회 안에 집사직이 있느냐 없느냐의 문제가 아니다. 물론 집사직이 사라진 교회에서는 이것이 회복되는 것이 중요한 문제다. 우리는 이 제도의 문제에 있어서도 성경의 가르침을 따르려고 하기 때문이다. 그런 뜻에서 한국 감리교회 안에 집사인 목사 외에 소위 평신도 집사직이 나타나게 된 것, 심지어 장로직이 등장하

---

[21] 이에 대한 가장 분명한 진술로 Berkhof, *Systematic Theology*, 602; R. B. Kuiper, *The Glorious Body of Christ*, 150, 153, 155f.; 허순길, 『개혁교회의 목회와 생활』, 99-107; 박윤선, 『헌법주석』, 85-87을 보라. 칼빈도 그의 『기독교 강요』, IV. iii. 9에서 아주 구체적으로 구제를 담당하는 집사와 가난한 자와 병든 자를 돌보는 집사라는 두 종류의 집사를 말하면서 제네바 교회 내에서의 집사의 사역을 반영하며 말하고 있음에 유의하라.

게 된 것은 세계 감리교회를 향해서 보다 성경적인 방향으로 교회의 제도를 고치도록 제안할 수 있는 좋은 예가 된다고 할 수 있다. 이 점은 한국의 다수파를 차지하는 장로교회가 한국 교계에 암묵리에 미친 좋은 영향이라고 할 수 있다. (그러나 그 교회의 집사직도 한국 장로 교회 내의 집사직과 같이 그저 형식적이고, 단순한 직임적 의미만을 가지고 있으니, 그것이 통탄스러운 일이 아닐 수 없다). 그러므로 우리 한국 교회 안에 성경적이고, 개혁 교회가 회복시킨 정신에 따른 참된 집사직의 회복이 필요하다.

II. 직원 선출과 임직 방식에서 나타나는 개혁파의 모습

직임을 성경적으로 회복하는 데에는 이 직임의 회복뿐 아니라, 사람들을 이 직임으로 따로 구별하는 일에 있어서도 성경에 따른 방법을 회복시켜 가지고 있는 것이 개혁파 교회의 모습이다. 한 동안 교회는 잘못 발전된 감독 제도에 의해 감독이 지명하여 임명하는 방식으로 직원들을 구별하고, 그 임직식에서 손 얹는 일(안수)을 매우 강조하여 왔었다. 지금도 감독제를 가진 교회들은 이런 일을 매우 중시한다. 심지어 안수와 관련하여 사도적 계승을 말하는 교회와 그런 이들도 있을 정도다. 그러나 개혁파 교회에서는 하나님께서 어떤 이들을 세워 교회의 직원이 되게 하실 때, 그 자신이 느끼는 바 내적 소명을 교회 회중이 선출하는 방법의 외적 소명을 통해 인쳐 주는 식으로 하나님께서 사람들을 직임으로 부르시는 것이라는 점을 강조하여 왔다. 그래서 개혁파 교회에서는 목사나, 장로나, 집사를 세울 때에 무엇보다 먼저 개인의 내적 소명을 확인하고, 교회의 성도들이 이를 확인하여 주는 절차를 강조해 왔다. 목사의 경우에는 회중들의 다수 가결에 의한 청빙이 없으면 임직을 할 수 없다는 것을 강조한 것이나, 스코틀랜드 등지에서 목회자를 감독이나 인근 귀족들이 임명하는 것에 반대하면서 회중의 동의와 선출에 의해서 목사가 선임되도록 한 것이 바로 이런 교회의 공적인 부름을 강조한 것이라고 할 수 있다. 장로와 집사를 세울 때에도 회중들의 선출을 통해서 세우고, 그들에게 대해 일정한 훈련 기간을 가진 후에 임직식을 통해 그들이 그 직무로 따로 구별되어 있음을 선언하는 의식을 하여 그 직무를 감당하게 했다.

일단 이렇게 교회를 통한 외적 소명으로 하나님의 부르심을 확인하는 과정은 첫째로, 그 회중들이 적임자를 잘 판단하여 선출하는 것을 개혁 교회에서는 강조하여 왔다. 그래서 (1) 디모데전서 3장과 디도서에서 장로와 집사의 자격을 언급한 이유를 회중들이 이런 기준에 따라 적임자를 찾을 수 있도록 하기 위한 것으로 보았고, (2) 사도행전 6장에서 일곱 사람을 세울 때, 사도들이 일정한 자격을 제시한 후에 그에 해당하는 이들을 교회로 택하게 하여 세우고 임직하게 한 것을 중시하면서, 또한 (3) 바울이 1차 전도 여행을 하면서 루스드라, 이고니온, 안디옥 등지에 "각 교회에서 장로들을 택한 (χειροτονήσαντες)" 것을(행 14:23) 매우 중요하게 여겨 왔다.

여기서 "택했다"는 말로 번역된 헬라어인 "케이로토네오"(χειροτονέω)는 어원적으로는 "손들을 들어 선택하다"(choose, elect by raising hands)는 뜻이라고들 해석한다.[22] 물론 이를 "안수"(ἐπιθέντες τὰς

---

[22] Cf. Reymond, *A New Systematic Theology of the Christian Faith*, 897, n. 3; G. H. C. Macgregor, "Exegesis of the Acts of the Apostles," in *The Interpreter's Bible*, vol. 9 (Nashville: : Abingdon Press, 1954), 193; David John Williams, *Acts*,

χείρας)와 동일시하려는 시도가 있으나,23 그것은 별로 설득력 있는 주장이라고 생각되지 않는다.24 또한 이를 단순히 세웠다, 지명했다 (appoint)로 보려는 시도들도 있으나,25 이런 세움이 회중들로 하여금 손을 들어 표시함으로 회중의 뜻을 묻는 것을 배제한 것은 아니었을 것이라고 해석하는 것이 옳을 것이다.26 개혁 교회가 처음부터 강조해 온 것의 하나는 회중들이 성경의 원칙에 따라 적임자를 성령의 인도하심을 따라 잘 선출하여야 한다는 것이었다.27

Tyndale New International Biblical Commentary (Peabody, Mass.: Hendrickson, 1985), 255: "to elect by show of hands"; 박형룡, 『박형룡 박사 저작 전집』제 6 권『교의신학. 교회론』(서울: 한국기독교 교육연구원, 1977), 143("'택하여'는 거수에 의한 선거였다…… 우리는 교인의 투표에 의하여 감독들을 임명하는 것이 바울의 관례인 동시에 디모데와 디도의 관례였다는 것을 가히 알 수 있다").

23 A. Campbell, The Elders (Edinburgh: T. & T. Clark, 1994), 166-71.

24 Cf. C. K. Barrett, The Acts of the Apostles, ICC I (Edinburgh: T. & T. Clark, 1994), 687.

25 이 말의 문자적 의미 자체를 "지명 또는 임명"(appointment)으로 이해하려는 시도로 다음을 보라: J. Fitzmyer, The Acts of Apostles, Anchor Bible 31 (New York: Doubleday, 1998), 535. Bruce는 절충적이다: "이 말의 어원적 의미는 '손들의 표시로 선택한다'(to elect by show of hands)는 것이지만, 이는 "지정하다"(designate) "지명하다 "(appoint)의 의미로 사용되기에 이르렀다"(The Acts of Apostles, The Greek Text with Introduction and Commentary [Grand Rapids: Eerdmans, 1951], 286).

26 Reymond, A New Systematic Theology of the Christian Faith, 897, n. 3. Williams, Acts, 255: "at least the opinion of the congregation seems to be taken into account." 비슷한 견해로 Richard N. Longenecker, "Acts," in The Expositor's Bible Commentary, vol. 9 (Grand Rapids: Zondervan, 1981), 439. 그는 "케이로토네오"라는 말이 '선택하다'(to choose) 또는 '손들을 들어 선택하다'(elect by raising hands)는 것을 뜻한다는 것을 신약 성경과 초대 교회의 다양한 문헌에 근거해서 잘 밝히면서, 또한 '지명이나 장립'을 뜻하기도 한다는 예도 제시한다. 그루뎀도 이 "택했다"는 말이 "장립"(install)을 의미할 수도 있다고 말한다(Grudem, Systematic Theology, 921). Cf. A Greek-English Lexicon of the New Testament and Other Early Christian Literature, ed. Walter Bauer, revised and trans. Wm Arndt, F. W. Ginglich, and F. Danker (Chicago: University of Chicago Press, 1979), 881. See again Erickson, Christian Theology, 1081: "Perhaps the apostles suggested the idea and presided at the ordination, but the choice was made by the people."

이렇게 선출된 이들을 공식적으로 임직시키는 의식을 임직식 (induction) 또는 장립식으로 부른다. 그러므로 이런 의식은 교회적인 의식으로 그 교회를 섬길 자들을 세워[將立] 그 직무를 위해 따로 구별되었음을 공적으로 선언하는 일을 하는 것이다. 이때 중요한 것은 교회에서 공식적으로 이 세우는 의식을 하는 것이다. 그래서 벌코프는 장로교회에서는 이때 안수하는 일을 선택적인 것(optional)으로도 만들었다고 말한다.28 이에 따라서 박형룡 박사도 다음과 같이 말하여 개혁파적 임직식과 안수에 대한 개신교적의 의미를 확언하고 있다: "프로테스탄트파는 안수는 단순히 후보자가 그 직임을 위하여 성별된다는 사실의 상징적 지시뿐이라고 주장한다. 그들은 이것을 성경적 의식으로 또는 완전히 합당한 일로 보나 절대적으로 필요하게 여기지는 않는다."29 그러므로 개혁파적 제도에서 중요한 것은 회중들의 선출과 공적인 임직이지, 안수는 상징적인 것일 뿐이다.30

---

27 대부분의 개혁파 신학이 이를 매우 강조한다. 가장 대표적인 예로 다음을 보라. John Murray, "Government in the Church of Christ," in *Collected Writings of John Murray*: 1. *The Claims of Truth* (Edinburgh: The Banner of Truth Trust, 1976), 263.

28 Berkhof, *Systematic Theology*, 588.

29 박형룡, 『박형룡 박사 저작 전집』 제6권 『교의신학. 교회론』 (서울: 한국기독교교육연구원, 1977), 145. 이는 Berkhof, *Systematic Theology*, 588의 말을 그대로 옮긴 것이다. 본문 중 "완전히 적당한"이라는 말은 Berkhof의 "entirely appropriate"라는 말을 옮긴 것임에 유의하라.

30 허순길에 의하면 개혁 교회와 스코틀랜드 장로교회에서는 목사의 임직에서는 안수를 하지만, 장로의 임직에서는 안수를 하지 않는다고 한다. 허순길,『개혁교회의 목회와 생활』, 75-80. 중요한 것은 안수의 여부가 아니라, 임직식이다. 그리고 안수는 성직을 위해 구별됨에 대한 상징적 행위이다. 이에 대해서는 Calvin, *Institutes*, IV, iii. 16; IV, xix. 31. *Comm. Acts* 6:6; *Comm. I Tim.* 4:14; *Comm. 2 Tim.* 1:6 등을 보라. 제네바 교회에서는 임직식에서 안수를 하지 않았다고 한다.

III. 노회와 총회에 대한 개혁파적인 이해

이렇게 성경적인 직임만 회복한 것이 아니라, 개혁 교회는 각 지교회 사이의 관계에 대한 성경적인 입장을 분명히 수립하여 가지고 있다고 할 수 있다. 한편으로는 (감독제의 교회들과는 달리) 교회 구조의 기초는 모든 성찬에 참여하는 회중이 선출한 각 지교회의 당회에 있음을 분명히 하면서도, 또 한편으로 (회중 교회들과는 달리) 다른 교회들과는 그저 협의회적인 관계를 가진 것이 아님을 천명한 것이다. 그래서 일정한 지역에 있는 교회들은 같은 노회(presbytery)를 구성하여 각 지교회(肢敎會)에 있는 권한을 파생적으로 부여하고, 또 함께 그 지역에 있는 교회를 돌아보기 위해서 왕 되신 그리스도의 뜻에 순종하여 성경에 나온 분명한 예에 따라 목사를 임직시키는 일을 하고(딤전 4:14), 여러 가지 논의할 사안에 대해서 더 많은 사람들의 지혜를 모으는 일을 하는 것이다. 벌코프는 이 점을 아주 강조하면서 다음과 같이 말하고 있다:

> 개혁 교회들은 당회에 주어진 것보다 더 높은 교회의 권세를 알지 아니한다(no higher kind of ecclesiastical power). 그러나 동시에 (노회나 총회의) 권위는 당회의 권위보다 그 정도에 있어서 더 크며, 그 범위에 있어서 더 넓다. 왜냐하면 (마치 한 사람의 사도에게서보다는 12명의 사도들에게서 사도적 능력이 더 많이 대표되는 것과 같이) 큰 회의체들(major assemblies)에서는 당회에서보다 교권(church power)이 더 많이(in greater measure) 대표되기 때문이다. 10개의 교회는 한 교회보다는 분명히 더 많은 권위(more authority)를 가진다; 힘의 집적 집적(an accumulation of power)이 있는 것이다.[31]

---

[31] Berkhof, *Systematic Theology*, 591f.

이런 개혁 교회의 이해에 의하면, 노회나 총회 등의 큰 회의체들(major assemblies)이 권위 있는 것은 그것 자체의 본래적인 권위 때문이 아니라,32 그리스도께서 기본적으로 권위를 부여하신 각 교회의 권위가 파생적으로 부여된 것이며, 따라서 더 많은 사람들이 모여서 더 많은 교회를 대표하여 주의 뜻을 따라서 결정하는 것이기에 그 결정이 권위를 지닌 것이다. 그런 회의체들이 더 높은 것이 아니라는 것이다. 단지 더 넓은 권위와 더 큰 권위를 가질 뿐이다. 그러므로 그들이 함께 모여서 한 결정이 주의 뜻에 합치하는 경우에는 그것이 그저 권고적인 성격을 지니는 것이 아니라, 권위를 지니는 것으로서 교회의 왕이신 그리스도의 법에 대한 바른 해석과 적용으로 교회를 규제하는 것이다.33 그러나 그것이 하나님의 말씀에 반대된다는 것이 밝혀진 경우에는 더 이상 교회를 규제하는 것이 되지 못한다.34 또한 큰 회의체의 임원들은 한시적으로만 일을 수행하는 권위를 가질 뿐이다. 심지어 침례교 신학자인 밀라드 에릭슨조차도 장로교회의 노회나 총회의 임원들이나 상비회 위원들은 "그들을 선출한 사람들의 결정을 수행할 수행력(an executive power)만을 가질 뿐이며, 따라서 그 권위는 그 직임자들에게 있는 것이 아니라, 선출한 집단(the electing group)에게 있다"는 것을 아주 정확하게 지적하고 있다.35

---

32 그런데 레이몬드는 장로교 제도를 지지하면서 노회와 총회가 그 나름의 본래적 권위(its own intrinsic authority peculiar to itself)를 가진다고 본다. Cf. Reymond, *A New Systematic Theology of the Christian Faith*, 903. 그가 이를 주장하는 이유는 알 수 있으나, 이것이 가져올 위험성을 충분히 고려하였는지 의심스럽다.

33 Berkhof, *Systematic Theology*, 592.

34 Berkhof, *Systematic Theology*, 592. 이것에 해당하는 가장 대표적인 경우가 신사참배를 단순한 국민적 의례로 규정했던 일제 하에서의 대한 예수교 장로회 총회의 결정과 같은 것이다.

35 Millard J. Erickson, *Christian Theology* (Grand Rapids: Baker, 1985; 8th

이런 교회의 제도와 관련해서 과거 개혁 교회의 가르침과 정신을 잘 반영하면서 우리 한국 교회에 이것을 잘 드러내기 위해 노력하신 분으로 우리는 그 누구보다 정암 박윤선 목사님을 생각하지 않을 수 없다. 정암은 그 누구보다 각 지교회의 독립성을 강조하고, 지교회와 노회나 총회의 관계에 대해서 노회나 총회는 상회(上會)가 아니라, 더 많은 사람들의 지혜를 모으는 확대 회의라는 점에서,36 그리고 보다 많은 이들의 지혜를 모은다는 점에서 그 권위가 더 넓고, 더 크다는 것을 강조하였다. 그래서 박 목사님은 이들 사이에는 높고 낮음의 등급이 없으며, 따라서 헌법에서나 용어의 사용에서 상회(上會)와 하회(下會)라는 말, 또 '상회에 올린다', 또는 '하회에 내린다' 는 말도 고칠 것을 요구하셨고,37 넓은 회의체들(major assemblies)의 사회자를 그저 "의장"(moderator)이라고 불러 모든 회원의 평등성과 그에 근거한 논의를 잘 이끌어 내도록 하셨다.38 또한 이런 더 넓은 회의체들은 회의 기간 동안에만 열린다고 하는 것을 강조하시면서, 총회가 개회(開會)되고 파회(罷會, dissolve)됨을 헌법에 분명히 명시할 것을 요구하셨다.39 박윤선 목사님 이외에도 허순길 교수님도 화란 개혁 교회의

---

printing, 1991), 1077.

36 박윤선,『헌법주석』, 119, 157f.

37 박윤선,『헌법주석』, 120. 이에 대해 Berkhof, *Systematic Theology*, 591-92와 H. Bouwman, *Gereformeerde Kerkrecht*, II (1934), 64를 인용하신다. 또한 대한 예수교 장로회 (개혁) 총회,『헌법, 정치』(서울: 대한 예수교 장로회 (개혁) 총회 교육부, 1986), 67.

38 Cf. 대한 예수교 장로회 (개혁) 총회,『헌법, 정치』(서울: 대한 예수교 장로회 (개혁) 총회 교육부, 1986), 69, 83.

39 박윤선,『헌법주석』, 121, 165. 이때 그는 J. Hodge, *Presbyterian Law* (1882), 303을 인용하여 파회(dissolve)라는 말을 사용하고 있는 것이다(121). 또한 대한 예수교 장로회 (개혁) 총회,『헌법, 정치』(서울: 대한 예수교 장로회 (개혁) 총회 교육부, 1986), 78, 80, 83f.를 보라.

구체적인 예를 들면서 같은 점들을 강조한 바 있다.[40] 예를 들어서, 그의 다음과 같은 주장에 유의하라:

> 먼저 개혁 교회에서는 당회만이 상설 치리회이고, 다른 모든 치리회는 임시회이다. …… 그래서 이 치리회들은 모일 때마다 새로 조직을 하게 되고 폐회와 동시에 파회가 된다. 이는 장로교회 총회의 원래 성격과 같다……. 당회 이외의 모든 치리회는 그 회가 폐회됨으로 모든 임원의 역할도 끝나게 된다. 그래서 그 회기 밖에서는 노회장, 총회장의 이름이 결코 쓰여지지 않는다.
> 다음으로 개혁 교회에서는 상회, 하회(higher court, lower court)라는 말을 결코 사용하지 않는다……. 노회를 당회보다 높은 치리회로, 총회를 노회보다 더 높은 치리회로 보지 않는다.[41]

이런 생각과 그런 생각을 헌법에 반영시키고, 모든 회원들이 그런 정신을 따라 살도록 가르치신 점에서 우리는 정암 박윤선 목사님과 고신대학교 신대원의 허순길 교수님의 이런 노력을 낙스(John Knox) 등의 노력에 의해서 일단 신학적으로 개혁된 교회가 되었던 스코틀랜드 교회를 좀 더 장로교적으로 분명히 하기 위해 노력했던 앤드류 멜빌(Andrew Melville)의 철저한 장로교적 제도를 구체화하려고 한 노력과[42] 비교해 볼 수 있을 것이다. 우리는 이런 개혁파 교회의 교회 제도까지도 성경적 원칙에 따라 하려고 노력한 매력 때문에 다른 교회의 목사가 아니라, 장로교회의 목사가 되기를 원하는 것이다.

---

[40] 허순길, 『개혁교회의 목회와 생활』, 111-13, 123-26.
[41] 허순길, 『개혁교회의 목회와 생활』, 111f.
[42] 이 점에 대해서는 표준적인 교회사들을 보라. 특히 다음을 보라. Janet G. MacGregor, *The Scottish Presbyterian Polity: A Study of Its Origin in the Sixteenth Century* (London: Paternoster, 1926), 최은수 역, 『장로교 정치제도 형성사』 (서울: 솔로몬, 1997), 142-46, 182.

6

해외 교회의 임직자 선출, 교육, 사역 분담의 모범적 사례

이 논의를 시작하면서 우리는 먼저 역사적으로 가장 성경적 원리에 충실하게 임직자를 제시하고 선출하여 사역하게 했던 교회가 어떤 교회인지를 묻는 것으로 시작하지 않을 수 없다. 교회는 그 믿는 바의 내용인 교리만 성경으로부터 이끌어 내는 것이 아니라, 교회가 이 세상에 나타나는 방식, 즉 사역의 모든 면도 성경의 가르침을 받아야 하기 때문이다.

1. 역사적 이해들과 성경적 직분 이해

옛날이나 오늘날의 천주교회(Roman Catholic Church)나 동방교회(Greek Orthodox Church), 성공회(Anglican Church) 등의 감독 제도를 가진 교회들은 임직자를 감독이 정하여 임명하도록 되어 있다. 이는 기본적으로 하나님께서 주교(감독, bishop, episkopos)를 세우셔서 주교가 그리스도를 대리(vicar)하여 오늘날도 교회를 통치하신다고 믿었기 때문이다. 좋은 감독들은 임직자 선출과 관련하여 해당 회중들의 의견을 구할 수는 있으나 기본적으로 감독제 교회에서는 감독이 임직자들을 선정하여 임명한다. 그러므로 이런 교회는 교회가 그 안에 위계적 질서(hierarchy)를 가지고 있다고 할 수 있다. 이런 감독제도가 성경적이지 않다는 것을 발견하고 이 점을 강하게 주장한 종교 개혁 교회들의 경우에도 성공회는 계속해서 (교황을 인정하지 않는다는 것을 제외하면) 천주교회와 거의 비슷한 감독 제도를 가지고 있었고, 루터파 교회는 감독의 권한을 제한하기는 하였지만 (그래서 초기에는 bishop으로 보다는 superintendent로 이해하기는 하였지만) 여전히 감독 제도를 가지게 되었고 세월이 지남에 따라서 감독들이 교회 문제에 관한 한 상당한 권한을 가지게 되었다. 그래서 미국 루터파 교회에서는 감독(bishop)이라는 명칭을 자연스럽게 사용하고, 목사들의 최종적 임명은 감독을 통하여 이루어지게 된다.

이에 비해서 개혁파 교회(개혁교회와 장로교회)에서는 성경에 의하면 감독은 장로를 다른 이름으로 부르는 것이므로 감독과 장로는 같은 직임이라는 것을 발견하고(딛 1:5-7; 행 20:17, 28 참조), 따라서 목사와 장로 위에 있는 별도의 직임으로서의 감독(주교)이라는 것은 성경적 근거가 없는, 사람들이 만든 직임임을 분명히 하면서 감독직을 폐지하였다. 그리고 각 교회가 정상적일 때는 신약 성경의 시사를 따라서 목사(교훈 장로)와 장로(치리 장로) 등의 장로들을(딤전 5:17 참조), 즉 감독들과 집사들을 (딤전 3:1-13, 빌 1:1 참조) 그 임직자로 세우도록 되어 있음을 성경으로부터 배워 그것을 원칙으로 하였다.[1] 기본적으로 각 회중이 임직자들을 선출하게 되었다는 것을 성경으로부터 발견하여(행 14:23, 딛 1:3 참조) 그것을 원칙으로 천명하였다. 회중이 임직자들을 선출하는 것은 현실적으로 감독들과 부유한 귀족들이 있던 16세기에도 어려운 일이었고, 선출 과정에서의 복잡다단한 심리적 문제와 인간관계의 문제 때문에 매우 어려운 일임에도 이것이 성경적임을 깨닫고 계속해서 이런 방향으로 나아가는 것이 옳은 것이라고 판단한다.

동일하게 회중들이 임직자를 선출하는 침례교회 등은 회중이 임직자를 선출한다는 점에 있어서는 위에 언급한 장로교회와 개혁 교회의 이해와 같은 이해를 가지고 있다. 그러나 목사가 아닌 장로를 별도로 생각하지 않는다는 점에서 개혁파 교회와는 다른 이해를 가지고 있다. 이런 점에서 그 동기야 어떻든지 회중들 가운데서 목사가 아닌 장로를 선출하는 한국 침례교회와 한국의 감리교회는 아주 좋은 성경적 선례를 가지고 있는 것이 된다. 한국의 침례교회와 한국 감리 교회는 이 제도를 외국 침례교회와 외국 감리 교회에도 수출하여(?) 다른 교회들도 성경적 직임인 목사, 장로, 집사의 직임을 가지

---

[1] 이 문제들에 대한 좀 더 구체적인 논의를 위해서는 이승구, 『21세기 개혁신학의 방향』 (서울: SFC, 2005, 개정판, 서울: CCP, 2018), 221-24와 본서의 5장에 있는 이 문제에 대한 자세한 논의를 읽어 보라.

도록 하는 일을 해야 할 것이다.

2. 북미 개혁파 교회에서의 임직자 선출과 사역 분담 사례

이제는 해외 교회의 임직자 선출, 교육, 사역 분담의 모범적 사례를 고찰하는 일을 해 보기로 하자. 모든 해외 교단을 다 언급할 수 없으므로 가장 성경적 원리에 충실하고 성경의 가르침에 충실해 보려고 하는 교단들의 예만을 생각해 보기로 하겠다. 일단 우리나라의 예와 비교하면 앞으로 언급되는 집사라는 직무는 임직식을 거쳐서 집사 직임을 수행하게 되는 소위 안수 집사에 해당하는 것임을 유념하면서 읽으면 될 것이다. 즉, 외국에는 우리나라처럼 거의 모든 교인이 집사인 구조를 가지고 있지 않다는 것을 유념하면서 읽어야 할 것이다.

먼저 미국과 캐나다에 걸쳐 있는 북미 개혁파 교회(Christian Reformed Church in North America)에서의 구체적인 임직자 선출과 교육과 사역 분담의 예들을 생각해 보기로 하자. 이 교단은 기본적으로 위에서 말한 임직자 선출의 성경적 원리를 분명히 하면서 그에 충실하기 위해 좀 더 구체적인 규정을 구체화하는 일을 진행하여 교회법에 반영하고 그것을 시행해 가고 있다. 예를 들자면, 교회 헌법 제2항에 말씀 사역자(the minister of the Word), 장로(elder), 집사(deacon), 그리고 사역 보조자(ministry associate)를 교회의 직임으로 인정하여 받아들인다고 하며[2] 그 어떤 임직자도 다른 직임자를 주관할 수 없다는 것을 분명

---

[2] *Church Order of the Christian Reformed Church in North America* (Grand

히 하여(85항) 16세기부터 개혁 교회가 따라온 전통을 유지하면서, 이를 구체화하기 위하여 각 교회의 목사와 장로와 집사들로 구성된 교회 위원회(church council)는(35항) 공동의회에 각 직분에 대해 2배 이상의 해당자를 제시하고, 부득이 적은 수를 제시할 때는 그 이유를 명확히 제시할 것을 명확히 하고 있다(4-a항).³ 그렇게 교회 위원회에 의해 제시된 사람들 가운데서 임직자의 선출은 신앙생활을 제대로 하는 신앙 고백을 하는 회원들(the confessing members in good standing)의 투표로 이루어지는데, 이는 기도와 교회 위원회가 정한 규례에 따라 이루어지도록 되어 있다(4-c항). 선출된 임직자들은 목사의 경우에는 적당한 때에 임직식(installation)을 하고, 장로와 집사의 경우에는 일정한 교육을 거쳐서 임직식을 하는데, 이는 공예배 가운데서 이미 수립된 교회의 양식에 따라 이루어지도록 되어 있다(4-d항). 이 헌법의 목사 청빙에 대한 규정들은 우리들이 깊이 숙고해야 할 내용을 담고 있다. 그러나 여기서는 보다 많은 분들이 관심 있는 다른 직분으로의 선출과 분담의 문제를 중심으로 논의하기로 한다.

　북미 개혁 교회에서 집사와 장로는 당회가 정한 제한된 기간 동안(for a limited time) 섬기는 직분으로 규정되어 있다는 점에서 이 교단의 역사와 같이 화란 개혁파의 전통을 반영하고 있다. 헌법에는 한 번 선출되면 얼마 동안 섬겨야 하는지 그 정한 시간을 규정하고 있지

Rapids: Christian Reformed Church, 2009), article 2. 이하 이 문단에서의 이 문서로부터의 인용은 항목만을 본문 가운데 언급하기로 한다.

　³ 미국 개혁 교회(Reformed Church in America)에서는 회중들의 의견을 존중하지만 결국 목사, 장로들, 집사들의 모임인 Consistory가 목사 청빙의 최종 책임을 가지도록 하고 있다(The Book of Church Order, RCA, 1. 1. 2. 3.), available at: http://images.rca.org/docs/bco/2009BCO-Consistory.pdf. 이는 매우 독특한 일로 콘시스토리의 역사적 성격과도 다르고 개혁파 전통과도 상당히 다른 예를 제시하는 것으로 보인다.

않다. 단지 통상적으로 매년 일정 수의 장로와 집사는 그 직임에서 놓여지도록 규정되어 있다(25-a항). 그리고 그들은 재선될 수 있는데, 그들은 재선출될 때마다 다시 임직하도록 되어 있다. 그러므로 북미 개혁교회의 규정에 의하면 장로와 집사의 직분에로 선출되어 한시적으로 섬기는 동안만 장로와 집사인 것이다.

이렇게 선출되어 사역하는 장로님들은 목사님들과 함께 성도들과 동료 임직자들의 교리와 삶을 돌아보고, 목회적 돌봄과 함께 권면하고 치리하며, 복음 전도에 참여하고 이를 증진시키며, 신앙을 변증하는 역할을 하도록 되어 있다(25-b항).

역시 동일한 방식으로 뽑혀져서 일정 기간을 섬기는 집사님들은 모든 사람들에 대한, 특히 믿는 형제들에 대한 자비의 사역을 관장하도록 규정되어 있다. 이는 그리스도인들 전체가 자신들의 자원으로 도움을 필요로 하는 이들에게 성경적 권면의 말과 증언과 함께 돕도록 하는 일을 권장하는 것을 포함한다(25-c항).

그리고 이 모든 직분자들은 1년에 4차례 자신들이 감당하고 있는 역할을 제대로 하고 있는지를 상호 권면하고 비판하는 시간을(mutual censure) 가지도록 되어 있다(36-b 항).

3. 미국 장로교회(PCA)에서의 임직자 선출과 사역 분담 사례

미국 장로교회(PCA)도 역시 동일한 원칙을 천명하며 "교회의 직원들은 성경에 따라 가르치는 장로와 치리하는 장로와 집사들이다"고 선언한다.4 "노회에 대한 성경적 교리는 가시적 교회 질서의 온전함을 위해서는 필수적이나, 가시적 교회의 존재에 본질적인 것은 아니다"라는 선언은(1-7) 이 교단이 얼마나 보편의 교회를 중시하면서도 모든 점에서 성경의 원리를 따르려고 하는지를 보여 주는 고전적 원칙에 충실한 진술이라 할 만하다. 또한 "백성들에 의해서 수행되어지는 (그리스도의) 권세는 그리스도께서 그의 교회에 세우시는 직원들의 선출에까지 미친다"고 하여 장로교회의 전통적 성경적 원리를 재천명하고 있다(3-1).

미국 장로교회의 헌법은 새로 생겨지는 교회 (이를 선교 교회, mission church라고 칭하고 있다)의 경우에 일정한 시간이 흐른 후 어떻게 장로를 세워 선교 교회로부터 지교회(local church, 이 헌법에서는 particular church라는 용어를 사용하고 있다)로의 전환이 이루어지는지를 규정하는 하는 과정을 상당히 앞부분에 명시하고 있는 것이 매우 흥미롭다. 이 선교 교회에서 제대로 신앙생활을 한 모든 남자들은 (그들이 거부하지 않는 한) '교회 조직 위원'(the organizing commission)이나 복음전도자(즉, 그 선교 교회의 목사)로부터 장로의 자격과 직무에 대한 교육을 받고(5-9-1), 그 모든 사람들이 '교회 조직 위원'이나 복음전도자 앞에서 그들의 기독교적 경험과 성경과 교회의 헌법적 규정을 알고 받아들이는지, 디도서와 디모데전서 3장에 제시된 장로의 규정을 기꺼이 받아들이는지를 나타내어 그 위원이나 복음전도자가 합당한 모든 사람들의 이름을 제시하면(5-9-2), 그들 가운데서 성도들이 다수결에 따라 자신

---

4 *The Book of Church Order of the Presbyterian Church in America*, 6th edition (Lawrenceville, Georgia: The Office of the Stated Clerk of the General Assembly of the Presbyterian Church in America, 2009), 1-4, 4-2, 7-2. 이하 이 문단에서의 이 문서로부터의 인용은 항목만을 본문 가운데 언급하기로 한다.

들이 지명하는 이들을 정하여 30일 이전에 노회에 보내고(5-9-3), 정한 투표일에 장로로 세울 분의 숫자를 정하고(5-9-4) 투표하여 과반수 결의로 확정된 사람들에 대하여, 정한 날에 임직식을 하여 장로로 세우도록 규정하고 있다.

집사의 직무를 설명하면서 도움을 필요로 하는 사람들, 병든 자들, 친구가 없는 자들, 그리고 어려움 가운데 있는 자들을 돕는 것과 교회 공동체 안에서 자비의 은혜를 개발하는 것과 성도들의 헌금을 잘 관리하여 적절한 곳에 사용하는 일과 교회의 건물과 기물들을 관리하는 일들을 언급하고 있다(9-2). 그러나 교회의 큰 영향력을 미치는 문제에 대해서는 당회와 회중들의 동의를 구하도록 하고 있다(9-2). 그리고 교회는 이런 집사의 일을 돕도록 협조하는 사람들을 선정할 수도 있도록 하고 있다(9-7).

기성 교회에서는 당회가 정한 때에 (1) 모든 회원들이 디모데전서와 디도서가 규정한 자격에 부합하다고 기도하면서 판단한 사람들의 이름을 써서 당회에 제출하는 일로 선출 과정을 시작하고 있다(24-1). 이렇게 일정하게 정해진 기간 동안에 장로와 집사직으로 추천된 사람들에 대해서 (2) 교회는 장로와 집사의 자격과 직무에 대해서 일정 기간 가르치고(24-1), (3) 개인적 경건과 가정을 잘 돌아보는지를 살펴보고, 성경 내용을 잘 아는지와 교리와 본 교단의 정치와 규례를 잘 아는지, 자신이 감당해야 하는 직무의 성격을 아는지, 그리고 임직식 때 묻게 될 질문들에 충분히 동의하는지를 당회가 시취하여, (4) 합당하다고 판단된 사람들의 명단을 성도들 앞에 제출하여 최소한 30일의 기간을 두고 성도들로 기도하면서 선출을 위해 준비하도록 하고(24-1), 당회의 권고를 들은 후에 성도들이 이번에 선출할 장로와 집사의 수를 정하고(24-1), 종다수로 선출하여 장로와 집사를 선출하도록 되어 있다(24-3, 24-4).

이렇게 선출된 사람들에 대해서 당회는 날을 정하여 임직식을 공예배 가운데서 수행하게 되어 있다(24-6). 미국 장로교회에서는 장로와 집사의 직을 평생 수행하는(perpetual) 직으로 이해하고 있다. 이 점에 북미 개혁 교회의 장로와 집사 이해와 다른 점이다. 그러나 개인적으로 사임할 이유가 있는 경우에는 당회가 당사자와 깊이 있는 논의를 한 후에 합당하다고 생각하면 그 직무로부터 그를 풀어 주어 공식적 관계를 종결지을 수 있다고 하고 있다(24-7). 또한 교회원의 상당수가 그들의 사역을 받아들일 수 없는 경우에는 교회의 공식적 공동 회의에서 종다수의 표결로 표결하여 당회로 하여금 다른 문제없이 교회와 그 임직자의 관계를 종식시키도록 할 수 있고, 당회도 당사자와 깊이 면담한 후에 공식적 관계를 종식하도록 할 수 있게 하고 있다(24-7). 그러나 그 이후에라도 그 사람들이 다시 장로나 집사로 선출될 수 있고, 그때에는 다시 임직식을 하도록 규정하고 있다(24-8). 또한 나이가 많이 들거나 병으로 그 직무를 행할 수 없을 때는 청원을 당회가 숙고한 후에 직무를 쉬게 하되, 자발적으로 회의에 참여하는 등의 일은 하되 투표권만 가지지 않는 식으로 할 수도 있도록 하고 있다(24-10).

4. 정통장로교회(OPC)의 임직자 선출과 사역 분담의 예

정통장로교회(Orthodox Presbyterian Church)에서도 목사와 장로와 집사직이 신약 성경에 규정된 주께서 세우신 직분임을 확언하면서, 특히 말씀의 사역자인 목사 외에 교회를 다스리는 은사를 지닌 어떤 분들을 불러서 교회를 다스리는 장로로 세우시는 제도를 제정해 주셨다는 것을 분명히 언급한다.[5]

그런데 정통장로교회에서는 당회가 결정하여 그 교회에서는 평생의 섬기는 장로와 집사로 선출할 수도 있고, 아니면 3년이라는 한정된 시간 동안의 장로와 집사로 선출할 수도 있게 규정하고 있다(25-2). 이렇게 한시적으로 섬긴 후에도 다시 선임될 수 있도록 하고 있다(25-7). 그러나 3년 섬긴 후에 다시 선출되지 않아도 그 직무를 다 버리는 것이 아니라 해당 직임만을 하지 않을 뿐 다른 일을 하도록 규정하고 있다. 그러므로 한 번 임직하면 계속해서 그 직임을 유지하되 사역은 정해진 기간 동안만 감당하도록 하는 구조를 가지고 있는 것이다.

성도들은 이런 직임들이 연약하고 적절하지 못한 사람들에게 맡겨지지 않도록 자신들이 선출할 분들의 은사에 대해서 잘 판단해야 할 것과 이분들은 당회가 인정하거나 당회가 주도하는 적절한 훈련을 받았어야 하고, 책임 있는 지도력을 가지고 교회를 섬겼었는지를 잘 살펴야 한다고 강조한다(25-3). 정한 기간에 성도들이 장로나 집사에 자격이 있다고 생각하는 분들을 당회에 추천하면(the session nominations), 당회는 당사자들을 시취한 후에 적절하다고 생각하는 분들에 대한 확인을 하여 적어도 선출일 한 주간 전에 성도들에게 그렇

---

[5] *The Book of Church Order of the Orthodox Presbyterian Church* (PA, 2005), The form of government, 10-1.

게 확언인된 분들을 공지하게 된다(25-4). 그들 가운데서 성도들이 다수결의 표결로 선출을 하게 된다. 그들에 대한 임직식으로 그들의 사역이 시작되는데 정통장로교회의 장로와 집사의 임직식에서는 당사자들의 서약과 회중의 서약, 그리고 권면의 말씀이 중요하게 나타나 있고, 안수에 대한 언급이 없고, 기존의 당회가 있는 경우에 그 회원들이 임직된 표로 악수례를 하는 것만이 언급된 것이 특이하다(25-6). 재선임된 경우에도 조금 축소된 질문을 지닌 서약과 기도를 중심으로 한 임직식을 하도록 규정하고 있다(25-7).

5. 스코틀랜드 자유교회의 임직자 선출과 사역 분담의 예

스코틀랜드 자유교회(Free Church of Scotland)는 스코틀랜드 교회(The Church of Scotland)가 성경의 가르침에 충실하지 않게 되었다고 판단하고서 성경에 충실하며 국가의 통제로부터 자유로운 교회임을 선언한 장로교회를 뜻한다.6 정통적 장로교회의 가르침과 전통에 충실한 이 교단의 규정에 의하면,7 치리 장로는 평생 봉사하도록 되어 있다(elected for life)(1. 1. 1.). 물론 교리적, 윤리적 흠결이 있을 때는 그것이 취소될 수도 있고 이 경우에도 당회에 참석은 하지 않지만 장로의 지

---

6 이 교단의 간단한 역사에 대해서는 http://www.freechurch.org/resources/history/history.htm에 있는 간단한 정보를 참조하라.

7 Cf. The Practice of the Free Church of Scotland, 이는 The Book of Church Procedure(The Blue Book)의 다른 자료들과 함께 다음 홈페이지에서 내려받을 수 있는 자료이다: http://www.freechurch.org/resources/resources.htm. 이하 이 규정으로부터의 인용은 본문 중에 그 장과 절 항의 숫자로 표시하도록 한다.

위를 유지할 수는 있고(1. 1. 9), 그 장로가 그 교회의 회원이 아니게 되거나 사임서를 제출하거나 오랫동안 당회에서 자신의 자리를 지키지 않을 경우에 사임된 것으로 선언될 수 있다(1. 1. 1). 치리 장로는 교회의 성찬에 참여하는 정회원으로서 21세 이상의 남자들 가운데서 신약 성경이 말하는 장로/감독으로서의 영적인 감독직을 잘 할 수 있는 자격이 있는 자로서(1. 1. 6.) 정회원의 자유로운 투표에서 과반수를 얻은 사람으로 선출하게 되어 있다(1. 1. 7). 언제 선출할 것인지, 몇 분을 선출한 것인지는 당회가 결정하는데(1. 2. 3.), 그 선출 방법은 자유롭다고 하면서 표준적인 방법을 제시하고 있다(1. 1. 8.). 제시된 방법들은 당회가 구체적으로 명시된 수의 새 장로를 선출하기 위해 성찬에 참여하는 정회원들의 모임을 소집하여 적당한 사람들을 추천받아 과반수로 해당자들을 확인한 후, 당회는 그들로 정한 수를 확보하여 본인들의 의사를 묻게 된다(1. 1. 8. 1). 아니면 당회가 정회원들의 회의를 소집하여 그들에게 몇몇 사람을 제안하고 과반수의 투표로 장로직 수락을 제안할 수도 있게 하고 있다(1. 1 .8. 2). 그것도 아니면 당회가 21세 이상의 모든 남자 정회원의 명단을 제시하고 그들 가운데서 정회원들이 과반수의 투표로 해당자를 선택하도록 한 후, 그들 가운데서 당회가 가장 적절한 사람들을 선정하든지(1. 1. 8. 3), 그것도 아니면 당회가 적당하다고 생각하는 사람들을 제시하고, 그들 모두에 대해서나 그들 가운데서 정한 사람에 대한 과반수 득표로 대상자를 얻는 것이다(1. 1. 8. 4).

이렇게 선출된 사람들에 대한 임직식은 그 일주일 전에 공식적 선포(Edict)를 하면서 혹시 그의 교리나 삶에 대한 이의가 있으면 제기하도록 하는 광고가 덧붙여지도록 되어 있고, 이의가 제기되어 그것이 입증되면 임직식을 취소하지만, 이의가 없거나 입증되지 않으면 임직식이 거행되는데 이는 주일 아침이나 저녁 예배 후에 온 회중 앞에서 이루어지는데 성별하는 기도가 중시되고 안수는 하지 않도록 되어 있다(1. 2. 3.).

집사의 선출도 장로와 비슷한 과정을 거치도록 되어 있다(1. 2. 6.). 그러므로 유일한 차이는 임직식에서 질문과 그들이 수행하는 직무뿐이다. 물론 이 교단에서는 집사직도 평생 섬기도록 되어 있다.[8] 집사의 사임은 당회에 제출된 것만 유효한 것으로 규정되어 있다(1. 2. 8.). 장로들은 회중의 일반적, 영적 감독을 위해 세워진 것이고, 집사직은 교회의 현실적 문제를 관리하기 위해 세워지도록 되어 있다. 그러므로 집사회는 각 회중의 물질적, 경제적 문제를 감당하도록 되어 있다(1. Supp. 2. 1.).

6. 사역자들의 선출과 직무 분담과 임직 과정을 보면서

이상과 같이 성경적 원리를 중요시하는 해외 교단들의 사례를 보면서 우리도 다음 몇 가지를 다시 생각해 보고, 우리들 안에 더 깊이 뿌리내리도록 해야 할 것이다.

1. 성경에 나타난 원칙과 자격 기준(딤전 3:1-13, 딛 1:5-9)을 모두 성도들이 깊이 새기면서 그런 자격에 부합하는 분들이 성도들이 선출

---

[8] "Supplement to Chapter 1: Deacon's Court," 1. 1. 이하 이 규정으로 부터의 인용은 (1 Supp. 1. 1. 1) 식으로 인용되고 본문 중에 삽입될 것이다.

하여 나가는 큰 원칙이 우리 가운데서 그 참 모습을 드러내게 해야 할 것이다. 성도들이 이 원칙에 부합하지 않는 이를 선출하는 것은 직무를 유기하며, 하나님의 교회를 손상시킬 일을 스스로 자초하는 것이다. 상당수에 있어서는 직분자들의 훈련이 선출되기 전에 이미 이루어진 것으로 보면서 잘 준비된 자들을 회중이 선출하도록 되어 있는 교회들이 얼마나 교육적인 교회인가를 깊이 생각해야 한다.

    2. 우리가 선출되지 않을 때에 우리들은 그것이 주님의 뜻인 줄 알고 조금도 섭섭한 마음이 없이 선출에 나타난 하나님의 뜻에 자신을 복종시키며 더욱 더 열심히 봉사해 가는 모습을 보여야 한다. 이런 태도가 없으면 우리는 겸손하지 않은 것이고, 즉 교만한 것이고, 하나님께 저항하는 것이며, 교회 공동체 안에서 우리를 통치하시는 그리스도를 무시하는 것임을 깊이 새겨야만 한다.

    3. 장로와 집사의 명확한 직분 분담의 예를 유념하면서 은사에 따라서 자신이 가장 잘 섬길 수 있는 일에서 교회의 요청이 있을 때에 최선을 다하고 그야말로 죽기까지 충성해 나가야만 할 것이다.

    4. 임직식은 그 일로 하나님께서 구별하여 세우는 일이니 온 교회가 참여하고(그 교회 성도가 아닌 이들은 구태여 참여할 필요가 없다!) 하나님 앞에서 성실하게 서약하고 회중도 그들이 해야 하는 사역을 전심으로 하여 함께 주를 섬겨 가는 일을 감당해야 할 것이다. 이때 안수는 있을 수도 있고 없을 수도 있는 것이나 있을 경우에는 그것이 특별한 사역을 위해 구별되었음을 알리는 상징적 행위라는 것을 아주 분명히 하면서 천주교회에서와 같은 안수에 따르는 미신을 확장해 가지 않도록 해야 할 것이다.

5. 교회의 모든 직분은 교회 공동체, 즉 성도들을 섬기는 것이며, 하나님 앞에 책임을 져야 하는 엄중한 것임을 아주 분명히 의식해서 그 고귀하고 엄위한 의미가 오늘날 한국 교회에서 상당히 땅에 떨어져 있는 것을 성경적으로 의미를 회복시키는 일에 최선을 다해야 할 것이다. 모든 직임은 결국 모든 성도들과 함께 교회 공동체 전체가 더 성화되어 주께서 부탁하신 일들을 주님의 뜻에 부합하게 수행해 가도록 주어진 것임을 유념하면 직분자들이 앞장서서 성화와 봉사에 정진해 가야 함은 매우 자명한 일이 아닐 수 없다.

7

목사직과 설교에 대한 바른 이해

교회가 점차 체계화되면서 가르치는 장로인 목사직에 대한 바른 이해가 형성되다가, 곧바로 그것이 차츰 사제직(priesthood)으로 오해(誤解)되고 오랫동안(3세기-16세기) 오용(誤用)되었다가, 종교 개혁을 통해서 '가르치는 장로'로서의 목사직으로 다시 회복되었다. 이들은 일단 교회 안에서 목회자 후보생으로 선출되고, 특별한 준비와 시취를 거쳐서, 목사로 장립하여 교회를 하나님 말씀으로 인도하는 역할을 하게끔 성경의 지침과 역사적 섭리에 의해서 오늘날의 목사직을 형성하게 되었다. 이런 목사직에 대한 바른 이해를 위해서 먼저 (1) 목회자 후보생들로서의 신학생의 정체성을 생각해 보고, (2) 목사 임직에까지 이르는 가장 정상적인 과정을 살핀 후, (3) 오늘날 한국 정황에서 목회자 수급 문제에 대한 제언을 하고, (4) 잘못된 설교의 전형적인 예로 비신학적 설교의 문제점을 지적하면서 목사들의 바른 설교를 위해 제언을 하고자 한다.

1. 목회자 후보생으로서의 신학생의 정체성

각 교회에서 파송받아 신학교에서 공부하고 있는 목회자 후보생들에 대해서 사람들은 흔히 "신학하는 사람들"이라고 말한다. 이는 일반적으로 하는 말이지만, 잘 생각해 보면 신학생들에게는 아주 적절한 말이요 동시에 아주 황송한 말이 아닐 수 없다. 이 고귀한 명칭을 듣는 이들은 과연 어떤 모습을 가지고 있어야 할까? 이제부터 가장 이상적인 상황을 중심으로 진정한 신학생은 어떤 사람이어야 하는지를 생각해 보기로 하겠다.

신학하는 이들은 무엇보다도 "진정한 그리스도인"으로서 "한 교회의 신실한 교인"이어야만 할 것이다. 이 두 가지 거창한 말은 신학생 됨의 필요조건일 뿐이다. 따라서 우리는 신학생이 되기 이전과 이후에도 진정한 그리스도인 됨과 교회의 지체됨에 대해서 진지하게 물어야 한다. 교회의 지체 역할을 제대로 감당하지 않는 이들은 엄밀하게는 그 교회의 부름을 받아 신학을 공부하고 그것을 토대로 하여 청빙받을 수 있는 자격이 없기 때문이다.

그러므로 다른 어떤 것보다도 참으로 바른 교회의 신실한 교우 역할을 하는 것이 신학생들에게 일차적으로 요구되는 일이라고 여겨진다. 특히 이 땅에서는 개혁 신학을 말해 주는 일은 어느 정도 있었지만, 참으로 성경과 개혁 신학에서 말하던 진정한 개혁 교회가 존재하고 잘 유지되어 온 일이 매우 드물었기 때문에, 무엇보다 먼저 참으로 바른 개혁 교회의 일원으로 그 회원 역할을 하는 일이 신학생 됨의 선결 과제일 것이다.

교회의 교우[지체] 역할을 신실하게 하면서 우리는 교회와 함께 성장하고 전진해 가는 것이 어떤 것인지를 여실(如實)히 알 수 있어야 한다. 성경에는 '따로따로 떨어져 있는 개개인 성도들'이라는 현대적 개념은 낯선 것이다. 온 교회가 함께 성장해 가는 유기적 교회의 모습이 성경이 친숙히 알고 제시하는 교회의 모습이다. 이처럼 성경이 말하는 교회는 항상 '거룩한 무리들'[聖徒]이다. 따라서 교회와 함께, 교회의 일원으로 하나님의 말씀을 은혜의 방도로 공급을 받고, 교회의 지체로 성장해 간 경험을 가진 이들만이 후에 개혁 교회를 바르게 섬겨 나가는 일을 감당할 수 있다.

또한 교회의 회원으로서 동료 교우들이 신학생들에 대해서 과연 다음 세대를 감당해 갈 수 있는 목회자 후보생으로 적절하다고 생각하는지에 대한 점검을 받는 일이 매우 중요하다. 물론 신학생들 대부분은 신학교 오기 전에 여러 사람들로부터 여러 번 신학교에 가라는 말을 들었을 것이다. 그러나 그것이 과연 교회 생활을 같이 하는 가운데 다음 세대의 교회를 생각하면서, 즉 목회자 후보생들을 염두에 두고 과연 이런 사람들이 신학교에 가야 한다고 하는 대다수 교우들의 일치된 의견인지를 깊이 생각해 보아야 한다. 혹시 그런 경험이 없는 이들은 신학교에 들어와서 소위 교육 전도사로 사역하는 동안에 사역하는 모습을 지켜보는 주변에 있는 분들이 우리의 성품과 사역을 어떻게 평가하며, 특히 우리를 앞으로 목회자가 되기에 적절한 사람으로 평가하는지를 마음속 깊이 새겨 보아야 한다. 후에 목사 청빙을 받을 때뿐만이 아니라, 신학생 되는 일의 시초와 그 과정에서도 우리의 성품과 사역을 대다수의 교우들이 어떻게 평가하는지는 매우 중요한 것이다. 그들은 과연 신학생들을 다음 세대의 목회자다운 존재로 평가하고 있는가? 함께 교회 생활을 하는 교우들이 우리를 진정한 그리스도인으로 교회의 바른 지체의 한 사람으로 여겨야만 우리는 앞으로 교회를 섬겨 나갈 수 있는 최소한의 준비가 된 것이라고 할 수 있다.

물론 신학생 자신도 다른 일보다는 교회의 사역자로 주님을 섬기는 것이 자신이 하나님과 그의 나라와 교회를 섬기는 최선의 방도라는 확신이 있어야 한다. 이처럼 그 개인적 확신과 열망이 매우 중요하지만, 더 중요한 것은 과연 신학생과 함께 하는 성도들이 그 신학생을 참된 그리스도인과 다음 세대의 목회자로 적절하게 보느냐 하는 것이다. 그러므로 신학생은 무엇보다도 진정한 그리스도인으로서 교회의 바른 지체 역할을 하는 성도여야 한다.

둘째로, 신학하는 사람은 참으로 신학하는(doing theology, *theologieren*) 사람이어야 한다. 교회의 추천을 받고 신학하는 사람은 참으로 "죽도록"(죽기까지) 신학적 공부를 연마해야 한다.[1] 목사는 평생 공부하는 사람이다. 따라서 신학생으로 있는 기간 동안에 신학생

---

[1] 모든 신학 교수들이 이 점을 강조하지만 이를 특히 강조하시던 은사 박윤선 목사님의 생생한 부르짖음을 우리는 강조하지 않을 수 없다. 박윤선 교수님으로부터 가르침을 받은 이들은 모두 이 점을 생생히 기억할 것이라고 생각한다. 그 모든 분들이 이에 얼마나 충실했으며 또 지금도 충실한지를 물어야 할 것이다.

들은 앞으로 평생 공부하면서 교회를 섬겨 나가기 위해 성경을 공부하는 기본적인 방법을 익숙하게 연마해야 한다. 신학생은 성경과 모든 신학의 내용을 다 배우는 사람이 아니라(그것을 하기에는 3년, 혹은 7년의 과정이 너무 짧다!), 앞으로 평생 성경을 공부해 갈 수 있는 기본적인 방법을 배우는 사람이다. 따라서 신학생 때만 공부하는 사람이 되지 않도록, 평생 공부하는 사람으로서의 준비를 학교에 있는 기간 동안에 힘써서 해야만 한다.

목회학 석사(M. Div.) 과정에서 다루는 과목들은 가장 기본적인 과목들이지만 신학 안의 모든 학문 분과의 기초를 놓는 과정으로서, 어떤 과목과 관련해서는 이 목회학 석사(M. Div.) 과정에서 공부하는 것이 그 과목에 대해서 공식적으로 가르침 받는 마지막 과정인 경우가 많다. 그러므로 신학생들은 모든 과목에 대해서 평생 그런 고찰을 하여 나가는 기본적인 태도와 연구 방법에 대한 지도를 받아야 한다는 마음으로 공부해야 한다. 그러니 어떤 과목의 한 시간이라도 소홀히 할 수 없다. (물론 학교와 교수들도 그런 태도로 신학생들을 지도해야 한다). 모든 과목을 골고루 잘 준비해서 평생 성경과 개혁 신학을 공부해 가는 사람으로서의 충분한 준비를 갖추어야 한다.

특히 헬라어, 히브리어를 잘 연마해서 앞으로 평생 바른 성경 주해에 근거하여 쉽고도 유익한 설교를 할 수 있도록 해야 한다. 또한 조직 신학적 토대를 분명히 해서 개혁신학의 틀에서 벗어나는 사고와 설교를 하지 않도록 하며, 교회사를 잘 살펴서 과거의 어떤 이단들이 말하고 행동한 바를 우리가 모르거나 알면서 따라가지 않도록 해야 할 것이다. 이런 토대를 잘 마련한 후에는 전통적 신학 분과 중 한두 분과를 선정해서 앞으로 평생 그 분야에 대한 깊이 있는 아마추어나 전문가로서의 연구를 계속해 보려고 노력해야 할 것이다. 그래야 효과적으로 깊이 있게 탐구해 가기가 쉽기 때문이다.

신학하는 사람은 참으로 신학하는 사람(비전문적 의미에서 theologian)이어야 한다. 신학생들은 장차 목사가 되어 교회 안에서는 신학과 성경의 전문가로 섬긴다. 물론 모든 교회의 선생(doctor ecclesiae)들인 교수들과 함께 하는 것이므로 평생 같이 연구하고 도움을 받고 할 것이지만, 개 교회 안에서 목사들은 성경과 신학, 그리고 2,000년 기독교 역사의 대변인이자 전문가로 파송받는다는 의식을 가지고 모든 준비를 갖추어야 한다.

셋째로, 신학생은 또 흔히 사람들이 언급하듯이 "하나님께 속한 사람, 거룩한 사람"(divine)이어야 함을 명심해야 한다. 물론 신약적 개념에서, 그리고 종교 개혁적 개념에서는 진정한 그리스도인들 모두가 다 거룩한 사람들이며, 신령한 자들이다.[2] 이렇게 성경적으로 보면 모든 그리스도인들이 다 신령한 자들이므로, 신학생이 되고, 목회자가 되는 이들도 당연히 거룩하고 신령한 자여야 한다. 다른 이들과 구별된 의미에서의 신령한 자가 아니라, 모든 진정한 그리스도인들이 마땅히 그래야만 하는 신령한 자(πνευματικός), 즉 그 안에 성령이 계셔서 성령의 인도하심을 받는 모습을 드러내는 자이어야 한다.

---

[2] 이 점은 신약성경적으로 매우 중요한 요점이다. 그러나 우리 주변에서 교우들을 다양하게 나누는 일이 많아서 이렇게 철저한 성경적 진술을 해 주는 사람들이 드물다. 전통적인 개혁 신학자들은 이를 강조해 왔고(특히 워필드, 패커, 리처드 개핀 등), 우리나라에서는 김홍전 박사와 최낙재 목사님께서 이 점을 매우 강조하여 그분들의 저작 전반이 "어떻게 그리스도인들이 신령한 자들로서 살 것인가?"를 중심으로 하고 있다고 해도 과언이 아닐 것이다. 성경이 말하는 신령한 자가 어떤 자들인가, 어떻게 신령한 자답게 살 것인가 하는 문제에 대해 이 귀한 선생님들의 책들에서의 가르침이 성경적이고 개혁파적인 고전적인 가르침이라고 할 수 있다.

개신교에서는 목회자와 성도들에 대한 이중 기준(double standards)을 말하지 않는다. 우리는 모든 그리스도인들에게 사람이 할 수 있는 최고의 한도로 거룩하고 신령한 자들이 될 것을 요구하고(성화에의 요구), 우리도 마땅히 그렇게 되도록 해야 한다. 물론 이 일은 우리의 노력과 의지로 되는 것이 아니라, 우리가 성령님께 온전히 복종하는 가운데서 성령님께서 우리를 인도하셔서 자연스럽게 우리를 성숙시켜 주시는 가운데 이루어지는 것이다. 그러므로 성령님의 인도하심을 받고 살아가는 실상을 잘 알고, 그런 실제 가운데서 삶을 살아가야 한다. 성령의 인도하심을 받아 살아가는 신령한 자로서의 삶만이 그리스도인의 바른 자태이기 때문이다.

마지막으로, 신학생들은 성경이 말하는 참다운 교회의 모습을 항상 확인하고, 제시하며, 그 모습을 이루기 위해 줄기차게 노력해 가는 사람들이 되어야 한다. 이 모든 일이 진정 교회를 위하는 마음에서 나오는 것임을 잊어서는 안 된다. 바른 신학은 근본적으로 교회를 위한 신학(theology for the church)이기 때문이다. 그러므로 신학생들의 모든 생각과 말에서는 다른 그리스도인들과 교회에 대한 '비판을 위한 비판'이 있어서는 안 된다.

다음 세대의 교회를 위해 교회가 진정 하나님이 원하시는 교회의 모습을 드러낼 수 있도록 신학생들은 성경이 가르치는 교회의 바른 모습(正敎)을 찾아 제시하는 일에 앞장서야 한다. 그리하여 이전의 신실한 개혁자들처럼 교회로 교회되게 하며, 바른 교회를 세워가는 일꾼(minister, 섬기는 자)들이 되어야 한다.

이 세대의 신학생들이 나누는 말이 다음 세대의 교회의 모습을 결정한다는³ 것을 명심하자. 오늘날 신학생들은 과연 어떤 대화를 나누고 있는가? 오늘날 신학생들이 추구하는 교회는 과연 어떤 모습을 지니고 있는가? 그 교회의 모습은 과연 개혁 신학적 교회 이해에 충실한 것인가?

2. 목사 임직에 대한 바른 이해

교회의 머리이신 그리스도께서 신약 교회를 세우시고 그 교회의 창설 직원으로 사도와 선지자와 복음 전하는 자를 세우셨다. 그들이 만대 교회의 토대를 놓는 작업을 하면서 주님의 인도하심에 따라 교회가 있는 한 항상 있게 되는 직분자들인 목사와 장로와 집사를 세웠고, 또 그들을 세우는 원리를 성경 가운데 분명히 제시해 주었다. 이런 직분자들을 세울 때 주님께서는 사도들이 (1) 주님의 뜻에 따라 제시한 원칙에 따라서 성도들이 선출하도록 하고, (2) 장로들의 회(老會)에서 임직식을 하여 그들이 그 직무에 따로 세워졌음을 분명히 선언한 후에, (3) 공식적으로 교회, 즉 성도들을 섬기게 하셨다. 그러므로 우리들도 오고 오는 교회들에 주께서 주신 질서를 잘 반영할 수 있도록 지혜를 다 내어서 주님을 섬기어 이 세상에 직분자들을 있게 하신 뜻을 잘 드러내어야만 한다. 그 가운데 목사를 세울 때(將立할 때는 과연 어떻게 해야 할 것인가? 성경은 이에 대해서 어떤 지침을

---

³ 이 점을 언급하며 당신께서 미국 웨스트민스터 신학교에서 공부할 당시 미국 개혁파 신학생들의 대화 내용을 긍정적으로 소개하시던 최낙재 목사님의 말씀에 대한 기억이 생생하다.

내려주고 있는가? 그리고 그에 근거해서 교회가 그동안 지혜를 모아 온 것은 과연 어떤 것일까?

목사는 기본적으로 하나님의 말씀을 가르치는 자이며(엡 4:11; 딤전 5:17), 하나님의 백성을 하나님의 뜻대로 살도록 가르치고 인도하는 자이다(히 13:17 참조). 그리하여 그 사역으로 하나님의 백성을 온전케 하며, 봉사의 일을 하게 하고, 그리하여 그리스도의 몸된 교회를 세우는 임무를 부여받은 것이다(엡 4:12). 그러므로 목사를 세울 때에는 무엇보다 하나님의 말씀을 잘 가르치도록 준비된 자들을(딤전 3:2; 딛 1:9) 말씀의 원리에 따라서 교회의 성도들이 지혜롭게 선출하여 청빙하여 세워야 한다(행 14:23 참조). 온 회중들과 특히 임직에 관여하여 봉사하는 분들은 지원자가 과연 하나님의 말씀을 잘 가르치도록 준비되었는지를 잘 살펴야만 한다. 이런 점에서 예수 그리스도를 유일한 구주와 주로 고백하지 않고 성경을 유일한 하나님의 말씀으로 고백하지 않는 이들을 목사로 세우고 선교사로 파송하던 미국 북장로교회 선교회의 처사에 문제를 제기하면서 하나님의 말씀을 믿고 가르치는 분들을 세워 선교사로 파송하며 그들을 돕기 위해 독립 선교부(Independent Mission Board)를 세워 교회를 섬기려 했던 그레스햄 메이쳔(Gresham Machen)과 그의 동료들의 자세는 우리에게 귀감이 된다.[4] 목사의 제일 된 임무는 하나님의 말씀을 제대로 믿고 가르치는 것이기 때문이다. 따라서 목사 장립과 관련해서 수종드는 이들은 지원자가 과연 하나님의 말씀을 바르게 믿고 가르칠 수 있도록 제대로 훈련

---

[4] 이 점에 대해서는 특히 Ned B. Stonehouse, J. Gresham Machen: *A Biographical Memoir* (Grand Rapids: Eerdmans, 1954, 3rd edition, Philadelphia: Westminster Theological Seminary, 1978), 469–92를 보라.

받았는지를 살피는 수고를 게을리하지 말아야 한다. 이 일을 제대로 하지 않는 모든 사람들은 지금도 교회를 통치하시는 우리 주 예수 그리스도를 무시하는 일을 자행하는 것이기 때문이다.

목사가 세워지도록 선출하는 교우들이 특히 주의해야 할 일이 있다. 이 지원자가 자신들과 같이 수년 동안 생활하면서 과연 다음 세대의 목회자가 될 수 있을 만한지를 잘 판단해서 청빙하도록 해야 한다. 특히 부교역자로 청빙하는 경우에는 온 회중이 청빙하지 않고, 당회에서 결정하여 청빙하는 것이 일반화되어 있으므로, 이럴 경우에 해당 당회는 온 교회를 대신해서 일하는 의미를 잘 살려 성령님의 인도 가운데서 청빙하지 않으면 교회에는 이상한 사람들이 목사가 되도록 하는 길을 열어 주는 것이 된다.

회중이나 당회의 회원들은 디모데전서 3:2-7과 디도서 1:6-9과 같은 성경이 말하는 원칙을 충족시키는 사람들만을 청빙하도록 해야 한다. (1) 책망할 것이 없으며(blameless), (2) 한 아내의 남편이 되며, (3) 절제하며(temperate or sober), (4) 근신하며(self-controlled, sound-minded), (5) 아담하며(respectable, orderly), (6) 나그네를 잘 대접하며(hospitable), (7) 가르치기를 잘 하며, (8) 술을 즐기지 아니하며, (9) 구타하지 아니하며(not a striker=not violent), (10) 관용하며(gentle, gracious), (11) 다투지 아니하며, (12) 돈을 사랑하지 아니하며, (13) 자기 집을 잘 다스려 자녀들로 모든 단정함으로 복종케 하는 자이며, (14) 입교한 지 오래 된 자이며, (15) 외인에게서도 선한 증거를 얻은 자여야 하고, (16) 제 고집대로 하지 아니하며, (17) 선을 좋아하고, (18) 의로우며, (19) 거룩하며, (20) 절제하며(disciplined), (21) 미쁜 말씀의 가르침을 그대로 지키는 자라야만 한다.

지원자가 과연 이런지 아닌지는 오랜 세월을 같이 산 교우들만이 알 수 있는 것이다. 그리고 이렇게 잘 살펴보는 일은 매우 어려운 일이다. 그러나 이 일에 관심을 갖고 살피는 것은 주님의 일을 제대로 감당하는 일의 하나이다. 이런 점에 신경을 쓰지 않는 것은 교회의 머리이신 우리 주 예수 그리스도를 무시하는 것이 된다. 온 회중이나 당회에서 이런 점들을 잘 살펴서 청빙하는 일은 주께서 부르시는 외적 소명으로 여겨지기 때문이다.

마지막으로, 이 모든 일을 최종적으로 확인하며 시취(試取)하고 임직하여 세우는 일은 장로의 회(presbyterion, the body of elders), 즉 노회에서 감당해야 한다(딤전 4:14 참조).[5] 주께서 사도를 통해 시사해 준 바가 있는데 그것을 무시하고 우리 방식과 편의를 따라 이런 일을 하지 않도록 해야 한다. 이때 머리에 손을 얹는 일(按手)은 이 사람이 주님을 위해 말씀을 전하는 일에 따로 구별되었음을 상징적인 것으로 여기면서 행하는 것을 의미하므로[6], 안수식이라는 말보다는 목사 장립식 또는 목사 임직식이라는 말이 더 정확한 표현이다.

사족이지만 한 마디만 더 첨언한다면, 이 모든 일이 진행되는 과정에서 재화(財貨)가 오고가는 일이 전혀 없도록 해야 한다는 점이다. 특히 임직하는 사람들이 돈을 내는 일이나 선물을 주는 일이 있게 되면 많은 사람들이 성직 매매로 오해할 수 있는 가능성이 높으므로 그런 일이 없도록 해야 한다. 따라서 참석자들에게 선물을 주거나 참석

---

[5] 이런 의미에서 '장로들의 회'가 있도록 한 것이 성경적 의도요 신적 의도라고 할 수 있다.

[6] 이에 대한 논의로 이승구, 『21세기 개혁신학의 방향』 (서울: SFC, 2005, 개정판, 서울: CCP, 2018), 227-28를 보라.

자들이 선물을 하는 일도 배제하는 것이다. 그런 것 없이 해당 교회의 모든 성도들은 목사로 임직하는 분들의 가르침을 잘 받고 그 인도대로 주님을 섬겨가겠다는 서약을 하고 그분들이 우리 교회에서 말씀을 가르치시는 목사로 임직하였다는 일에 증인 역할을 하기 위해 임직식에 참여해야 하는 것이다.

부디 한국 교회에서 목사로 임직하는 일에 대해 성경이 가르치는 원칙을 존중하고 교회가 지혜롭게 세워 온 바른 전통에 따라 이런 일을 행함으로 적절한 분들을 목사로 세우고(將立하고), 그 유익을 잘 누려갈 수 있기 바란다. 이를 위해 이 모든 일을 감당하는 회중들과 당회원들과 노회원들이 하나님 말씀을 존중하며, 교회의 유익을 위해 성령님의 인도를 받아 바른 분들을 목사로 임직하게 하는 일에 수종들게 되기를 바란다.

3. 한국 교회 목회자 수급 문제에 대한 한 제언

한국 교회는 여러 면에서 심각한 문제에 직면해 있다. 그런 문제들 중 하나는 신학교를 졸업하는 소위 목회자 후보생이 너무 많다는 것과 역설적이게도 그와는 반대로 각 지교회(肢敎會)에서 목회자를 찾으려면 지원자는 많으나 적절한 목회자를 찾기가 어렵다는 것이다. 소위 목회자 수급에 심각한 문제가 있는 것이다. 이런 문제를 잘 해결할 수 있는 좋은 방안이 과연 있을까? 우리 현실의 모든 복잡한 문제를 고려한다면 가장 이상적인 해결 방안을 제시하기는 불가능할 것이다. 이런 상황에서는 될 수 있는 대로 여러 사람들이 각기 최선의 해결책이라고 생각하는 바를 잘 제시하고, 우리 모두가 그 의견들을 비판적으로 바라보면서 그중에서 가장 효과적이고 바른 것으로 판단되는 것들을 찾아보도록 해야 할 것이다. 아마도 그것이 우리가 이 복잡한 문제를 해결하기 위해 먼저 반드시 해야만 하는 준비 작업일 것이다.

이 글에서 필자는 이런 의견들의 집적(pool)에 기여한다는 의미에서 필자가 생각하는 최선의 방법을 솔직히 제시하고자 한다. 아마도 많은 이들은 이것은 비현실적인 제안이라고 생각할 것이다. 필자도 이것이 실현되기 어렵다는 것을 잘 안다. 그러나 그렇게 판단되는 이유는 이 제안이 실제로 비현실적이기보다는 관련된 모든 사람들이 자신들의 기득권을 포기하려고 하지 않기 때문이다. 그러므로 우리가 우리의 기득권을 모두 포기하고 진정 한국 교회 전체를 위하는 마음으로 하나님 앞에서 회개하는 심정으로 추구한다면 여기에 제시하는 제안이 그렇게 비현실적이지 않다고 본다. 우리의 가장 순수한 심정에 호소하는 마음으로 이 안을 제시한다.

첫째로, 신학자들과 신학 교육자들을 중심으로 일종의 〈신학교 인증 위원회〉를 구성하여 신학교에 대한 실사와 학교 문제 해결을 위한 제안과 수정 보완을 거쳐 인정할 만한 신학교를 인증하도록 해야 한다. 이때 가장 중요한 것은 각 학교에 과연 가르칠 만한 교수들이 있으며 합당한 최소한 이상의 시설을 가지고 있는지를 검토하여 인정할 만한 신학교들만을 공인하는 것이다. 그리고 이 절차를 아주 분명히 하여 이 인증과 검증이 국가에서 인정하는 것보다 좀 더 내실이 있고 효과적임을 드러내도록 하고, 많은 이들에게 이런 인증을 받은 신학교들이 어떤 학교인지를 알도록 해야 한다. 그리고 부지런히 홍보하여 각 교단은 이런 인증 받은 신학교에서 교육 받은 이들만을 목회자로 장립하도록 하고, 각 교회는 이런 분들만을 청빙하도록 해야 할 것이다. 또한 이 인증 과정에서 신학 인증 위원회가 각 학교가 감당할 수 있는 학생 수를 정하여 주는 일도 할 수 있을 것이다. 처음에는 반발이 있을 수 있으나 이 인증 위원회가 충분히 제 기능을 발휘하고, 또한 이 공동체에 들어 온 기관만이 한국 교회와 사회 안에서 인정받도록 한다면 이런 위원회의 활동은 한국 교회 전체와 한국 사회에 대해 의미 있는 기여를 할 수 있게 될 것이다. 그리고 그 위원회에서는 아주 권위 있게 외국 학위들 중 과연 어떤 것을 인정할 수 있고, 어떤 것을 인정할 수 없는지를 분명히 해 줄 수 있을 것이다. 문제는 이 인증 위원회가 하나님 앞에서 제대로 그 기능을 발휘하여야 한다는 것이다. 이 위원회는 교육인적자원부의 대학 실사 기구보다 훨씬 더 신학교의 현실을 이해하여 어떤 면에서는 더 엄격하고 어떤 면에서는 유동성 있게 인증 활동을 하되, 한국 사회에서 흔히 나타나는 부정과 부패 현상이 나타나지 않도록 그 위원들의 선정과 활동에서 매우 주의해야 할 것이다.

둘째로, 각 학교에서는 신학 인증 위원회에서 정한 수만큼의 학생들을 선발하여 그 학생들을 철저하게 교육시키되 무엇보다도 그들과의 인격적인 접촉에 중점을 두어 교육해야 한다. 이때 중요한 문제는 각 학교에서 이렇게 졸업한 학생들에 대해서 신학적으로 서로 교통이 가능한 학교들 간에는 상호 교차 승인을 하도록 해야 한다는 점이다. 예를 들어서, 장로교 정치 제도를 가지고 있으면서 소위 보수적인 개혁 신학을 지향하는 교단들은 그런 특성을 가진 신학교들을 상호 교차 승인하여 그 졸업생들로 하여금 각각의 해당 교단의 강도사

고시를 보고 지원할 수 있도록 해야 한다.

셋째로, 각 교단은 본래 신학생을 선발하여 교육하고 시취하여 자격이 있으면 목회자로 세우는 일을 원칙을 따라 수행해야 한다. 기본적으로 신학교에 보내지는 이들은 일차적으로 각 교회 공동체 안에서 제대로 훈련 받고 모든 교우들에 의해서 다음 세대의 목회자가 되도록 직·간접적으로 추천되어야 하는 사람들이다. 그러므로 교회 공동체에서 제대로 활동하지 않거나 인정받지 못하는 이들은 목회자 후보생으로 세워질 수 없는 것이다. 또한 본인도 그런 내적 소명을 가져야 한다. 목사는 이런 이들을 추천하여 그들이 노회 앞에서 시취 받도록 하여 목회자 후보생으로 세우고, 그렇게 목회자 후보생으로 세워진 이들을 신학교로 보내어 신학 교육을 받도록 하고, 각 교회는 그 목회자 후보생의 학비와 생활비를 감당해야 한다. 그리고 각 학교에서는 이런 목회자 후보생과 그들을 지지하는 교회들과 노회를 도와 반듯하게 신학 교육을 시키고, 교회와 노회가 그를 지지하므로 아무런 염려 없이 그 학생이 자질이 부족하면 중도에라도 그만두게 하든지, 공부의 연한을 연장하여 공부를 더 하게 할 수 있을 것이다. 그렇게 제대로 준비된 이들에게만 졸업장을 부여할 수 있는 외적인 여건이 주어지면 신학교 교육은 많이 정상화될 것이다.

그리고 각 교단은 해당 교단의 강도사(준목, 준회원 목사) 고시를 매우 엄격하게 하고 목사가 될만한 사람들만을 목사가 될 수 있도록 해야 한다. 특히 인격적 자질을 엄격히 살피고, 성경과 신학에 대한 기본적인 소양을 충분히 살피도록 해야 할 것이다. (현실은 신학교를 졸업한 이들은 대개 다 강도사 고시에 합격하는 것으로 되어 있고, 아주 예외적으로 불합격하는 예가 있을 정도이다). 혹시 위에서 언급한 신학교 인증 위원회에서 모든 교단의 신학교 졸업생들에 대한 1차 고시를 실시하고, 이에 합격한 이들에 대해 각 교단에서 자신들의 필요에 맞는 이들을 교단의 특성에 따라 시험하여 선별하는 일을 할 수도 있을 것이다.

넷째로, 각 교회에서는 실제로 다음 세대의 목회자가 될만하다고 인정되는 사람들만을 청빙하도록 해야 한다. 물론 신학생으로 세우기 전에 목회자 후보생으로 세울 때에도 각 교회에서는 아주 신중하게 의견을 내어야 하지만, 특히 신학을 공부한 사람들이 각 교회에서 전도사로 인턴십(internship)을 하고 강도사로 사역하면서[resident] 목회 수련을 하는 것을 잘 살펴서 그들 가운데서 참으로 목회자가 될 자질이 상당히 나타나 대다수의 교우들이 그렇게 인정하는 이들만을 목회자로 청빙해야 한다. 만일 그와 같이 하지 않는다면 오늘날 우리가 목격하는 문제는 계속 양산될 것이다. 그러므로 이 모든 것에 대한 책임은 상당 부분 목회자를 청빙한 교회에게 있다고 할 수 있다. 성도들이 자신들이 지금 무엇을 하고 있는지를 명확히 이해하면서 목회자를 청빙해야 한다. 그런데 한국 교회에서는 소위 부목사를 청빙할 때에는 주로 당회에서 결의하여 청빙하는 일이 많으므로 특히 각 교회의 목회자와 장로들이 좀 더 신경을 써서 이 일을 신중하게 해야 할 것이다. 한 번 목사로 청빙되어 임직한 이를 소환하는 것은 매우 어렵고 거의 불가능한 일이기 때문이다.

만일 이와 같이 엄격한 과정을 적용한다면 지금 발생하는 목회자 수급 문제를 어느 정도 해결할 수 있을 것이다. 이를 위해서 가장 중요한 문제는 신학교 간 교차 승인 문제이다. 이 문제가 먼저 해결되어야만 위에서 말한 제안이 의미 있게 사용될 수 있을 것이다. 각 교단과 신학교의 책임 있는 사람들이 기득권을 포기하고서 이 일을 한다면 신학 교육의 문제도 상당히 해소할 수 있고, 그 결과로 좋은 목회자들을 많이 만나 볼 수 있는 외적인 틀을 마련한 것이 될 것이다.

이와 같이 되면 그 뒤로부터는 학생들이 가장 의미 있고 필수적인 공부를 할 수 있는 학교를 찾아 공부하게 될 것이고, 따라서 각 학교의 특성이 명확히 드러나게 될 것이며 그리하여 가장 효과적으로 공부한 이들을 각 교회는 만나 볼 수 있게 될 것이다. 종교개혁 시대와 같이 진리의 빛을 찾아 가며 참 진리를 배운 대로 각처에 적용하는 일을 많이 볼 수 있게 되기를 원한다.

4. 신학 부재 설교가 낳는 위험성과 성경적 설교의 방향

4-1. 신학 부재의 설교?

신학 부재 설교란 한 마디로 일관성이 없는 설교일 것이다. 설교의 도입부와 결론이 서로 연관되지 않을 때나 설교의 한 부분에서 말하는 것과 다른 부분에서 말하는 것이 논리적 모순을 범하고 있는 설교가 바로 그것이다. 사실 우리들은 때때로 이런 설교를 듣기도 하고, 또 이런 설교를 하기도 한다. 가장 많은 경우는 그 설교의 주제로 말하는 것과 전혀 다른 소지나 대지의 내용을 말하기도 하고, 주제를 강조하고 강한 인상을 주기 위해서 드는 예화가 사실상 그 설교의 주제로 말하려는 것과 달라서 듣는 이들로 하여금 과연 어떻게 생각해야 할지를 모르게 만드는 경우이다. 예를 들어서, 삼위일체 하나님을 설명하면서 실질적으로는 양태론적인 오해를 하게 할 만한 예들을 들어서 설명하는 것을 많이 보게 된다. 그런 설명을 하는 분들이 이단이거나 그 동기에 있어서 비성경적이라고 할 수는 없다. 그러나 그렇게 하는 것은 결국 자신이 전달하려는 성경적 신학을 잘 모르고 전달하는 것이다. 예화를 이상하게 들어서 잘못된 인상을 주는 예들은 상당히 많이 있다.

물론 상당히 많은 이들은 설교 가운데서 자신이 듣고자 하는 것만 듣든지, 자신이 중요하다고 생각하는 것만을 듣기 때문에 이를 심각하게 생각하는 사람들은 비교적 적다. 그러나 사실상 이런 문제를 지닌 설교들은 우리 주변에 많이 있다. 이는 결국 듣는 이들로 하여금 가야 할 방향을 잘 모르게 하며, 결국은 설교라는 것이 별 유익도 없는 것이고, 또한 필요도 없는 것이라고 생각하게 만들 소지가 높다. 사실 우리 주변에 설교들은 무수하게 많이 있으나 많은 사람들이 설교를 불필요한 것으로 치부하는 오늘 우리의 상황은 이와 같은 설교가 우리 주변에 만연하다는 것을 보여준다. 설교하는 사람들이 결국 설교는 유익하지도 않고, 불필요하다는 인상을 준다면 그것은 얼마나 심각한 문제인가?

4-2. 잘못된 신학을 가진 설교들과 그 위험성

그런데 사실 우리 주변에 이보다 더 많은 것은 '잘못된 신학을 지닌 설교'들일 것이다. 잘못된 신학을 지닌 설교는 성경의 가르침과는 다른 것을 강조하거나 성경의 가르침 가운데 일부를 지나치게 강조해서 잘못된 방향으로 성도들을 이끌어 가게 한다. 이런 설교들은 실질상 교회를 심각하게 오도(誤導)하게 되므로 사실 위에서 언급한 일관성을 지니지 못한 설교들보다 더 심각한 설교들이라고 할 수 있다.

(1) 이런 설교는 무엇보다도 성경의 가르침과는 상당히 다른 방향으로 성도들을 이끌어 가는 위험성을 지니고 있기에 문제가 된다. 이런 설교는 급기야 기독교회와 그리스도인들을 오도(誤導)해서 결국 참된 기독교회를 이 세상에서 제거하는 역할을 하게 될 수도 있다. 예를 들어서, 성경이 말하는 중요한 사실들이 실제로는 있지 않았던 것이지만 그것의 의미만은 매우 중요한 것이라고 말하는 설교가 그런 설교의 한 가지 예이다. 이 세상의 창조나 인간의 타락, 예수 그리스도의 부활이나 재림에 대해서 그런 식을 말하는 설교가 이전에도 있었고 오늘날도 있는 바, 이와 같은 설교들이 이에 해당한다. 이런 설교들은 결국 기독교회의 근본적 내용을 부인하게 할 가능성이 높다. 그리스도께서 육체로 오신 것을 부인하는 것이 1세기에 작용하던 적그리스도의 영의 작용이었다면, 우리 시대에 작용하는 적그리스도의 영도 있을 수 있음을 유념해야 한다.

또는 성경의 중요한 사상이나 개념의 한 부분을 부인하거나 거부하고, 그런 태도를 부추키도록 하는 경우의 설교도 이에 해당된다. 성경에 (대표적인 예로, 에베소서 1:3-5 같은 곳에) 예정 개념이 아주 명백하게 나타나고 있음에도 불구하고 인간의 자유와 책임을 강조하기 위해서 하나님의 예정 개념을 부인하는 설교가 그런 것이며, 또한 이중예정을 말하면서도 결국은 예수 그리스도만이 우리를 위해 유기된 것이고 우리 모두는 선택하시는 하나님이신 그리스도 안에서 이미 선택된 자들이라고 말하는 것도 그런 잘못된 가르침의 한 예가 된다. 또한 하나님의 예정과 주권을 강조하는 것 같으면서 인간의 책임과 자유를 극단적으로 부인하는 운명론적인 인상을 주는 설교도 성경의 한 사상을 가리고 제거하는 설교가 된다. 특히, 인간의 구원이 오직 예수 그리스도의 구속 사역을 통해서만 주어질 수 있다는 것을 부인하면서 그 사실을 흐리는 설교도 그와 같이 매우 중요한 성경적 사상을 가리는 설교의 대표적인 예가 될 것이다.

(2) 이와 비슷한 것으로 성경의 내용과 우리의 전통적 사상과 개념을 섞어 말하므로 사실은 성경의 개념을 해치는 설교들도 있다. 예를 들어서, 복음서에서 "귀신들"로 번역된 것을 그냥 한국의 전통적인 귀신으로 생각하고 제시하여 한국의 전통적 귀신관과 연관된 귀신론을 제시하는 이단적 가르침이 그 대표적인 예이다. 사실 복음서에 "귀신들"로 번역된 단어들을 직역하면 "악한 영들"이고, 그 의미는 기독교의 전통적 이해에 근거하여 말하자면 영적인 존재들인 천사들 가운데서 타락하여 악하게 된 영들인 타락한 천사들을 뜻하는 것이라고 여겨진다. 그런 의미에서 한국의 전통적 의미의 귀신을 두려워하거나 그것들과의 접촉 등에 관한 이야기는 기독교회에서는 있을 수 없는 것이 되는 것이다. 또한 사람이 병이 드는 것을 모두 다 귀신들림과 관련하여 말하는 것도 잘못된 가르침이다. 그런데 그렇게 가르치지 않는 교회들에서도 병 낫기를 위해 기도할 때 "병마(病魔)를 물리쳐 주옵시며"라고 기도하여 잘못된 이해가 만연할 수 있는 여지를 주고 있는 것이 안타깝다.

이와 같이 심각하지는 않지만, 우리네 한국 사람들이 흔히 생각하는 개념을 중심으로 생각하므로 사실상 성경이 말하는 개념을 손상하고 있는 것으로 우리들이 사용하는 "내세"(來世)라는 말을 들 수 있다. 한국 사람들은 대개 "내세"라는 말로 죽은 다음에 가 있는 세상을 중심으로 말한다. 그러나 성경이 유대인들의 개념을 따라 말하는 "내세"는 "the age to come"의 번역어로서 "이 세대"(今世, this age)가 끝나고 종말 이후에 오게 될 세상을 뜻하고, 예수 그리스도의 사역으로 말미암아 그 "오는 세대"가 이미 임하여 와서 "이 세대"와 "오는 세대"가 겹쳐진 독특한 시대가 왔다는 것이 신약 성경의 독특한 메시지이다. 그런데 이 두 세대 개념과 신약의 종말론을 잘 아는 이들도 내세라는 말을 성경적으로 정확히 사용하지 않는 경우가 많이 있다. 이와 연관해서 우리가 흔히 생각하고 표현하는 "천국"이라는 말과 신약 성경이 말하는 "천국", 즉 하나님 나라 개념을 잘 비교해 보는 것도 유익할 것이다.

  (3) 성경의 내용을 다 말하기는 하지만 그 내용을 성경이 제시하는 균형을 따라 드러내지 않고, 불균형하게 제시하여서 사실은 잘못된 사상을 낳게 하는 문제를 생각하지 않을 수 없다. 이런 경우는 일단 성경의 여러 부분을 잘 드러내 주기는 하지만, 사실은 성경의 사상이 아닌 방향으로 우리를 이끌어 가는 아주 교묘한 잘못을 하는 것이 된다. 예를 들어서, 복은 성경적으로도 중요한 개념이지만, 성경이 말하는 복을 이 세상이 말하는 복과 같은 것으로 잘못 제시하거나, 진정한 복의 내용도 마치 그것 자체가 예수님을 믿는 궁극적 목적인 것처럼 생각하게 하는 것은 이런 잘못의 대표적인 예가 된다. 예수님을 믿는 사람들이 하나님의 관점에서 잘 되며 형통하는 것은 분명한 사실이지만, 그 잘됨과 형통이 이 세상이 흔히 말하는 잘 됨과 형통이 아닐 수 있으며, 그런 잘 됨과 형통함이 우리가 예수님을 믿는 궁극적 목적은 아니기 때문이다. 그럼에도 불구하고 우리의 예수님을 믿는 궁극적 목적이 우리의 잘 됨에 있는 것처럼 제시하는 것

은 심각한 오해를 낳기 쉬운 것이다. 이 세상에서 잘 되는 사람들이 끝까지 악인으로 있으면서도 잘 될 수도 있음을, 또한 악인이 죽을 때에도 타인과 같은 고생도 없고 평안히 죽음에 이를 수도 있음을 우리는 성경에서 분명히 배워 잘 알 수 있다(시편 73편 참조). 성경을 잘 배운 이들은 그런 평안한 악인들의 존재 때문에 당혹해 하거나 이상히 여기지 말아야 하는 것이다. 그러므로 성경적으로 설교하는 이들은 신실한 신자는 항상 세상적으로 잘 되며, 악인은 잘 안 된다는 것을 기계적으로 적용하며 말하지 않아야 하는 것이다. 오히려 하나님의 관점에서 신실한 자들이 하나님과 함께하는 삶을 사는 것이 이 세상에 그 어떤 일을 만나도 (심지어 순교 당해 죽고 히브리서 11장 마지막에 나타나는 어려움과 비슷한 어려움에 처한다고 해도) 진정 하나님 앞에서 복 있는 것임을 잘 의식하고 표현해야만 한다.

(4) 성경의 가르침을 부정확하게 제시하여 믿는 이들과 교회를 오도하는 위험이 있기도 하다. 예를 들어서, 믿는 사람들이 죽은 후에 하늘에 가서 천상의 복을 누리는 것을 우리가 받을 영광의 최종적인 상태로 제시하여, 중간 상태에서 성도들이 누릴 영광과 하나님 나라가 극치에 이른 상태에서 성도들이 누릴 영광을 구별하여 제시하지 않는 것도 이런 문제를 일으킬 수 있다.

특히, 신실한 자들에게 하나님께서 주실 상급에 대해서도 잘못된 강조와 균형을 상실한 제시로 성도들을 오도하는 일이 우리 주위에 많이 있다. 예를 들자면, 주께서 신실한 성도들에게 주시는 상급은 마지막 심판의 날에 우리에게 주실 것임을 모호하게 하는 일들이 많이 있다. 성경은 일치하여 '그리스도의 심판이 주어지는 그 날'에 우리에게 상 주실 것임을 말한다. 그러므로 다른 때에 상급이 주어지는 것으로 언급하거나 생각해서는 안 된다.

또한 성경은 그 상을 절대로 물질화하여 제시하지 않는다. 그런데 우리들의 많은 설교들은 상급을 물질화하여 제시하여 성도들을 오도하는 경우가 많이 있다. 더구나 성경은 상급이 주어질 때 신실한 자들은 다 "놀라면서" 자신들은 그것을 받기에 합당하지 아니하며 오직 하나님의 은혜로만 이 일이 주어짐을 고백하면서 그야말로 놀라면서 받는 것으로 제시되어 있는데, 우리들의 설교들은 때때로 상급 받는 것이 당연한 것을 받는 것인 양 제시하며, 이 세상에서 우리의 활동이 일종의 공로가 되는 것으로 제시하는 일이 많이 있다. 그러나 우리의 구원이 우리 편에서의 공로 없이 되듯이, 우리가 상급 받는 것도 우리 편에서의 어떤 공로로 이루어지는 것이 아니라 오직 하나님의 은혜로만 주어지는 것임을 분명히 해야 한다.

또한 상급은 혹시 차등이 있다고 해도 그것이 영원한 우월감과 영원한 열등감의 발로가 될 수 없는 것임을 분명히 해야 하는데, 때로 우리는 그런 것을 조장하기도 한다. 이에 대해서 여러 가지 다른 해석이 있거니와 혹시 차등이 있는 상급을 받아들이는 해석을 할 때에라도 바른 신학을 제시한 이들과 같이 상급의 차이가 극치의 하나님 나라에서의 성도의 교제에 더 도움이 되는 것이고, 그 영광의 상태에서는 각기 다른 위치를 지닌 성도들이 모두 만족할 것이고 모두 극치의 희락에 참여할 것임을 분명히 해야 할 것이다.[7]

그러므로 우리는 이와 같은 문제를 전혀 일으키지 않고 교회를 바르게 인도하고 세워나가도록 '성경이 말하는 신학을 가진 설교'를

---

[7] 이 점에 대해서 Louis Berkhof, *Systematic Theology*, 737을 보라.

하도록 해야 할 것이다. 이것이 설교하는 사람들이 가장 심각하게 신경 써야 할 문제이다. 사실 잘못된 신학을 지닌 설교를 하는 분들이 매우 효과적으로 전달을 하게 되면 그것은 교회에 아주 심각한 문제를 야기시키는 결과를 낳게 되는 것이다. 잘못된 내용을 효과적으로 잘 전달하는 사람이 우리 주변에 너무 많을 때 우리네 교회가 어떻게 될지를 생각해 보라. 따라서 전달이 중요한 문제이지만 전달은 항상 바른 신학적 내용이 분명히 있고, 바른 내용이 설교된다는 전제에서만 의미 있는 것이다.

4-3. '성경이 말하는 신학을 가진 설교'를 하는 방법

이 논의의 결론으로 어떻게 하면 성경이 말하는 신학을 지닌 설교를 할 수 있는지에 대해서 간단히 생각해 보기로 하겠다.

첫째로, 우리는 성경이 말하는 신학을 분명히 알아야만 한다. 성경의 내용을 잘 공부해서 그것이 말하는 신학을 찾고 그것을 규정해야 하는 것이다. 이때 우리가 가진 이전의 선행적 신학이 출발점이 된다. 그러나 그에 머물지 않고 성경의 가르침을 잘 배워서 우리의 기존 신학을 성경적으로 고쳐 나가며 그렇게 성경적인 신학을 배워가야 한다. 성경을 중심으로 하여 우리의 신학을 항상 재구성해가는 일이 필요하며, 그때그때 우리가 생각하는 바를 잘 규정하여 제시(articulation)할 필요가 있다. 이 일을 위해서는 무엇보다 먼저 성경이 말하는 개념들을 성경의 의미를 따라서 명확히 하는 일이 필요하며, 그 다음에 성경의 개념에 따라서 우리가 성경에서 배운 사상의 내용을 정확히 표현하는 것이 필요하다.

둘째로, 성경이 말하는 신학을 성경이 말하는 구조와 균형을 가지고 제시하려고 해야 한다. 그것이 우리가 성경적인 설교를 할 수 있는 방법이다. 성경의 문맥과 맥락에 따라 전달하는 것이 오해를 막을 수 있는 최선의 방법이다.

셋째로, 그런 내용이 효과적으로 잘 전달되게 하기 위해서 그 내용 진술과 전달에 관련된 모든 요소를 잘 생각하며 전달하도록 해야 한다.

그러나 가장 근본적으로는 성령님께 철저히 의존하면서 이 모든 일을 진행해야만 한다. 사실 성령님께 철저히 의존하며 성경의 가르침에 철저히 의존하는 설교자들은 때때로 실수와 잘못을 범할 수는 있으나 성경을 근본적으로 왜곡하거나 성경과는 다른 내용을 가지고 설교하지는 않게 된다. 성령님께서 그것을 허용하지 않으실 것이기 때문이다. 그러므로 결국 성경과 그 성경을 영감하여 주신 성령님께 철저히 의존하는 설교를 하는 것만이 우리가 잘못된 설교로 나아가는 것을 막을 수 있는 방법이다.

8

개혁파적 목회는 어떤 것인가?

개혁파 교회의 독특한 개혁파적 목회(reformed ministry)는 과연 어떤 것일까? 이것은 무엇보다도 가장 강조해야 할 점이 아닐 수 없다. 왜냐하면 오늘날에는 신학에 있어서는 개혁신학적이면서도, 목회는 다른 모습으로 할 수 있다든지, 또 다른 모습으로 해야만 한다는 주장이 너무나도 많이 들려오는 시기이기 때문이다. 이런 점에서 현대는 개혁파 교회의 위기 시대라고 할 수도 있다. 과거에는 참된 개혁파 교회에서 오래 생활하다 보면 자연스럽게 개혁파적 목회의 모습을 배울 수 있었고, 그런 삶 가운데서 개혁파적 특성이 자연스럽게 나타나는 것을 볼 수 있었다.

이런 것의 대표적인 예로, 좀 이상하기는 하지만 미국으로 이민

온 화란 개혁파 성도들이 미리 미국에 있던, 그래서 그 신앙을 표현해 내는 방식에 있어서 좀 자유롭게 보였던 교회와 교우들과 한 교단인 화란 개혁 교회(the Dutch Reformed Church)에 속해 있을 수 있느냐를 문제 삼으면서, 1857년 5월 초에 4개의 회중이 자신들만의 노회를(classis) 조직해 결국 기독교 개혁 교회(Christian Reformed Church)라는 교단이 세워진 예를 생각해 볼 수 있다.[1] 이것은 좀 지나친 예이기는 하지만, 당시 교우들과 목회자들은 아주 자연스럽게 개혁파 교회의 모습을 찾아볼 수 있다고 생각했던 것이다. 이것에 비하면 오늘날에는 어떤 교단의 교회를 살펴보아도 비슷한 목회의 형태가 나타나며, 또 목회를 비슷하게 유도해 가는 모습들을 보면서 개혁파 목회의 위기 현상을 절감하게 된다. 현대에는 그저 어떤 형태로든지 교인들이 열심히 모여서 종교적 활동을 해 나가며, 그것을 열심히 해 나가면 목회를 잘 한 것이라고 하는 일종의 실용주의적 개념이 확산되어 가는 것 같아서 마음이 무겁다.

그렇다면 과연 개혁파적 목회(reformed ministry)의 특성은 무엇일까? 나는 이를 그리스도께서 교회에 부여해 주신 세력(힘)의 성격에 대해서 벌코프가 하고 있는 말과 관련해서 생각해 보았으면 한다. 그는 교회에 주어진 힘은 첫째로 영적인 힘[靈力, spiritual power]이라고 말하면서, 이는 그저 내면적이고 보이지 않는 것이라는 뜻은 아니니, 그리스도의 권세는 우리의 몸과 영혼 모두를 지배하는 것이기 때문이라고 말한다.[2] 그러나 이를 영력(靈力, spiritual power)이라고 말하는

---

[1] 이에 대한 역사적 설명으로는 다음을 보라: John Kromminga, *The Christian Reformed Church: A Study in Orthodoxy* (Grand Rapids: Baker, 1949), 33-39; Henry Zwaanstra, *Catholicity and Secession: A Study of Ecumenicity in the Christian Reformed Church* (Grand Rapids: Eerdmans, 1991), 3-8.

이유에 대해서는 바빙크를 인용하면서 말하기를, 이것이 성령에 의해 주어진 것이며(행 20:28), 그리스도의 이름과 성령에 능력에 의해서 행사되어(요 20: 22, 23, 고전 5:4), 도덕적이고 영적인 방식으로 우리에게 작용하는 힘이기 때문이라는 것이다(고후 10:4).³ 이렇게 교회의 힘은 전적으로 영적이므로 그것은 물리적인 힘(force)에 호소하지 않는 것이라고 말한다. 그러면서 벌코프는 로마 교회, 즉 천주교는 세속적인 힘(temporal power)을 주장하고 사람들의 삶 전체를 교회의 통제 아래 두려고 하는 점에서 이 큰 사실을 보지 못하고 있는 것이라고 지적한다.⁴ 그러므로 벌코프에 의하면 교회에서 행사되는 힘은 무력(武力)을 포함한 모든 물리력이나, 경제력이나, 이 세상의 외적인 힘을 사용하여 행사되는 힘이 아니라는 것을 강조하는 것이다. 그러므로 사람들을 두려워 떨게끔 하면서 그들로 하여금 어떤 일을 하게끔 하는 것도 교회에서 나타나는 힘이 아닌 것이다. 클라우니는 이렇게 말한다:

> 하늘을 향하는 순례자의 무리로서의 교회는 칼을 휘두르지 않는다(요 18:11, 36). 교회는 그런 식으로 싸울 필요가 없으니, 하나님 나라는 인간적 무기를 필요로 하지 않기 때문이며; 교회는 싸우지 않으니 (십자군들이 경험을 통해 배운 바와 같이) 칼은 하나님 나라의 구원을 가져다 줄 수 없기 때문이다. 우리의 무기는 영적인 것이다 ……. 칼은 궁극적 문제를 결정하지 못한다.⁵

이렇게 모든 무력에 반하는 정상적인 영력은 이 세상에서 흔히 말하는 카리스마적인 영력도 아니다. 오히려 가장 인격적이고 정상적인

---

² Berkhof, *Systematic Theology* (Grand Rapids: Eerdmans, 1942), 594.

³ Berkhof, *Systematic Theology*, 594, citing Bavinck, *Gereformeerde Dogmatiek*, IV, 452.

⁴ Berkhof, *Systematic Theology*, 594.

⁵ Edmund P. Clowney, *The Church* (Leicester: InterVarsity Press, 1995), 189.

방식으로 하나님의 말씀의 권위가 말씀의 능력을 발휘하는 것이다. 그러므로 교회의 모든 직원들을 포함해서 모든 교우들은 하나님 말씀에 전적으로 복종하는 데서 그리스도의 힘이 행사되는 것을 볼 수 있어야 한다. 온 교회가 그리스도의 뜻에 복종하지 않는데 영력이 있는 것은 아니다. 모든 사람들이 전혀 인간적으로 두려워하지 않고 건전한 가운데서 전인격적으로 주의 말씀에 전적으로 복종하여 나아갈 때에야 그리스도의 통치가 행사되는 것이다. 이것은 말씀을 전하는 목사 자신의 말에 성도들이 복종하는 것과 동일시되어서는 안 된다. 목사의 말이기 때문이 아니라, 주의 말씀이기에 복종할 수 있어야 하는 것이다. 그러므로 말씀을 전하는 사람이 전혀 주의 말씀과 관련이 없는 것을 전하거나 강조하면 결국 성경이 말하고 개혁 신학이 말하는 영력은 없는 것이다.

둘째로, 그리스도께서 교회에 주신 권세에 대해서 벌코프는 섬기는 권세(a ministerial power, diakonia leiturgia)라고 말한다.6 박윤선 목사님도 이 점을 늘 강조하면서 교회에서의 봉사는 수종적(ministerial)이라는 점을 여러 번 강조하신다.7 그러므로 교회의 권세는 독자적으로 수행되는 독자적이고 주권적인 힘(independent and sovereign power)이 아니라 주를 섬기는 힘이므로, 이는 항상 하나님의 말씀과 조화되게 성령의 지도 아래서 수행되어야 한다는 것이다.8 그리고 이는 결국 성도들을 섬기는 것에서 나타나는 힘이라고 할 수 있다. 이 세상의 권세는 이 세상이 볼 때 참으로 힘 있는(powerful) 그 힘을 드러내는 권세

---

6 Berkhof, *Systematic Theology*, 594.

7 박윤선, 『헌법주석』(서울: 영음사, 1983), 22, 26, 39.

8 Berkhof, *Systematic Theology*, 594.

이지만, 교회에 주어진 권세는 이 세상의 눈으로 보기에는 참으로 무력하고 그것은 그저 주님을 섬기는 권세이며, 또 성도들을 섬기는 권세이다. 따라서 우리 주께서 그리하셨듯이 이 힘은 섬기고 자신을 희생할 때에야 나타나는 권세이다. 이런 뜻에서 교회 안에 있는 우리들은 모두, 특히 직임자들은 섬김으로 말하는 사람들이라고 할 수 있다. 성도를 섬기며 교회를 섬기는 그곳에 이 세상에는 없는 놀라운 그리스도의 다스림의 실재가 드러난다. 그러므로 이 두 번째 요점은 위에서 말한 영적인 힘이라는 것과 같이 있는 것이다.

따라서 우리는 교회를 이 세상의 힘을 동원해서 지도하려고 하거나, 인도하려고 해서는 안 된다. 이 세상에서 유행하는 지도력의 원리에 따라 교회를 인도하려고 하는 것도 옳지 않다. 이런 점에서 오늘날 유행하고 있는 소위 교회 성장에 대한 경도를 바르게 바라보는 에드문드 클라우니의 개혁파 사역의 관점에 충실한 다음과 같은 지적은 우리에게 귀한 도전이 된다고 할 수 있다:

> 복음을 전하고 교회를 개척하는 일에 있어서 바울보다 더 열심히 노력한 이들은 아마 없을 것이다. 그러나 교회 성장에 대한 그의 묘사들은 숫자의 성장에 초점이 있지 않고, 주의 날을 바라보면서 거룩에 있어서의 성장에 초점이 맞추어져 있다.[9]

바로 이런 사역에 교회의 참된 힘이 있다. 즉, 주께서 교회에 주신 세력의 성격에 충실하게 성령께서 말씀을 사용하셔서 통치하시도록 하는 데에 교회의 참된 힘이 있는 것이다. 이것이 주님을 의지하는 것이며, 성령님을 의지해서 진전해 나가는 것이다.

---

[9] Clowney, *The Church*, 65.

이런 식으로 주님만을 의지해서 하는 교회의 목회는 과연 어떤 식으로 나타날까? 무엇보다 먼저 하나님 말씀을 잘 가르쳐서 하나님의 경륜 전체(the whole counsel of God)를 모든 성도들이 잘 깨닫고, 그에 근거해서 자신의 삶의 목표를 생각하고 주께서 내리신 사명을 따라 이 땅에서 하나님의 백성답게 살아 나가도록 하는 일에 집중하게 되리라고 여겨진다. 그러므로 "말씀을 맡은 사역자"(*minister verbum dei*: M.V.D.)로서 목사는 하나님의 말씀의 뜻을 잘 가르쳐서 하나님의 말씀이 온 회중에게 풍성히 공급되게 해야만 한다. 그 말씀의 뜻을 바르게 이해하고 적용하게 되는 일이 이루어져야 기본적인 사역이 이루어지는 것이다. 이런 의미에서, 클라우니가 잘 말하듯이, "설교는 예배의 핵심적 요소이다······. 왜냐하면 설교자와 백성들 모두가 주님께서 그들 가운데 계시며, 그들에게 그의 말씀을 전하신다는 것을 알기 때문이다."[10] 그러므로 어느 시대에나 바른 교회는 하나님 말씀에 늘 주의하면서 그 말씀의 의미와 함의를 자신들이 사는 세상에 잘 적용한 교회였고, 어두운 시대의 어두운 교회는 항상 말씀에 대한 깨달음이 적고 말씀을 도외시한 종교성에만 치중하여 가던 교회였던 것임에 유의해야 한다. 그러므로 개혁파적 목회는 무엇보다도 말씀에 충실한, 말씀이 풍성한, 말씀이 다스리는 말씀의 목회(the ministry of the word of God)라고 할 수 있다.[11] 물론 우리는 사역의 다른 측면에도 신경을 써야 한다. 그러나 말씀이 바로 전해지면 다른 것들의 중요성

---

[10] Clowney, *The Church*, 130.

[11] 이 점을 가장 강조한 분으로 김홍전 목사님을 들 수 있을 것이다. 그의 여러 책이 이 점을 늘 강조하고 있지만, 특히 다음을 보라. 김홍전, 『사사기 소고』, 1 (전주: 1988), 103-21, 304-308;『사사기 소고』 III (전주: 성약, 1989), 20-23, 110-12;『교회에 대하여』 I (서울: 성약, 2000), 20-37, 45-48, 52-63, 67-111.

이 많이 상실되고 경감될 것을 지나치게 강조하다시피 하는 로이드-존스의 말을 무시해서는 안 된다.12 그리고 오늘날에 동서양의 모든 교회들에서 심하게 나타나고 있는 변질 가능성을 바라보면서 다음과 같이 바르게 지적하는 클라우니의 말에 귀를 기울여야 한다:

> 증언은 말로만이 아니라, 삶으로 이루어져야 한다. 그러나 결코 하나님의 말씀 없이는 이루어질 수 없다……. [그러므로 먼저] 진리의 빛을 붙들어야 한다…… 교회의 선교를 다문화주의, 급진적인 여성주의, 또는 심지어 교회적 제의주의적 가정(假定)에 적응시켜려고 하는 것은 다른 복음으로 돌이키는 구자유주의의 실수를 반복하는 것이다.13

그러므로 교회의 사역은 무엇보다 먼저 말씀의 풍성함을 제대로 드러내는 것을 중심으로 해야만 한다. 다른 모든 것은 이것에 의존할 수밖에 없다. 그러므로 개혁파 교회의 예배에서는 성경 말씀이 명하지 않은 모든 요소들을 배제할 뿐만 아니라, 성경에 언급된 요소들만을 중심으로 예배 의식을 마련해서 주께 경배하려고 힘써 왔다.14 심지어 예배에 있어서도 하나님 말씀에 의존하려는 태도를 견지해 온 것이다.

그리고 개혁파적 사역은 곧바로 성령께서 말씀을 사용하셔서 우리를 다스리시는 성령의 목회(the ministry of the Holy Spirit)라는 말이 될 수도 있다. 말씀과 성령은 (통상적인 경우에는) 늘 함께 가는 것이기 때문이다. 이 점을 지적하면서 벌코프는 교회에 주어진 힘은 영적인 힘

---

12 D. M. Lloyd-Jones, *Preaching and Preachers* (Grand Rapids: Zondervan, 1972), chapters 1 & 2.

13 Clowney, *The Church*, 165.

14 개혁파 교회는 이 점을 늘 강조하여 왔다. 근자에 이 점을 잘 드러낸 논의로 Robert L. Reymond, *A New Systematic Theology of the Christian Faith* (Nashville: Thomas Nelson Publishers, 1998), 874을 보라.

이라고 말했었음에 유의하라. 그리고 이것이 이루어지기 위해서는 기도가 필수적으로 동반될 수밖에 없다. 그러므로 개혁파적 목회는 기도의 목회(ministry of prayer)라고도 할 수 있다. 기도하지 않는 사람은 성령에게 민감하지도 않고, 성경의 가르침에 충실하지도 않은 것이기 때문이다.

그리고 그런 목회는 항상 주님에 대한 사랑과 서로에게 대한 따뜻한 사랑 가운데서 이루어지는 목회가 될 것이다. 그러므로 개혁파적 목회는 사랑의 목회(the ministry of love, *ministerium amoris*)라고 할 수 있다. 서로에 대한 사랑과 따뜻한 마음이 없는 곳에는 개혁파적 목회는 없다. 아무리 성경에 근거한 바른 제도가 있어도, 그 제도를 운영하는 사람들이 주께서 주시는 충만한 사랑 가운데서 움직여지지 않는다면 그것은 벌써 개혁파적 목회이기를 그친다. 결국 개혁파적 목회는 주님의 사랑을 나누며, 그 사랑으로 서로 봉사하는 것이기 때문이다. 사랑의 관계는 상호적인 것이므로 개혁파적 목회는 역시 박윤선 목사님께서 개혁파적 원리에 따라 많이 강조하신 상호 돌봄의 목회(mutual ministry)일 수밖에 없다.[15] 이런 뜻에서 개혁파 신학에서는 넓은 의미에서는 모든 성도가 다 목회자라는 말을 할 수 있다. 물론 좁은 의미에서는 특별한 직임을 가진 사람들이 목회자 역할을 한다. 목사와 장로가 그 대표적인 예이다. 그러나 넓은 의미에서는 보편적 직임을 지니고 감당하는 모든 그리스도인이 서로가 서로에게 대해서 서로를 지키

---

[15] 이에 대해서는 박 목사님의 강의와 설교에서 이 점을 강조하는 것을 기억하는 사람들이 많을 것이다. 그리고 박윤선, 『헌법주석』 (서울: 영음사, 1983), 74f.를 보라. 여기서 그는 I. V. Dellen and M. Monsma, *The Church Order Commentary* (1964), 108을 인용하고 있다. 또한 허순길, 『개혁교회의 목회와 생활』, 89-91도 보라.

는 자로서의 역할을 하는 폭넓은 의미의 목회자라고 할 수 있다. 우리는 서로를 지키는 자라는 의식이 참된 교회의 지체 의식이기 때문이다. 그러므로 개혁파적 목회는 사랑의 목회, 상호 목회이다.

그리고는 개혁 교회는 온 교회가 개인적으로나 특히 전체적으로 무엇을 결정할 때에 제대로 깨닫게 된 하나님의 경륜 전체에 비추어서 그 시점에 분명히 깨닫게 된 주의 뜻을 따라 결정을 해 나가야 한다. 따라서 이는 항상 주의 선하시고, 기뻐하시고 온전하신 뜻을 분별하려는 사려 깊은 목회(ministry of prudence)요, 주의 지혜를 따라 판단하는 지혜의 목회(ministry of wisdom)이다. 그러므로 보다 많은 분들이 주의 뜻을 살펴서 주께서 옳다고 여기시는 바를 따라가는 작업을 해야 한다. 그러므로 교회 안에서는 그 누구든지 "주장하는 자세"를 가질 수 없다. 베드로 사도는 교회의 장로들에게 특히 이 점을 강조해서 말하기를 "맡기운 자들에게 주장하는 자세를 하지 말고 오직 양 무리의 본이 되라"고 권한다(벧전 5:3). 이는 위에서 교회에 주어진 권세가 말한 섬기는 권세(ministerial power)라는 것을 유념하면 자연스럽게 나타나는 점이다. 따라서 아직 대다수의 회중이 어떤 것을 이해하지 못하면 그들이 성숙할 때까지를 기다려서 온 성도들이 다 하나님의 뜻을 따라갈 때에야 모든 성도들의 지혜를 모아서 일을 이루도록 하는 방식으로 살아가야만 한다. 그것이 더디고 일을 하기 어려워 보여도 결국 주께서 이 땅에서 교회에게 주신 교회를 움직여 가는 유일한 방도가 된다. 연약한 교회는 그 구성원 모두가 주의 뜻을 잘 따라가지 못하는 교회이고, 성숙한 교회는 그 구성원들이 주의 뜻에 유의하면서 그 뜻을 수행하여 가는 교회다.

이 모든 점에 유의하는 목회는 그야말로 성령님께서 교회를 자연스럽게 인도하시는 대로 이끌려 가는 아주 자연스러운 목회(natural ministry)로 나타나게 된다. 성령에 의존하는 목회는 가장 자연스럽고, 그 안에서 또 놀라운 성령의 역사로 모든 사람들이 하나님의 뜻을 추구하며 그것을 이 땅에서 이루는 초자연스러운 목회(super-natural ministry)다. 이렇게 개혁파 신학이 그 신학적 이해에 있어서 자연과 초자연이 잘 조화되는 신학을 추구하듯이, 그 목회에 있어서도 그 둘을 대립시키지 않고, 잘 조화시키는 목회를 추구하여 가게 될 것이다. "성령 안에서는 자연과 은총의 대립은 없기" 때문이다.16 그러므로 우리는 클라우니가 잘 말하고 있는 바와 같이, "자동차를 운전하면서, 뉴스를 들으면서, 사무실에서 일하면서, 또는 저녁 식사를 하며 가족과 이야기하면서 [즉, 자연적 삶의 영역 가운데서] 주님의 뜻이 무엇인지 배워야 한다(롬 12:2)."17 개혁파적 목회는 이렇게 자연과 초자연을 성령 안에 통일시키는 사역이다. 이런 개혁파적 목회의 매력이 우리를 개혁파 목사가 되도록 부른다.

3. 결론

지금까지 우리는 개혁 신학 자체의 매력, 개혁파 교회의 매력, 그리고 개혁파 목회의 매력 때문에 우리는 다른 교회의 목사가 아니라, 개혁파 교회, 장로교회의 목사가 되려고 한다는 것을 논의했다. 그렇

---

16 Clowney, *The Church*, 142.
17 Clowney, *The Church*, 144.

다. 이 모든 점을 생각할 때 우리는 가장 성경적인 신학, 성경적인 교회, 성경적인 목회를 지향하는 개혁파 목사가 되고 싶은 것이다. 우리에게는 이렇게 말씀을 가르침으로 주의 교회와 하나님 나라를 섬기고 싶은 열망이 가득해야 한다. 다른 어떤 것보다 이런 일로 주님을 섬기려는 마음이 가득해야 한다. 그러나 이것만 가지고 우리가 주께서 원하는 목사가 될 수 있는 것은 아니다. 개혁 신학의 교회론에서 늘 바르게 가르쳤듯이 이는 주께서 우리를 부르시는 내적 소명(internal calling)의 한 부분일 뿐이다. 이와 함께 우리에게 이런 목회 사역을 잘 감당할 수 있을 최소한의 은사가 있어서 이를 감당할 만한 지적인 영적인 자질이 있다는 확신과 주께서 이 길로 우리를 이끌어 가시며,[18] 목회자가 되는 길을 열어 주신다는 경험이 내적 소명을 형성하는 것이다. 이런 내적 소명을 우리가 그 회원과 지체가 되어 섬기고 있는 교회의 회중들이 이런 이가 다음 세대의 목사가 되어 섬길 것을 원하고 세우는 방식으로 인쳐 주어야 하고, 이것이 외적 소명(external calling)을 형성하여, 주께서 우리를 부르시는 일이 확증되는 것이다.[19] 주께서 이렇게 우리를 부르셔서 당신님의 영광스러운 교회를 섬길 수 있도록 하신 이 놀라운 은혜를 베풀어주시는 것은 우리에게 얼마나 큰 영광이요 은혜의 일인가?

부디 바라기는 이 땅의 모든 신학생들과 목회자들이 과거의 개혁 신학적 선배들에 잘 제시한 그 놀랍고 귀한 신학과 교회와 사역에

---

[18] Cf. Clowney, *The Church*, 210: "부르심과 은사와 직임은 함께 간다……. 은사의 결정적 드러남은 교회 봉사에서이다."

[19] 이런 점들에 대한 지적으로 Berkhof, *Systematic Theology*, 587f.; 김홍전의 여러 저작들; 이승구, 『교회란 무엇인가?』 (서울: 여수룬, 1996, 최근 판, 서울: 말씀과 언약, 2020) 등을 보라.

대한 이상에 따라서 이 땅의 교회를 바르게 섬겨 나감으로 우리들의 교회가 진정 바른 교회로 이 땅 위에 나타날 수 있기를 원한다. 바로 이런 목적을 위해 우리는 이 땅에서 개혁파 신학을 하고, 개혁파 신학을 공부하여 개혁파 목회를 하는 개혁파 목사가 되기를 원한다. 이런 상황에서 우리는 카이퍼(R. B. Kuyper)와 함께 우리는 우리의 신학과 교회 제도와 목회에 있어서 참으로 "개혁파이려고 하는가, 아닌가?" 하는 질문을[20] 참으로 진지하게 물어야 할 것이다.

---

[20] Cf. R. B. Kuyper, *To be Reformed or Not* (Grand Rapids: Eerdmans, n.d.).

9

한국 교회의 연합 문제에 대한 교의학적인 한 성찰:

교회 연합의 예들을 통해 살펴본 한국 교회 연합에 대한 제언1

많은 사람들이 지적한 바와 같이 한국 교회가 여러 교단들로 나누어져 있고, 더구나 그중에서 '대한 예수교 장로회'라는 이름의 교단들이 무수하다는 것은 하나님 앞에서 그리고 온 세상 앞에서 매우 부끄러운 일이 아닐 수 없다.2 모두가 하나의 교회의 이름을 내세우면서 분열되

---

1 이 글은 장로교회의 맥락에서 한국 장로교회의 연합 문제를 중심으로 써서 한국 장로교신학회 16차 논문 발표회(2010. 10. 2)에서 발제한 내용을 한국 교회 전체를 염두에 두고서 다시 폭 넓게 개정한 것으로 한국 복음주의 신학회에서 발제했던 것이다.

2 이전에 이 점에 대한 지적과 한국 장로교회의 연합 문제에 대한 이전 논의로 이승구, "한국 장로교회의 정체성 회복과 일치를 위한 현실적 제언"(장로교의 날 준비를 위한 심포지움 발제문)(2009년 7월), 『우리 사회 속의 기독교』(서울: 나눔과 섬김, 2010), 89-99을

어 있는 우리의 이 현실은 매우 안타까운 일이다. 그리스도께서 십자가에서 이룬 구속은 결국 그리스도의 몸된 "하나의 교회"(una ecclesia)를 이 세상에 있게 하는 것이기 때문이다.

이런 상황 속에서는 이 세상에 교회라는 이름을 가지고 있으면 어떻게 해서든지 우리 모두가 다 하나를 이루어야 한다고 생각하고, 더 나아가서 이 세상의 모든 교회들이 어떤 형태로라도 연합을 해야 한다는 주장은 매우 매혹적으로 다가올 수 있다. 교회의 하나 됨을 위해 노력하던 칼빈이나 과거 교회 지도자들의 생각과 노력에 비추어 볼 때 교회의 하나 됨을 위한 주장과 노력은 상당한 호소력과 의미를 지니는 것으로 여겨질 수 있다.[3] 그러나 그저 교회의 연합이라면 그 어떤 종류의 연합이라도 과연 다 받아들여질 수 있는 것인가 하는 것이 이 장에서 필자가 심각하게 묻고자 하는 질문이다. 필자는 이 글에서 교회들의 어떤 연합의 시도들은 칼빈 등 과거의 교회의 선생님(doctor ecclesiae)들의 의도와도 부합하지 않고, 성경적으로도 정당화할 수 없는 것이라는 것을 드러내고자 한다. 왜냐하면, 이전에도 필자가 말한 바와 같이, 우리가 성경을 따라서 말하는 교회의 일치와 연합은 성경적 진리에 동의하는 교회들의 일치와 연합이기 때문이다.[4]

보라.

[3] 필자의 이전 논문에서 인용한 바 있는 다음 같은 칼빈의 주장을 다시 생각해 보라: "(지금) 그리스도의 지체들이 분리 되어져 몸에서 피를 흘리고 있습니다. 이 일과 관련하여 필요하다면 나는 열 개의 바다라고 해도 기꺼이 건널 것입니다"(Thomas Cramer에게 보낸 칼빈의 편지 [1552년 4월], *Letters of John Calvin*, ed. Jules Bonnet, vol. 2 [New York: Burt Franklin, 1972], 347f., 이승구, "한국 장로교회의 정체성 회복과 일치를 위한 현실적 제언", 90에서 재인용).

[4] 이 점에 대하여 이승구, "한국 장로교회의 정체성 회복과 일치를 위한 현실적 제언", 91. 그리고 Martin Klauber, "Calvin on Fundamental Articles and Ecclesiastical Union," *Westminster Journal of Theology* 54 (1992): 341-48을 보라.

이런 뜻에서 종교 개혁 시대에 그전에 천주교회로 있던 상당수의 교회들이 루터파 교회나 개혁파 교회로 새롭게 된 것은 교회의 분열이라기보다는 성경의 가르침에 충실함으로 말미암아 있게 된 이전부터 있어 온 한 교회의 새로워짐[갱신(更新)]이라고 하지 않을 수 없다. 그 결과 나타난 개신교회와 천주교회가 병존하는 현상은 어떤 의미에서 정상적인 교회 됨을 회복한 교회와 부패한 상태에 그대로 머물러 있는 사람들의 병치 상태라고 할 수 있다. 그러므로 오늘 날 세계 교계와 한국 교계 일부에서 나타나고 있는 개신 교회와 천주교회의 하나 됨을 향한 노력이라는 것은 (종교 개혁적 원리에 따르는 식으로 진행되지 않는다면 그것은) 원리적으로도 있을 수 없고, 종교 개혁의 역사적 의미를 무시하는 것이라고 하지 않을 수 없다. "오직 성경"의 원리와 "성경과 다른 전통들"을 모두 다 인정하는 원리는 함께 공존(共存)할 수 없다.[5]

그렇다면 과연 어떤 연합은 있을 수 있는 교회의 연합이고, 어떤 연합은 있을 수 없는 것인가 하는 질문이 제기될 수 있다. 이 논의를 위해서 우리들은 (1) "결과적으로 볼 때 잘못된 연합"이라고 할 만한 예들을 먼저 고찰한 후에, (2) 바른 연합의 예들을 살펴보고, (3) 연합을 시도하였으나 잘 되지 않은 경우들을 살핀 후에, (4) 바른 연합을 위한 조건들을 제시하고, 이 논의에 비추어서 (5) 우리의 이 현실 가운데서 한국 교회의 성원들인 우리가 해야 할 일들을 제시해 보기로 하겠다. 이 소논문의 궁극적 논지는 교회의 표지들이 사라지게끔 하

---

[5] 오늘날 일부에서 이 두 원리가 공존할 수 있다고 주장하는 주장으로 "A Treasure in Earthen Vessels," section b, 1, paragraph 16, available at: http://www.iokoumene.org/en/resources/documents/www-commisions/fiath-and-order-commission. 이에 대한 비판적 고찰로, 이승구, 『광장의 신학』 (수원: 합신대학원출판부, 2010), 334도 보라.

는 의미의 연합은 교회의 연합이 아니라 사실상 교회의 파괴이므로, 진정한 교회의 연합은 교회의 표지들이 잘 드러나게 하는 목표를 가지고, 그런 방식으로 이루어져야 한다는 것이다.

1. "결과로 본 잘못된 연합"의 예들

이 세상에 서로 나누어져 있는 교단들이 연합한 것에 대해서 결과적으로 살펴볼 때 잘못된 연합의 예라고 할 만한 것들은 상당히 많이 있다. 물론 이런 평가는 교회의 연합이라는 현상을 특정한 신학적 입장에서 바라볼 때만 가능한 평가이다. 필자가 이 논문에서 제시하는 견해와 다른 입장을 지닌 사람들은 그 결과가 어떻게 되었든지 과거에 서로 나누어져 있던 교단들이 하나가 된 것은 그 자체로 의미 있는 것이라고 주장할 것이다. 그러므로 이 논문에서 "결과로 본 잘못된 연합"의 예들이라고 할 때 나는 성경적 교리에 충실하려고 하는 신학적 입장을 전제하고 그런 입장에서 말하는 것이다.

이런 입장에서는 둘이나 많은 교단들이 하나가 되고 연합했는데 그 결과로 성경적 진리가 더 혼탁하게 되고, 잘못된 방향으로 나아가는 것이 더 용인되었다면, 그리하여 진정한 교회와 바른 교회가 아닌 종교적 단체들의 절단선을 흐리게 하는 결과를 내었다면 그런 연합은 "결과적으로 잘못된 연합"이라고 말하지 않을 수 없다. 예를 들어서, 신학적으로 성경을 하나님의 말씀으로 믿는 교회와 이에 대해서 느슨한 입장을 가진 교회들이 합하여서 모두가 다 신학적으로 느슨한 입장을 향해 나가게 된다면, 그리고 연합의 결과로 다양한 종류의 사람들이 다 이 연합된 교회 안에 있기에 결국 교회의 표지들을 흐리게 하는 결과를 내었다면, 그리하여 결국 바른 교회와 바르지 못한 교회의 구별을 불가능하게 하는 결과를 내는 연합이 이루어졌다면, 그런 연합은 성경적으로나 신학적으로 정당한 연합이라고 할 수 없을 것이다. 필자가 보기에 그런 결과를 내었다고 판단되는 두 가지 예를 먼저 검토해 보기로 하자.

첫째는 캐나다 연합 교회(The United Church of Canada)의 경우이다. 1925년에 캐나다 감리교회와 온타리오와 퀘벡의 회중교회, 그리고 캐나다 장로교회 중 (당시 4,509개 장로 교회 중 302개의 장로교 회중을 제외한) 2/3가 연합하여 캐나다에서는 천주교 다음으로 가장 큰 교단이 되었고, 개신교 가운데서는 가장 큰 교단이 된[6] 캐나다 연합교회의 예는 많은 사람들이 부러워하고, 좋은 연합의 모범적인 예로 많이 언급되는 예이다. 그러나 현재 이 교단 안에는 다양한 입장을 지닌 사람들이 다 있어서, 그 교단 안에서는 그들 모두를 한 교회의 회원들로 인정하며 살아야 하는 형편이다.

예를 들어서, 이 교단에서는 목사가 되는 데 있어서 어떤 성(性)이든지가 문제가 안 될 뿐만 아니라, 혼인 여부나 성적 취향도 전혀 문제가 되지 않는다. 이 교단은 기본적으로 자유로운 신학적 정치적 입장을 표방하고 있다. 또한 이 교단은 어떤 형태의 혼인과 가정도

---

[6] 이에 대해서는 다음 사이트에 있는 정보를 참조하여 보라: "United Church of Canada," http://en.wikipedia.org/wiki/United_Church_of_Canada#cite_note-0. 이는 Religions in Canada, 2001 Census와 MSN Encarta Encyclopedia (accessed on July 13, 2009)의 정보에 의존한 것이다.

다 인정하고 있다. 그러므로 이 교단은 동성 간의 혼인도 허용하며 동성의 파트너가 사는 가정도 정상적인 가정으로 인정한다.7 이와 같이 캐나다 연합 교회는 동성 간의 성적인 관계를 적극적으로 허용하는 입장을 표명한다.8 또한 2008년에는 트랜스 젠더와 젠더 다양성을 허용하는 연구 그룹을 만들어 이를 홍보하고 트랜스 젠더들이 교회에 활발히 참가할 수 있는 여건을 만들고 있다.9

또한 자신들은 그리스도를 통해서 하나님께 이르다고 하지만 다른 종교에 속한 사람들이 다른 길을 통해 하나님께 이른다는 것도 인정하며 다른 사람들에게서도 성령님께서 역사하신다는 종교 다원주의적 입장을 자신들의 신조에 공공연히 공표하고 있다.10 더 나아가 이 교단은 결국은 하나님께서 모든 것을 회복시키신다는 만인구원론적 입장도 시사하고 있다.11

---

7 이에 대해서는 다음을 보라: "Beliefs: Overview of Beliefs." The United Church of Canada. 2009-05-25. http://www.united-church.ca/beliefs/overview. Retrieved 2010-03-11.

8 Cf. http://www.religioustolerance.org/hom_ucc.htm.

9 Cf. http://www.united-church.ca/exploring/trans. 트랜스-젠더는 교회 안에서 환영받아야 하며, 그들은 성 정체성이 다를 뿐이지 불평등해서는 안 된다는 것을 강조하는 여러 글들로는 다음에 모아져 있는 캐나다 연합 교회 안의 여러 목사들과 전문가들이 쓴 다음 여러 자료들을 참조해 보라: http://www.united-church.ca/exploring/trans/resources.

10 Cf. "Beliefs: Overview of Beliefs". The United Church of Canada. 2009-05-25. http://www.united-church.ca/beliefs/overview. "Multi-faith relations." Retrieved 2010-03-11. 또한 2006년도 문서인 다음도 보라: "A Song of Faith: A Statement of Faith, United Church of Canada, 2006, Appendix A On the Purpose and Status of the Statement of Faith: 10: "… the Spirit is active in all peoples, not merely in those who call themselves Christian, and that the church is challenged to recognize and celebrate the holy in all its expressions, both familiar and foreign."

11 "A Song of Faith: A Statement of Faith, United Church of Canada, 2006, 9: "Divine creation does not cease until all things have found wholeness, union, and integration with the common ground of all being."

따라서 성찬에도 어린 아이들 뿐 아니라 어떤 사람이든지 다 참여할 수 있다고 가장 개방적인 입장에서 성찬상으로 초청을 하며 성찬을 열어 놓고 있다. 세례 여부도 제한 조건이 안 되며 그들의 신조에 표현된 대로는 누구나 자유롭게 참여할 수 있다.[12] 뿐만 아니라 이 교회는 필요한 경우에는 안전한 낙태를 받을 여성의 권리를 인정한다고 주장한다.[13]

만일에 한국 교회의 연합이 이와 같은 결과를 낸다면 그것이 과연 하나님 보시기에 아름다운 일이라고 할 수 있는지를 심각하게 묻지 않을 수 없다. 근자에 캐나다 연합 교회에서 내고 있는 여러 글들을 보면서 과연 그것이 교회의 목소리인가를 의문시할 사람들이 많은 것이다. 이와 같은 결과를 내는 연합을 우리가 과연 용인할 수 있을까?

또 다른 예는 호주의 "연합해 가는 교회"(Uniting Church in Australia=UCA, 일반적으로는 호주연합교회라고 한다)의 경우이다. 1977년 6월 22일 "연합의 토대"(the basis of union)에 의해서 호주의 감리교회, 장로교회, 회중 교회가 연합하여 형성된 이 교단은 형성될 때부터 지속적인 연합을 지향한다는 의미에서 계속해서 연합해 가는 교회라는 뜻을 가진 교단명(uniting church)을 정했다. 호주에서 천주교회와 성공회

---

[12] Cf. "A Song of Faith: A Statement of Faith, United Church of Canada, 2006, 8f.: "Carrying a vision of creation healed and restored,/ we welcome all in the name of Christ./
Invited to the table where none shall go hungry,/ we gather as Christ's guests and friends./ In holy communion/ we are commissioned to feed as we have been fed,/ forgive as we have been forgiven,/ love as we have been loved./ The open table speaks of the shining promise/ of barriers broken and creation healed."

[13] Cf. "United Church Social Policy Positions: Access to Abortion". The United Church of Canada. 2007-05-08. http://www.united-church.ca/beliefs/overview. Retrieved 2010-03-11.

다음으로는 큰 교단이 된 이 연합교회는 연합 자체를 지상 과제로만 본다면 이는 가장 바람직한 형태요 연합 문제에 대한 바람직한 자세를 표현한 것이라고 할 수 있을 것이다. 그러나 현실적으로 호주의 "연합해 가는 교회"(uniting church) 안에는 참으로 다양한 입장을 지닌 사람들이 다 있어서 그 모든 사람들의 정향을 생각할 때 이 교단은 세상에서 가장 자유스러운 교회들 중의 하나라고 판단되고 있다.

예를 들어서, 1977년에 이 교단이 연합하여 형성될 때부터 계속해서 논의된 문제들 중 하나가 동성애자들의 인정에 대한 문제였다. 그리하다가 1982년에 총회의 상설 위원회(Assembly Standing Committee)는 성적인 정체성은 임직하는 데 전혀 문제가 없다고 결정하고 각 노회가 이 문제를 자유롭게 결정하도록 결의하였고, 그 이후로 이 동성애 허용의 문제는 이 교단 안에서 지속적 논의의 대상이 되었고 1997년도 총회에서는 이 문제와 관련한 감정적 격론에 있었으나 결론을 내리지 못하였다. 2000년 총회에서는 이 문제를 논의하지 말기로 결정하였고(not to discuss homosexuality), 급기야 2003년 총회에서는 호주 연합 교회 안에 이 문제와 관련하여 서로 다르게 성경을 자신들 나름대로 일관성 있게 해석하는 두 그룹이 있음을 인정하고, 이런 의견에 근거하여 어떤 분들은 한 파트너와 신실한 관계를 유지하는 게이나 레즈비언은 임직 받을 수 있다고 하였고 어떤 이들은 이에 반대하였으며, 2006년 총회에서도 이 문제에 대해 서로 다른 의견과 다른 사람들이 있음만을 인정하고 있을 정도이다. 이 문제와 관련해서 동성애를 인정할 수 없어 하는 분들은 호주 연합 교회 안의 복음주의 목회자들(EMU, 이전에는 Evangelical Ministers in the UCA)이라는 모임을 형성하고 있고,[14] 2003년 총회 이후에는 이런 보수적 인사들이 이 교단 안에서의 개혁파 동맹(Reformed Alliance)을 형성해 있다고 한다.[15]

그러므로 문제는 연합 자체가 아니라 우리가 후에 논의할 바와 같이 과연 교회의 교회 된 표지를 유지해 가면서 연합하느냐 하는 것이다. 그러므로 우리는 교회의 연합에 대해서 생각할 때에 무엇보다 먼저 "그 교리에 있어서 흠이 있는 교회들과 사도적 '바른 교훈의 모본'을 떠난 배교적 교회들을 구분해야만 한다"는 클라우니 교수의 말에[16] 유의해야만 한다. 그 결과 교리에 있어서 사소한 흠이 있는 교회들은 부족하지만 교회로 인정하고 계속해서 대화할 수 있지만, 사도적 가르침을 떠난 배교적 교회들에 대해서는 그리할 수 없다는 것을 분명히 해야만 한다. 여기서 과연 이 기준이 무엇인가에 대한 질문이 나타날 수 있다. 그에 대해서는 교회의 표지에 대한 이후의 논의에서 자세히 논의하도록 하겠다.

2. 좋은 연합과 하나 됨의 예들

이와 같은 잘못된 연합이라고 할 수 있는 예가 아니고 참으로 성공적이고 바른 교회 연합의 예들을 찾아볼 수 있을까?

첫째로, 화란의 헤르만 바빙크가 속해 있던 (1834-36년에 화란 국가 교회로부터 신학적 이유 때문에 분리된) 소위 분리측 교단(Afscheiding), 즉 '십자가를 맨 개혁교회'와[17] 화란국가교회로부터 안타까움을 가지고

---

[14] 이상의 사실들에 대해서는 다음을 보라: http://en.wikipedia.org/wiki/Uniting_Church.
[15] Cf. http://en.wikipedia.org/wiki/Confessing_Movement.
[16] Edmund P. Clowney, *The Church* (Leicester: IVP, 1995), 82.
[17] 이 교단은 1839년에 '분리개혁교회', 1869년에 '기독개혁교회'라고 교단명을 변

1886년에 분리하여 1887년에 '네덜란드 개혁교회'가 된 (카이퍼가 그 중심 인물이었던) 소위 '애통(Doleantie)'측 교단이[18] 실질적으로 신학과 정치 형태가 같음을 인정하면서 1892년 6월 17일 암스테르담에서 합동을 결의하고 하나가 된 예를 들 수 있다. 그들은 이 합동 교단 명을 '네덜란드 개혁교회'(헤르포르미어르드 케르켄, De Gereformeerde Kerken in Nederland)라고 하였다.[19] 헤르만 바빙크에 대한 신학적 전기를 쓴 유해무 교수는 이 교단 연합에 대해서 다음과 같이 언급한 바 있다: 이 때 "합동의 유일한 근거는 하나님의 말씀이었다. 합동한 교회들은 성경에 기록되었고, 네덜란드 교회가 전통적으로 수용한 3대 신조에서 고백한 하나님의 말씀을 기초로 하여 연합하였다."[20] 이와 같이 하나님의 말씀인 성경에 근거한 연합만이 의미 있는 연합이다. 그러나 이와 같은 연합은 이에 속한 모든 교우들과 교회들이 계속해서 그런 원리에 충실할 때만 의미를 지닐 수 있다. 이 성경적 원리에서 떠나가게 되면 다시 교회는 분리의 가능성과 분리의 실질적 위험에 놓이게 되는 것이다.

둘째로, 미국 장로교회의 작은 교단 가운데 1937년 정통장로교

경하였다. 이 명칭들과 분리 과정, 교단 명칭 변경 과정, 그리고 이 분리 교회의 특성에 대해서는 유해무, 『헤르만 바빙크』(서울: 살림, 2004), 24; 또한 James D. Bratt, *Dutch Calvinism in Modern America* (Grand Rapids: Eerdmans, 1984), 3-10 등을 보라.

[18] 이에 대해서는 『헤르만 바빙크』, 60-61; Bratt, *Dutch Calvinism in Modern America*, 29을 보라. 브라트에 의하면 이는 자신들이 분리한 국가교회의 배교(apostasy)에 대해 '애도한다'(mourning)는 뜻에서 붙여진 이름이라고 한다(Bratt, *Dutch Calvinism in Modern America*, 29).

[19] 유해무, 『헤르만 바빙크』, 71. 이때 카이퍼의 세례와 중생에 대한 견해(소위 '중생전제설')에 동의하지 않던 사람들이 총회가 각 지교회의 의견을 묻지 않았다는 교회법적인 이유를 들어서 합동에 반대하면서 계속해서 분리 측 교회로 있어서 지금까지 계속되고 있고 이 분리 측 교회의 신학교가 아펠도른에 있는 신학교이다.

[20] 유해무, 『헤르만 바빙크』, 71f.

회에서 분리하여 성경장로교회로 있다가 (1956년 매킨타이어 등이 탈퇴하자) 1961년에 이름을 바꾼 (당시에 8,000명 쯤 되던) 복음주의 장로교회(Evangelical Presbyterian church)와 언약파 전통의 141년 된 교단인 (당시에 2,000명쯤 되던) 개혁장로교회(Reformed Presbyterian church (general synod))라는 두 교단이 1964년에 합하여 개혁장로교회 (복음주의 대회)(Reformed Presbyterian Church (Evangelical synod))를 형성하게 된 것은 작지만 보수적인 교단들이 서로 성경적인 입장에 서 있음을 인정하면서 하나를 향해 가는 모습을 드러내는 것이라고 할 수 있다.21 이 연합을 위해서 예언서의 전천년적 해석의 여지를 주기 위해 대요리문답을 개정하고, 연합 계획서(the plan of union)에 술과 담배의 사용에 대한 경고와 텔레비전과 영화와 춤과 놀음의 악을 언급하였지만 이를 구속력 있는 법으로 만들어 강제하지는 않는 모습을 보였다고 한다.

그리고 이 개혁장로교회(복음주의 대회)(Reformed Presbyterian Church [Evangelical synod])가 1982년 6월 12일에 칼빈대학교에서 열린 총회에서 322대 90으로 합동을 결의하고, 1982년 6월 14일에 미국 장로교회(PCA) 총회에서 PCA에 연합한 것은22 보수적인 장로교회의 좋은 연합의 예를 보여 주는 것이라고 하지 않을 수 없다.

---

21 D. G. Hart and John R. Muether, *Seeking a Better Country: 300 Years of American Presbyterianism* (Phillisburg, New Jersey: P & R, 2007), 221.

22 William S. Barker, "An Historical Perspective on 'Joining and Receiving' and Its Impact on the OPC, PCA and RPCES," in *The Practical Calvinist: An Introduction to the Presbyterian & Reformed Heritage: In Honor of Dr. D. Clair Davis*, ed. Peter A. Lillback (Fearn, Ross-shire: Christian Focus Publications, 2002), 322. 또한 Hart and Muether, *Seeking a Better Country*, 243도 보라.

3. 좋은 연합을 시도하였으나 실현되지 못한 예들 몇 가지

그렇다면 성경적으로 바른 연합을 시도했는데 성취하지 못한 예들로는 어떤 것을 생각할 수 있을까? 역시 두 가지 예를 들어 보기로 하자.

첫째로는 교단 연합 자체는 아니나 신학교 연합의 시도와 관련된 예를 들어 보기로 한다. 앞서 언급하였던 화란 개혁파의 분리 측과 애통 측이 연합한 암스테르담 합동 총회는 위원회를 임명하여 두 교단의 신학부였던 캄뻔 신학교와 자유대학교 신학부의 연합하기 위한 해결 방안을 보고하게 하고, 이에 대해 오래 논의하였다. 그러나 이 두 신학 교육 기관이 결국 하나가 되지 못했다. 1893년 1월 23일에 바빙크는 양 신학부를 통합하는 안의 초안을 작성하여 보낸 일로 시작된[23] 양 신학부의 통합 노력은 결국 10년 넘게 통합을 위한 노력을 하였지만[24] 결국 **시간이 오래 지연됨으로 말미암아** 결국 하나 됨을 이루지 못한 안타까운 예로 언급되지 않을 수 없다. 그 배후에 사람들 사이의 관계의 문제가 있다는 것은 누구라도 지적하는 바이나 그것 때문에 다 된 연합을 오랜 세월이 지나도록 이루지 못한 것은 안타까움이 크다고 하지 않을 수 없다. 연합은 항상 신중히 해야 하지만 너무나 오랜 세월을 두는 것은 결국 교단이 통합된 상황에서도 양대 교육 기관을 하나로 하지 못하게 하고 결국 바빙크가 우려했던 대로 양 교단의 진정한 통합에도 장애가 되는 결과를 내고 만 것이다.

---

[23] 이에 대해서는 유해무, 『헤르만 바빙크』, 73을 보라.
[24] Cf. 유해무, 『헤르만 바빙크』, 79.

오랜 후에 1944년 8월 우트레흐트 총회에서 (카이퍼의 중생 전제설과 이에 근거한 유아 세례에 대한 이해를 비판하던) 스킬더를 면직시키는 일이 발생하자 합동 개혁교회의 교리적 법적 오류로부터 '해방'을 추구하는 교단이 생겨 스스로를 "해방개혁교회"라고 하고, 1946년에 자체 신학교 건물을 매입하여 1854년 개교했던 캄뻰 신학교를 계승한다고 선언하였다.25 스킬더를 면직시킨 총회파는 2004년 5월 이전에 다시 화란국가교회와 연합하였고, 근자에는 이 국가교회가 화란의 루터파 등과 연합하여 화란의 "개신교"(Protestant) 교단이 되었다.

둘째로, 미국에서 개혁파 전통의 대변 교단인 기독교 개혁교단(CRC)과 정통적 장로교회의 대표적 교단이라고 할 수 있는 정통장로교회(OPC)가 칼빈 신학교와 웨스트민스터 신학교의 교수들의 교류 등으로 하나가 될 수 있는 여러 번의 기회가 있었으나26 처음에는 기독교 개혁교회에서 개혁파적 전통의 훼손 가능성을 생각하면서 보류하고 거부하여 결국은 하나가 되지 못하고, 오늘날은 기독교 개혁 교단의 신학적 포용성이 너무 커져서27 (오랫동안 서부 웨스트민스터 신학교 교장으로 수고했던) 갓프리가 "CRC는 더 이상 강한 개혁파 교단이 아니고

---

25 이에 대해서 유해무, 『헤르만 바빙크』, 233, n. 80을 보라.

26 이런 연합을 촉구하는 목소리의 하나로 R. B. Kuiper, *The Glorious Body of Christ: A Scriptural Appreciation of the One Holy Church* (Grand Rapids: Eerdmans, 1966; Edinburgh: The Banner of Truth, 1967), 54-55를 보라: "개혁파 교회들과 교리에 있어서 참으로 개혁파적이고 교회 정치에 있어서 참으로 장로교회적인 장로교회들은 유기적 연합으로 전진해 나가 기독교회의 가시적 통일성이라는 이상을 실현하는 데 기여해야만 한다. 그런 의미에서 1946년에 형성된 개혁파 에큐메니칼 대회(Reformed Ecumenical Synod)의 설립은 그런 방향으로의 주목할 만한 발걸음을 내디딘 것이다. 미래에 이것이 (연합을 위한) 첫 걸음으로 드러나게 되기를 바란다." 카이퍼의 이런 간절한 바람이 실현되지 않은 것은 매우 안타까운 일이 아닐 수 없다.

27 이 점에 대한 좋은 논의로 W. Robert Godfrey, "The Struggle for Orthodoxy in the Christian Reformed Church," in *The Practical Calvinist*, 301-14.

또 다른 미국적 감리교회 같은 교단이 되었다"고 통탄할 정도가 되어[28] 이제는 정통장로교회가 기독교 개혁 교단을 받을 수 없을 정도로 그 간격이 커진 것을 보면서 보다 일찍이 신학적 통일성이 있을 때에 연합하여 바른 신학적 방향을 공고히 하는 방향으로 나아갔어야 한다는 생각을 하게 된다.

이런 점에서 오늘날 미국에서 그래도 정통적 장로교회의 전통을 잘 견지하고 있는 (2만 명 정도 되는) 정통장로교회(OPC)와 (30만명쯤 되는) 미국장로교회(PCA),[29] 그리고 1981년에 북장로교 전통을 지닌 미국 연합장로교회(the United Presbyterian Church in the USA[30])로부터 탈퇴하여 형성된 (5만에서 6만 명쯤 되는) 복음주의 장로교회(Evangelical Presbyterian church)도[31] 하루라도 빨리 연합하여 보수적인 교회들은 너무 분열되어 있고 각각이 작은 교단으로 있다는 인상을 극복해 주어야 할 것으로 판단된다. 1975년에 정통장로교회에서 지금은 PCA에 들어간 개혁파 장로교회 (복음주의 대회)를 95-42로 결의하여 받아들이려고 했었던 것을[32]

---

[28] Godfrey, "The Struggle for Orthodoxy in the Christian Reformed Church," 313.

[29] 이 두 교단의 연합에 대한 비슷한 촉구로 Barker, "An Historical Perspective on 'Joining and Receiving' and Its Impact on the OPC, PCA and RPCES," 327을 보라.

[30] 이는 남장로교 전통을 가진 미국 장로교회(Presbyterian Church in the United States)와 1983년에 연합하여 미국의 최대 장로 교단인 미국 장로교회 (PCUSA)를 형성하게 된다.

[31] 이 통계는 1990년대 말의 통계로서 다음에서 찾아 인용하고 있는 것이다. Hart and Muether, *Seeking a Better Country*, 260.

[32] 이에 대해서는 Barker, "An Historical Perspective on 'Joining and Receiving' and Its Impact on the OPC, PCA and RPCES," 317; 또한 D. G. Hart and John R. Muether, *Fighting the Good Fight: A Brief History of the Orthodox Presbyterian Church* (Philadelphia: Committee on Christian Education and Committee for the Historian of the OPC, 1995), 135-36을 보라. 그 당시에는 RPCES에서 122-93, 즉 57%의 찬성으로 2/3의 찬성표를 얻지 못하여 이 연합이 성취되지 못했었다고 한다.

생각하면, 더구나 1983년에 PCA와 OPC를 통합하자는 제안에 대해 PCA는 37개 노회 가운데서 29개 노회가 연합하기를 찬성하여 3/4을 얻었는데 1986년 OPC 50주년 기념 총회에서 76-68로 2/3에 20표가 모자라 합동이 이루어지지 않은 것을[33] 생각하면 이는 아직 성취되지는 아니하였지만 그리 이루기 어려운 일도 아니라고 여겨진다.

1776년에 미국 인구의 25%가 장로교인이었는데 현재는 자유주의적인 교단을 다 합해도 미국 인구의 2.7%만을 장로교인들이 차지하고 있다는 것은[34] 각 시대마다 우리들이 정신을 차리지 않으면 사회 속에서 증언하지 못할 뿐만 아니라 사회의 소수자로 전락할 수밖에 없다는 것을 보여준다고 여겨진다. 아마도 동일한 요구가 비슷한 신학적 입장을 지니고 있는 한국의 수많은 복음주의적 교회들에 주어지는 요구일 것이다.

4. 좋고 정당한 연합을 위한 조건들

이와 같은 몇 가지 역사적인 예를 살피고 난 우리들은 교회의 연합을 위해서는 과연 어떤 조건들이 만족되어야 하는지를 생각할 수 있게 되었다. 기본적으로 "교회의 표지들"(*nota ecclesiae*)이 잘 살아나는 연합이 되어야 한다는 것이 필자의 판단이다. 종교개혁 시대에 고찰되고 그 이후로 교회를 교회로 규정하기 위하여 늘 언급된 "교회의 표

---

[33] 이에 대해서는 Barker, "An Historical Perspective on 'Joining and Receiving' and Its Impact on the OPC, PCA and RPCES," 323을 보라.

[34] Hart and Muether, *Seeking a Better Country*, 260.

지들"이 사라지게 하는 것은 결국 교회를 허무는 것이 되고 만다. 개혁자들의 생각에 의하면 교회의 표지가 없는 곳은 사실 교회가 아니다. 오늘날에는 이를 무시하는 일들이 많이 있지만 우리들로서는 개혁자들의 이 고민을 진지하게 받아들이면서 논의하지 않을 수 없다.

전통적으로 교회의 표지들로서는 복음의 순수한 선포, 성례의 신실한 시행, 그리고 이를 위한 권징의 바른 시행을 언급하여 왔다.[35] 개혁자들과 그 후예들 중에서 때때로 둘이나[36] 하나만을 교회의 표

---

[35] 이 세 가지를 교회의 표지로 언급하는 이들로는 말부르그 대학에서 가르친 Andreae Hyperius (1511-64), 스트라스부르그, 옥스퍼드, 취리히에서 가르침 Peter Martyr Vermigli (1500-62), 하이델베르크의 Zacharius Ursinus (1534-1583), 라이덴의 Lucas Trelcatius (1573-1607), 취리히의 Johann Heinrich Heidegger (1633-1698), Zerbst 김나지움 교장이었던 Marcus Fridericus Wendelinus (1584-1652) 등을 들 수 있다. 또한 벨직 신앙고백서 29조를 보라. 이를 따라서 그리고 이와 함께 교회의 표지로 셋을 언급하는 신학자들로 Louis Berkhof, *Systematic Theology* (Grand Rapids: Eerdmans, 1942), 576f.; 박형룡, 『교의신학 6: 교회론』 (서울: 한국기독교교육연구원, 1977), 98-102; 박윤선, 『개혁주의 교리학』(서울: 영음사, 2003), 377; 이근삼, 『개혁주의 조직신학 개요 2』, 이근삼 전집 6 (서울: 생명의 양식, 2007), 283-96; Edmund P. Clowney, *The Church* (Leicester: IVP, 1995), 101; Robert L. Reymond, *A New Systematic Theology of the Christian Faith* (Nashville, Tennessee: Thomas Nelson Publishers, 1998), 860; Van Genderen, & W. H. Velema, *Concise Reformed Dogmatics* (1992), trans. Gerrit Bilkes and Ed. M. van der Maas (Phillipsburg, New Jersey: P & P, 2008), 726 등을 보라.

[36] 교회의 표지를 복음의 순수한 선포와 성례의 바른 시행만으로 언급한 이들로는 John Calvin (1509-64), 취리히의 쯔빙글리의 후계자격인 Heinrich Bullinger (1504-75), 스트라스부르그, 하이델베르크, 노이스타트에서 교수한 Jerome Zanchius (1516-1590), 노이스타트, 하이델베르크, 라이덴에서 가르친 Franciscus Junius (1545-1602), 라이덴, 소무르, 흐로닝겐에서 가르친 Franciscus Gomarus (1563-1641), 프랑크푸르트, 두이스부르그, 그리고 우트레흐트의 교수를 한 Petrus van Mastricht (1630-1706), 프라네커, 흐로잉겐, 라이덴에서 사역한 Johannes Marckius (=a Marck, 1656-1713), Abraham Kuyper 등을 들 수 있다. 근자에 이런 입장에 가깝게 말하면서 교회의 치리는 신실한 말씀의 선포와 성례의 바른 시행을 지지하고 시행하는 수단으로 여기게 되었다고 하는 Gordon J. Spykman, *Reformational Theology: A New Paradigm for Doing Dogmatics* (Grand Rapids: Eerdmans, 1992), 452를 보라. 카이퍼는 좀 지나치게 이런 입장을 강조했다고 할 수 있으니 그는 치리는 교회뿐만 아니라 가정, 학교, 국가 등도 그 사역에 부합하는 일종의 치리를 수행하는 것이므로 치리를 교회의 표지에 넣을 필요가 없다고 하기 때문이다(이에 대한 정보도

지로 말할 때에도[37] 나머지가 다른 것 속에 들어 있는 식으로 사유하였기 때문에 교회의 표지가 하나인가, 둘인가, 셋인가를 가지고 논쟁하는 것은 무의미하며, 개혁자들과 그들의 후예들은 이 모든 것을 연관하여 생각했다고 말하는 것이 더 옳다.[38] 그러므로 우리들이 교회의 표지가 드러나는 식으로의 연합이 이해되고 추구되어져야 한다고 할 때 우리는 더 명확한 이해를 위해 세 가지를 하나하나 언급하면서 논의하도록 하겠다.

첫째로, 복음의 순수한 선포가 있도록 하는 연합이 이루어져야 한다. 연합도 복음의 선포를 더 효과적으로 하기 위해 하는 것이며 또한 연합의 결과로 더 순수한 복음이 선포될 수 있어야 한다. 복음이 훼손되는 형태의 연합은 교회의 연합이 아니다. 따라서 우리는 이런 형태의 연합을 생각하거나 추구해서는 안 된다.

종교개혁 시대에는 주로 이신칭의(以信稱義)를 전면에 내세우면서 생각하지 않을 수 없었다. 그러므로 많은 개혁자들에게 있어서 복음의 순수한 선포란 바로 이신칭의를 바르게 선포하는가 여부와 밀접히 관련된 것이었다. 바로 이런 뜻에서 루터의 비슷한 표현과 정신을 따라서 루터파 신학자들은 이신칭의 교리는 그것과 함께 교회가 서고 무너지는 신앙의 조항(articulus stantis et cadentis elcclesiae)이라고 했었다.[39] 칼빈도 그리고 칼빈을 따르는 거의 모든 사람들이 이 점에는

Spykman, 452를 보라).

[37] 복음의 순수한 선포만을 교회의 표지로 제시한 이들로는 제네바의 Theodore Beza (1519-1605), Herborn과 Wiseenberg에서 가르친 Johann Heinrich Alsted (1588-1638), 라이덴과 프라네커의 Gulielmus Amesius (=William Ames, 1576-1633), 라이덴의 Abraham Heidanus (1597-1678), 흐로닝겐의 Samuelis Malresius (=Desmarets, 1599-1673) 등을 들 수 있다.

[38] 이런 입장을 시사하는 Berkhof, *Systematic Theolgy*, 576f.을 보라.

전적으로 동의했다고 하지 않을 수 없다.⁴⁰ 그래서 칼빈은 이신 칭의 교리를 "그것에 종교(기독교)가 따라 도는 중심적인 경첩"(the main hinge on which religion turns)이라고 하였었다.⁴¹ 만일에 이신칭의가 모호하게 되는 어떤 설교나 어떤 교회의 활동, 어떤 연합의 시도가 있다면 그 것은 교회를 연합하고 교회를 세우는 일이 아니라 참 교회를 무너뜨리는 것이라고 개혁자들은 생각하였다.

종교 개혁시대에 적용되었던 이 가르침은 오늘날에도 그대로 적용되지 않을 수 없다. 우리 시대에도 이신칭의를 모호하게 하는 가르침을 베푸는 사람들과 하나가 되고자 하는 노력은 개혁자들에 의해서 교회를 세우고 연합하는 것으로 판단되지 않을 것이다. 참된 교회는 그

---

39 이와 비슷한 표현을 루터는 1538년에 낸 시편 130:4 강해에서 하고 있다(··· quia isto articulo stante stat Ecclesia, rente ruit Ecclesia"(WA 40/3:352, 3). 또한 Martin Luther, *Apology of the Augusburg Confession* (1531), 4:2, cited in Edmund P. Clowney, "The Biblical Doctrine of Justification by Faith," in D. A. Carson, ed., *Right with God: Justification in the Bible and the World* (Grand Rapids: Baker and the World Evangelical Fellowship, 1992), 17도 보라. 이와 비슷한 표현들에 근거해서 후대 루터파 신학자들은 우리가 위에서 인용한 "교회가 그와 함께 서고 넘어지는 조항"(*articulus stantis et cadentis elcclesiae*)이라는 표현을 하기를 즐겨했다. 이런 표현을 처음으로 쓴 사람은 Valentin E. Löscher다. (그의 반(反)-경건주의 저작인 *Timotheus Verinus* [Wittenberg, 1718]에서 그리했다고 한다). 이 점에 대한 자세한 논의와 문헌적 근거로는 H. George Anderson, T. Austin Murphy, and Joseph A. Burgess, eds., *Justification by Faith: Lutherans and Catholics in Dialogue VII* (Minnealois: Augsburg Publishing House, 1985), 320, n. 51을 보라.

40 많은 이들의 같은 주장 중에 특히 Jarslav Pelikan, *The Christian Tradition: A History of the Development of Doctrine*, vol. 4: *Reformation of Church and Dogma (1300-1700)* (Chicago: The University of Chicago Press, 1984), 138-39를 보라. 이 점에 대한 자세한 논의로 이승구, "Coram Deo in the Theology of John Calvin," *Hapshin Theological Review* 3 (2014): 69-96을 보라.

41 John Calvin, *Institutes of the Christian Religion*, LCC edition, edited by John T. Mc Neill, translated by Ford Lewis Battles (Philadelphia: Westminster, 1960), 3. 11. 1.

자체로나 다른 바른 교회들과의 연합을 통해서나 이신칭의의 복음을 순수하게 선포해야 한다. 우리들은 반틸이 말하는 바와 같이, "그리스도의 피로 인한 은혜로만의 구원을 믿는 모든 사람들과 (이와 같은 방식으로) 그리스도의 교회에 속한 모든 의로운 이들을" 생각하면서 "이 모든 동료 그리스도인들이 한 교회를 이루기를 촉구"하기 때문이다.[42]

19세기 말과 20세기 중순까지의 맥락에서는 아마도 성경을 정확무오한 하나님의 말씀으로 믿으면서 그런 정확무오한 성경의 복음을 선포하는 교회와 그런 교회들의 연합을 통해서 성경적 복음을 더 순수하게 선포해야 하는 것이 큰 과제였다.[43] 이 점에 있어서 우리는 매우 솔직해져야 한다. 성경을 정확무오한 하나님의 말씀으로 믿고 고백하는 교회들과 그렇지 않은 분들을 다 뭉뚱그려서 말하기 어렵다는 것을 서로 솔직하게 인정해야 한다. 그러므로 성경을 정확무오한 하나님의 말씀으로 믿는 다양한 교단들은 이 성경 무오성에 근거한 연합을 시도해야만 복음의 순전한 선포를 이룰 수 있을 것이다. 그렇게 하지 않고, 성경의 무오성을 믿는 사람들과 성경의 무오성을 부인하거나 제한된 무오성만을 인정하는 사람들과 하나가 되려고 하

---

[42] Cornelius Van Til, *Reformed Pastor and Modern Thought* (Phillipsburg, N.J.: Presbyterian and Reformed, 1971), 이승구 역, 『개혁신앙과 현대 사상』, 개정역 (서울: SFC, 2009), 342. 이 책의 328-53에 있는 "개혁신앙과 에큐메니즘"은 성경적 에큐메니즘과 현대의 잘못된 에큐메니즘의 차이를 명확히 하면서 성경적 에큐메니즘을 잘 드러난 중요한 논의다.

[43] 이 점과 관련해서는 다음 몇 가지 책의 역사적 중요성을 생각하지 않을 수 없다. Benjamin B. Warfield, *The Inspiration and Authority of the Bible* (Phillipsburg, NJ.: Presbyterian and Reformed Publishing Company, 1948); Gresham Machen, *Christianity and Liberalism* (1923, reprint, Grand Rapids: Eerdmans, 1981); Cornelius Van Til, *Christianity and Barthianism* (Philadelphia: Presbyterian and Reformed Publishing Company, 1962).

는 것은 교회의 하나 됨의 의미를 손상하는 결과를 낼 것이다. 순수한 복음의 선포는 무오한 성경의 말하는 복음을 선포하는 것일 수밖에 없기 때문이다.

또한 신약 성경적 의미의 복음은 결국 "천국 복음"이므로 순수한 복음의 선포는 신약 성경적 천국의 의미를 바르게 드러내는 선포가 되어야만 한다. 신약 성경이 말하는 천국의 의미를 모호하게 하거나 천국을 손상시키는 선포는 천국 복음의 선포라고 하기 어렵다.

둘째로, 성례의 신실한 시행이 될 수 있게끔 하는 교회의 연합이 이루어져야 한다. 따라서 십자가와 부활의 복음의 의미가 잘 드러나는 식으로 성례를 집례하고, 그런 성례의 의미를 잘 드러내는 교회들이 되려고 해야 한다. 십자가에서 하나 되게 하신 것을 이 세상 앞에 드러내는 것이 성례이므로 십자가 구속 사건으로 말미암은 영적인 하나 됨이 온 세상에 가시적으로 나타나게 하는 연합만이 진정한 기독교적 연합이다. 같은 믿음과 같은 사상을 가지는 것이 이 일에 있어서 필수적인 일이다. 그리고 한 떡에 참여하고 한 잔에 참여하는 성찬을 나누는 사람들이 그리스도의 "영적 임재"라는 같은 성찬 이해를 가지고 있으면서 서로 다른 교단으로 나누어져 있을 수 없다는 것은 인식하고 우리가 나누는 성찬의 의미에 따라 하나의 교회가 되려고 하는 것은 마땅한 일이다.

셋째로, 따라서 같은 성찬에 바로 참여하기 위해 바울이 가르치는 바와 같이 우리를 살피면서 서로 권면하여 성찬에 참여하는 자다운 삶을 살도록 하며, 그 일을 제대로 수행하기 위해 한 교회가 되려는 노력을 하는 것은 매우 자연스러운 일이다. 같은 신학적 입장을 지니고 있다고 하면서 서로 다른 교단에 속해 있어서 하나의 치리체를 형성하지 못하며, 따라서 성도들이 이런 권징에 의해 참 하나님의 백성 됨을 드러내지 못하도록 하는 것은 결국 우리들의 교회를 권징이 없는 교회로 만드는 것이 된다. 그러므로 우리들의 교회 연합은 진정한 의미의 권징을 이루려는 상호 권면의 목회적 목적으로 이루는 수단이라고 하지 않을 수 없다.

5. 결론: 구체적 제안들

이 모든 것에 비추어 보았을 때 오늘날 여러 갈래로 나누어져 있는 한국 교회는 과연 어떻게 하여야 하는가? 우리가 반드시 해야 할 일을 순차적으로 제시해 보기로 한다.

첫째로, 각 교단들은 성경과 공교회의 신조들에 참으로 충실하려는 노력을 해야 할 것이다. 성경에 충실하지 않은 교회들은 궁극적으로 하나가 되어도 비성경적인 방향으로 나아가기에 그 연합은 하나님 앞에서 무의미하다. 성경에 참으로 충실하다는 것을 살펴볼 수 있는 좋은 증거의 하나는 각 교회들이 공교회의 신조들에 참으로 동의하는지를 살펴보는 것이다. 니케아-콘스탄티노플 신조나 칼케돈 정의 등 공교회의 신조들(catholic creeds)이 말하는 성경적인 정통적 삼위일체에 대한 이해나 그리스도의 양성에 대한 이해에 철저히 동의하는 교회들만이 참으로 성경의 가르침에 충실하다고 할 수 있기 때문이다. 삼위일체에 대해서 형식적으로만 인정한다든지, 실질적으로는 삼위일체에 대한 이해 없이 자신들을 정통 교회라고 할 수는 없다. 또한 그리스도의 신성을 진정으로 인정하지 않거나 그리스도의 인성과 신성이 한 인격 안에 있는 신인(神人, the God-man)의 역사적 사실을 철저히 받아들이지 않는 것도 성경적 교회의 태도와 행위라고 하기 어렵다. 그러므로 각 교회들이 성경에 충실하고, 그 결과로 공교회의 신조에 충실할 것이 일차적으로 요구된다.

이와 함께 이신칭의 교리에 철저하지 않으면 그런 교회들이 하나가 된다는 것은 과연 의미를 가질 수 있는 것인지 심각하게 질문하지 않을 수 없다.[44] 이신칭의 교리를 **오해하면** 방종으로 나갈 수 있지만, 그것은 이신칭의에 대한 오해에서 나오는 것일 뿐이고, 이신칭의 교리에 참으로 충실한 교회들은 동시에 성화에 대한 강조를 하지 않을 수 없음을 깊이 생각해야 한다. 이신칭의와 성화를 동시에 강조한 대표적인 사람으로 우리는 칼빈을 생각하지 않을 수 없다. 웨슬리에게서도 이신칭의에 대한 강조와 함께 성화에 대한 강조가 나타나고 있는 것을 볼 수 있다. 이 두 분의 신학 전체에 대한 이해는 달라도 두 사람 모두 이신칭의와 성화가 모두 강조되는 신학적 체계를 제시한다는 점에서 일종의 공통적 강조점을 가지고, 그런 점에서 휫필드와 웨슬리가 서로 형제 됨을 인정하면서 그들 시대의 교회를 성경에 근거하여 갱신하기 위해 노력한 것과 같은 노력을 우리가 우리 시대에 할 수 있다.

둘째로, 각 교단은 자신들의 기본적인 신조에 충실하려고 노력

---

[44] 이런 관점에서 1999년 10월 31일 천주교회와 루터파가 동의하였고, 2006년 7월 감리교회도 동의한 "천주교회와 루터파와 감리교회의 칭의에 대한 공동 선언문"이 과연 어떻게 평가되어야 하는지를 심각하게 생각해 보아야 할 것이다. 이에 대한 논의로 이승구, "천주교회와 루터파와 감리교회가 동의하는 칭의에 대한 질문", 『한국 교회가 나아 갈 길』 (서울: SFC, 2007), 170-81=개정판 (서울: CCP, 2018) 본서, 278-89와 그에 인용된 여러 문서들을 보라.

해야 한다. 예를 들어서, 장로교회의 경우에는, 장로교 신학회와 장로교 일치 위원회에서 수차례 지적해 온 바와 같이 웨스트민스터 신앙고백서에45 참으로 충실하려는 노력을 해야 한다.46 그러므로 예를 들어서, 장로교회의 연합 문제에 있어서는 웨스트민스터 신앙고백서가 신조적 근거가 되어야 한다.47 웨스트민스터 신앙고백서를 형식적으로만 가지고 있거나 역사적 문서로만 가지고 있어서는 참된 장로교회가 아니다. 오직 성경만을 하나님의 말씀으로 받아들이는 입장을 분명히 천명하고, 신약 정경이 완성된 후에는 이 성경 이외에 계시를 주시는 다른 방식은 그쳐졌다는 것을 분명히 하는 웨스트민스터 신앙고백서 1장의 원리에 충실해야만 한다.

이를 잘 계승하는 입장을 표현한 클라우니의 다음 주장을 우리들은 모두 마음에 새겨야 할 것이다: "계시록의 종결성은 모든 사도적 성경에도 동등하게 적용된다(계 22:18-19) … 성경의 권위를 양보하는 것은 교회의 사도적 토대를 무너뜨리는 것이다. 성경의 순정성이 부인되고 신약 성경이 많은 모순된 신학들을 가진 것으로 생각되면, 기독

---

45 이를 만든 웨스트민스터 회의에 대한 논의를 위해서는 B. B. Warfield, *Making of the Westminster Confession* (Philadelphia: MacCalla, 1901); William M. Hetherington, *History of the Westminster Assembly of Divines*, third edition (1856, reprint, Edmonton, Canada: Still Waters Revival Books, 1993 등을 보라. 웨스트민스터 신앙고백서의 신학에 대한 좋은 논의로 John Murray, "The Theology of the Westminster Confession of Faith," in *Collected Writings of John Murray*, vol. 4: *Studies in Theology* (Edinburgh: The Banner of Truth Trust, 1982), 241-63을 보라.

46 그런 예들로 다음을 보라: 「장로교회와 신학」 1 (2004)-6 (2009); 또한 이승구, "한국 장로교회의 정체성 회복과 일치를 위한 현실적 제언", 특히 92-96.

47 명확히 웨스트민스터 신앙고백서를 언급하지 않았지만 정확무오한 성경과 그에 근거한 신조를 연합의 근거로 제시한 머레이의 논의를 참조하라. John Murray, "The Creedal Basis of union in the Church," in *Collected Writings of John Murray*, vol. 1: *The Claims of Truth* (Edinburgh: The Banner of Truth Trust, 1976), 280-87.

교는 교회사로 정의되어야 할 것이다… 신약 성경에 주어진 영감된 사도적 증언은 충분하고 종결적이다."48 그러므로 이런 입장에서 이 성경의 가르침을 찬찬히 풀어서 가르치는 웨스트민스터 표준 문서에 각각의 교회가 충실해야만 우리가 진정한 장로교회라고 할 수 있다.

이와 비슷하게 각각의 교단들은 자신들의 표준적 신조에 충실하려는 노력을 해야 한다. 이와 같이 일단은 각 교단이 자신들이 깨달은 대로 자신들이 성경적이라고 생각하는 바에 매우 충실할 것이 요구된다. 그렇게 되면 각기 다른 교단의 다른 점이 부각되게 될 것이다. 그러므로 일단은 아주 명확하게 서로의 다름을 분명히 확인하고서 어떤 특정한 점에 대해서는 서로 의견을 달리하기로 해야(agree to disagree) 한다. 이것이 없이는 우리가 의미 있게 나누어져 있을 수 없다. 그러므

---

48 Clowney, *The Church*, 75ff. 또한 이 책의 257-68도 보라. 클라우니 교회론에 대한 서평적 논의로 이승구, "현대적 정황에서의 개혁파 교회론의 제시를 칭송하며", 『개혁신학탐구』(서울: 하나, 1999), 455-83도 보라. 이와 같이 성경 계시의 종결성을 분명히 하는 논의들로 다음을 보라: Benjamin B. Warfield, *The Inspiration and Authority of the Bible* (Phillipsburg, N.J.: Presbyterian and Reformed, 1948); R. L. Dabney, *Lectures in Systematic Theology* (Sixth edition, Richmond: Presbyterian Committee of Publication, 1972, reprint, Grand Rapids: Zondervan, 1985), 77-78; Louis Berkhof, *Introduction to Systematic Theology* (Grand Rapids: Eerdmans, 1932; reprint, Grand Rapids: Baker, 1979), 140, 141-43, esp., 142("… the entire Bible from Genesis to Revelation, and *it only, is for us God's special revelation. It is only through Scripture* that we receive any knowledge of the direct revelation of God in the past." Emphasis is given); Cornelius Van Til, *An Introduction to Systematic Theology* (Phillipsburg, N.J.: Presbyterian and Reformed, 1971), 이승구 역, 『개혁주의 신학 서론』(서울: CLC, 1995), 220, 235-40; John Murray, "The Finality and Sufficiency of Scripture," in *Collected Writings of John Murray*, vol. 1: *The Claims of Truth* (Edinburgh: The Banner of Truth Trust, 1976), 16-22; Richard B. Gaffin, Jr., *Perspectives on Pentecost* (Phillipsburg, N.J.: Presbyterian and Reformed, 1979), 65-67; O. Palmer Robertson, *The Final Word* (Charlislie, Pa.: Banner of Truth, 1993), 85-126; Reymond, *A New Systematic Theology of the Christian Faith*, 55-57; 그리고 Peter Jensen, *The Revelation of God* (Leicester; IVP, 2002), chapter 11.

로 교리에 있어서나 정치 체제에 있어서 같은 견해를 가진 교단들은 신중하고도 진지하게 실질적으로 하나 되기 위한 노력을 기울여야 한다. 이와 같이 같은 신조와 정치 체제를 가진 교회들은 하나가 되고, 다른 신학적 입장을 가진 교회들은 그 차이를 분명히 하는 것이 앞으로의 작업을 위한 기본적 초석이 된다.

셋째로, 그렇게 각 교단이 각자의 신조에 충실하게 있으면서도 각기 다른 교단들이 성경에 충실할 때는 성경을 정확무오한 하나님의 말씀으로 받아들이고, 이신칭의를 진정으로 믿으며, 사도신경을 중심으로 고백하는 교회들은 각기 다른 교단에 있으면서도 서로를 형제로 인정할 수 있다. 이것은 우리들이 서로 다르면서도 그리스도 안에서 하나로 서 있음을 인정하는 것이다. 이것이 WCC적 에큐메니즘과 대조되는 "성경적 에큐메니즘"을 실현하는 태도다.[49] 예를 들어서, 성경을 정확무오한 하나님의 말씀으로 믿고 받아들이는 침례교회와 성경을 전적으로 신뢰하는 성결교회, 성경을 절대적으로 받아들이는 그리스도 교회, 성경에 충실하려는 나사렛 교회, 그리고 성경적인 교리와 정치 체제에 충실하려고 하는 장로교회들은 그리스도 안에서 상호 형제 됨을 인정하면서 몇 가지 다른 점들을 의식하면서 서로 분립하여 있을 수 있다. 이는 한 교회의 다양 형태성(pluriformity of the Church)을 생각하게 하는 것이라고 할 수 있다. 이런 입장을 교회의 하나 됨에 대한 온건한 실재론 입장이라고[50] 할 수 있다.

---

[49] 성경적 에큐메니즘에 대한 논의와 강조로 다음 논의를 보라: Cornelius Van Til, "Reformed Faith and Ecumenism," in *Reformed Pastor and Modern Thought* (Phillipsburg, New Jersey: P & R, 1971), 이승구 옮김, 『개혁신앙과 현대 사상』 (서울: 엠마오, 1985), 개정역 (서울: SFC, 2009), 344; 이승구, "성경적 에큐메니즘을 지향하면서", WCC 문제에 대한 토론, 한국 기독교학술원주최, 2010. 6. 28, 100주년 기념관 강당.

이런 상태는 궁극적으로 이 모든 교회들이 천상에서나 하나님 나라의 극치 상태에서 실질적으로 가시적으로 하나 됨이 나타나기까지 이 세상에 안에서 각기 따로 있으면서도 그리스도안에서 형제로 있으면서 각기 성경에 충실하려고 하는 노력을 하면서 각자가 성경에 일치하는 것이 늘어갈수록 그런 점에서 점차 하나 됨을 향해 나아가게 되는 상태이다. 예를 들어서, 한국의 침례교회나 감리교회가 교회 제도에 있어서 세계 교회에 향해 자랑하고 수출할 수 있는 성경적 제도로의 전환을 한 것이 있다. 그것은 이 교회들 안에, 세계의 다른 침례교회나 감리교회에는 없는 성경적 직분을 있게 하였으니 그것은 목사가 아닌 장로직이 있도록 한 것이다. 성경에 나타나 있는 이 직분이 한국 침례교회와 한국 감리교회에서는 회복된 것이다. 물론 그것이 철저하게 성경에 충실한 교회를 만들기 위한 동기에서 나온 것은 아니라 할지라도 한국적 맥락에서 나온 이 현실은 성경이 제시하고 있는 교회의 직분에 부합하는 모습을 드러내었으므로 이와 같은 것이 세계 침례교회와 세계 감리교회에도 적용되게 되면 적어도 교회 제도의 일부분에서는 좀 더 성경적인 제도를 세계 교회가 다 같이 공유하게 하는 결과를 낳게 하는 것이다.

이와 같이 모든 성경적 교단들이 천천히라도 우리의 믿는 바와 정체(政體)의 모든 것을 하나씩 하나씩 성경에 부합하게 고쳐 나갈 때 우

---

50 이 점에 대한 좋은 설명으로 R. B. Kuiper, *The Glorious Body of Christ: A Scriptural Appreciation of the One Holy Church* (Grand Rapids: Eerdmans, 1966; Edinburgh: The Banner of Truth, 1967), 50-55. 이런 입장의 또 다른 표현으로 John Murray, "The Nature and Unity of the Church," in *Collected Writings of John Murray*, vol. 2.: *Systematic Theology* (Edinburgh: The Banner of Truth Trust, 1977), 321-35.

리는 이 지상에서도 성경적 교리와 성경적 교회 정치 체제를 가지게 될 것이고, 하나님 나라의 극치 상태 이전에 이 세상에서도 가시적 하나 됨을 향해 가는 모습을 보일 수 있다. 성경을 정확무오한 하나님의 말씀으로 믿고, 이신칭의를 참으로 믿으며 진심으로 사도신경을 고백하는 이 세상의 모든 참된 교회들은 이미 그리스도 안에서 십자가로 하나인 교회이며, 천상에서와 하나님 나라의 극치 상태에서 그 하나 됨이 온전히 드러나게 될 것이다. 그러나 지금 여기서도 우리들은 각각의 교단들이 성경의 가르침에 점점 더 가까워짐에 따라서 그 하나 됨을 향해 나아가는 모습을 보일 수 있는 것이다. **우리들이 성경의 가르침에서 멀어지면 멀어질수록 우리들은 하나 됨과 연합으로부터 멀어지는 것이다.** 우리가 성경에서 멀어져서 우리끼리의 하나 됨을 추구한다면 그것은 다시 역사의 탑 바벨을 세우려고 하는 것이 된다. 오직 우리가 성경의 가르침에 가까이 갈 때만 우리는 하나 됨을 향해 나아가는 것이다. 진정한 하나 됨은 오직 말씀 안에만 있고, 이렇게 말씀에 가까워진 사람들은 진정으로 사랑하여 나가니 말씀(진리)과 사랑 안에서의 하나 됨의 추구만이 성령의 하나 되게 하신 것을 굳게 지켜 나가는 것이다.

넷째로, 이 일을 위해 가장 중요한 것은 모든 인간적 욕심과 편견을 버리는 일이다. 오직 성령님께서 인도하시는 대로 성경에 따라서 그리스도의 십자가 사건으로 영적으로 하나 되었고, 성경의 가르침을 따라 대의정치의 모델을 성경의 가르침에 부합하는 교회 정치적 형태로 받아들이는 사람들답게 그 성경적 교회의 모습을 세상에 드러내기 위해 애쓰는 노력을 기울여야 한다. 인간적인 욕심이 작용하는 한 우리들의 진정한 하나 됨을 향한 노력은 무의미하게 된다.

제 4 부

성숙한 교회를 위하여

10

교회 회원의 바르고 성숙한 의식

교회가 바른 모습을 유지하기 위해서는 교회를 이루고 있는 개개인 (교회의 회원, 지체)이 많은 문제들에 대해서 교회의 회원다운 바른 이해를 가지고 있어야만 한다. 대개 각 교회 성도들이 오해하고 있는 문제들 가운데 가장 대표적인 것으로 구원의 확신에 대한 문제, 부, 질병, 천국, 그리고 영원 상태에 대한 문제 등을 들 수 있다. 따라서 이 문제 하나하나에 대한 한국 교회 성도들의 오해들을 살펴보고 이 문제들에 대해 성경적으로 바른 이해를 제시해 보고자 한다.

1. 구원의 확신에 대한 바른 이해

"우리는 우리의 구원에 대해 확신을 가질 수 있는가?" 이 질문은 고래(古來)로부터 많은 그리스도인들을 괴롭혀온 주제이다. 이 문제에 대한 사람들의 태도는 대개 다음 세 가지로 나누어진다.

(1) 하나님의 특별 계시가 지금도 지속된다고 하는 천주교회에서는 하나님의 특별한 계시가 없는 한 구원의 확신은 있을 수 없다고 해 왔다. 즉, 대부분의 사람들은 죽을 때까지 자신의 구원을 확신할 수 없고, 오직 하나님의 특별한 계시가 주어져 있는 소수의 사람들만이 구원에 대한 확신을 가질 수 있다는 것이다. 그러므로 대부분의 사람들은 모두 다 자신의 구원을 확신하지 못한 채 열심히 구원받기 위해 노력해 가야만 한다는 것이다. (소수만의 구원 확신 가능론=대다수의 구원 확신 불가론)

(2) 두 번째 견해는 그 어떤 형태의 확신도 있을 수 없다는 견해이다. 우리는 그 어떤 상태에서도 자신들의 구원에 대해 도무지 확신할 수 없고 끊임없이 주님을 믿으면서 믿음에 근거한 삶을 사는 일에 최선을 다해야 한다는 것이다. 그 어떤 종류의 확신을 생각하는 것은 결국 이 세상에서 참으로 하나님을 믿는 믿음에 반하는 거짓된 안정을 마련하는 것이고, 그렇게 확신을 가지게 되면 결국 믿는 사람들이 타락할 수밖에 없으므로 우리는 그 어떤 종류의 확신도 가지려 하지 말고, 꾸준히 주님을 믿어 가자는 것이다. (구원 확신 절대 불가론)

(3) 위의 두 가지 견해에 반(反)해서 종교 개혁자들은 성경의 가르침에 근거하여 주장하기를 정상적인 방도로 그리스도인들은 자신들의 구원을 확신할 수 있게 된다고 하였다. 물론 개혁자들과 그들의 후예들은 믿은 후에 얼마 되지 않아서 금방 자신의 구원을 확신할 수

있다고 한 것은 아니다. 오랜 세월을 걸쳐서 시련을 당한 연후에야 비로소 자신들이 하나님의 놀라운 능력으로 구원받았음을 확신할 수 있다고 했다. 물론 천주교회에서 말하는 특별한 계시에 의해서가 아니라, 가장 정상적인 방식을 사용하기만 하면 자연스럽게 구원을 확신할 수 있다고 했다. (오랜 시련 후에 주어지는 구원 확신 가능론). 성경적으로 볼 때는 이렇게 생각하는 것이 가장 자연스러운 생각일 것이다.

물론 이런 견해에 더하여 부정확한 이해로 '즉각적인 구원 확신 가능론'을 말하는 이들도 있으나, 그것은 성경의 가르침에도 충실하지 않은 것이고, 전통적인 교회의 가르침도 아니다. 그런데도 이런 유의 확신론이 확신론의 전형인 것과 같이 생각하는 일은 우리 주변에 계속 나돌고 있다. 이것도 교회와 그리스도인들의 생각 없음이 표현되는 한 가지 형태다.

1-1. 성경의 가르침에 비추어 보면

성경적인 대답은 구원에 대한 확신은 있을 수 있지만, 그것이 구원의 본질적인 부분은 아니고, 그러나 정상적인 성경 학도들은 자신들이 하나님의 말씀을 참으로 믿고 신앙 생활을 하며 오랜 세월을 지내면서 점차 구원에 대한 확신을 가질 수 있다는 것이다. 정상적인 그리스도인들의 이런 확신은 성경의 가르침과 그 말씀에 비추어 지금까지 이루어지고 있는 우리의 삶을 통해 확인될 수 있다.

이러한 성경의 가르침은 성경을 바르게 해석하기만 한다면 비교적 쉽게 찾아낼 수 있다. (1) 하나님의 주권과 (2) 구원하시는 은혜의 무조건성, 그리고 (3) 하나님께서 하신 일을 궁극적으로 이루실 것임을 확언하는 여러 말씀들에 비추어 볼 때, 또한 (4) 은혜 언약의 통일성과 (5) 그리스도께서 이루시는 구속 사역의 확실성과 효과성을 가르치는 여러 말씀, (6) 그리스도 사역을 우리들에게 효과적으로 적용시키시는 성령님의 사역의 주권성과 유효성을 말하는 말씀들, 또한 (7) 하나님께서 끝까지 붙들어 주심에 대한 가르침을 전반적으로 잘 조화시켜 볼 때에 정상적인 그리스도인들은 자신의 구원을 확신할 수 있다. 그리고 (8) 하나님의 선택을 말하는 구절들과 그것의 깊은 함의를 생각해도 우리는 동일한 결론으로 나아가지 않을 수 없다.

이를 말하는 여러 구절들을 다 언급할 수는 없다. 몇 구절만 나열해 보기로 하자. "내 말을 듣고 또 나 보내신 이를 믿는 자는 영생을 얻었고, 심판에 이르지 아니하나니 사망에서 심판으로 옮겼느니라"(요 5:24). "아버지께서 내게 주시는 자는 다 내게로 올 것이요 내게 오는 자는 내가 결코 내어 쫓지 아니하리라"(요 6:37). "나를 보내신 이의 뜻은 내게 주신 자 중에 내가 하나도 잃어버리지 아니하고 마지막 날에 다시 살리는 이것이니"(요 6:39). "내가 저희에게 영생을 주노니 영원히 멸망치 아니할 터이요, 또 저희를 내 손에서 빼앗을 자가 없느니라"(요 10:28). "창세 전에 그리스도 안에서 우리를 택하사 … 그 기쁘신 뜻대로 우리를 예정하사 예수 그리스도로 말미암아 자기 아들들이 되게 하셨으니 … 그 안에서 또한 믿어 약속의 성령으로 인치심을 받았으니"(엡 1:4, 5, 13).

이러한 성경 말씀들을 살펴볼 때, 우리들은 삼위일체의 사역으로 말미암아 예수님을 믿는 우리의 구원이 참으로 확실하다는 것을 분명히 알 수 있다. 그러므로 구원을 확신하게 되는 한 가지 방도는 성경을 바르고 정확하며 일관성 있게 해석하는 것이다.

1-2. 확신하지 못하는 우리의 경험 속에서 우리는 어떻게 할 것인가?

그런데 우리의 경험상 자신의 삶과 또 자신의 마음을 파고들어 살펴보면서 구원받지 않은 것과 같이 느껴질 때는 어떻게 해야 하는가?

(1) 구원의 확신에 대해서 성경적 구원관을 지닌 종교개혁자들의 견해를 가진 사람들은 일단 믿음으로 가지고 자신의 구원에 대해서 믿음을 주장해야만 한다는 것을 강조한다. 여러 가지 어려움이 있을 때에라도 그리스도인들은 자신의 구원에 대한 확신에 근거하여 그 난관들을 다 극복해 갈 수 있다. 그러므로 중요한 것은 우리의 감정이나 느낌에 의존해서 자신의 구원 여부를 생각하면 안 되는 것이다. 상당히 많은 사람들은 언제나 자신의 감정 등에 의존하여 구원 문제를 생각하려고 한다. 그런 경험 중심의 생각이 모든 문제의 원인이 된다. 그러므로 우리는 자신의 감정이나 느낌에 의존하여 자신의 구원 문제를 생각하지 말고, 항상 성경이 가르치는 바에 근거하여 생각하여 나가야 한다. 우리의 구원은 우리의 내면의 성찰에 의존하는 것이 아니라 하나님께서 이루신 객관적 구원 사건에 의존하는 것이기 때문이다.

그러나 또한 (2) 하나님의 말씀에 근거하여 자신을 판단하는 사람들은 게으르거나 죄악을 향해 나아가는 삶을 살아서는 안 되고, 오히려 열심히 주께서 원하시는 삶을 향해 나아가야 한다. 믿음에 근거하여 자신의 구원을 확신한 사람들은 그런 확신에 근거한 삶을 열심히 살아가게 된다. 바로 여기서 우리가 구원받은 성도임이 드러나게 된다. 우리가 성경이 말하는 바른 방향을 받아들이고 그런 방향을 향해 나갈 때 우리가 구원받았음이 드러나는 것이다. 성도가 하나님의 말씀을 따라가는 것이 바르고 마땅한 것이기 때문이다. (그러므로 구원의 확신을 말하고 생각하는 이들은 결국 그리스도인들을 타락시키고 게으르게 하며 진지한 그리스도인이 되지 못하게 한다는 생각은 옳지 않다는 것이 여기서 분명히 드러난다).

그러나 (3) 우리가 이렇게 성경이 말하는 방향으로 간다는 것이 우리 구원의 근거가 될 수 있는 것은 아니다. 우리의 선행과 말씀을 따르는 노력들을 그 어떤 의미에서라도 공로화할 때 우리는 온갖 종류의 오해와 실수를 행하게 된다. 구원받은 성도가 하나님 말씀에 근거해서 열심히 하나님의 뜻대로 살아가는 것은 마땅한 일이고 반드시 있어야 할 일이다. 그러므로 우리는 최선을 다해 열심히 순종해 가면서도 우리가 이렇게 열심히 행하여 나가는 것 자체에 결코 그 어떤 공로와 의미를 부여하지 말아야 한다.

1-3. 마치는 말

이 모든 것을 종합하면 진정한 성도는 자신이 성경에 근거해서 성경이 말하는 바른 신앙을 가지고 그리스도를 굳건히 의지하고 있다면, (1) 삼위일체 하나님께서 이루신 구원 사건에 근거해서 확신을 가지고, (2) 하나님께서 가르치시는 가르침을 향해 나아감으로써 우리를 부르심과 택하심을 굳게 해 나간다(벧후 1:9-10). 그러나 (3) 그들은 자신들이 주께서 원하시는 방향을 향해 나아가는 것에 공로를 부여하지 않고, 그 모든 것이 하나님 은혜의 역사로 가능하게 되었음을 겸손하게 인정한다. 구원을 확신하는 성도의 바른 모습이 바로 여기에 있는 것이다.

2. 부에 대한 성경적 이해: 청교도 신앙에 있어서 부의 의미를 중심으로

청교도들의 부에 대한 태도는 한편으로는 존중되기도 하면서 상당히 오해되는 일이 많이 있다. 이런 오해의 대표적인 예로 '청교도들은 자신들을 위한 부의 축적을 긍정적으로 보았다'는 생각이다. 그러나 이런 생각의 기본적인 문제점은 "자신들을 위한 부"라는 생각에 있다. 그들이 부의 축적을 부정적으로 보지 않은 것은 사실이다. 하지만 그들은 부 자체를 높이거나 그것을 하나님의 호의의 징표로 생각하지 않았다. 청교도 사상에 대한 이런 오해를 잘 드러내고 바른 이해를 제시하기 위해서 이 글에서는 청교도들의 부에 대한 기본적인 입장을 간단히 정리한 후에 청교도들의 소명관을 살피고, 형성된 부를 사용하는 청교도들의 방식을 고찰해 보도록 하겠다. 이 과정을 통해서 청교도들이 부를 이해한 방식이 드러나고 그것에 근거한 우리의 바른 이해가 형성되고 바른 실천이 이루어지기를 원한다.

2-1. 부에 대한 청교도들의 이해

우선 청교도들이 부를 어떻게 생각했는지에 대해서 간단히 말해 보자. 그들은 부(富)를 그 자체로 중요한 것으로 생각하지 않았다. 무엇보다 성경을 중심으로 생각하고 살기 원한 청교도들은 "이 세상이나 이 세상에 있는 것들을 사랑하지 말라"고 하신 말씀이나 "하나님과 재물을 겸하여 섬길 수 없다"는 말씀을 매우 중요하게 받아들였다. 따라서 그들은 부 자체를 위해 산 사람들이 아니었다. 그랬다면 그들은 진정한 청교도라고 할 수 없을 것이요,[1] 진정한 그리스도인들이라고 하기도 어려울 것이다. 한마디로 그들은 자신들의 부요해짐을 위해 하나님을 섬기려고 하는 사람들이 아니었다. 그들은 이런저런 형태의 세속적인 복을 받기 위해 하나님을 섬긴 사람들이 아니다. 그들은 자신의 부 자체를 위해 신앙을 이용하거나 하나님을 이용하는 사람들이 아니었다. 그들은 성경에서 가르침을 받은 대로 하나님을 위해 사는 사람들이었고, 하나님의 영광을 위해 삶 전체를 하나님의 뜻대로 살아가기를 원하는 사람들이었다.

열심히 산 결과로 부가 축적되는 것을 청교도들은 정당한 것으로 여겼으나 청교도들은 부 자체를 높이거나 그것을 추구하지 않았다. 그들에게는 하나님의 영광을 위해 사는 삶이 중요했다. 그들은 자신들이 열심히 산 결과로 얻어진 부를 하나님의 축복의 표로 여기거나 부가 축적된 것을 자신들이 하나님의 축복을 받은 증표라고 생각하지 않았다. 그들은 필요한 경우에 부와 명예와 재물과 관계성도 과감히 버릴 수 있었고, 부를 다른 사람들을 위해 다 사용하는 일에 열심이었으며, 부와 재물을 상실해야 하는 고난을 기꺼이 감당한 진

---

[1] 청교도의 의미에 대해서는 이승구, 『21세기 개혁신학의 방향』 (서울: SFC, 2005), 제7장=개정판 (서울: CCP, 2018), 3장을 보라.

정한 그리스도인이기를 원했다.

이에 대한 더 정확한 이해는 우리가 다음 절들에서 생각해 보려고 하는 그들의 소명관과 부의 사용 문제에서 더 잘 드러난다.

2-2. 청교도의 소명관

청교도들은 칼빈과 그의 후계자들의 입장을 따라서 우리가 이 세상에서 하는 건전한 일들은 그것이 무엇이든 간에 모든 일이 다 하나님께서 그 일로 부르셔서 우리가 감당하는 일이라고 하는 소명관을 가지고 있었다. 이 점에 있어서 그들은 참으로 성경적인 거룩에 대한 이해, 일상생활에 대한 성경적 이해, 직업에 대한 성경적 이해를 가지고 있었다고 할 수 있다. 그들은 소위 좁은 의미의 종교에 속한 것들만이 거룩한 것이라는 이해에서 벗어나 있었다. 물론 그들에게 거룩한 것이 없었다고 해서는 안 된다. 또 그들이 좁은 의미의 종교에 속한 것들을 무시했다고 해서도 안 되고, 그런 것들을 거룩하지 않게 했다고 해서도 안 된다. 오히려 그들은 거룩성의 영역을 확대했다고 할 수 있다. 그들에게는 삶의 모든 영역이 다 거룩한 영역이었다. 어떻게 하면 삶의 모든 영역에서 하나님께서 영광을 받으시며 하나님의 뜻이 이루어질 것인가 하는 것이 소명론을 말하는 모든 사람들의 공통적인 의견이다. 이 점에 있어서 청교도들도 예외는 아니었고, 청교도는 오히려 이전의 루터 등의 소명론을 실천적으로 잘 드러내어 보여 준 예가 되는 경우다. 청교도들에게는 자신들의 이런 이해를 잘 정리해서 『소명론』을 써 준 신학자들이 있었고,[2] 그런 이해를 강단에서 성경적으로 강해하는 많은 설교자들이 있었으며, 그 가르친 말씀에 따라서 그들의 삶 전반에 대해서 성실하게 성경적으로 생각하고 자신들의 삶을 살아간 수많은 민중들이 있었다. 그들 모두가 청교도들이었음을 잊어서는 안 된다. 오히려 이렇게 실천하는 수많은 사람들이 청교도를 청교도로 역사 속에 있도록 하였다.

이런 그들의 태도를 가장 잘 드러내는 말이 17세기 말 청교도였던 조오지 스위녹(George Swinnock)의 그리스도인들은 "예배당뿐만 아니라 상점도 거룩한 땅으로" 여겨야만 한다는 말이다.[3] 진정한 그리스도인에게는 장사하는 일이 세속적인 것이 아니라는 것이다. 이는 또한 장사할 때에도 하나님께서 어떻게 장사하도록 하셨는지 하나님의 의도를 살펴서 장사해야 한다는 것을 강조하는 것이다. 장사하는 일에 부정(不正)과 자기 이윤 추구만이 있어서는 안 된다는 것이다. 그러므로 청교도는 장사하는 일에서도 하나님께서 의도하신 의도를 실현하며 살아가야 한다는 이해를 가졌었다. 따라서 청교도들의 상당수는 당시 정황 속에서 전문 기술자로서의 일과 장사하는 일(상업), 특히 국제적 상업에 열심이었다. 17세기 유럽에서 청교도적 사상을 가진 사람들이 국제적 상업에서 매우 중요한 역할을 한 것은 우연이 아니었다.

그러므로 청교도들은 어떤 일을 하든지 열심히 일할 수밖에 없었다. 그 일도 주께서 불러 시키신 일을 하는 것이고 주님의 뜻을 따

---

[2] 그 대표적인 예로 성경에 근거한 실천적 신학(practical theology)의 한 부분으로 『소명론』(*Treatise of Vocations*)을 써서 제시한 윌리엄 펄킨스(William Perkins)를 들 수 있다.

[3] George Swinnock, *The Christian Man's Calling*, cited in Richard B. Schlatter, *The Social Ideas of Religious Leaders*, 1660-1688 (1940; reprint, New York: Octagon Books, 1971), 189.

라서 수행해야 한다고 여겼기 때문이다. 그 결과로 그들에게는 자연히 부가 축적되는 결과가 따라왔다. 그러나 그들은, 한국 교회의 어떤 이들의 이해와는 달리, 이렇게 축적된 부 자체에 어떤 의미를 부여하지 않았다. 즉, 청교도들은 축적된 부를 하나님이 축복하신 증거라고 생각하지 않았다. 그들은 자연스럽게 축적된 부를 어떻게 하나님의 영광을 위해 사용해야 할 것인가 하는 것에 상당히 많은 관심을 드러내었다.

2-3. 축적된 부의 사용 문제

이렇게 축적된 부를 그들이 어떻게 사용했는가? 이렇게 열심히 살아서 자연스럽게 축적된 부를 그들은 주로 다음과 같은 데에 사용하였다.

첫째로, 그들은 자신들이 속한 교회와 다른 교회들을 하나님의 말씀대로 잘 세워가는 일에 사용하였다. 교회가 하나님의 말씀에 따라 제대로 세워져 가는 일은 그들의 최대의 관심이었다. 그래서 종교적 박해를 피해서 다른 나라로 피신해 프랑크푸르트나 제네바 등지에 영국인 피난민 교회로 있기도 했으며, 엘리자베스 1세 치하에서 어느 정도의 종교적 자유를 누릴 때에는 다른 지역의 피난민들이 와서 런던에 외국인 피난민 교회가 있도록 하는 일에도 열심이었다. 또한 이런 외국인 피난민 교회는 자국의 고난 가운데서 비밀스럽게 개신교 예배를 위해 모이고 있는 성도들, 소위 "십자가 아래의 교회"(the church under the cross)를 신학적으로 정신적으로는 물론 물질적으로도 지원하는 일에 앞장섰다. 예를 들어서, 안트베르프(Antwerp)의 개혁파 교회가 사라지게 되었을 때나 화란의 개혁파 교회가 어려울 때 런던의 피난민 교회가 준 도움은 매우 큰 것이었다. 런던에 있던 이탈리아 개혁 교회가 국제적 칼빈주의 운동에 기여한 공도 매우 큰 것이다. 이와 같은 일에 청교도적 정신을 지닌 상인들과 그들의 노력이 없었다면 소위 "국제적 칼빈주의"(international Calvinism)가 있을 수 없었을 것이다.

둘째로, 이와 연관되어 있기는 하지만 청교도들은 특히 하나님의 말씀을 바르게 전파하고 합리적 결과를 내도록 하는 일에 열심이었다. 이런 그들의 노력의 대표적인 예를 우리는 소위 "청교도적 강해"(the puritan lectureship)의 전통에서 찾아볼 수 있다. 이는 교회를 담당하고 있는 목회자가 하나님의 말씀을 제대로 가르칠 수 없는 상황 속에서 자신들이 따로 경비를 부담해 가면서 교회의 정규 예배가 아닌 시간에 성경 강해하는 시간을 담당하도록 한 것이다. 비록 자신들이 정규적으로 헌상하는 것 이상으로 교회에서의 말씀 이해를 위해 재정 부담을 해야 했지만 청교도들은 기꺼이 그것을 감수하면서 바른 하나님의 말씀이 선포되는 것을 위해 힘을 쓴 것이다.

셋째로, 그들은 주변에 사람들을 돕는 일에 열심이었다. 청교도들은 자신들이 귀로 들은 말씀을 실천하는 데 열심이 있었으므로 주변의 다른 사람들을 경제적으로 지원하는 일에 열심이었다. 앞서 말한 런던의 외국인 피난민 교회들에 대한 청교도들의 정신적 물질적 지원은 매우 큰 것이었다. 특히 청교도적 장로교회나 개혁교회에서는 집사직을 가진 사람들이 장로교회의 전통에 충실하게 집사직을 감당해 나갈 때 그들은 주변 사람들을 효과적으로 돕는 일을 잘 수행할 수 있었다.

넷째로, 그들은 교육과 출판에 열심이었다. 청교도 중의 상당수는 출판업에 종사하였고, 수많은 청교도들은 이들 청교도 출판업자들이 내는 종교 서적을 열심히 읽는 좋은 소비자 역할을 하였다. 성경과 찬송가, 중요한 종교 서적을 열심히 보급하려고 애쓴 청교도 출판업자들의 노력도 가상하고, 열심히 구입하여 읽어서 출판업자들이 파산하지 않도록 노력한 일반 신도들의 노력도 귀한 것이다. 심지어 하녀들의 손에도 청교도 목사들의 설교집이 들려 있었다고 하니 당시 청교도들의 하나님 말씀에 대한 열심은 이와 같이 폭 넓었음을 아무리 강조해도 지나치지 않는다.

그러므로 청교도들은 부를 주로 하나님 말씀의 진전과 교회를 바르게 세워가는 일에 사용하였고, 자신을 위해서는 매우 검소한 삶을 지향했다. 그것은 하나님의 말씀을 바르게 전하고 교회를 세워가는 일에 많은 재화가 사용된다는 것을 잘 알고 그것을 위해 그만큼 많이 헌신한 결과라고도 말할 수 있다. 청교도들에 대해 자신들을 위해서는 매우 검소하나 하나님 말씀의 진전을 위해서는 부요했던 사람들이라고 규정하면 재물 사용관과 관련하여 그들의 삶을 잘 요약했다고 할 수 있다.

2-4. 나가면서

청교도들의 이런 이해가 지금 여기 사는 우리와는 어떤 관계가 있는 것일까? 우리나라의 정황과 관련해서 첫째로, 우리는 청교도들이 부 자체를 높이거나 이를 추구하지 않았다는 것을 강조하고 본받아야 할 것이다. 부유한 것을 축복의 표나 가난한 것을 저주의 표로 여기지 않았다는 매우 상식적인 생각을 강조해야 하는 우리의 정황이 안타깝다. 우리는 부와 가난에 얽매여 있는 사람들이 아니고, 부와 가난이 우리를 규정하는 것이 아니다. 하나님 앞에서 모든 사람들은 동등하다는 사실을 청교도들은 매우 강조했다. 그런데 현대 사회, 특히 한국 사회 속에 사는 그리스도인의 상당수는 이런 바른 이해에서 상당히 거리가 있는 듯하다. 특히 몇 년 전에 "여러분 부자 되세요"를 외치던 소리나 2007년의 황금 돼지해와 관련한 사람들의 이해와 우리네 그리스도인들의 이해나 소원이 별로 다르지 않은 것 같아서 매우 안타까운 마음으로 다시 한번 이 기본적인 요점을 강조하게 된다. 그리스도인에게는 부와 가난이 축복이나 저주의 징표가 아니다.

둘째로, 우리는 어떤 정황 속에 있든지 주께서 우리에게 주신 기회를 따라 그 안에서 열심히 일해야 한다는 소명론도 청교도들이 칼빈 등에게서 받아들여 자신들에게 적용하며 열심히 실천한 것처럼 우리도 실천해야 할 부분이라고 여겨진다. 도대체 그리스도인들은 열심히 살지 않을 수 없다. 우리는 다른 사람들보다 해야 할 일이 더 많기에 더욱 더 열심히 살지 않을 수 없다. 어떤 일을 하든지 다 주님의 일을 하는 것이라는 이해를 가지고 열심히 살아야 한다. 요즈음은 신학교에 가는 사람들의 수가 점점 줄고 있는데, 이것이 이런 건전한 이해에서 나온 결과가 아니라, 전반적으로 그리스도인들의 수가 감소하며 주님께 진정으로 헌신하는 사람들이 줄고 있기 때문이라면 이것은 심각한 문제이다. 우리의 삶의 영역 전반에서 그리스도인들이 하나님의 뜻에 따라 그 뜻의 실현을 위해 열심히 일하는 점에 있어서 우리는 청교도들을 본받아야 할 것이다.

셋째로, 청교도들은 자신들을 위해서는 검소하게 사는 사람들이었음을 잊어서는 안 된다. 물론 그들은 흔히 희화되듯이 지나친 수전

노 같은 이들은 아니었다.4 그들의 삶은 많은 사람들이 생각하듯이 그렇게 숨 막히는 삶이 아니었다. 그들은 일상생활에서 적당한 의복과 음악과 미술과 음료 등을 잘 사용할 줄 아는 사람들이었다. 그러나 다른 사람들과 비교하면 그들은 자신들을 위해서는 검소하게 살았다. 상당히 많은 그리스도인들조차도 무절제한 소비를 일삼는 우리 사회 속에서는 다시 한번 더 이런 검약에 대한 강조가 필요하리라고 생각된다.

넷째로, 이는 사실 다른 사람들과 교화(敎化)와 선교 등을 위해 우리가 사용할 것이 너무 많기 때문이었음을 잊어서는 안 된다. 따라서 우리도 17세기 청교도들이 바른 교회를 국내와 국외에 세우고 지지하는 일을 위해 자신들의 상당한 재산을 다 드리던 그 모습을 본받아야 할 것이다. 우리들도 이것이 과연 바른 교회를 위한 활동인가 하는 것을 잘 판단하면서 하나님의 바른 일을 위한 진정한 헌신을 해야 한다. 한국 교회는 열심히 헌금하고 헌신하는 교회였다. 그러나 이제 좀 더 깊은 사려분별에 근거하여 헌상하고 자신들을 기꺼이 드림으로 이전 선배들의 헌신을 더 값지게 해야 할 것이다.

마지막으로, 우리들에게도 청교도들이 가지고 있었던 책과 학문에 대한 관심과 투자가 있었으면 하는 바람이 있다. 우리들이 내는 책과 청교도들이 내던 책을 비교해 보고 우리들이 읽는 책들과 청교도들이 읽던 책들을 비교해 보는 것은 흥미로운 일이 될 것이다. 우리는 과연 17세기 우리 선배들의 그런 관심을 가지고 책을 읽고 있는

---

4 이 점에 대해서 이승구, "조직신학에서 본 청교도 사상", 『21세기 개혁신학의 방향』 (서울: SFC, 2005), 142=개정판 (서울: CCP, 2018), 84-85와 인용된 문헌들을 참조하라.

가? 아니면 소위 종교적 서적을 읽어도 유행과 감성적 측면의 자극만을 좇아가는 것은 아닌가? 하나님의 말씀을 바르게 이해하도록 돕고 바른 진리를 추구하도록 하는 책들이 좀 더 많이 출판될 수 있는 분위기가 마련되고, 그런 책들의 도움으로 우리 모두가 더 성숙하는 교회들이 될 수 있었으면 한다. 그리고 바른 말씀의 도리를 잘 드러내는 신학교와 그런 것에 근거한 일반 학문적 작업을 돕는 일을 위해 우리도 청교도들처럼 헌신할 수 있기를 바란다. 청교도들에게 캠브리지의 엠마누엘 컬리지(Emmanuel College)가 있었던 것처럼 우리 시대에도 그런 역할을 하며 진리의 빛을 비춰주는 곳에 대한 강한 열망이 더해가기를 원한다.

3. 질병에 대한 바른 이해

과거에도 많은 사람들이 병으로 고생을 하고 죽어갔다. 시간이 지날수록 많은 병들을 의학과 과학을 사용하여 극복할 수 있다고 생각하지만 최근에도 여전히 에이즈, 사스, AI, 암, 그리고 코로나 등 다양한 병들로 많은 사람들이 고통을 당하고 죽어가고 있다. 우리는 그런 병들을 성경적으로 어떻게 봐야 할 것인가?

3-1. 창조와 타락의 빛에서

처음에 하나님께서 사람을 창조하셨을 때에는 이 세상에 병이 전혀 없었다. 하나님으로부터 나올 때에는 모든 것이 선했기 때문이다. "하나님 보시기에 심히 좋았더라"고 말씀하신 대로(창 1:31), 하나님께서는 우리들의 건강하고 온전한 삶을 의도하셨다. 그러나 사람이 죄악을 범한 후에 그 결과로 사람과 피조계 전체가 저주 하에 있게 되었다. 그로 말미암아 이 세상에는 수많은 문제가 생겼는데, 그 가운데 하나가 다양한 형태의 병들이다. 타락 후에 창조 때에는 없었던 "가시와 엉겅퀴"가 이 세상에 있게 된 것과 같이(창 3:18), 수많은 병들도 인간의 죄에 대한 결과로 우리에게 있게 되었다.

그 병들은 때로 타락 후의 상황에서 비교적 자연스러운 일종의 인과응보로 주어지기도 하고, 때로는 하나님께서 특정한 사람들에게 병을 내려 형벌하시거나 징계하시는 형태로 주어지기도 한다. 예를 들어서, 인플루엔자가 돌고 있는 상황에서 건강에 유의하지 않고, 피곤하게 살며 외출 후에 손을 씻지 않는다면 자연스럽게 감기에 걸리기가 쉽다. 이는 타락 이후 우리에게 주어진 고난의 구조 속에서 우리에게 비교적 자연스럽게 주어지는 것이다. 또 때로는 적극적으로 하나님께서 병을 내리신 하신 예를 구약과 신약 성경에서 찾아볼 수 있다.

3-2. 그러나 기계적인 대응을 찾으려고 해서는 안 됨

이런 점에 주목했던 옛날 유대인들은 병은 하나님의 심판이라는 공식을 가지고, 이를 기계적으로 잘못 적용하는 경우가 많았다. 심지어 예수님의 제자들조차도 그렇게 생각하면서 그런 생각에 근거해서 예수님께 질문한 적이 있었다. 그 대표적인 예가 나면서 소경 된 자에 대한 질문이었다. 제자들은 "랍비여 이 사람이 소경으로 난 것이 뉘

죄로 인함이오니이까? 자기오니이까 그 부모오니이까?"라고 질문했었다(요 9:2). 그들은 죄와 병을 기계적으로 연결시키는 데 익숙했고, 그런 논리에서 날 때부터 소경 된 사람의 경우를 들어서 예수님께 질문한 것이다. 날 때부터 소경 된 사람이 아니고, 그의 생애 가운데서 소경 되거나 병에 걸린 사람들에 대한 제자들의 인식이 어떤 것이었을까는 매우 자명하다. 그러나 예수님께서는 그런 기계적인 대응에 대해서 비판적인 태도를 표하셨다(요 9:3). 물론 때때로 주께서 섭리적으로 심판하심으로 어떤 사람들이 병에 걸리는 경우가 있다고 하신다. 그러나 이때 하나님께서는 기계적으로 어떤 죄에 대하여 반드시 병에 걸리게 한다든지 하는 식으로 일을 하지 않으신다. 이 세상의 병은 죄 때문에 주어진 것임에는 틀림이 없지만, 기계적인 대응을 찾기는 어렵다는 말이다.

죄의 삯은 사망이지만(롬 6:23), 때로는 죄악을 범하는 사람에게 하나님께서 그가 평안히 죽을 때까지 그대로 두시다가 죽음과 죽음 이후에야 그를 벌하시는 경우도 있다고 성경은 말한다(시편 73:3-9 참조). 그러므로 이 세상에서 평안한 삶을 사는 죄인들은 그런 하나님의 관점에서는 "주께서 참으로 저희를 미끄러운 곳에 두시며 파멸에 던지시니, 저희가 어찌 그리 졸지에 황폐되었는가?"라고 한탄할 만한 것이다(시 73:18-19).

때로는 주께서 불신자들에게 섭리적 심판을 내리기도 하시며, 심지어 주의 백성 중에 죄를 범하는 이들에게는 징계의 손길을 베풀어 그들로 약하게도 하시고 병들게도 하신 예가 있다(고전 11:30 참조). 그러나 그것도 기계적으로 주어진 것은 아니다. 그래서 어떤 경우에는 애매하게 고난당하고 병들어 죽게 되는 경우도 있다. 예를 들어서, 잘못된 피를 수혈 받음으로 AIDS에 걸리게 되는 경우들이 이에 해당한다. 또한 신앙을 연단하여 신앙을 정금같이 되도록 하기 위한 욥의 고난과 같은 경우도 있다. 그러므로 우리는 병들고 고난당하고 죽는 일에 대해서 어떤 한 가지 시각만 가지고 기계적인 판단을 하려고 해서는 안 된다.

3-3. 그러면 어떻게 할 것인가?

첫째로, 우리는 병을 하나님의 심판으로만 보거나 또는 마귀의 역사로만 보는 견해를 가져서는 안 된다. 다시 말해서, 병에 걸리는 모든 경우를 천벌을 받은 것처럼 생각하거나 그런 식으로 말해서는 안 된다. 더구나 모든 병은 다 귀신 때문에 주어진 것이라고 하면서 귀신을 몰아내야 병에서 낫게 된다고 생각하거나 말해서는 안 된다.

둘째로, 따라서 우리는 흔히 사용하는 병마(病魔)라는 말을 사용하지 않는 것이 더 좋다. 이런 말을 사용하고 기도하다 보면 병은 모두 마귀의 작용으로 생기는 것과 같이 생각하고 말하기 쉽기 때문이다.

셋째로, 그러므로 우리는 하나님과 관련하여 삶의 온전한 의미를 가지고 건강한 삶을 유지하도록 하나님의 특별 계시와 일반 계시의 빛에서 노력하여 살면서, 혹시 우리에게 병이 있게 되면 주께서 이 병을 허락하신 이유가 무엇인지를 겸허하게 물어야 한다. 나아가 혹시 이것이 우리의 잘못을 교정하시거나 아니면 우리를 성숙시키시기 위한 것인지를 물으면서 다음과 같은 태도를 지녀 나가야 한다:
(1) 이 부자연스러운 상태에서 주께서 초자연적인 방식으로나 아니

면 의사와 약을 사용하시는 자연스러운 방식으로 우리를 건져 주시기를 바라며 간절히 기도해야 하고, (2) 혹시 주께서 우리가 죽기까지 병을 지니고 가기를 원하시면 그것으로 족한 줄 알고 하나님의 능력이 우리의 연약함 가운데서 더 잘 드러나기를 바라야 한다. 또한 하나님께 대한 온전한 신앙을 유지하며 병과 함께 살아가며 주변에 동일한 연약함을 가지고 있는 사람들을 효과적으로 위로하는 일을 감당해야 한다. 그리고 종국적으로 하나님 나라의 극치에서는 더 이상 병과 죽음이 없음을 특별 계시에 근거해 아는 사람으로서 그 나라의 극치가 속히 임하여 오도록 기도하기를 그치지 말아야 한다. 하나님의 백성에게는 병과 고난 그 자체가 문제가 아니라, 그와 관련해서도 하나님을 의존하고 하나님과 연관하여 병을 극복하거나 병 속에서도 하나님과의 바른 관계를 가져가는 것이 중요하다.

4. 자살과 자살하는 사람들에 대한 그리스도인의 생각은?

근자에 유명 연예인이 된 자신의 남자 친구에게 나쁜 영향이 미칠까를 우려한 어떤 여인의 자살이 있었고, 또 여성 연예인 두 사람의 자살 사건이 있었다. 정다빈의 경우에는 혹시 타살일까 하는 의문도 있었지만, 부검 결과 자살로 결론을 내렸다고 한다. 유명 연예인들의 자살의 영향으로 또 다른 사람들이 자살하는 일이 생겼고, 또 다른 베르테르 효과가 나타날까를 걱정하는 상황 가운데 우리 한국 사회가 있다. 2005년 2월 22일에 일어난 이은주의 자살과 함께 잇따른 이와 같은 일들로 인해 모든 국민들이 자살 문제를 심각하게 생각하게 되는 계기가 되었다. 이런 상황 앞에서 우리는 과연 어떤 생각을 해야 할까?

4-1. 우리의 문제이기도 한 자살 문제

물론 자살하는 사람들의 마음을 정확히 알아내기는 불가능한 일이다. 이런 점에서 우리는 최근에 자살한 사람들의 진정한 이웃이 못 되는 것이다. 우리는 이전에도 그들의 마음을 깊이 살피지 못했고, 그들의 자살 이후에도 역시 그러하다. 우리는 단지 그들이 그런 심각한 결론으로 나아간 과정을 그저 짐작할 수 있을 뿐이다. 유니의 경우에는 오랫동안 우울증 증상을 가지고 있었고 한편으로는 다른 사람들이 성형수술 등에 대해 비판하는 것으로 인한 심리적인 압박이나, 또 한편에는 오랜 공백 기간 뒤에 출시할 음반의 성과에 대한 불안 등이 작용해서 결국은 자살하게 되었다고 짐작하고, 정다빈의 경우에도 다른 사람들이 자신에 대해 나쁜 의견을 제시하는 것을 스스로 견디지 못해서 자살했다고 추측한다. 그러나 다들 짐작일 뿐이다. 그들의 그 결단의 순간에 같이 할 수 있는 사람들이 과연 그 누구랴? 더구나 이 두 사람이 모두 다 그리스도인이라고 하는 것이 알려지면서 더욱 안타까운 생각을 하게 된다. 정다빈의 경우에는 자신의 홈페이지에 어려움 속에서도 하나님께서 받아주셨다는 내용의 언급이 있던 후에 일어난 자살이어서 더욱 우리를 의아하게 한다.

그러나 여기서 우리가 확인하게 되는 한 가지 사실은 오늘날 한국 사회 속에서 다른 사람들과 그리스도인의 차이가 별로 나타나지 않는다는 것이다. 사용하는 언어만 조금 다르지, 생각하는 방식들이 매우 유사하고 같은 방식으로 살고, 같이 죽는다. 이것은 한국 사회 속에서 다른 이들과 별반 다르지 않은 기독교회와 그리스도인들의 현주소를 잘 보여주는 것이다. 그러므로 우리는 이런 이유 때문에 우리의 문제이기도 한 자살에 대해 더 심각하게 생각해야 한다.

4-2. 자살의 근본적 문제

자살은 이전에도 언급한 바와 같이[5] 스스로 문제를 해결할 수 없어서 몰려간 연약한 것처럼 보이는 측면과 그러나 자신의 목숨을 스스로 처리할 수 있다고 생각하고 결국 스스로 죽음을 자초한 강한 측면이 함께 있는 복잡한 현상이다. 결국 이는 하나님을 우리의 삶의 주인으로 생각하고, 하나님께 모든 것을 맡기는 일을 하지 않는 것의 극단적인 경우다. 그러므로 우리는 자살한 사람들을 용감한 사람들로 생각하거나 그들을 어떤 방식으로도 미화(美化)하려고 해서도 안 되고, 또한 반대로 자살한 사람들만 큰 죄를 지은 것처럼 생각해서도 안 된다. 오히려 이런 마음의 자세는[불신앙의 자세는] 이 세상에 있는 모든 사람들의 마음속에 있는 것이다. 즉, 우리들은 모두 자신의 삶에서 발생하는 모든 문제들 - 그것이 다른 사람들이 나에 대해서 평가하는 것이든지, 나를 판단하는 것이든지, 아니면 앞으로 있을 일에 대해서 도무지 어떻게 될지를 모르는 경우이든지 - 그 모든 것을

---

[5] 이승구, "자살 권하는 사회 속에서 그리스도인의 생각과 책임은?" 『기독교 세계관으로 바라보는 21세기 한국 사회와 교회』 (서울: SFC, 2005), 107-13=개정판 (서울: CCP, 2018), 104-9.

하나님께 맡기지 않는 근원적 불신앙의 문제를 지니고 있다. 하나님 앞에서는 이렇게 우리 삶의 모든 문제를 하나님께 온전히 맡기지 않는 것이 근본적인 문제이지, 그것을 얼마나 깊이 의식하느냐, 그 결과로 자살을 감행했느냐의 문제는 사실 부차적인 것이다.

따라서 자살 현상을 바라보면서 우리는 우리와 다른 사람들로 하여금 실제로 우리 삶의 모든 문제를 하나님께 맡기는 일에 힘쓸 것을 더 생각해야 한다. 하나님께 모든 것을 철저히 맡기지 않은 이 사람은 그 정도가 어떠하든지 심각한 죄를 범하고 있는 것이다. 불신자가 하나님을 모르므로 자신이 스스로의 힘으로 모든 것을 처리하려 하다가 자살로 이어진 것도 안타까운 일이고, 또 그리스도인이 마치 하나님이 없는 것처럼 모든 것을 하나님께 맡기지 못하는 것도 죄다.

4-3. 그러면 이미 자살한 사람들에 대해서 우리는 어떻게 해야 할 것인가?

그러므로 자살한 사람들을 잘 했다고 할 수는 없다. 그러나 우리가 자살한 사람들을 더 정죄할 수도 없다. 물론 자살한 것은 잘못한 것이다. 그러나 자살의 순간에 그의 마음이 하나님 앞에서 어떻게 움직이며 어떤 회개를 하고 있는지 모르므로 우리는 자살한 사람들은 모두 구원받지 못할 것이라고 단언해서는 안 된다. 그러나 이 말 때문에 자살해도 구원에는 상관이 없으므로 자살해도 좋다는 생각을 정당화해서는 안 된다. 개신교에서는 모든 죄를 다 중죄(重罪, deadly sins)로 여긴다. 그러므로 자살도 다른 모든 죄와 같이 하나님 앞에서 심각한 죄이다. 자살은 자신의 생명을 자신의 마음대로 처리할 수 있다고 생각하는 자기주장(self-assertion)을 하는 것이기 때문이다. 우리가 오늘 주님께 온전히 순종하지 않는 모습을 보였다면 그것도 (하나님께 철저히 의존하는 기독교적 존재 방식에 반해서) 그 순간에는 자기주장의 길로 나아간 것이다.

그리고 둘은 모두 다 하나님 앞에서 심각한 죄다. 우리는 하나님을 온전히 의존해야만 하는 사람들이기 때문이다. 우리의 순종에 있어서나 우리의 삶에 있어서나 우리의 활동에 있어서도 우리는 자신에게나 다른 사람들에게 의존하지 말고, 오직 철저히 하나님께만 의존해야 한다. 그것에 대해 조바심을 가지거나 불안을 가지는 부패한 인간성의 성향을 극복할 수 있는 것은 성령님께 의존하여 하나님을 신뢰할 때만 가능한 것이다.

4-4. 이제 우리는 어떤 일에 힘써야 할까?

이 모든 것을 잘 파악한 그리스도인들은 무엇보다도 우리 주변에 스스로 삶을 살아가기 어려워하는 사람들, 또 자신의 길을 너무 혼자만 걸어가려고 하는 사람들의 진정한 길동무가 되는 일에 힘써야 한다. 두 종류의 사람들 가운데서 어떤 사람부터 그리해야 하는가의 우선 순위를 논하기는 쉽지 않다. 선한 사마리아인의 비유가 우리에게 요구하듯이, 우리의 삶의 여정에서 당장 우리의 도움을 필요로 하는 사람들과 진정으로 함께 있으려는 노력을 해야 한다. 어려움을 겪고 있는 사람들은 어떤 대단한 일을 우리에게 요구하지 않는다. 진정 어려움을 겪고 있는 사람들은 그저 우리가 곁에 있어 주기만을 원하는 것이다. 그래서 삶의 여정에서 우리가 만나는 어려움 가운데 있는 사람들과 같이 있어 주는 노력을 하고, 그리고 주께 지혜 주시기를 위해 기도하면서 주께서 주시는 지혜를 따라 가장 지혜롭게 진정한 생명의 길로 나아가는 방법을 제시해야 한다.

그러므로 이 자살 문제를 근거로 우리는 이 세상에서 우리가 도무지 감당할 수 없는 문제들이 언제나 우리 주변에 있음을 인정하면서 우리의 삶의 한 가운데서 그 모든 문제를 가지고 하나님께 우리 자신을 온전히 의존하는 일을 실천하고, 우리 주변에 이렇게 하나님께 의존하는 삶을 소개하고 이런 삶으로 초청하는 일을 힘써야 한다. 그것이 기독교 신앙이다. 복음 내용을 받아들이지 않는 것도 불신앙이지만, 기독교의 복음 내용을 알아도 그리스도의 십자가 사건에서 이루어진 구속에 자기 자신을 온전히 맡기지 못하는 것도 불신앙이다. 그러므로 우리는 사회 현상으로서의 자살 문제 앞에서 더욱 더 하나님을 의존하고 신앙하기를 배우고 그렇게 하나님께 의존해서 사는 일로 사람들을 진지하게 초청해야만 한다.

물론 결국 우리가 전하는 말은 십자가의 구속에서 우리를 그대로 받아주시는 하나님께 내 존재 전체를 온전히 의지하라는 것이다. 그러나 그것을 어려움 가운데 있는 사람과의 인간적인 친밀함을 가진 정황에서 기도하면서 가장 지혜롭게 전달할 수 있어야만 그 위로의 말이 진정 위로가 되고, 그의 존재를 옳은 데로 오게 하며 이 세상과 오는 세상에서 영원히 참되게 사는 길로 이끌 수 있게 된다. 때때로 의외의 일이 발생하기는 하지만, 우리가 하나님께 의존하면서 정말 지혜롭게 이 일을 감당하지 않으면 우리는 복음을 전하는 기회를 상실하고, 그 형제나 자매를 영원히 잃게 될 수도 있다.

이 일을 위해서라도 우리 자신이 모든 일에서 철저하게 하나님을 의존하고 하나님께 모든 일을 맡기는 삶을 살아가야 한다. 우리가 진정한 신앙의 삶을 가지지 않으면서 하나님을 의존하라고 하는 것은 결국 우리가 전하려는 생명의 말씀을 무시하게 하는 기연이 되기 때문이다. 우리의 삶과 말은 진정한 생명을 위한 것이다. 그러니 먼저 우리가 그리스도의 구속으로 말미암아 누리는 참 생명의 삶을 살고 누려야 한다. 그리고 우리 주변에 그 생명을 전하는 생명 운동을 펼쳐나가야 한다. 내가 사는 방식이 구속받은 사람의 생명력을 드러내는지, 내가 하는 말이 사람을 살리는 길로, 사람들을 더욱 바른 데로 오게 하는 데 사용되는지를 늘 생각하면서 그런 생명 운동을 진작시키기 위해 삶과 말과 행동을 가져야 한다. 기독교는 생명 운동을 하는 것이다. 그러므로 우리는 물리적 생명도 살리고 그것 이상의 존재 전체의 생명을 보장하는 진정한 영적 생명 운동을 힘써야 한다.

5. 우리는 "천국"(天國)이라는 말을 과연 어떻게 이해하는가?

한국 교회와 그 영향을 간접적으로 받은 한국 사회에서 "천국"(天國)이라는 말은 과연 어떻게 이해되고 있을까? 이를 알기 위해서는 다양한 방법이 동원될 수 있을 것이다. 간단히 현재 한국 교회와 한국 사회에서 이 용어를 가지고 전달하는 뜻을 살펴보고, 과연 성경과 성경적 신학은 이 말을 어떻게 사용하고 있는지를 생각해 보기로 하자.

5-1. 한국 교회와 한국 사회의 "천국" 이해의 다양한 스펙트럼

일반적으로 "천국"이라고 하면 예수님을 믿는 사람들이 죽은 다음에 가게 되는 곳으로 생각하는 일이 많다. 그런데 그곳을 어떻게 생각하느냐에 따라서 생각들이 또 나누어진다.

(1) 물질적 천국관을 가진 사람들

어떤 사람들은 죽은 다음에 가는 그곳에 대해 매우 물질적인 이해를 가지고 있다. 그래서 그곳이 황금으로 되어 있다느니, 살고 있는 집의 이해도 현세의 아파트와 비슷한 것으로 생각하면서 구체적인 평수를 언급하는 일까지 있다. 아마도 이런 생각 배후에는 죽은 다음에 가게 되는 곳이 일종의 신체를 가지고 있기에 옷도 입고, 어떤 집에 거주하고 하는 듯이 생각하는 일이 많기 때문인 듯하다. 대개 소위 죽었다가 살아난 경험을(전문적 용어로 '임사 경험', near death experience) 가진 사람들이 말하는 것에도 이런 이해가 나타나고 있다.

이런 생각은 이 세상 사람들의 사고에 영향을 미쳐서 이 세상에서 매우 아름다운 곳을 보거나 아주 좋은 경험을 하게 되면 "천국같다"고 하거나 "천국보다 더 낫다"는 말까지 나올 정도이다. 이런 것 배후에 물질적 천국관이 상당히 뿌리 깊게 있다고 할 수 있다. 그러나 후에 잘 언급되겠지만 성경은 이런 물질적 천국관이 있을 여지를 허용하지 않는다.

(2) 죽은 후에 가 있는 곳이 없다고 하는 사람들

이런 분들과는 정반대로 죽은 후에 인간 영혼이 어딘가에 가 있게 된다는 것을 부인하는 사람들도 점차 늘어가고 있다. 이런 입장을 지닌 이들도 그 스펙트럼이 다양한데 (1) 한 부류에는 인간은 단일체이므로 육체가 죽으면 그 존재가 소멸하는 것이라고 주장하는 이들도 있고, (2) 그러나 그런 단일체로서의 인간이 마지막에 부활하게 된다고 하는 사람들도 있고, (3) 인간의 영혼은 죽음 이후 심판 때까지 잠자고 있다고 말하는 영혼수면설을 말하는 이들도 있고(종교 개혁시대의 재세례파, 일부 이단들), (4) 사람은 죽자마자 이미 부활체를 가지고 극치에 이른 천국을 이미 향유한다고 보는 사람들도 있다. 그러므로 이런 부류에 속하는 사람들은 소위 중간기(intermediate period)가 수면이라는 아주 소극적 의미로만 있거나 아니면 전혀 없다고 주장하는 것이다. 그러나 성경과 성경의 가르침에 따르는 이들은 영혼수면설을 강하게 부정하고, 중간기를 부인하는 입장을 옳지 않은 것으로 바라본다.

(3) 중간기에 대해 영적인 이해를 가진 이들

그런가 하면 어떤 사람들은 중간기 동안 그리스도인은 그 몸은 무덤에서 썩지만, 그 영혼은 그리스도와 함께 하나님 앞에 있음을 강하게 주장한다. 그 영혼은 의식을 가지고 기쁨을 누리면서 하나님 앞에서 주님의 나라가 극치에 이르도록 기다리고 있음을 분명히 하는 것이다. 따라서 이들은 중간기(intermediate period)에 대한 이해를 분명히 하고, 이때는 몸은 아직 회복되지 않았으므로, 오직 영혼의 상태라는 것을 강조하는 것이다. 이때는 물질과는 상관없이 하나님 앞에서 기쁨을 누리며 있으나, 그러나 아직 인간의 몸이 부활하지는 않은 상태이므로 하나님의 궁극적 목적이 온전히 다 이루어진 것은 아니고, 그 뜻이 역사 가운데서 온전히 성취되기까지 기다리면서 쉬는 것이라고 이해한다.

5-2. 성경은 과연 천국에 대해서 어떻게 말하는가?

이렇게 다양한 이해 앞에서 우리는 과연 성경이 어떤 견해를 보여주는가에 관심을 가져야 한다. 우리에게는 "얼마나 많은 사람들이 어떤 견해를 가졌는가?", 또는 "얼마나 굉장한 경험을 가진 사람들이 어떤 견해를 말하는가?" 하는 것이 중요한 것이 아니라, 오직 성경이 이 문제에 대해서 어떤 견해를 표하는가가 중요하다. 그것이 오직 성경(sola scriptura)의 원리에 충실한 개신교도다운 태도일 것이다. 천국에 대한 성경의 가르침을 요약하면 다음과 같다.

첫째로, 성경은 "천국"(天國), 즉 "하늘나라"라는 말을 저 하늘에 있는 나라와 동일시하지 않고, 오히려 "하나님 나라"와 동일시한다 (아주 단순한 예로 마 4:17을 막 1:15과 비교해 보라). 성경과 성경적 신학을 가지 이들은 천국은 하나님 나라와 동일한 것이며, 그 하나님 나라는 예수 그리스도의 초림으로 이 세상에 영적으로 이미 임하여 왔으나, 아직 그 극치에 이르지 않은 상태, 즉 "이미 그러나 아직 아니"의 상황 가운데 있다고 이해한다. 영적으로 하나님 나라는 예수 그리스도의 사역으로 말미암아 "이미 이 땅 위에" 있다. 그러나 물리적으로 "아직 오지 않은" 상태 가운데 있어서 영적으로 그 나라에 속하여 이 땅에서 천국 백성으로 사는 이들은 그 나라의 원리를 우리의 삶의 모든 영역에서 드러내도록 부름받은 사명을 가지고 있다. 하나님 나라는 이 세상에(in the world) 있으나 이 세상에 속하지 않은(not of the world) 영적 실재로 지금 여기 있고, 그리스도인은 지금 여기서도 천국 백성이다. 그러므로 그리스도인들은 바로 "지금 여기서" 그들이 이미 속해 있는 바 그 천국적 질서를 드러내야 할 책임이 있다. 이 세상에 대해 못 박혀 죽은 이 천국 백성은 오직 하나님 나라와 그 의의 실현을 위해서만 사는 것이다.

둘째로, 이렇게 이미 임하여 왔으나 아직 극치에 이르지 않는 "하나님 나라"[天國]에 사는 이 그리스도인들이 이 세상에서 죽는 것도 하나님 나라 백성으로서의 경험의 일부로 그것은 그들의 영혼의 성화를 완성시키는 최후의 징계(chastisement)로 여긴다. 죽음 이후에 그리스도인들은 그 몸은 무덤 속에서 썩지만 그 영혼은 그리스도와 함께 하나님 앞에 있게 된다. 그들의 행한 일이 그들의 뒤를 따르므로 그들은 잠시 쉬며[安息], 그 동무 형제들의 수가 차기까지 기다리게 된다. 이렇게 그리스도와 함께 기쁨을 누리는 그곳, 하나님께서 계시며 승천하신 그리스도께서 계신, 따라서 죽은 성도들의 온전케 된 영혼들이 있게 되는 그곳을 영어에서는 "heaven"(하이델베르크 요리문답 제 46문, 50문, 52문, 57문) 또는 "the highest heaven"이라고 부르며(웨스트민스터 신앙 고백서 제 32장 1항), 우리네 이전 선배들은 이를 "천당(天堂)이라고 번역해 왔었다. 하나님 백성인 사람은 죽는 즉시 "하늘"에 있게 되며, 예수님과 바울은 그곳을 "낙원"(paradise)이라고 하기도 하셨다(눅 23:43; 고후 12:4). 이때는 영혼만 성화되어 온전하고 기쁜 상태 가운데 있는 것이다.

따라서, 셋째로, 천국 백성에게는 영원히 "하늘"에 있거나, 이렇게 죽어서 "하늘"에 있는 것이 최종적인 것이 아니고, 그리스도께서 재림하여 오실 때에 그 하늘로부터 그리스도와 함께 이 세상에 올 때에 그 살아 있던 영혼과 땅 속에 있는 몸이 다시 결합하여 부활하게 되는 것이 최후의 소망이다. "몸이 다시 사는 것을 믿사오며"라는 기독교적 고백의 성취는 그리스도의 재림 때에 되는 것으로 언급되고 있다. 신령한 몸으로 부활한 모든 그리스도인들은 그 부활체를 가지고, 온 세상이 새롭게 된(마 19:28) "새 하늘과 새 땅"에서 영원히 살게 될 것이다. 이 "새 하늘과 새 땅"을 "극치에 이른 천국"이라고 할 수 있고, 그것의 성취가 천국의 미래성의 성취가 된다. 그때는 모든 것이 의와 영광과 생명으로 가득하게 될 것이므로 그때를 가리켜서 이전 선배들은 "영광의 왕국"(regnum gloriae)이라고 부르기를 즐겨하였다. 그러므로 그리스도인들은 그 극치에 이른 천국의 성취를 바라보면서 지금이나 천상에서나 "나라이 임하옵시며"라고 기도하기를 그치지 않는 것이고, 그것이 우리들의 최종적 목표가 된다.

이와 같은 성경적 가르침을 성경은 분명히 하고, 과거의 신학 책들도 아주 분명히 제시하여 왔었다. 그러므로 우리는 성경과 이런 성경적 신학의 가르침에 따라서 종교적 개념들에 관한 우리의 언어 생활도 바르게 할 책임이 있다.

그러나 더 중요한 것은 지금 여기서 하나님 나라 백성으로서 천국의 원리에 따라 살며 하나님께 순종하는 것이고, 그 나라가 극치에 이르기를 간절히 기도하면서 그 나라가 진전해 가도록 간절한 소망을 지니고 살아야 하는 것이다. 부디 바라기는 우리 모두가 다 그런 사람들이 될 수 있기를 원한다.

6. 성도의 영원 상태에 대한 바른 이해

성도의 영원 상태에 대한 오해가 많이 있다. 그중에서 이 절에서는 영원 상태와 관련된 세 가지 오해를 불식시킴으로써 성도의 영원 상태에 대한 바른 이해를 추구해 보고자 한다.

6-1. 영원 상태를 "하늘" 상태로 보는 오해와 이런 오해의 극복

영원 상태에 대한 가장 많은 오해는 성도의 영원 상태를 "하늘 상태"로 보는 오해다. 이것은 그야말로 오해이다. 성도들이 죽은 뒤에 경험하게 되는 "하늘" 상태는 영혼만 있는 상태이고, 예수 그리스도의 재림 후에 주어질 영원 상태는 영혼이 부활한 몸과 같이 있는 상태이다. 즉, "하늘" 상태는 영혼만 있는 상태이지만, 영원 상태는 몸과 영혼이 같이 있는 전인적 상태다. "하늘" 상태는 우리의 영혼이 그야말로 "하늘"(heaven), 즉 하나님이 계시고 예수님께서 승천하신 그곳에 있게 되는 상태이지만, 영원 상태는 우리의 변화된 전인이 온 세상이 온전히 새롭게 된 "새 하늘과 새 땅"에 있는 것이다. 그러므로 사후 상태와 영원 상태를 혼동해서는 안 된다. "하늘" 상태는 예수님께서 다시 오시기까지 있는 상태이고, 영원 상태는 그야말로 영원히 있게 되는 상태다. "하늘"(heaven)과 극치에 이른 천국(the consummated kingdom of God)을 혼동하면 안 된다.

상당히 많은 그리스도인들이 의식 가운데서, 더구나 사용하는 용어에 있어서 이 점에 대하여 상당한 혼동을 나타내고 있으므로 우리는 이 점에 대한 성경의 분명한 가르침을 유념하여야 한다. 즉, 그리스도인들은 그리스도 안에서 이미 우리에게 임하여 온 하나님 나라[天國]에 이미 속해 있는 사람들이므로, 그리스도인들은 죽을 때에야 비로소 천국에 가는 것이 아니다. 우리는 예수 그리스도를 믿음으로써 이미 눈에 보이지 아니하나 예수 그리스도 안에서 이 세상에 와서 (겨자씨가 자라듯이 또 누룩이 가루 서 말을 부풀게 하듯이) 은밀하게 이 세상 가운데서 진행해 가고 있는 그 천국에 지금 이 땅에 속해 있는 그리스도인이 죽으면 그 영혼은 우리 주님과 함께 "하늘"(heaven)에서 하늘 영광을 누리고 있다가 예수님께서 재림하여 오실 때는 부활하여 몸과 영혼을 가지고 성경에서 "새 하늘과 새 땅"으로 언급하고 있는 영원 상태에 들어가게 된다는 것을 분명히 해야 한다. 그러므로 먼저는 우리의 '사상'을, 그리고 우리가 사용하는 '용어'도 성경적으로 고쳐야 한다.

6-2. 영원 상태만을 영생으로 생각하는 오해와 이런 오해의 극복

영원 상태에 대한 두 번째 오해는 영원 상태만을 "영생"으로 생각하는 것이다. 물론 성경을, 특히 요한복음을 잘 공부한 사람들은 그런 오해에서 벗어나 있다. 성경은 분명히 예수님을 믿는 사람들이 이미 영생을 누리고 있다고 말하기 때문이다. 그러나 그리스도인들의 느슨한 언어생활의 습관은 성경을 공부할 때는 우리가 이미 영생을 누리고 있음을 말하다가도, 일상 어법에서는 영생을 영원 상태와만 동일시하려는 습관도 간간이 나타내므로 매우 주의해야 한다.

이와 연관해서 이미 영생을 얻은 우리는 이미 "영원과 관련되어 있고", 영원 상태만 영원이 아니라는 것을 유념해야 한다. 본질적인 의미에서는 삼위일체 하나님만이 영원하시다. 그러나 하나님께서 사람을 창조하실 때 우리에게 영원을 사모하는 마음을 주시고, 우리의 실체 중 어느 한 부분, 즉 "영혼"이라는 부분은 영원히 있게끔 지으셨다. 그러나 영원의 본질적 의미는 그 영혼이 하나님과 긍정적으로 적극적으로 연관되어 있을 때만 의미가 있다. 그러므로 우리가 중생하여 우리가 하나님과 제대로 관계하게 되었을 때 이미 우리에게 영원을 주신 것이고, 우리는 그 영원의 극치를 예수님의 재림 때에 경험하게 될 것이다.

6-3. 영원 상태는 심심하고 지루할 것이라는 불안과 관련된 오해와 이런 오해의 극복

또한 영원한 상태에서는 우리가 아무 일을 하지 않으므로 심심하고 지루하지 않을까 하는 오해가 있다. 그러나 이것도 오해이다. 주님께서는 우리들을 부활시키셔서 그냥 지루하고 단조로운 생활을 하도록 하실 리가 없다. 오히려 영원 상태는 주님을 위해서 제대로 일을 하는 가장 풍성한 사역의 기간이 될 것이다. 인류는 지금까지 주님의 뜻을 제대로 알아서 제대로 성취해 본 일이 없다. 처음에 창조함을 받은 상태에서도 인간들은 잠깐 동안 주님께 순종하다가 결국 불순종함으로써 자신들이 든든히 서 있지 못하고 쓰러지는 존재임을 드러내었다.

타락한 상황에서는 누구나가 다 주님께 최선을 다해 항거하고 있다. 그리스도의 역사적 구속 사역을 통해 구원함에 동참하고 있는 우리도 지금 온전히 주님의 뜻을 순종하고 있지는 않다. 이 세상에서 성도들 가운데서 온전히 주님의 뜻을 다 이루어 드린 분이 없다.

하늘에 있는 성도들은 온전하기는 하나 아직 적극적으로 주님의 뜻을 수행하는 상태에 있지 않고, 주께서 주신 안식을 누리면서 주님의 뜻이 온전히 시행되기를 기다리며 있을 뿐이다. 그러므로 예수님의 재림 이후에 주어지는 영원에서야말로 적극적으로 주님을 위한 활동을 할 것이다.

그때 우리가 과연 어떤 일을 할 것인지를 미리 생각할 필요는 없다. 물론 기대에 찬 마음으로 대망하며 우리가 "오늘"이라고 부르는 날 동안에 그리고 또 주님이 다시 오시기까지 "나라이 임하옵시며"라고 기도하지만, 우리가 상상하는 그 상상으로 영원 가운데서 우리가 주님을 위해 할 일을 다 생각하기는 어렵다. 왜냐하면 "하나님이 자기를 사랑하는 자들을 위하여 예비하신 모든 것은 눈으로도 보지 못하고, 귀로도 듣지 못하고, 사람의 마음으로도 생각지 못하였다" 함과 같기 때문이다(고전 2:9). 우리를 위해 이루시는 구원의 방식이 그러하였거늘, 그것의 온전한 성취에서야 얼마나 더욱 그렇겠는가?

우리가 상상하지 못할 것을 온전히 얻게 될 그때에는 각기 주어진 은사에 따라서 가장 온전한 방식으로 주님을 섬기게 될 것이다. 그러나 우리가 주님을 섬기는 그 일조차도 감히 상상하지 못한 것이다. 그러니 우리가 주님을 섬기는 일로 바쁜 그때에 심심하거나 지루할 리가 있겠는가?

그때에 우리가 심심하거나 지루하지 않을까 하는 생각은 항상 그런 것은 아니지만 때때로 우리의 죄악에 익숙한 사고방식으로부터 오기도 한다. 이 세상에 살면서 죄악에 익숙해진 우리들은 죄악이 없는 세상은 심심하고 지루하지 않을까 하고 상상하는 못된 버릇까지 있는 것이다. 그러나 이것처럼 죄악된 생각이 어디 있겠는가? 모두가 하나님께 순종하는 그 영원 세계에서는 우리가 더 큰 기쁨과 즐거움을 하나님으로부터 얻으리라고 생각해야지, 어떻게 죄악이 없으므로 별 흥미로운 일이 없을 것이라고 상상한단 말인가? 이런 생각은 우리가 얼마나 죄악이 가득한 세상을 중심으로 생각하는 일에 익숙한지를 잘 보여준다.

6-4. 그러면 영원 상태에 대한 바른 이해를 가진 우리는 이제 어떻게 해야 할까?

기쁨과 영광과 생명과 의로 가득 찬 영원 상태를 믿음과 소망을 가지고 바라보는 우리는 그 영원 상태에 대한 소망을 잊지 말고 때때로 그 영원 상태에 대한 하나님의 약속을 상기하며 그로부터 지금 여기서도 기쁨과 즐거움을 미리 누려야 한다. 혹시 여러 가지 어려움이 우리의 그리스도인 됨과 관련하여 우리에게 올 때에도 우리가 그것들을 능히 이겨나갈 수 있는 힘은 하나님 나라의 극치 상태에 대한 바른 이해에서 얻어질 수 있다.

그리고 지금 여기서 예수 그리스도를 믿음으로써 하나님 나라 백성이 되지 않은 사람들은 그 영원 상태에 참여할 수 없음을 분명히 하고, 먼저 우리에게 주신 이 오늘이라고 하는 날 동안에 역사상에서 구원을 이루시고 그 하나님 나라를 진행시켜 가시는 주님을 신실하게 믿어야 하며, 다른 사람들이 진정 그리스도인이 되고 그리스도인으로 살아가도록 최선의 노력을 기울여야 한다. 바로 여기에 이미 하나님 나라에 속한 존재의 현재적 의미가 있다.

11

다른 종파나 다른 종교와의 관계

우리의 모습을 바르게 생각하기 위해 다른 종파나 다른 종교들과 관계해서 그들의 변화에 대해 우리가 어떤 생각을 가져야 하는지, 과연 이 세상에서 기독교가 다른 종파나 종교들과 어떤 관계를 지니고 나아가야 하는지를 몇 가지 측면에서 생각해 보기로 하자.

1. 요즘 천주교회의 모습과 관련한 단상

요즘에 천주교회에 대한 관심이 대단히 높아졌다. 천주교회에서 교황이라고 일컫는 한 사람(John Paul II)이 죽고, 또 다른 사람(Benedict XVI)

이 선출되는 과정을 통해서, 또 그가 일찍 사임하고, 다른 교황이 선출되는 과정을 통해서 그 관심이 더 집중되어서, 이제는 그 누구도 종교 개혁 시대의 태도를 가지고 천주교회에 대해서 생각하거나 말하기가 어려운 것처럼 보이는 세상이다. 더 나아가 천주교회의 이른바 교황이 모든 이들의 교황인 것과 같은 분위기가 형성되고 있다. 전 세계적으로도 그렇고, 우리나라에서도 그렇다. 그래서 모든 사람들이 한 사람의 죽음을 애도하고, 한 사람의 선출을 축하하는 분위기다. 그래서 교황 제도가 과연 성경적으로 있을 수 있는 것인가 하는 것 등은 아예 묻지 않는 분위기로 흘러가고 있다. 교황 제도는 이미 주어진 것으로 받아들여야 하는 것과 같이 여겨지고 있다. 그러나 이런 현상은 과연 옳은 것일까?

종교 다원주의적 분위기로 가득한 후기 현대(later modern)와 후-현대(post-modern) 사회 속에서는 그렇게 서로 다른 사람들이 서로를 용인하는 분위기가 무르익어 가고 있다. 이런 정황 속에서는 신학적으로 종교 다원주의적 입장을 지닌 분들은 아무런 거리낌 없이 한 천주교 교황의 등장을 축하하며 그와 같이 새로운 시대를 열어갈 것을 기대하고, 그런 기도도 하고, 그런 말들도 많이 하고 있다. 심지어 복음주의자로 자처하는 이들 가운데서도 그리하는 사람들이 있을 정도이다. 이런 분위기 속에서 우리는 과연 어떤 생각을 하고, 어떤 태도를 가져 나가야 할까? 어떻게 생각하는 것이 정치적인 바름 이상으로 참으로 바르게 생각하고 말하는 것이 될 것인가? 이런 것들과 관련해서 두 가지 중요한 요점을 말하고자 한다.

1-1. 천주교회에 대해서도 성경적 판단에 근거하여 말해야

첫째는, 이 문제에 대해서 우리는 성경적 판단을 벗어나서는 안 된다는 것을 말하고 싶다. 물론 이렇게 말하는 것 자체가 천주교회의 원리와는 다른 원리를 주장하는 것이므로 사람들은 이런 주장에 대해서 경계하는 태도를 보일 것이다. 그러나 모든 기독교적 사유와 실천은 결국 성경이라는 잣대에 의해서만 판단될 수 있는 것이다. 바로 그런 뜻에서 성경은 자와 척도라는 뜻의 "정경"(canon)이다. 이 "정경"을 토대로 해서 우리는 우리의 사유와 행동을 재고 판단해야 한다. 교회가 얼마나 오랫동안 어떤 일을 행해 왔는가, 그리고 교회의 전통이 어떤 것인가 하는 것이 우리의 표준이 될 수 없다. 그런 뜻에서 "오직 성경"(sola scriptura)의 원리를 주장하던 개혁자들의 목소리가 새삼 그립다. 요즈음은 "오직 성경"이라는 구호는 있지만, 진정 오직 성경에 근거한 사유와 실천이 사라져 가고 있기 때문이다.

(1) 개혁자들은 오직 성경의 원리에 근거해서 결국 교황 같은 것은 있지 않다는 것을 천명했다. 그들은 하나님 외에는 그 누구도 종교적 의미에서 우리의 아버지(papa)라고 불릴 수 없다는 것을 점점 더 철저하게 인식하게 되었다. 그러므로 우리 모두에게는 인간적으로는 아버지가 있고, 또 우리는 누구의 아버지여서 아버지라고 불릴 수 있지만, 종교적인 의미에서는 그 누구에게도 아버지라는 말을 사용해서는 안 된다. 성경적으로 판단하면, 교황도 없고, 신부(father)도 없는 것이다(No Papa! no father!).

그런 의미에서 우리는 종교적 용어의 사용에 매우 신중을 기해야 한다. 물론 "오직 성경"의 원리에 동의하지 않는 천주교인들은 계속해서 그런 용어를 사용해도, 우리들은 그것이 잘못된 용어의 사용임을 의식하고 그 점을 온 세상 앞에 천명해야 한다. 그리고 그런 입장에서 천주교인들로 하여금 그들도 성경에 근거해서 사고하도록 인도해 주어야 할 것이다. 아이러니컬한 사실은 베드로는 자신이 교황이라는 것을 몰랐었다. 로마의 처음 몇 주교들도 자신들을 교황이라고 부르지도 않았고, 그런 의식을 가지고 있지도 않았다. 더구나 하나님께서 로마 주교를 교황으로 언급하시거나 임명하신 일이 없다. 그러므로 본질적으로 그런 직임이 있지 않은 것이다.

(2) 이 세상의 그 어느 누구도 교회의 머리이신 예수 그리스도의 대리자(vicar)로 자처하거나 그런 언급을 받아서는 안 되고, 그런 대우를 받아서도 안 된다. 그리스도께서는 그가 계신 하늘로부터 온 세상을 통치하시면서 동시에 하나님께서 약속하신 대로 우리와 함께하시며 통치하시기 때문이다. 천주교에서처럼 그리스도께서는 지금 하늘에 계시기에 이 지상에서는 누군가가 그의 대리자(vicar)가 되어 우리를 다스리고 지도해야 한다고 하는 것은 세상 끝 날까지 항상 함께하시리라고 하신 그리스도의 약속을 불신하는 것이며 그리스도의 영을 모독하는 것이 된다.

(3) 또한 그리스도께서 십자가에서 영단번에 영원한 한 제사를 드린 후에는 이 땅에는 그 어떤 제사도 있지 않으며, 따라서 이 땅에는 제단도 없고 또한 그 어떤 이가 제사장(司祭, priest)이라고 언급될 수 없고, 제사장적인 일을 하는 것이라고도 할 수 없다. 따라서 그런 사람이 그리스도의 피 있는 희생 제사를 피 없는 형태로 재현하는 제사로서 미사(mass)를 드린다고 하는 것은 엄밀하게 말하자면 십자가 사건을 모독하고 무시하는 것이며 가증할 우상숭배를 하는 것이 된다. 그런 점을 깨닫고 천주교회도 용어 사용과 예배에 대한 이해를

고쳐야 할 것이다.

(4) 더 나아가서, 오직 성경의 원리에 따라서, 우리는 사람이 구원받는 것이 오직 그리스도의 공로에 근거해서만 이루어진다는 것을, 따라서 그리스도의 구속 사역을 믿음으로써만 칭의 받는다는 것을 분명히 할 필요가 있다. 물론 그리스도의 인격과 그의 이루신 공로를 믿음으로 칭의 받은 성도들은 마땅히 그리스도의 뒤를 따라가야만 한다. 그리스도의 구속 공로를 믿음으로만 칭의함을 받은 성도는 결국 성화의 길로 나아가는 것이 마땅한 일이다. 그러므로 우리의 구원은 전적으로 하나님의 은혜(sola gratia)에 의존하며, 오직 그리스도로만(solus Christus) 이루어지며, 오직 믿음으로만(sola fide) 이루어진다. 그러므로 "오직 믿음으로만 칭의 받는다고 가르치는 이들에게는 저주가 있을지어다"고 선언했던 트렌트(Trent) 공의회의 결정이 번복되지 않는 한, 천주교회의 구원론이 성경적이라고는 전혀 말할 수 없다. 그러므로 그런 구원관을 지금도 유지하고 있는 천주교회의 가르침과 교리에 깃들여진 문제를 우리는 심각하게 지적하지 않을 수 없다.

그러므로 보수적 천주교회는 삼위일체론과 그리스도의 양성(兩性) 이해에 있어서는 우리와 같은 입장을 가지고 있지만, 성경의 가르침에 비추어 볼 때 구원론과 교회론, 종말론, 그리고 마리아론과 성자들에 대한 인식에 있어서는 잘못된 이해를 가지고 있다. 그리고 궁극적으로 자연 신학과 계시 신학의 관계에 대한 이해나 성경과 전통의 관계와 같은 신학 서론 문제에 있어서 천주교회는 근본적으로 심각한 문제를 지니고 있다. 성경 계시 이외에 다른 것을 더하는 모든 이들과 함께 천주교회도 근원적 잘못을 범하고 있다. 그러므로 이런 문제를 지닌 천주교회를 있는 그대로 옳다고 할 수는 없다. 16세기의 천주교회와 마찬가지로 오늘날의 천주교회도 개혁될 필요가 있는 교회다. 물론 개신교회도 성경에 비추어 항상 개혁되어야 하지만 말이다.

1-2. 천주교회에 속한 이들과 계속 대화해야

그렇다면, 이와 같이 지금도 종교 개혁의 관점에서 천주교회를 바라보는 태도를 가지고서는 천주교회와의 대화를 전혀 하지 말아야 한다는 것인가? 이 글의 두 번째 요점은 오늘 우리의 입장에서도 천주교회와 지속적으로 대화하는 일을 해야 하고, 또 그렇게 할 수 있다는 것이다. 그러나 이때도 오직 성경의 판단 기준에 근거한 대화가 이루어져야 한다. 그러므로 이 일을 위해서도 역시 종교 개혁자들의 태도를 참조하는 것이 좋을 것이다.

천주교회로부터 파문당한 이후에도 루터 등은 계속해서 천주교회 안에 있는 이들을 향해 진리의 빛을 비추는 작업을 하였고, 그리하여 많은 이들에게 성경을 바르게 연구하도록 권하였다. 그 일을 위해 독일인들의 언어로 성경을 번역하는 귀한 일을 감당하여 성경도 잘 알리고 근대 독일어의 확립도 도운 것이다. 그래서 많은 천주교회 안에 있는 사람들이 성경을 읽을 수 있었고, 또한 루터와 개혁자들의 글을 읽으면서 복음을 다시 발견하기 시작하였다.

이와 같이 아직은 천주교회 안에 있으면서 루터같은 이들의 영향을 받고서 복음을 새롭게 깨달은 대표적인 사람이 칼빈같은 사람이라고 할 수 있다. 복음을 깨달은 후에 이들은 그전에 행하던 종교적 예배나 그런 이해를 유지할 수 없었다. 그래서 칼빈도 얼마 후 어릴 때부터 자신에게 주어지던 성직록을 포기하고, 자기 주변의 천주교인들에게 성경을 통해 깨닫게 된 복음을 전하고, 또한 제한된 의미에서이지만 천주교회 내에서 복음에 충실한 방향으로 교회를 개혁하는 일을 하였다. 그러므로 처음에는 천주교 내에서 개혁 작업을 하다가, 여러 정황 가운데서 그런 복음주의파 인사들이 프랑스에 있을 수 없게 된 상황에서 하나님의 섭리와 파렐(Farel)의 인도 가운데서 제네바에서 교회를 개혁하는 일을 하게 되었다. 이들은 지속해서 이미 복음의 도리를 믿고 받아들인 사람들에게 성경을 바르게 가르치는 일을 할 뿐만이 아니라(그 일을 위해 쓰여진 것이 바로 칼빈의 『기독교 강요』 같은 책과 '제네바 요리문답' 등이 아닌가?),[1] 여전히 천주교회 안에 있는 사람들을 향해서도 복음의 빛을 비추는 일을 하였고, 그리하여 많은 천주교인들을 복음으로 돌아오도록 하였다.

그와 동시에 개혁자들은 기회가 주어지는 대로 천주교 신학자들과 천주교 교회 정치가들과 종교 회의를 하여 그들에게 성경의 가르침과 교부들의 가르침 가운데서 성경에 일치하는 가르침을 드러내는 일을 하였던 점을 우리는 주목해야 한다. 그것을 신학적 토론(theological dispute)이라고 해도 좋고, 종교 회의라고 해도 좋지만, 그것은 그저 서로를 인정하기 위한 인사치레의 모임이기보다는 하나님 앞에서 바른 뜻을 추구하는 성격을 지닌 것이었음에 유념해야 한다. 그 모임들에서 논의의 궁극적 목적은 우리 모두가 성경의 가르침에 근거한 신앙을 가지고 성경에 충실한 교회를 이루어 가는 데 있었다.

---

[1] 『기독교 강요』의 작성 동기에 대해서는 이승구, "칼빈의 『기독교 강요』 저술 동기를 통해 본 신학의 과제", 『개혁신학 탐구』 (서울: 하나, 1999), 117-45, 특히 123-38을 보라.

비록 논의의 결과로 의견의 일치가 이루어지지 않을지라도, 성경이 말하는 바른 방향을 분명히 하며, 인간들의 실수와 잘못과 오해로 바른 논의가 이루어지지 않는 것을 교정해 가려고 노력한 것이다. 사람들 사이에 그저 그들이 서로 인정하는 의견의 일치가 중요한 것이 아니라, 어떻게 해야 인간의 실수와 잘못이 배제되고 하나님의 뜻에 조금이라도 가까운 것이 나타나도록 하느냐 하는 것이 중요했다. 그러므로 우리들도 개혁자들과 같이 천주교 신학자들이나 고위 성직자들과 대화하면서 천주교회도 좀 더 성경적으로 나아가도록, 또한 우리들도 좀 더 성경적으로 나아가도록 하는 논의를 계속해야 한다.

이런 논의 속에서, 또 이런 논의의 결과로 진정한 교회는 점점 더 하나님께서 원하시는 방향을 향해 가게 될 것이다. 그러나 진정한 교회에 속하지 않은 사람들은 아주 자연스럽게 하나님의 뜻과는 상치(相馳)되는 방향으로 점점 더 나아가게 될 것이다. 그러므로 이런 논의 속에서 우리는 열린 마음을 가지고 여러 사람의 지혜를 모아 성경이 가르치는 바른 도리를 더욱 분명히 하는 데로 나아가야 한다. 성경적으로 진전된 교회는 오직 하나님의 은혜에만 의존하게 될 것이다. 그리고 하나님의 은혜에만 의존하는 입장에 충실한 것만이 바른 입장을 따르는 것이다.

그런 교회는 사람을 향해서 종교적 의미의 아버지라는 의식을 갖지도 않고, 그런 칭호를 사용하지 않게 될 것이다. 그러기에 우리는 사람에게 대해 사용하는 용어로서는 "No Papa! No father!"이라고 외치게 된다. 종교적인 의미에서는 우리 아버지는 오직 하나님이시다. 천주교인들도 이런 성경적 가르침을 깊이 묵상할 수 있었으면 한다. 이에 동의하는 듯하면서도 "그렇지만 교황 제도 같은 것은 우리가 오랫동안 전통적으로 가져온 것이니 계속해가도 되지요." 등의 논의를 하지 않으면서 말이다.

1-3. 마치는 말

우리는 천주교회가 진정 성경적인 방향으로 개혁되고, 계속해서 그런 방향으로 진전해 가기를 간절히 원한다. 물론 개신교회와 개신교인들도 그들의 신앙과 삶이 철저히 성경에 근거하도록 노력해야만 이 말이 의미를 가질 수 있다. 오직 성경만이 우리의 최종적 판단 근거이고, 우리의 대화의 근거이며, 우리가 이 성경에 얼마나 충실한지를 판단하실 분은 오직 하나님뿐이시다. 그러므로 우리는 하나님 앞에서 성경에 근거하여 서로가 하나님에 뜻에 좀 더 가까이 가도록 노력해야 할 것이다. 이것이 우리의 대화의 유일한 근거가 될 수 있다. 초기 종교 개혁 시대의 그런 대화가 오늘날도 재개되고, 그리하여 하나님 앞에서 성경을 기준으로 하는 대화가 성숙하여 갈 수 있었으면 한다. 우리 모두가 성경에서 주어진 기독교회의 참 모습을 향해 나가야 할 것이다.

2. 천주교회와 루터파와 감리교회가 동의하는 칭의론에 대한 질문

2-1. 현황과 관련자들의 생각

2006년 7월에 한국 금란교회에서 열린 '제19차 세계감리교대회(WMC)' 중 7월 23일에 열린 에큐메니칼 예배에서 감리교, 루터교, 그리고 로마 가톨릭 대표들이 '칭의 교리에 대한 교리적 합의 선언문'에 서명했다고 한다. 세계감리교협의회가 이날 '루터교회와 가톨릭 교회의 칭의에 대한 공동선언문'에 동참한 것이다.

이 일은 루터교세계연맹과 로마 가톨릭이 1999년 10월 31일에 '루터교회와 가톨릭교회의 칭의에 대한 공동선언문(JDDJ)'에 서명하면서 시작됐다. 양측은 1986년에 '루터교-로마 가톨릭 합동위원회' 소위원회를 구성하고, 몇 차례의 모임 끝에 1993년에 칭의 교리에 관한 문헌의 초안을 준비하기 시작했다. 이후 1994년에 합동선언문 초안을 작성, 1997년에 합동선언문은 완성했으나 내부 합의 등 여러 가지 문제로 공식 발표가 연기됐다. 그러던 중 마침내 1999년 10월 31일 오전 독일 아우그스부르그(Augsburg)에서 당시 교황청 그리스도인 일치 촉진 위원회의 카시디 추기경과 루터교 세계 연맹의 크라우저 회장이 칭의 교리에 관한 합동선언문에 서명했었다.

그동안 세계감리교협의회는 JDDJ 문서에 나타난 칭의론의 기본적 진리에 대해 동의하고, 이후 가톨릭 및 루터교회와 지속적인 교류와 연구모임을 가진 끝에 서울에서 열린 '제19차 세계감리교대회'에서 이에 동참하게 되었다. 이 일에 중요한 역할을 감당한 사람들과 세계감리교대회(WMC) 셋째 날인 2006년 7월 23일 진행된 '에큐메니칼과 대화'에서 발터 카스퍼(W. Kasper) 추기경을 비롯한 천주교 인사들과 루터파 목회자들은 "이번 서명은 에큐메니칼 운동에 있어서 획기적인 전기가 될 것"이라고 입을 모았다. 감리교 신학자 제프리 웨인라이트 박사는 "루터교도 성화에 대해 깊이 이해하고 있고 [로매 가톨릭 역시 일반에 알려진 것과 달리 은총에 대해 잘 알고 있다"며 "이제 감리교와 루터교, [로매 가톨릭이 함께 대화하게 되는 역사적인 전기가 마련될 것"이라고 말했다고 한다.

2-2. 문제 제기

그러나 천주교회와 루터파 교회가 1999년에 동의하였고, 2006년에 감리교회가 동참한 칭의에 대한 공동선언이 과연 성경의 가르침에 충실하고, 또한 루터나 칼빈 등의 개혁자들이 받아들일 수 있는 것인지는 문제가 아닐 수 없다. 만일에 종교 개혁자들이 받아들일 수 없는 것을 현대에 사는 개신교인들이 천주교회와 함께 선언하는 것이라면 그것은 개혁자들의 후예들이 20세기와 21세기 초의 맥락에서 종교 개혁자들의 주장을 버리는 것이 될 것이다. 또한 개혁자들이 과거에 칭의에 대한 강한 선언을 하고서 천주교회의 칭의 이해에 동의할 수 없다고 했던 이유가 성경의 가르침 때문이라면 오늘날 루터파 교회와 감리교회가 성경적 칭의 이해를 버리는 것이다.

이렇게 심각한 문제이므로 우리는 먼저 1999년에 천주교회와 루터파 교회가 같이 발표했던 공동 선언에서의 칭의 이해가 과연 어떤 것인지를 살펴보지 않을 수 없다. 그 선언에서 천주교 신학자들과 현대 루터파 신학자들은 이제 "그리스도에 대한 신앙을 통한 하나님의 은혜로 이루어지는 칭의에 대한 공통적 이해"(a common understanding of our justification by God's grace through faith in Christ)를 말하고 선언할 수 있게 되었다고 한다(5항).[2] 그러나 그것을 설명하는 내용이 과연 어떠한 것인가 하는 것이 문제다. 사실 공통의 선언을 할 수 있다고 말한 바로 뒤에 이는 천주교회와 루터파 교회가 칭의에 대해서 가르치는바 모든 것을 포함하지는 않는다고 하며, 또한 칭의 교리의 기본적 가르침에 대한 의견의 일치를 표현할 뿐 그것을 각 교회가 설명할 때의 차이를 문제 삼지 않으며, 그것이 교리적 정죄의 근거가 될 수 없다고 말하고 있다(5항). 그리고 각 교회가 칭의에 대해서 말할 때 "사용하는 언어, 신학적 설명, 그리고 강조점의 차이"가 있음을 분명히 한다(그리고 그것을 18항에서 39항에 걸쳐 언급한다)(40항 참조). 그리고 "하나님의 말씀과 교회의 교리의 관계, 교회론, 교회의 권세, 교회의 통일성, 사역, 성례들, 칭의와 사회 윤리의 관계" 등의 문제에 있어서 서로 차이가 있음을 분명히 하며, 칭의의 기본적 개념의 일치의 빛에서 앞으로 이런 문제를 계속해서 탐구하기를 원한다고 한다(42항).

2-3. 이 공동 선언 내용 중에서 동의할 수 있는 점

우리는 이 문서에서 다음과 같은 점을 선언하는 것에 대해서는 기꺼이 같이 동의할 수 있을 것이다. 성경의 가르침에 비추어 볼 때, (1) 칭의의 사역이 삼위일체 하나님의 사역이다(15항). 또한 (2) "우리가 하나님에 의해 받아들여지고 성령을 받는 것이 오직 은총만으로 주어지는 것이며, 우리 편에서의 어떤 공로 때문이 아니고 그리스도의

---

2 9항에서도 칭의에 대해 비슷한 표현을 잘 표현하고 있다: "the 'justification' of sinful human beings *by God's grace through faith* (Rom. 3:23-25), which came into particular prominence in the Reformation period." 11항에서도 그러하다: "All this is *from God alone, for Christ's sake, by grace, through faith* in "the gospel of God's Son" (Rom 1:1-3)"(emphasis is mine).

구원하시는 사역에 대한 믿음으로 주어진다"(15항)고³ 말하는 데에 기꺼이 동의할 수 있다. 다시 말해서, "모든 사람들은 그들의 구원에 있어서 하나님의 구원하시는 은총에 전적으로 의존한다"(19항).⁴ 왜냐하면 "우리들은 죄인들로서 하나님의 심판 하에 있으며, 그로부터 구원받기 위해 스스로 하나님께로 돌이키거나 자신들의 능력으로 구원을 얻을 수 있는 능력이 없기" 때문이다. 그러므로 "칭의는 오직 하나님의 은혜로만 발생한다"(19항).⁵ 또한 (3) 그리스도께서 그의 삶과 십자가에서 이루신 일을 설명하고 그것이 율법을 온전히 성취한 것이라고 한 후에 그렇지만 "하나님의 계명들은 칭의 받은 자들에 대해 계속해서 타당성을 지니며, 그리스도께서는 그의 가르침과 모범을 통하여 하나님의 뜻을 표현했으므로, 그 하나님의 뜻은 칭의 받은 자들의 행위에 대해서도 기준이다"(31항)고⁶ 율법의 제3의 용도를 잘 표현한 것에 대해서 기쁜 마음으로 동의한다. 왜냐하면 그 뒤에 잘 말하고 있듯이 "선행, 즉 믿음과 소망과 사랑으로 사는 기독교적인 삶은 칭의의 뒤를 따르며, 칭의의 열매"이기(37항, 강조점은 필자의 것임) 때문이다.⁷ 여기까지의 말에 대해서는 이 땅의 모든 그리스도인들이

---

3 바른 이해를 위한 15항 원문 대조: "By grace alone, in faith in Christ's saving work and not because of any merit on our part, we are accepted by God and receive the Holy Spirit …"

4 바른 이해를 위한 19항 원문 대조: "all persons depend completely on the saving grace of God for their salvation."

5 바른 이해를 위한 19항 원문 대조: "as sinners they stand under God's judgment and are incapable of turning by themselves to God to seek deliverance, of meriting their justification before God, or of attaining salvation by their own abilities. Justification takes place solely by God's grace."

6 바른 이해를 위한 31항 원문 대조: "God's commandments retain their validity for the justified and that Christ has by his teaching and example expressed God's will which is a standard for the conduct of the justified also." 또한 39항도 보라.

다 받아들일 수 있을 것이다.

그러나 이 공동 선언은 그 이상의 말을 하고 있기에 전통적 개혁자들의 가르침을 존중하며 그들이 강조한 성경적 가르침을 존중하는 사람들은 이 문서에 전적으로 동의할 수는 없는 것이다. 특히 다음과 같은 몇 가지 점에서 심각한 문제들이 나타나고 있다고 여겨진다.

2-4. 문제점

(1) 변화한 신학적 정황의 산물?

이 선언은 "그리스도에 대한 신앙을 통한 하나님의 은혜로 이루어지는 칭의"(justification by God's grace through faith in Christ)라는 말을 사용하기는 하지만 이 말로 서로가 설명하는 것이 다르다고 하는 것을 드러내면서 그렇지만 같은 말을 사용하는 이상 근본적 진리를 같이 공유하는 것이라고 표현하고, 그러니 서로 교리적 정죄를 하지는 말자고 한 것이다. 그런데 이 말을 사용하면서도 사실 그것이 "그리스도에 대한 신앙을 통한 하나님의 은혜로 이루어지는 칭의"라는 말의 의미를 손상시키는 식으로 설명하는 것은 어떻게 할 것인가? 그러나 역사적으로 변화된 상황 속에서 그런 식의 질문을 극복해야 한다는 것이 당시 대화 상대자들의 생각이었다. 이 선언문은 "그동안 교회들로 하여금 분리케 하는 문제들과 정죄들을 다시 점검해 보도록 하고, 또 그것을 요구하는 변화가 일어나 그 문제들과 정죄들을 새로운 빛에

---

7 바른 이해를 위한 37항 원문 대조: "good works – a Christian life lived in faith, hope and love – follow justification and are *its fruits*"(emphasis is given).

서 보게 한다"(7항)고 말한다. 따라서 이 공동 선언은 천주교회와 루터파가 그 정통적 입장에 충실하지 않고 자신을 변화시켜 가는 변화의 빛에서 읽혀져야 한다. 둘 다 성경적인 방향으로 나아가는 변화에서 이런 말이 나오는 것이라면 그것은 매우 환영할 만한 것이다. 그러나 소위 근대와 현대에 나타나고 있는 신학의 변화의 빛에서 과거를 돌아보며 우리는 새로운 상황 속에서 서로를 인정할 수 있다고 말하는 것이라면 그것은 매우 심각한 일이 아닐 수 없다. 13항의 표현은 바로 이런 일이 여기서 나타나고 있는 것임을 분명히 하고 있다.

(2) 반(半)-펠라기우스주의(Semi-Pelagianism)?

이런 변화된 분위기 가운데서 이 선언은 천주교회가 "사람들이 하나님의 칭의하시는 행위에 동의함으로써 칭의를 준비하고 받아들이는 일에서 '협동'할 수 있다"고 말하는 것을 용인할 수 있었다(20항). 그 근거는 그런 개인적 동의 자체가 은혜의 결과요 사람의 본유적 능력에서 나오는 행동이 아니라고 이해함으로써 가능한 것이었다.[8] 그러나 과거 개혁자들은 천주교회의 그런 주장을 정확히 이해하면서 그러나 그런 식으로라도 '협동'이 언급될 수 있는 것이 반(半)-펠라기우스주의(Semi-Pelagianism)임을 분명히 했던 것이다. 이에 동의하는 새로운 루터파 교회는 천주교회의 반-펠라기우스주의를 받아들이기로 한 교회라고 해야 할 것이다. 또한 이를 받아들이는 감리교회는 알미니

---

[8] 바른 이해를 위한 20항 원문 대조: "When Catholics say that persons "cooperate" in preparing for and accepting justification by consenting to God's justifying action, they see such personal consent as itself an effect of grace, not as an action arising from innate human abilities."

안주의를 넘어서 반-펠라기우스주의의로 나아가기로 한 것이라고 해야 한다.

또한 칭의에 인간이 기여한 것이 없음을 강하게 인정하면서도 선행의 '공로적' 성격을 확언하는 것에서도(38항) 이런 점이 나타나고 있음을 말하지 않을 수 없다. 비록 이렇게 말할 때 그들은 성경적 증언에 따르면 이런 선행들에 대해서는 하늘의 보상이 약속되어 있음을 말하려고 하는 것이라고 말할 때에도,[9] 오히려 인간 행위의 공로적 성격을 다 버리고서 그러나 주께서 부족한 선행에 대해서 상을 주신다면 그것을 말해야 한다.

(3) 칭의와 성화를 섞어 이해하는 문제점: 종교 개혁적 칭의 개념의 상실

이 공동 선언 중에서 특히 문제가 될 수 있는 대표적인 구절은 11항에 나오는 "그것은 [칭의는] 하나님과의 교제로 받아들여짐이다. 이는 이미 현존하는 것이며, 또한 오는 하나님의 나라에서 온전히 있게 될 것이다(롬 5:1f.)."는 말이다.[10] 칭의가 현존함을 말하는 것은 좋으나 이는 장차 온전해짐을 시사함으로 이는 개혁자들이 믿음으로 말미암는 칭의를 말할 때 강조한 영단번의 칭의 개념을 (최소한도로 말하면) 모호하게 하거나, (최대한도로 말하면) 부인하는 것으로 여겨질 수도 있다.

---

[9] 바른 이해를 위한 38항 원문 대조: "When Catholics affirm the "meritorious" character of good works, they wish to say that, according to the biblical witness, a reward in heaven is promised to these works."

[10] 바른 이해를 위한 원문 대조: "It is acceptance into communion with God: already now, but then fully in God's coming kingdom (Rom 5:1f)."

그러므로 이 공동 선언의 작성자들의 의도가 과연 어떤 것인지에 대해 심각하게 물어야 한다. 결국 이는 칭의를 말하지만 그것을 성화와 너무 밀접하게 연관시켜 말하므로 칭의와 성화를 혼동시켜 버렸다고 평가되는 전통적 천주교 사상에 가까이 갈 수 있는 여지를 주는 표현이 되기 때문이다. 27항에서 다음과 같이 말하는 것은 아주 조심해서 말한다면 어느 정도 긍정될 수도 있다. "천주교의 가르침이 칭의하는 은혜에 의해 이루어지는 삶의 갱신을 강조하지만, 믿음, 소망, 사랑의 이 갱신은 항상 하나님의 측량할 수 없는 은혜에 의존하는 것이고, 그에 대해 그 누구도 자랑할 수 없을 정도로 칭의에 기여하는 바가 전혀 없는 것이다(롬 3:27)."[11] 그러나 칭의와 성화(삶의 갱신)를 일단은 나누어 생각해야 한다. 칭의는 단번에 주어진 것이고, 성화(삶의 갱신)는 지속적으로 이루어져야 하는 것이다. 이를 좀 분명히 해야 할 것이다. 그렇게 하지 않으면 칭의와 성화를 혼동한다는 고전적 문제 제기가 항상 뒤따르게 되기 때문이다. 또한 천주교회가 삶의 갱신이 칭의하는 은혜로부터 오는 것이므로 우리가 칭의에 기여할 수 있는 것이 없고 하나님 앞에 자랑할 것이 없도록 한다는 것을 지속적으로 주장할 수 있기를 진정으로 바란다. 이 진술과 같이 철저히 하나님의 은혜로만 말미암는 구원을 끝까지 주장해 주기를 바란다.

우리가 하나님 관계에 있어서 온전함을 얻는 것은 영혼에 관한 한 죽음에서이고, 몸에 관한 한 부활 때, 즉 하나님 나라가 극치에 이

---

[11] 바른 이해를 위한 원문 대조: "While Catholic teaching emphasizes the renewal of life by justifying grace, this renewal in faith, hope, and love is always dependent on God's unfathomable grace and contributes nothing to justification about which one could boast before God (Rom. 3:27)."

를 때임이 분명하다. 그러나 칭의는 우리의 상태의 변화에 관한 것을 말하는 것이 아니라 우리의 신분이 하나님 앞에서 어떤 존재로 선언되느냐에 관한 것이므로, 믿음으로 말미암는 칭의 선언은 그 자체가 영단번에 온전한 것으로 주어진 것으로 보아야 종교 개혁자들의 의미가 살아나게 되는 것이다. 우리가 하나님과 온전히 교제하는 것은 지금 여기서도 누리는 것이나 극치의 하나님 나라에서 온전히 누리는 것이라고 하는 것은 옳지만, 이를 칭의와 연관시켜서 사상사(思想史)를 무시한 채 말하는 것은 개혁자들이 말하는 칭의의 의미를 손상시키는 결과를 낳는 것이다.

그러므로 이는 결국 칭의라는 말을 어떻게 이해해야 하느냐와 관련된 문제이다. 사실 이 공동선언은 천주교회적 칭의 개념을 중심으로 진술하고 있다. 이것은 특히 4.2. "죄 용서와 의롭게 만듦"(Justification as Forgiveness of Sins and Making Righteous)이라고 표현된 부분에서 잘 나타나고 있다. 천주교회는 처음부터 칭의를 "의롭게 만듦"이라고 생각해 왔다. (우리나라 언론계에서도 이 문서를 번역하면서 의화(義化)라는 용어를 사용하여 그 의도를 잘 드러내어 주고 있다.) 실제로 이 문서는 천주교회의 입장을 설명하면서 바로 의롭게 만든다는 개념을 칭의에 넣어 설명하고 있다. 27항의 다음 진술이 그 대표적이다. "죄인들에 대한 칭의는 죄들을 용서하는 것과 우리를 하나님의 자녀들로 만드는 칭의하시는 은혜에 의해서 의롭게 만드는 것이다."[12] 여러 개념을 섞어 쓰고 있어서 명확히 칭의 개념이 드러나지 않고, 결국에는 의롭

---

12 바른 이해를 위한 27항 원문 대조: "The justification of sinners is forgiveness of sins and *being made righteous* by justifying grace, which makes us children of God."(27항, my emphasis).

게 만든다는 전통적 천주교의 칭의 이해가 나타나고 있는 것이다. 그러므로 여기서부터 종교개혁적 칭의 개념, 즉 법정적 개념이 상실된 것이다. 그러므로 이 문서는 개혁자들의 칭의 개념 보다는 천주교적인 개념이 주도적이라고 할 수 있는 것이다. 이는 28항의 다음과 같은 공동 고백의 뒤섞여진 용어 사용에서 가장 잘 드러난다고 할 수 있다. "우리는 세례에서 성령이 우리를 그리스도와 연합시키고, 칭의하며, 그 사람을 참으로 새롭게 하시는 것이라고 함께 믿는다"(28항, 강조점은 덧붙인 것임).

(4) 세례 중생설?

또 하나의 모호한 표현은 11항 등에서 나오는 "그것은 [칭의는] 세례에서 성령을 받음과 한 몸에 참여하게 됨에서 발생한다(롬 8:1f., 9f.; 고전 12:12f. 참조)"는 어귀를[13] 어떻게 이해할 것인가 하는 것이다. 해석하기에 따라 이는 세례 중생설을 말하는 것으로 이해될 수 있고, 물론 천주교회와 일부 루터파 교회는 전통적으로 그런 입장을 취해 왔으므로 이에 기꺼이 동의하겠지만, 이는 논의거리가 될 수 있는 부분이다. 실제로 이 문서에서는 천주교의 입장을 설명하면서 "사람들은 말씀을 듣는 자들과 그것을 믿는 자들로서 세례를 통해서 칭의된다"(27항)고 말하고 있고,[14] "세례에서 주어지는 예수 그리스도의 은혜"(the grace of Jesus Christ imparted in baptism)에 대해서 말하며(30항), 또한

---

[13] 바른 이해를 위한 11항 원문 대조: "It occurs in the reception of the Holy Spirit in baptism and incorporation into the one body (Rom. 8:1f, 9f; I Cor. 12:12f)."

[14] 바른 이해를 위한 27항 원문 대조: "Persons are justified through baptism as hearers of the word and believers in it."

루터파의 입장을 진술하면서도 "세례와 성령으로 새롭게 난 사람"(the person who has been born anew by baptism and the Holy Spirit)이라는 표현을 사용하고 있고(29항), 공동의 고백 가운데서도 "우리는 세례에서 성령이 우리를 그리스도와 연합시키고, 칭의하며, 그 사람을 참으로 새롭게 하시는 것이라고 함께 믿는다"(28항)15고 말하고 있으므로 이런 의혹은 더욱 증폭되지 않을 수 없다.

(5) 그리스도인의 죄된 성향에 대한 오해

이 공동선언에서는 30항에서 천주교의 입장을 설명하면서, "천주교의 확신에 의하면, 인간의 죄에는 항상 개인적 요소를 가지고 있는데, 칭의 받은 자들 안에 있는 죄 된 성향에는 이 요소가 없으므로 천주교회는 이 성향을 참된 의미에서 죄라고 보지 않는다"는16 매우 천주교적인 주장을 계속하고 있다.

2-5. 특히 개혁파 신앙을 가지 사람들이 동의할 수 없는 점들

또한 16항에 나오는 "모든 사람은 그리스도 안에 있는 구원에로 하나님에 의해서 부름을 받는다"(All people are called by God to salvation in Christ)는 말도 이 말에 부여하는 의미에 따라서 그 뜻이 다양하고 따라서 다양한 반응을 불러일으킬 수 있는 표현이다. 이를 복음의 자유

---

15 바른 이해를 위한 28항 원문 대조: "We confess together that in baptism the Holy Spirit unites one with Christ, justifies, and truly renews the person."

16 바른 이해를 위한 30항 원문 대조: "Since, according to Catholic conviction, human sins always involve a personal element and since this element is lacking in this inclination, Catholics do not see this inclination as sin in an authentic sense."

로운 진지한 제시를 뜻하는 것으로 여긴다면 개혁파 그리스도인들도 이 말을 사용할 수 있겠지만, 이는 그렇게 해석되지 않을 가능성이 농후하다. 물론 천주교회와 일부 루터파와 감리교회는 이런 표현을 기쁨을 가지고 받아들일 것이다.

또한 21항에 나오는 불가항력적 은혜를 부인하는 표현도 일부 루터파와 감리교회에서는 즐겨 받아들일 수 있겠지만 개혁파 신앙을 가지 사람들은 전혀 동의할 수 없을 것이다.

2-6. 마치는 말

이 모든 것을 들은 우리는 이제 어떻게 말해야 하는가? 각각의 독자들이 판단해야 할 것이다. 그러나 적어도 이 문서는 일부분에 있어서는 개혁자들의 칭의 이해를 버리고 오히려 천주교의 전통적인 입장인 칭의와 성화를 같이 설명해 가는, 그리하여 그 독특한 특성을 잃어버리게 하는 문제를 드러내고 있다는 것을 말하지 않을 수 없다. 그런 문제와 다른 본질적 문제가 있는 이상 우리는 이를 참으로 바른 교회의 일치의 방향이라고 보기 어렵다고 말할 수 있다.

다음과 같은 두 가지 질문이 우리가 해야 할 질문일 것이다. (1) 우리 교회는 이런 칭의 이해에 대하여 과연 동의할 수 있는가? (2) 루터는 과연 이런 칭의 이해에 동의할 것인가? (3) (이번 세계감리교대회에서의 이 문서에 대한 동의와 관련하여) 웨슬리는 과연 이런 칭의 이해에 동의할 것인가? (4) 삼위일체 하나님께서 이런 이해를 옳다 하시며, 이에 근거하여 보다 가시적인 연합으로 이끌어 가실 것인가?

우리는 성경의 가르침에 근거해서 여러 가지 다른 전통을 지닌 교회들이 자신을 새롭게 하며, 더욱 더 성경에 충실하려고 하며, 그 결과로 이전에 성경에 덜 충실했던 것들을 고치고 그렇게 성경적으로 나아가는 과정에서 서로 의견의 일치를 나누어 나가며 그 결과 성령님의 은혜 가운데서 교회의 가시적 하나 됨을 향해 나가는 것을 원한다. 이것이 성경이 말하는 에큐메니즘의 방향이라고 생각된다. 그러나 이런 성경과 성령님의 인도하심이 아닌 의견의 일치와 가시적 연합의 추구는 결국 우리와 다른 사람들과 하나님을 속이는 것이 될 뿐이다. 그러므로 우리는 진정으로 성경이 말하는 방향으로의 일치를 추구해 가야만 할 것이다.

3. 석탄일에 대해서 그리스도인은 어떻게 생각해야 하는가?

3-1. 석탄일의 성격에 대한 이해

불교에서 말하는 석탄일(釋誕日)은 고타마 싯다르타(Gautama Siddhartha)가 태어난 날을 기념하는 날이다. 불교의 기록에 의해 판단하면 싯다르타는 BC 563년(이를 BC 463으로 보는 설도 있다) 4월 8일(음력) 해뜰 무렵 북인도 카필라 왕국(지금의 네팔 지방)의 왕이던 정반왕(淨飯王)과 마야(Maya) 부인 사이의 장남으로 태어났다고 한다. 그래서 인도 등지에서는 이전부터 음력 4월 8일을 석가의 탄일로 기념하여 왔다.

그러나 이에 대해서 다른 견해들도 있으니 경(經)과 논(論)에 석가가 태어난 날을 2월 8일 또는 4월 8일로 적고 있으나, 자월(子月: 지금의 음력 11월)을 정월로 치던 때의 4월 8일은 곧 인월(寅月: 지금의 정월)을 정월로 치는 역법에 의하면 2월 8일이므로, 음력 2월 8일이 석탄일이라고 보는 견해도 있고, 또한 1956년 11월 네팔의 수도 카트만두에서 열린 제4차 세계불교대회에서 양력 5월 15일을 석가탄신일로 결정하기도 했다고 한다.

이것은 석탄일이 싯다르타의 탄생을 축하하는 날인데, 그 날짜가 정확하지 않으므로 각국에서 예전부터 정하여 온 대로 그 사건을 기념하는 것이고, 한국에서는 예전부터 음력 4월 8일에 이를 지켜 왔으므로 이날을 기하여 싯다르타의 탄생을 기념하는 것이라고 할 수 있다.

3-2. 석탄일에 대한 불자들의 축하에 대한 태도

그러나 사실 불교가 지향하는 바에 의하면 그가 태어난 날에 어떤 의미를 부여하는 것은 사실 별 의미가 없을 것이다. 오히려 싯다르타가 깨달음에 이른 날, 대오각성한 날을 기념하는 것이 불교의 사상에 더욱 맞을 것이다. 불교의 기록에 의하면, 싯다르타는 부다가야의 보리수나무 아래 앉아 깊고 고요한 명상에 들어가 그의 나이 서른다섯 되던 해 12월 8일에 각성에 이르러 부처가 되었다고 하니, 차라리 그날을 기념하는 것이 그들에게 맞을 것이다. 또는 불기를 그로부터 계산하듯이 싯다르타가 죽어 입멸한 날을 기념하는 것도 나을 것이다. 한국에서는 2월 8일을 그의 입멸날로 기념한다고 한다.

그럼에도 불구하고 불자들이 싯다르타의 탄생일을 기념하려고 한다면 그 일을 굳이 반대할 수는 없을 것이다. 그들은 그들 나름대로 자신들의 종교적 행사를 할 수 있어야 할 것이기 때문이다. 그것을 그리스도인들이 못하게 할 수도 없을 것이다.

그러나 그리스도인들도 석탄일에 함께 축하해야 한다고 할 수는 없을 것이다. 우리는 오히려 이런 일을 기회로 지금도 얼마나 많은 사람들이 복음을 알지 못하고 헛된 것을 추구하고 있는지를 깊이 생각하면서 어찌하든지 많은 사람들에게 복음을 제대로 알려야 되겠다는 다짐을 강하게 해야만 한다.

3-3. 불교계의 연등 행사에 대해서 그리스도인은 과연 어떤 태도를 지녀야 하는가?

이 질문은 한편으로 보면 하나의 질문이지만, 실상은 우리나라 사회의 각기 다른 시기에 각기 다른 방식으로 주어지는 다양한 질문으로 볼 수도 있다. 대다수의 사람들이 불교계의 연등 행사에 참여할 때도 이런 질문이 소수의 그리스도인들에게 주어졌고, 그리스도인이 상당히 많아진 지금도 우리에게 이 질문이 주어지고 있으며, 그리스도인이 더 많아질 상황에서도 이런 질문이 주어질 것이다. 이 질문에 대한 그리스도인의 근본적 대답은 하나이지만, 그 시기와 상황에 따라서 그리스도인이 자신들의 근본적 대답을 표현하는 방법은 다를 것이며, 그 다른 대답을 구현하는 방법도 다를 것이다. 여기에 이 질문에 대한 우리의 기독교적 대답의 묘미가 있다.

(1) 그리스도인의 근본적인 대답

근본적으로 그리스도인은 연등 행사를 옳고 바른 것이라고 생각하지 않으며, 또 마땅히 그렇게 판단해야만 한다. 기독교에 대한 신앙 고백을 변경시키지 않는 한, 그리스도인들이 연등 행사를 옳고 바른 것이라고 할 수는 없다. 물론 요즈음 그리스도인도 이를 옳고 바른 것으로 여겨야 하지 않느냐고 생각하며 말하는 사람들이 있다. 아마도 그분들은 기독교의 신앙 고백을 좀 다른 식으로 바꾼 것이 아닌가 생각된다. 종교 다원주의적 방식으로 신앙 고백을 바꾼 사람들은 불교의 연등 행사도 그 나름대로 옳고 바른 것이라고 생각하고 말할 수 있다. 좀 더 나아간 이들은 그것이 그 나름으로는 옳고 바른 것이기에 자신들도 기꺼이 그에 동참하거나 축하할 수 있다고 할 것이고, 좀 덜 적극적인 분들은 불교도들이 그런 행사를 하는 것 자체는 옳고 바른 것이라고 여겨야 하지 않느냐고 생각할 것이다. 그러나 전통적 신앙고백을 하는 이들은 누구나 연등 행사가 옳고 바른 것이라고 생각하거나 말할 수는 없다.

(2) 그리스도인의 이런 근본적 대답의 다양한 표현 방식

그런데 연등 행사가 옳고 바른 것이 아니라는 것을 표현하는 방식은 그리스도인들이 처해 있는 상황과 여건에 따라 각기 다르게 나타날 수밖에 없다. 상당히 많은 사람들이 불교도인 사회 속에서 그리스도인은 자신들만 이런 연등 행사에 참여하지 않는 방식으로 연등 행사가 옳고 바른 것이 아니라는 것을 표현하게 될 것이다. 자신이 그리스도인이 되기 전에는 자신도 불교의 연등 행사에 적극적으로 참여

하거나 그에 대해 침묵하거나 그에 동조하는 마음을 가지거나 구경거리 삼아 이런 일에 간접적으로 참여했을 것이다. 그러나 자신이 그리스도인임을 분명히 의식한 후에는 그런 식으로 연등 행사에 적극적으로 참여하거나 그것을 구경거리로 삼거나 하는 일을 하지 않을 것이다. 다른 이들은 그렇게 한다고 해도 자신들만은 그런 연등 행사에 직간접적으로 참여하는 일에서 자신들을 배제하게 될 것이다. 오늘날 태국이나 티벳 같은 곳의 그리스도인은 아마도 이런 태도를 가질 수밖에 없다.

또 때로는 이런 연등 행사가 옳지 않은 것임을 적극적으로 천명하며, 그런 주장을 통해서 사람들에게 바른 삶의 도리를 알리려는 애타는 노력을 할 수 있다. 그렇게 하는 것이 자신들에게 큰 피해가 온다고 해도 그런 것임을 천명하며 나아가며 손해를 감수해 나가는 사람들이 있다. 예를 들어서, 그 사회의 대다수가 이런 연등 행사에 참여하며 그것이 참 삶을 표현하는 길이라고 생각하는 사회 속에서는 그런 극단적 저항의 방법을 취할 수도 있다. 마치 손해를 감수하면서 마을 어귀의 당나무나 장승이나 사찰의 불상을 훼손하는 일을 하던 이전 시대의 그리스도인들처럼 말이다.

그러나 자신들만 연등 행사에 참여하지 않는 방법을 취하든지, 다른 이들에게 그 방법이 옳은 삶의 방법이 아님을 표현하는 방법을 취하든지 그중 어떤 방법이 절대적으로 옳은 표현 방법이라고 생각할 수는 없다. 주어진 상황에 따라서 가장 지혜로운 방법이라고 생각되는 방법에 따라 자신들의 표현 방법을 취하면 될 것이다.

그렇다면 그리스도인들이 어느 정도 많아진 상황 속에서는 우리의 기독교적 대답을 과연 어떻게 표현하는 것이 옳은 것일까? 오늘 우리가 처해 있는 상황 속에서 주어지는 질문은 바로 이런 것이다.

(3) 그리스도인이 많아진 이 사회 속에서 우리는 과연 어떤 태도로 우리의 기독교적인 대답을 표현해야 하는가?

이런 상황 속에서 그리스도인이 이런 연등 행사에 대항해서 이전과 같은 방식으로 저항하며 반대하는 것은 과연 옳은 것일까? 문제의 요점은 똑같이 반대하며 저항하는 것이기는 하지만, 그리스도인들이 수적으로 아주 적은 사회 속에서 그리하는 것과 그리스도인들이 상당히 많아진 사회 속에서 그런 태도를 보이는 것은 결과적으로 상당히 다른 것이라는 점이다. 우리는 이 요점을 유념해야만 한다. 그리스도인들이 적은 상황 속에서 연등 행사에 대해 저항하는 것은 고난을 감수하면서 자신들의 의견을 표현하는 것이 되지만, 그리스도인이 많아진 상황 가운데서 그런 태도를 보이는 것은 잘못하면 자신들의 세력과 힘과 수를 과시하며 드러내려는 것으로 해석될 수도 있고, 또한 그리스도인 자신들도 그런 식으로 표현할 수도 있는 것이기에 매우 조심해야 할 것이다. (수가 적을 때는 그런 태도를 보이지도 못할 사람들이 자신들의 수가 많아지니까 저항하며 항거하는 태도를 보인다는 것은 결국 비겁함을 표현하는 것밖에 안 된다). 이렇게 그리스도인이 많아진 사회 속에서는 그리스도인들이 연등 행사에 반대하는 태도를 이전과는 다른 방식으로 표현해야 한다는 말이다.

그리스도인이 많아진 사회 속에서 우리는 연등 행사에 대한 우리의 평가를 과연 어떻게 표현해야 하는가? 이런 정황 속에서 대립적이고 저항적인 태도를 드러내고 힘을 사용해서 그에 저지하려고 하는 것은 결국 이 사회의 혼란과 분열을 가져오게 할 것이다. 그러므로 기독교는 그 어떤 형태의 무력 사용도 허용하지 않아 왔다. "칼을 사용하는 자는 칼로 망한다." 힘을 사용하는 자는 힘으로 망한다는 원칙을 우리는 이 주님의 말씀에서 이끌어내고 있다. 그러면 우리는 어떻게 해야 하는가?

불자들의 연등 행사 배후의 믿음보다 더욱 옳고 바른 진리가 우리 안에 있음을 우리의 삶과 태도로 드러내는 것이 이런 사회 속에서 우리가 힘써 드러내어야 할 모습이라고 여겨진다. 불자들이 스스로의 힘으로 노력해도 다 이루어내지 못하는 그 사랑의 실천을 십자가에 의존해서 성령님의 힘으로 이 세상에 드러내며 살아야 한다. 바로 그런 우리의 삶의 모습으로 우리는 불교가 추구하는 것 이상의 것이 여기 있음을 나타내야 하는 것이다. 우리의 삶에서 따뜻한 사랑의 모습으로 십자가에서 우리를 구속하신 그리스도의 사랑을 성령님의 능력 안에서 드러내는 것이 우리 안에 있는 진리와 소망의 이유를 간곡하게 이 세상에 제시하는 방식이다. 사랑으로 살며, 그 힘에 의존해서 십자가의 복음적 진리를 선언하는 그것이 모든 정황 속에서 그리스도인의 기본적인 삶의 태도이기 때문이다.

그러므로 그리스도인이 많아진 이런 사회 속에서는 연등 행사를 하려는 이들을 막고 방해하며 힘을 다해 저지시키는 것이 아니라, 그것을 포용하고 그로 인한 불편을 감수하며, 그러나 참된 사랑을 보여 주는 가운데서 적당한 기회를 사서 복음을 증거하며 그리스도를 전해야 하는 것이다.

그러므로 불자들의 연등 행사 등을 방해하거나 그들의 종교 행사를 무시하는 것이나, 그들의 행사에 직간접적으로 동의하며 찬동하며 축하하는 것, 둘 다 제대로 된 기독교적인 반응이라고 할 수 없다. 이 시점에서 그리스도인들은 좀 더 성숙하게 반응하되, 하나님의 참된 사랑을 드러내며, 모든 사람들이 복음을 필요로 한다는 것을 깊이 느끼면서 이 시기를 보내면서 우리 속에 있는 소망의 이유를 묻는 이들에게 대답할 것을 온유한 심정으로 준비해야 할 것이다.

누가 아는가? 우리가 그런 포용적 자세를 나타낼 때 우리 안에 있는 소망의 이유를 묻는 사람들이 나타나게 될지? 그럴 때를 대비하여 우리 안에 있는 소망의 이유를 묻는 이들에게 대답할 것을 예비하되, 사랑과 겸손과 하나님 앞에서의 두려움과 떨림을 가지고 온유한 심령으로 준비해야 할 것이다.

4. 결론: 석탄일을 기회로 복음을 전해야겠다는 다짐을 해야

위에서 우리는 결국 불자들을 포함하여 이 땅에 있는 사람들에게 그리스도의 복음을 제대로 알리고 그 복음이 살도록 하는 일이 우리의 사명이라는 것을 분명히 하였다. 이를 위해서는 평소에 불자들을 포함한 주변의 모든 사람들에게 기독교적 사랑을 표현하는 일을 해야할 것이다. 사랑의 표현을 통해서 많은 이들에게 복음 전파를 위한 준비를 하고, 기회가 주어지는 때에 효과적으로 복음을 전하여, 우리가 그리스도 안에서 얻고 있는 생명의 길로 사람들을 동참시키는 일에 최선을 다해야 할 것이다. 이를 효과적으로 하기 위해서는 평소에 그리스도의 사랑을 주변의 모든 사람들 앞에 드러내는 일에 힘써야 한다. 그래야 불교가 힘써서 부처가 되려고 노력하는 그런 것 이상의 것이 이 세상에 성령님의 능력으로 나타나고 있음을 보여 줄 수 있기 때문이다. 힘을 다투거나 어떤 주도권(hegemony)을 다투는 것이 아니라, 하나님께서 사람을 창조하신 그 본래적 목적을 잘 드러나게 할 수 있는 그 사랑의 힘으로 기독교의 본래 모습을 드러내어야 할 것이다.

12

성경과 현실 모두를 중시하는
성경 독자들로서의 그리스도인

그리스도인은 성경을 중요시하며 성경을 배우고 성경에 근거하여 모든 삶을 살아가는 사람들이다. 그러기에 그리스도인들은 성경의 사람들("the people of the Book," 즉 "the people of the Bible")이다. 이렇게 성경이 우리의 중심이다(text-centeredness). 그러나 그리스도인의 성경 읽기와 성경 연구는 항상 구체적인 상황(context) 가운데서 이루어진다. 어떤 점에서 이 점은 오늘날 상당히 다른 여러 종류의 사람들에 의해서 강조되고 있다고 해도 과언이 아니다. 그러나 앞선 진술의 어떤 측면을 강조하느냐에 따라서 어떤 이들은 객관성을 강조하기도 하고, 또 어떤 이들은 모든 해석은 다 상황적인 것이라고 하면서 상당히 상대주의적인 방향으로 나아가기도 한다. 그러므로 우리는 우리의 성경 읽기와 연구가 모두 구체적 상황 가운데 있음을 분명히 하면서도 무엇보다 먼저 성경의 객관성을 중시하는 태도가 분명해야 한다는 것을 강조하지 않을 수 없다.

1. 성경의 객관성을 중시하는 태도의 중요성

우리는 우리들이 처해 있는 정황들의 다름에도 불구하고 모든 그리스도인은 성경으로부터 동일한 메시지를 발견해야 한다고 생각하는 점에서 성경 메시지의 절대성과 성경의 객관적 해석 가능성을 믿는 사람들이다. 그런 의미에서 우리는 성경에 대해 객관주의적(objective) 입장을 유지해야 한다.

이런 주장은 모든 종류의 해석학적 의심(hermeunitical suspicion)과 해석학적 상대주의에 대해 적대적인 태도를 가지는 것이다. 이런 입장은 오늘날에는 별로 환영받지 못하는 입장이다. 그러나 오늘날과 같이 모든 해석이 상대적이며 상황 의존적임을 강조하는 상황에서는 성경의 이런 객관성(objectivity)을 아무리 강조해도 지나치지 않다. 즉, 그 어떤 다른 상황에 있는 사람들이라도 그들이 그리스도인이려면 공통적으로 발견하게 되는 성경의 부정할 수 없는 메시지가 있다는 점을 우리는 강조해야 한다. 이것이 그리스도인의 정체성의 본질적, 내용적 토대를 형성하는 것이다. 성경이 말하고 있는 계시의 사실성, 성경이 역사로 제시하고 있는 사실들의 역사성, 그 사건에 붙박여 있는 신적 기원을 지닌 의미, 그리고 그 모든 것들이 우리 삶과 존재 전체에 대해 가지고 있는 풍성한 함의들이 여기에 속하는 것들이다.

예수 그리스도의 십자가 사건과 부활, 승천 사건의 객관적 역사성과 그 의미의 신적 불변적 성격과 같은 것이 우리를 그리스도인으로 만드는 것이고, 우리는 이런 것을 누구나 성경으로부터 배워 알며 이런 토대를 가지고서 구속받은 이들로서 구원함을 받은 이들에 대한 하나님의 뜻을 보다 더 잘 알기 위해서 성경을 읽고 탐구하는 것이다.

2. 성경의 실존적 의미의 중요성

따라서 성경 읽기와 성경 공부는 그저 싸늘한 머리만 가지고 할 수 있는 것도 아니고, 그렇게 해서도 안 된다. 우리는 하나님의 뜻을 잘 깨닫기 위해서 성경을 연구하는 것이기 때문이다. 우리가 사랑하는 그분의 뜻을 잘 알고 그것을 실천하기 위해서 공부한다. "마치 사랑하는 연인으로부터 온 편지를 읽는 마음으로 성경을 읽어야 한다"는 말은 이런 의미에서 매우 적절한 표현이 아닐 수 없다. 그 말씀은 우리의 존재 전체를 요구하는 말씀이요, 우리의 삶과 행동을 위한 말씀이다. 따라서 우리는 그 말씀을 온전한 지성과 사랑하는 감정과 실천하려는 의지를 가지고서 읽고 연구해야 한다.

그러므로 성경을 읽고서 제 모습을 잊어버리고 성경을 읽기 이전의 자신의 관심사로 되돌아가는 사람은 진정한 의미에서 성경을 공부하는 사람이 아니다. 우리는 성경이라는 거울을 통해 자기 모습을 바라보고서 곧바로 잊어버리는 어리석은 사람들이 되어서는 안 된다. 성경은 우리 존재 전체에 요구를 하는 책이기 때문이다. 그러므로 객관적인 성경은 우리의 모든 존재 전체를 다 들여서, 즉 우리의 실존 전체를 가지고서 성경을 읽고 연구해야 한다(existentiality). 그럴 때에야 1940년대 이후로 유행했던 실존주의적 해석의 주관성에서 벗어나되, 성경의 전 실존적 요구를 무시하지 않고 싸늘한 죽은 정통주의로 나아가지 않는 길이 열리는 것이다.

3. 성경 읽기와 성경 공부의 정황성에 대한 깊이 있는 의식의 중요성

그런데 우리가 우리의 실존 전체를 들여 집중해야 할 성경 연구는 우리가 지금 여기서 살고 있는 이 구체적인 정황 가운데서 이루어지는 것이다. 그러므로 성경의 객관성과 우리 존재 전체에의 요구라는 실존적 성격을 강조하면서도 동시에 우리가 성경을 읽고 연구하는 이 일이 구체적인 정황성(contextuality)을 우리는 잊지 말아야 한다. 우리는 지금 여기서 성경을 읽고 연구하여 지금 여기서 주께서 우리에게 전해 주시려는 그 의도를 잘 분별할 수 있어야 한다. 21세기 한국 사회에 대해 주께서는 과연 어떤 의도를 가지고 우리들로 하여금 이 구체적인 정황에서 어떻게 하나님의 백성답게, 그리스도인답게 생각하고 행동하게 하시는지를 찾아낼 수 있어야 한다.

이를 제대로 하기 위해서는 (1) 무엇보다 먼저 앞서 말한 성경의 객관성에 근거해서 하나님의 전 포괄적인 의도 전체, 즉 하나님의 전 경륜(the whole counsel of God)을 알려고 해야 하며, (2) 우리들이 처해 있는 구체적 정황을 정확히 알아야 하고, (3) 이런 정황 속에서 하나님의 경륜에 일치하는 하나님의 백성의 생각과 행동 지침을 찾기 위해 기도에 힘써야 한다. 따라서 성경과 함께 신문과 잡지와 동시대적 정황과 미래에 대한 다른 이들의 예측에도 귀를 기울여야 한다. 그것은 우리가 살고 있는 이 구체적 정황 속에 성경에서 배운 하나님의 뜻을 적용하기 위한 것이다. 그러므로 이 과정은 우리의 성경 해석보다는 그렇게 해석된 성경의 의도를 적용하고 응용하는 정황에 적용되는 것으로 보는 것이 더 나을 것이다.

예를 들어서, 인간 배아 복제 문제에 대해 성경은 직접적으로 말해 주는 것이 없다. 또한 1세기 그리스도인들은, 심지어 19세기 그리스도인들조차도 이런 문제를 생각해 보지도 않았었다. 그러나 우리가 살고 있는 1997년 이후, 즉 복제 양 돌리(Dolly) 이후에 사는 우리, 더구나 동물에게 사용했던 체세포 복제 기술을 인간 난자와 체세포에도 적용하여 체세포 핵 치환 기술로 인간 배아를 형성시켜 소위 인간 복제 배아를 생성해 내고, 그로부터 배아 줄기세포를 추출해 내는 일이 이 한국 땅에서 온 세상을 향해 자랑스럽다는 듯이 이루어지고 있는 그런 상황 가운데 살고 있는 지금 여기의 그리스도인들은 바로 이런 정황성에서 성경이 우리에게 무엇을 가르쳐 주려고 하는가의 문제를 생각해야 하는 것이다.[1]

---

[1] 이 점에 대해 좀 더 깊이 생각하려면 이승구, 『인간 복제, 그 위험한 도전, 개정판』 (서울: 예영, 2006)을 보라.

그런 문제로 나아가기 위해서는 성경에 대한 객관적 연구에 근거한 기독교 세계관이 아주 명확히 형성되어 있어서, 그런 기독교 세계관에 근거한 폭넓은 적용을 해 나가야 하는 것이다.[2] 만일에 열심 있는 그리스도인이라고 하는 사람들이 성경을 열심히 읽고 연구한다고 하면서도 이런 인간 배아 파괴 현상에 대해서 무관심하다거나 성경을 믿지 않는 불신자들과 같이 이런 생명 공학 기술을 더 발전시키는 일만이 한국이 살 수 있는 길이라고 하면서 동조해 나가기만 한다면 우리는 우리가 살고 있는 구체적인 현실과 정황을 무시하고 성경을 그야말로 무시간적으로 다루는 이들로 되고 말 것이다. 그런 태도는 결국 하나님의 말씀이 살아 있고 운동력이 있다는 것을 부인하는 결과를 내고 말 것이다.

그러므로 우리는 우리가 섬기는 하나님을 위해서 우리가 살고 있는 이 구체적인 현실을 명확히 살펴야만 한다.[3] 성경을 믿는 그리스도인은 현실을 무시하고 현실을 전혀 모르는 사람들이 아니라, 우리의 현실을 그 누구보다 더 잘 알고 이 세상의 문제와 죄악성에 대해서는 뱀같이 지혜로우나, 그에 물들지 아니하며 오히려 해로울지라도, 핍박을 감수하면서도 주께서 의도하는 방향을 향해 나아가는 사람들이어야만 한다. 부디 이 글을 읽는 모든 그리스도인들이 성경의 진정한 독자들이 될 수 있기를 원한다.

---

[2] 기독교 세계관에 대한 이해를 위해서는 이승구, 『기독교 세계관이란 무엇인가?』 (서울: SFC, 2003); 신국원, 『니고데모의 안경』 (서울: IVP, 2005)를 보라.
[3] Cf. 이승구, 『기독교 세계관으로 바라 본 21세기 한국 사회와 교회』 (서울: SFC, 2005, 개정판, 서울: CCP, 2018).

13

전체 구조로 본 요한계시록 이해

1. 들어가는 말: "제발 요한계시록을 오해하지 말아 주십시오!"

우리 주변에 성경에 대한 오해와 오용이 많이 있다. 부활이 없다고 주장하는 사두개인들에게 예수님께서 "너희가 성경도 하나님의 능력도 알지 못하는 고로 오해하였도다"(마 22:29)라고 말씀하신 대로, 오늘날 우리들 주변에도 성경도 하나님의 능력도 알지 못하여 오해하는 사람들이 많다. 그중에서도 요한계시록을 오해하거나 오용하는 사례는 그야말로 무수하다. 수많은 이단들이 요한계시록을 견강부회(牽强附會)하여 이상한 생각을 만들어 내고 있고, 이단이 아닌 이들도 요한계시록을 이상하게 해석하는 사람들이, 특히 우리나라에 너무나 많이 있다. 그래서 필자는 한국 교회의 성도들에게 다음과 같이 강하게 외치고 싶다: "제발 요한계시록을 오해하지 말아 주십시오!"

2. 요한계시록에 대한 대표적인 오해들

요한계시록에 대한 오해 가운데서 가장 일반적인 것은 역시 세대주의적 종말 이해와 관련된 것이다('세대주의적 오해'). 19세기에 비로소 나타나기 시작한, 따라서 교회사적으로 보면 새로운 (즉, 근자에 들어 몇몇 사람들이 새롭게 주장하기 시작한, 그러나 이제 미국과 한국에서는 숫자적으로는 가장 많은 사람이 주장하는) 이 해석은 요한계시록을 예수 그리스도께서 다시 오시기 전에 있을 대환난을 중심으로 해석하려고 하는 것이다. 세대주의자들은 성도들은 이 대환난을 피하여 간다고 주장한다. 이 때 그들이 강조하는 것 중의 하나가 데살로니가전서 4:17 말씀을 그들 나름으로 해석한 '세대주의적 휴거(rapture) 개념'이다. 대환난 시기의 어느 시점에 휴거가 일어나는 것으로 보느냐에 따라서 '환난전 휴거설'(pre-tribulation theory), '환난 중간 휴거설'(mid-tribulation theory), 그리고 얼마나 많은 그리스도인이 휴거되느냐를 가지고 '(성도) 전체 휴거설'과 '부분 휴거설' 등으로 나뉘어 세대주의자들 간에 논란이 있다.

그러나 이것은 데살로니가 전서 4:17 전후의 맥락을 고려하지 아니한 그들 나름의 이해에 근거한 쓸데없는 논란일 뿐이다. 역사적 전천년설을 지지하는 이들은 이런 논란을 벌여 본 일이 없다. 그러므로 이런 논란을 제시하는 이들은 모두 다 세대주의적 휴거설과 세대주의적 종말론의 영향 아래서 성경을 해석하려는 사람들이라는 것을 미리 짐작하고 논의에 임하여야 한다. 더군다나 얼마 전에 한국 교회에서 많이 읽히던 『휴거』라는 책의 내용은 성도들이 부분적으로 여러 번 휴거해 가는 것으로 묘사되어 있어서 세대주의적 이해에도 못 미치는 이상한 이해(오해)를 더욱 유포하였었다는 것을 기억해야 한다. 세대주의자들이 성경을 문자적으로 하나님의 말씀으로 받아들이고, 그 말씀에 근거하여 자신들의 사상을 정립해 보려고 노력하는 것은 옳은 일이다. 그러나 그들은 성경을 너무 문자적으로 해석하려고 한 나머지 성경이 바르게 제시하는 바를 떠나서 이상한 논란을 벌이고 성도들로 하여금 바른 이해를 가지지 못하도록 하고 있는 것이다.

세대주의자들의 이해와는 달리, 요한계시록에서는 성도들은 그리스도에 대한 충성과 그에 대한 증언으로 인해 고통당하며 고난당하는 것을 강조한다(계 2:10). 그들은 수고하며 환난과 핍박과 순교를 당하는 이들로 묘사되어 있다(계 6:9-11; 12:11; 13:10; 18:24). 계시록에서는 이처럼 "성도들의 인내와 믿음"이 강조되어 있다(계 13:10; 14:12). 성도들은 지극히 큰 환난 가운데서 나오는 자들인데 그리스도의 속죄 공로에 의존하며, 그 결과로 자신들을 지켜 나간 이들로 묘사되고 있다(계 7:14; 6:11; 19:8). 이와 같이 참 성도들은 환난을 피해 가는 것이 아니라, 환난 가운데서 인내하며 또한 하나님에 의해서 지켜지는 것이다(마 24:21-22 참조). 그런데 세대주의자들은 이런 성경의 명백한 가르침과는 다른 가르침으로 성도들에게 잘못된 영향을 미치고 있다.

이러한 세대주의적 오해와 상당히 연관된 것이지만, 요한계시록의 말들을 지나치게 문자적으로 이해하여 (그리고 정확히 따지고 보면 문자적으로 이해하지도 않고, 선입견을 가지고 본문에 접근하므로) 나타난 이상한 오해들이 많이 있다. 그 대표적인 예가 하늘의 성도天上聖徒들은 하늘에서 문자적으로 흰 옷을 입고 산다는 오해이다. 이는 그들은 "어린 양의 피에 그 옷을 씻어 희게 하였느니라"(계 7:14)와 같은 말씀을 오해한 대표적인 예이다. 그 말을 정말 문자적으로 이해하면 그 옷이 붉어지므로, 이 말씀은 문자적으로 이해할 것이 아니고, 하늘 성도들은 그리스도의 십자가에서의 구속의 공로로 죄 문제를 해결하여 깨끗하게 하심을 받았다는 말로 이해해야 하리라는 것은 모든 건전한 성경의 독자들이 바르게 생각할 만한 것이다. 그럼에도 불구하고 많은 한국 교회 성도들은 그저 인상주의적 독서에 근거해서 하늘 성도들이 흰 옷을 입고 있다고 잘못 이해하고 있다. 바로 이런 오해 때문에 시한부 종말론자들이 그들이 제시한 주님의 재림 시기에 흰 옷을 입고 준비한다고 하면서 기도하던 모습을 본 일도 있다. 그러나 요한계시록의 이 말은 그런 식으로 이해할 말이 아니라는 것을 분명히 하도록 하자. 더구나 바르게 이해된 마지막 일에 대한 이해에 근거해서 보면 성도들은 죽은 후에 부활 때까지는 그 영혼이 하늘(heaven)에 있게 되는 것이다. 그러므로 성도들이 하늘에 있는 상태에서는 문자적으로 옷을 입고 있다고 하기 어려운 것이다. 성도들의 하늘 상태는 영혼의 상태이기 때문이다. 요한계시록 19:8의 "빛나고 깨끗한 세마포"는 예수님 재림 때에 성도들의 출현과 관련되어 있음을 상기해야 한다.

또한 하늘이 황금 길로 이루어져 있다는 일반적인 이해도 바로 이런 오해에서 나온 것이다. 이런 해석의 근거가 된 것은 요한계시록 21:21 말씀인데, 이 말씀도 전후 문맥을 잘 생각해 보면 "하늘 길은 정금이다"라고 그저 단언하는 것이 아님을 잘 알 수 있다. 첫째로, 그 표현은 "맑은 유리 같은 정금"이라고 되어 있다. 새 예루살렘의 성과 그 길을 그와 같이 묘사한 것이다(계 21:18, 21). "맑은 유리 같은 정금"이라는 독특한 표현이 우리가 생각하는 일반적인 이해와 다름을 시사한다. 더구나, 이것이 하늘에서 내려오는 그리하여 새 하늘과 새 땅에 있게 되는 "새 예루살렘"을 대한 묘사 가운데서 나타나고 있다. 모든 건전한 주석가들은 이 새 예루살렘이 신구약의 교회 성도들에 대한 표상적 표현으로 이해한다. 그러므로 이 구절은 새 하늘과 새 땅에 있게 되는 실제적인 성의 모습에 대한 묘사라고 보지 말아야 하는 것이다. 그런데도 한국 그리스도인들은 이로부터 하늘을 유추하고 지금 하늘의 길이 정금으로 이루어져 있다고 오해하는 일이 많다. 계시록 21장의 본문은 새 하늘과 새 땅의 상황을 묘사하는 것이다. 더구나 18절과 21절은 그 가운데 있게 될 신구약 교회, 즉 신구약의 성도들을 "거룩한 성, 새 예루살렘"으로 표현하면서 그들의 온전함을 표현하고 있는 말씀인 것이다.

마찬가지로 요한계시록에 등장하는 3년 반(계 12:14), 삼 일 반(계 11:9, 11), 42달(계 11:2; 13:5), 1,260일(계 11:3; 12:6)과 같은 용어들도 문자적인 이해로 많이 오해되고 오용된 말이라고 할 수 있다. 이들은 모두 유대인들에게 극심한 고난으로 기억되던 엘리야 시대의 삼 년 반(왕상 17장-18장)과 관련되어 나온 상징으로 극심한 고난의 때를 표현하는 표상적 표현이다. 이는 유대인들이면 다 그렇게 생각하는 극심한 고통의 기간이라고 생각하는 기간을 사용해서 그렇게 극심한 고통의 때가 있을 것임을 표현하는 것이지, 문자적으로 3년 반, 즉 42달, 즉 1,260일 동안 있을 어떤 일을 지시하고 있는 말이 아닌 것이다. 그런데도 많은 이들은 이런 용어들을 문자적으로 이해해 보려고 한다. 이런 것은 모두 다 계시록의 표상적 표현을 문자적으로 오해하는 데서 발생하는 일이라고 생각된다.

문자적 해석은 아니지만 많은 사람들이 오해하는 또 하나의 오해가 요한계시록 13:18의 짐승의 수 666에 대한 해석이다. 이는 고도의 상징법을 지닌 표현인데, 이것을 바코드 등으로 직접적으로 해석하는 것은 상당히 근자에 나온 이상스러운 해석이 아닐 수 없다.[1]

이런 오해를 떠나서 요한계시록을 제대로 이해하게 되면 요한계시록은 그리스도가 현재의 왕이심과 종국적 승리자이심을 장엄하게 그려 주는 귀한 말씀으로 우리에게 의미 있게 다가오게 된다. 윌리엄 헨드릭슨이 그의 주석의 표제로 잘 표현한 바와 같이 그리스도는 이 세상적 승리자 이상의 분이신 것이다(More than Conquerors).

그렇게 귀한 요한계시록의 메시지를 이해하는 일에 있어서 두 가지 서로 다른, 그러나 그 둘 모두가 적법한 이해들이 우리 앞에 있다. 그리고 그 해석 가운데 어떤 해석을 취하느냐에 따라서 앞으로 될 일에 대한 우리의 이해가 달라진다. 이 두 가지 해석은 둘 다 그 정당성을 우리 앞에 제시할 수 있는 것이므로 모든 성도들은 이 두 해석을 잘 살펴보고서, 과연 자신은 어떤 입장을 자신의 입장으로 취하여야 하는지를 분명히 하도록 해야 할 것이다. 그 두 가지 해석이란 (1) 요한계시록은 앞으로 될 일을 차서적으로 기록했다고 보는 해석과 (2) 요한계시록은 점진적 병행법으로 기록되었다는 해석이다. 이 두 가지 해석에 대해서 차례로 생각해 보기로 하자.

---

[1] 이 문제에 대한 논의로 이승구, "베리칩에 대한 기독교적 관점", 『묵상과 기도, 생각과 실천』 (서울: 나눔과 섬김, 2015), 176-91을 보라.

3. 요한계시록은 앞으로 될 일을 차서적으로 기록했다고 보는 해석

요한계시록 2-3장을 어느 시기의 교회에 대한 묘사로 보느냐에 따라 의견이 갈리기도 하지만, 그 부분에 대한 논의를 제외하고, 4-5장은 하늘 궁정의 예배 정황을 묘사한 것으로 보고, 그 장면에서 나타나는 두루마리 책의 일곱 인(印)을 떼는 것과 관련된 말씀(6장-7장), 일곱째 인을 떼실 때에 하늘이 반 시 동안 고요한 후에 있는 일곱 천사의 일곱 나팔 부는 일(8장-14장), 일곱 대접의 재앙에 대한 계시(15장-18장), 19장의 재림 묘사, 20장의 천년 왕국에 대한 말씀, 21장-22장의 새 하늘과 새 땅에 대한 말씀을 다 차서적으로 보는 해석이 있다. 즉, 6장 이후에 나타난 모든 말씀은 앞으로 이 세상에서 되어질 일에 대한 차서적 묘사라고 보는 것이다.

이런 해석에 의하면 요한계시록은 앞으로 있을 어려움에 대한 묘사가 가장 많은 부분을 차지하는 말씀이 된다(6장-18장). 그리고 그 모든 어려움이 지나면 있을 주님의 재림에 대한 묘사가 19장에 기록되어 있다고 한다. 19:1-5절에는 앞의 말씀과 연결하면서 그 배경을 묘사하고, 19:6-10절에는 재림에 대한 선언과 찬양이 있고, 재림주의 모습이 19:11-16절에 묘사되어져 있고, 19:17-21은 그에 따르는 심판에 대한 묘사라고 본다.

그리고 재림 후에는 천년 왕국이 있을 것임이 묘사되어져 있다고 한다(20:1-6). 그러므로 이런 해석에서는 19장과 20장의 흐름을 차서적으로 보는 것이다. 19장에 재림이 묘사되어져 있고, 그 이후에 천년 왕국에 대한 언급과 묘사가 있으니, 천년전 재림설[전천년설]을 가져야 한다는 것이다. 그리고 교회에서는 오랫동안 이런 견해를 주장하는 사람들이 많이 있어 왔다. 그래서 이런 해석을 '역사적 전(前)천년설'이라고 하는 것이다. 이 용어는 19세기부터 나타나기 시작한 세대주의적 전(前)천년설과 구별하기 위해 사용하는 용어이다.

세대주의적 전천년주의자들은 그리스도의 재림을 성도들을 위한 은밀한 재림(secret coming)과 성도들과 함께 오는 파루시아(parousia)의 두 국면으로 나누어 말하고 그 사이에 7년의 환난기가 있다는 주장을 한다. 그러나 교회 안에서 오랫동안 받아들여지던 역사적 전(前)천년설에서는 그리스도의 재림을 그렇게 두 국면으로 나누어 설명한 일이 없다. 또한 계시록 19장도 그런 해석의 여지를 주지 않는다. 그러므로 19장과 20장을 차서적으로 보아야 한다고 생각하는 이들은 모두가 역사적 전(前)천년설을 주장해야 한다. 이런 역사적 전(前)천년설은 요한계시록에 대한 단선적 이해에 근거한 해석으로 보아야 한다.

4. 요한계시록을 점진적 병행법으로 보는 이해

그러나 이런 해석에 대해 의문을 표현하는 사람들이 있어 왔다. 즉, 예수님의 재림과 최후의 심판에 대한 묘사가 과연 요한계시록 19장에 처음으로 나타나고 있느냐에 대해 의문을 표시한 해석자들이 있는 것이다. 그들은 계시록 6:12-17에도 최후의 심판에 대한 묘사가 나오고, 7장에 구속받은 이들에 대한 묘사(특히 7:7-17의 묘사)는 거의 계시록 21:3-4의 묘사와 동일한 것을 보면서 계시록이 같은 정황을 여러 번 묘사한 예를 살피면서 병행법적 구성을 생각하기 시작했다. 그런 관점에서 보니 11:15-18에도 최후의 심판에 대한 시사가 있고, 14:14-20에도 그런 시사가 있으며, 16:17-21에서와 19:17-21에, 그리고 20:11-15, 21:8에 최후의 심판에 대한 묘사가 나타나고 있는 것을 보고서 해석자들은 요한계시록이 다음과 같은 7개의 병행법적 구조(seven parallel structure)로 구성된 것이 아닌가 하는 해석을 제시하였다:

(1) 일곱 등대 사이의 그리스도(1:3-3:22)

(2) 하늘과 일곱 인에 대한 이상(4:1-7:17)

(3) 일곱 나팔에 대한 이상(8:1-11:19)

(4) 핍박하는 용에 대한 이상(12:1-14:20)

(5) 일곱 대접의 재앙에 대한 이상(15:1-16:21)

(6) 큰 성 바빌론의 멸망에 대한 이상(17:1-19:21)

(7) 극치에 이르기까지에 대한 이상(20:1-22:21)

즉, 그리스도의 초림부터 재림까지의 상황을 다양하게 묘사하는 7개의 묘사가 병행법적인 구조로 제시되어 있다고 보는 것이다. 이와 같은 구조를 생각하고 나면, 19장에서 그리스도의 재림이 묘사된 후에는 다시 처음으로 돌아가서 그리스도의 초림부터의 상황을 묘사하는 것이 된다. 그렇게 되면 20장이 묘사하는 천년 왕국은 그리스도 재림 이후에 있는 것이 아니라 초림부터의 상황을 묘사하는 것이 된다. 여기서 소위 무천년설, 즉 교회시대 천년 왕국 사상이 나타난 것이다. 무천년설이란 말은 천년 왕국을 문자적인 천년으로 생각하지 않아야 한다는 해석으로 그리스도께서 이 땅에 오셔서 하나님 나라를 세우신 때로부터 이미 천년 왕국이 시작된 것으로 보아야 한다는 견해인 것이다. 이는 요한계시록에 대한 병행법적 해석에 근거한 이해라고 보아야 한다.

5. 이 두 해석 사이의 열매 있는 대화와 대화하는 이들의 자세

이 두 가지 해석, 즉 역사적 전천년주의적 해석과 무천년적 해석은 서로 대립적인 해석이다. 즉, 종국적으로 보면 그 둘 모두가 다 옳을 수는 없는 서로 다른 해석들이다. 주께서 재림하실 때에는 우리가 과연 어떤 해석이 옳은 해석인지 확실히 알게 될 것이다. 그러나 이 두 가지는 이에 대립하는 다른 해석들과는 달리, 그 어떤 해석만이 전적으로 옳은 해석이라고 할 수 없는 선택 가능성의 동일한 무게를 지닌 해석이다. 따라서 이 문제에 대한 논의와 대화는 다른 한편의 입장을 지니는 사람을 이단으로 만들거나 열등한 해석자로 만드는 것이 아니라, 오히려 서로가 서로를 존중하면서 같이 서 있을 수 있을 수 있게끔 만드는 논의가 될 수 있다.

역사적 전천년주의는 계시록 20:4의 "살아서"라는 말을 전후 문맥 속에서 일관성 있게 문자적으로 이해하는 장점이 있고, 계시록의 차서적 이해에서는 자연스러운 결과를 지닌 것이 된다. 그 천년 왕국 상태에서 신자들은 부활체를 가지고 영원히 살고, 다른 성원들은 오래 살기는 하지만 죽기도 하는 그런 현실이 난제로 있기는 하지만 하나님의 말씀 앞에서 그런 것을 전혀 개의치 않는 말씀에 대한 신실함이 나타나는 해석이다.

이에 비해 무천년적 해석은 성경 전체의 구조와 좀 더 잘 조화되고, 계시록의 최후 심판에 대한 묘사가 여러 번 나타나고 있는 것과도 잘 조화된다. 그러므로 어떤 이가 역사적 전천년주의자인가 무천년주의자인가 하는 것은 전적으로 요한계시록 구조를 어떻게 이해하는가, 특히 19장과 20장의 관계를 어떻게 보느냐 하는 것에 달려 있는 것이다.

그러므로 이 문제에 대한 논의는 교회의 그리스도인들 사이의 참으로 열매 있는 논의(fruitful discussion)가 될 수 있다. 서로 다른 입장을 가지고서 어떤 해석이 과연 요한계시록의 구조를 더 잘 반영하는가를 논의하고, 따라서 어느 해석이 요한계시록을 주신 우리 주님의 의도를 더 잘 드러내는가를 논의하고, 어떤 해석이 성경 전체의 구조에 더 일치하는가를 논의하고, 어느 해석이 성경 전체의 사상을 더 잘 반영하는가를 따지는 이 논의는 쓸데없는 논의가 아니라, 그 누구도 이단자나 이상한 성경 해석자가 되도록 하지도 않으면서 하나님의 말씀을 주신 의도를 잘 주의해 살펴보도록 하나님의 말씀의 의도를 찾는 해석적 작업으로 우리를 인도하여서 우리들로 하여금 하나님의 말씀의 의도에 더욱 신경 쓰게 만들고, 더 깊이 있는 해석자들이 되게 할 수 있는 것이다.

이런 논의는 우리를 더욱 살찌우고, 우리들로 하여금 하나님과 하나님의 경륜에 더욱 민감하게 만들어서, 그리스도께서 이루신 바와 "내가 속히 오리라"(계 22:7, 20)고 말씀하신 그리스도의 말씀에 의존하여 그리스도의 재림을 열망하게 만들 수 있는 것이다. 그러므로 우리가 이런 논의를 할 때, 우리는 하나님의 말씀을 존중하며 그 말씀의 지배 아래 있으려고 하는 이들로서 비록 서로의 입장은 서로 다를지라도 상호 존중하는 자세로 서로에게 배우려고 할 수 있다.

6. 마치는 말: 신약 성도들의 바른 종말 이해를 위하여

요한계시록의 구조 이해를 통해서 요한계시록에 대한 오해를 벗어나서 이 말씀을 통해 주시려는 하나님의 의도에 대한 논의를 마치면서 마지막으로 독자들에게 세 가지 중요한 요청을 하고자 한다.

첫째는, 신약적 종말 이해를 분명히 하자는 요청이다. 구약 시대에는 하나님의 언약의 사자의 임하심, 또는 하나님 자신의 종국적 임하심, 그리고 그와 더불어 있게 될 최후 심판이 있게 될 '여호와의 큰 날'을 중심으로 종말을 말하였다. 마찬가지로 유대교적 두 세대 개념에 의하면, 이 세대(this age)가 마쳐지게 되고 그리하여 오는 세대 (the age to come)가 동터올 때가 이 세대의 종말이라고 이해된 것이다. 그런데 예수 그리스도께서 오셔서 구속 사역을 이루심으로 인해 이러한 구약적 종말 개념에 급진적 변화가 일어나게 되었고, 그것이 바로 신약적 종말 개념이다.

신약적 종말 개념에 의하면 예수 그리스도께서 하나님 나라를 가져다 주심으로 인해 그 하나님 나라와 같이 종말도 "이미 그러나 아직 아니"(already … but not yet)와 같은 구조 속에 놓이게 되었다는 것이다. 따라서 신약 성도들은 자신들이 이미 종말에 속해 있음을 알고, 자신들에게 이미 임하여 온 종말론적 질서에 충실하게 살아야 한다. 그러나 또한 이미 종말 안에 있으나 언젠가 "세상 끝"이 있게 될 것임을(마 13:40, 49) 잘 의식하면서 살아야 한다. 오직 "세상 끝"만을 종말이라고 생각하던 구약적 의식과 용어 사용에서 벗어나야 한다는 말이다.

신약의 저자들은 이제 "종말"이라는 말을 구약 저자들과 같이 최후의 심판을 중심으로 사용하지 않고, 새롭게 변화된 종말 개념을 반영하는 용어를 사용하고 있다. 예를 들어서, 히브리서 기자는 예수 그리스도께서 오셔서 그의 사역을 하시고 가르치신 때가 "이 모든 날들의 마지막", 즉 "종말"이라고 하기도 하며(히 1:2), 베드로는 승천하신 그리스도께서 하늘로부터 부어 주신 성령님의 임재가 "말세에" 있게 될 일의 성취라고 요엘서의 "그 후에"라는 말을 의도적으로 변경하면서 말하여서 신약적 종말 의식에 충실한 표현을 하여 주었다(행 2:17). 또한 요한도 종국적 적그리스도가 나타나기 전에 나타난 자기 시대의 수많은 적그리스도의 출현을 지적하면서 그렇기에 자신이 살고 있는 1세기가 "마지막 때"라고 단언하고 있다(요일 2:18). 이와 같은 말들은 그들이 자기 시대를 오해해서 한 잘못되고 시대착오적인 말이 아니라, 그들은 변하여진 신약적 종말 개념을 충실히 반영한 말로 보아야 한다. 그러므로 우리도 이제 "종말"이라는 말을 사용할 때 마치 구약 시대에 사는 이처럼 최후의 심판을 중심으로 이 세대의 끝을 중심으로 말하지 말아야 할 것이다.

그러므로 우리들도 예수 그리스도께서 이미 가져다주신 하나님 나라로 인하여 우리가 이미 하나님 나라의 질서, 즉 종말론적 질서 속에 편입되어 있음을 충분히 의식하면서, 그 터 위에서 그 하나님 나라가 극치(consummation)에 이르게 되는 세상 끝에 있게 될 그리스도의 재림과 우리 몸의 부활을 기대하며 소망해야 할 것이다. 이것이 신약적인 종말 개념에 충실한 성도의 모습이요, 종말론적 실존의 모습이다.

둘째로, 이미 하나님 나라에 속해 있는 성도들은 죽으면 그 영혼이 하나님이 계신 곳인 "하늘"(heaven) 또는 "낙원"(paradise)에 있게 될 것임에 대해 바른 이해를 가지자는 요청이다. 죽음 이후의 상태를 마치 몸을 가진 상태로 과장하거나 그때에 이미 상이 있는 것과 같이 오해해서는 안 된다는 것이다. 성경은 성도들에게 주어지는 유업의 상은 재림 이후라는 것을 끊임없이 면면히 강조하고 있다(딤후 4:6-8; 벧전 5:4 참조). 하늘에서 성도들은 "수고를 그치고 쉬는 것"이다(계 14:13). 다른 사람들이 그들에게 가입하여 수가 차기까지, 즉 하나님의 경륜의 때가 이르기까지 "잠시 쉬면서" 기도도 하고(계 6:9-10), 찬양도 하며(계 4:10-11; 5:8-10) 하나님 앞에서 의식(意識)을 가지고 기쁨 가운데서 하나님 나라가 극치에 이르기를 기다리는 것이다. 한국 교회에서는 이와 같은 하늘 상태가 최종 상태인 것과 같은 오해가 알게 모르게 많이 있어 왔다. 그러나 낙원과 하늘에 있는 상태는 기다리는 상태이다. 최종적 상태는 하나님 나라가 극치에 이른 "새 하늘과 새 땅"이고, 그 새 하늘과 새 땅이 영원 상태(eternal state)인 것이다. 그리고 근자에는 정반대로 영원 상태에 있기 전에 우리가 기다리며 있게 되는 "하늘"

상태를 부인하는 사조가 서구로부터 점점 유입되는 경향이 있다. 그러므로 주의해야 한다.

그러므로 마지막으로 요한계시록이 그래도 상당히 구체적으로 그려 주고 있는 새 하늘과 새 땅에 대한 소망과 이해를 바로 갖자는 요청이다. 하나님께서 우리를 위해 예비하신 모든 것은 다양한 측면에서 그야말로 "눈으로 보지 못하고, 귀로도 듣지 못하고, 사람의 마음으로도 생각하지 못한" 것이다(고전 2:9). 그러므로 요한계시록에서도 "새 하늘과 새 땅"의 상태, 그 "영광의 왕국"(regnum gloriae)을 상당히 표상적으로 그리고 있다. 그러나 그 실재가 분명히 전달되고 있는 것을 잊어서는 안 된다. 성도들이 종국적으로 바라는 바는 부활한 몸으로 참여하게 되는 새 하늘과 새 땅이기 때문이다.

14

"영성" 개념의 문제점과 성경적 경건의 길

요즈음 그리스도인들 개개인이나 교회가 소위 "영성" 문제에 관심을 가지고 "영성 수련"이나 "영성 훈련"에 관심을 가지는 일이 많이 있다. 하나님 앞에서 바르게 살아 나가겠다는 마음을 가지고 개인과 교회 전체가 노력하는 것은 매우 좋은 일이지만, 영성 개념이나 이로부터 유래하는 영성 수련이나 영성 훈련의 문제점을 전혀 생각하지 않고, 사방에서 제시되는 다양한 방법을 그대로 따라가는 것은 심각한 문제를 낳지 않을 수밖에 없다. 그러므로 이 장에서는 오늘날 한국 사회 속에서 일반적으로 사용되고 있는 영성 개념의 문제점을 살펴본 뒤에, 참되고 바른 영성의 방향 제시로 '성경적 경건의 길'을 제안해 보고자 한다.

1. 오늘날 "영성" 개념의 문제점들

일반적으로 "영성"(spirituality)이라는 말은 요즈음 기독교계에서 상당히 긍정적인 의미로 사용되고 있다는 점에 대한 지적으로부터 우리의 논의를 시작하고자 한다. 예를 들자면, 이미 오래전에 프란시스 쉐이퍼 같은 분도 자신의 중요한 경험을 언급하는 "참된 영성"(True Spirituality)이라는 제목의 책을 쓰고 제시하기도 했었고,[1] 많은 사람들이 이런 용례를 따라서 이 용어를 사용한다. 복음주의권에서 "영성"이라는 말을 긍정적으로 사용하는 데 선구적인 작업을 한 사람은 오랫동안 고든-콘웰 신학교에서 교회사를 가르쳤고 복음주의권에서 처음으로 영성 신학의 매뉴얼을 제시했던 리처드 러브레이스일 것이고,[2] 가장 큰 기여를 하신 분이 아마 캐나다의 리젠트 칼리지의 초대 영성 신학 교수였던 제임스 휴스톤일 것이다.[3] 그를 이어서 영성 신

---

[1] Francis Schaeffer, *True Spirituality* (Wheaton, Ill.: Tyndale House, 1972).

[2] Richard F. Lovelace, *Dynamics of Spiritual Life: An Evangelical Theology of Renewal* (Downers Grove, Ill.: IVP, 1979). 이 책의 서문에서 그는 이 작품은 역사와 기독교 경험 신학을 연관시키는 학문인 영성 신학의 매뉴얼이라고 하면서 당시 천주교 영성 신학의 대표적 문서로 Louis Bouyer, et al., eds., *History of Christian Spirituality* (London: Burns & Oates, 1963-69)과 Pierre Pourrat, *Christian Spirituality* (Westminster, MD.: Newman Press, 1953-55)을 제시하면서 개신교적 관점에서는 신비주의자들을 다룬 것 외에는 이에 상응하는 책이 아직 나오지 않았다고 하고 있다(11, 436, n. 1).

[3] 캐나다 리젠트 칼리지에서의 그의 강의들과 그의 다음 책들을 보라. 특히 근자의 James M. Houston, *The Holy Spirit in Contemporary Spirituality* (Bramcote, Nottingham, UK: Grove, 1993)을 보라. 또한 J. I Packer, J. M. Houston, Loren Wilkinson, eds., *Alive to God: Studies in Spirituality Presented to James M. Houston* (Downers Grove, Ill.: IVP, 1992).

학을 강의한 유진 피터슨과4 폴 스티븐스가5 아마 복음주의권에서 영성이라는 말을 긍정적으로 사용하는 대표적인 사람들일 것이다.6

1-1. 그러나 조금만 깊이 생각해 보면 이 "영성"이라는 용어는 우리가 상당히 주의해서 사용해야 할 용어라는 점을 지적하지 않을 수 없다. 왜냐하면 이 용어는 우리 기독교인들만이 사용하는 말이 아니기 때문이다. 특히 20세기 말을 가리켜서 "영성의 시대"라고 하는 말이 비기독교권에서도 많이 사용되었다는 점을 주목한다.7 세속화되는 서구 사회 속에서 20세기 말에 세속적인 삶에 대한 반성으로부

---

4 Eugene H. Peterson, *The Contemplative Pastors: Returning to the Art of Spiritual Direction* (Grand Rapids: Eerdmans, 1993); idem, *Take and Read: Spiritual Reading: An Annotated List* (Grand Rapids: Eerdmans, 1996); idem, *Leap Over a Wall: Earthly Spirituality in Everyday Christians* (San Francisco: Harper/San Francisco, 1998), 이종태 옮김, 『다윗: 현실에 뿌리박은 영성』(서울: IVP, 1999)4; idem, *A Long Obedience in the Same Direction: Discipleship in an Instant Society* (Grand Rapids: Eerdmans, 2000), 김유리 옮김, 『한 길 가는 순례자』(서울: IVP, 2001); idem, *Christ Plays in Ten Thousands Places: A Conversation in Spiritual Theology* (Grand Rapids: Eerdmans, 2005).

5 Paul Stevens, *Marriage Spirituality: Ten Disciplines for Couples Who Love God* (Downers Grove, Ill.: IVP, 1989), 강선규 옮김, 『영혼의 친구 부부』(서울: IVP, 2003); idem, *Disciplines of the Hungry Heart*, 『현대인을 위한 생활 영성』, 박영민 옮김 (서울: IVP, 1996); idem, *The Other Six Days: Vocation, Work, Ministry in Biblical Perspective* (Grand Rapids: Eerdmans, 2000), 홍병용 옮김, 『21세기를 위한 평신도 신학』(서울: IVP, 2001); idem, *Down-to Earth Spirituality: Encountering God in the Ordinary Boring Stuff of Life* (Downers Grove, Ill.: IVP, 2003); R. Paul Stevens and Michael Green, *Living the Story: Biblical Spirituality for Everyday Christians* (Grand Rapids: Eerdmans, 2003).

6 그 외에도 Laurence Richards, *A Practical Theology of Spirituality* (Grand Rapids: Zondervan, 1988); Howard L. Rice, *Reformed Spirituality* (Lousville, KT: Westminster/John Knox, 1991); Simon Chan, *Spiritual Theology: A Systematic Study of the Christian Life* (Downers Grove, Ill.: IVP, 1998), 김병오 역, 『영성 신학』(서울: IVP, 2002) 등을 보라.

7 Cf. http://globalspirit.org/home.htm.

터 영성에 주목해야 한다는 논의가 활발하게 나타나기 시작했다. 그때 그들이 말한 의미는 복음주의권에서 성령님께 온전히 의존하는 그런 모습을 주로 생각하는 것이 아니라, 단순히 이 세상의 세속적인 삶 이상의 것을 찾는 모든 시도들을 가르쳐서 영적인 시도들이라고 하는 의미였다. 그리하여 인도의 힌두교적 사상들도 영적인 것이며 영성의 한 측면으로 언급되었고,[8] 요가에 대한 관심이 높으며,[9] 불교의 영성 등에 대한 관심은 매우 높다. 여성의 영성을 말하는 한 홈페이지는 불교도들이 그들의 관점에서 영성 훈련하는 내용과 그런 관점에서의 세계관을 제시하고 있을 정도이다.[10] 심지어 이슬람에서도 영적 생활 등에 대한 논의가 강조되고 있고,[11] 천도교에서도 영성을 말하는 일이 있다.[12] 미국에서는 미국 원주민들의 영성을 다루는 홈페이지도 있고,[13] 호주의 원주민들의 영성을 다루는 홈페이지도 있

---

[8] Cf. Mettina Baumer, "The Guru in the Hindu Tradition," *Studies in Formative Spirituality* 11, no. 3 (November 1993): 341-53. 또한 http://www.sahajayoga.org/;
    http://www.hinduwomen.org/spiritual.htm;
    http://www.godrealized.com/;
    http://www.dharmacentral.com/ http://godrealized.com/essays/도 보라.
[9] http://www.inthelight.co.nz/spirit.htm;http://www.sahajmarg.org/;
    http://www.evonline.net/; http://www.yoga-for-health-and-fitness.com/spirituality.htm
[10] Cf. http://happyvil.hani.co.kr/section-005300002/home01.html; http://www.faizani.com/
[11] Cf. http://www.quran.or.kr/Islam/f4.htm#2; http://www.islam-usa.com/SpiritMed.htm;
    http://www.al-islam.org/topical.php?sid=748806680&cat=133.
[12] 천도교에서 내는 잡지 『신인간』에서는 2003년에 연간 기획으로 영성 시대와 천도교라는 글들을 계속 실었었다. Cf. http://www.chondogyo.or.kr/shiningan/n2003/n12/n1203.htm.
    또한 다음 글도 보라. http://chondogyo.or.kr/shiningan/n2003/n08/n0804.htm.
[13] http://www.religioustolerance.org/nataspir.htm;
    http://www.native-languages.org/religion.htm;
    http://religiousmovements.lib.virginia.edu/nrms/naspirit.html;

다.14 그리하여 결국 "세계 영성"(world spirituality)을 말하고 그 안에서 다양한 종교의 영성을 언급하는 일이 있다.15

그러므로 우리가 주의하지 않고 "영성"이라는 말을 사용할 때 올 수 있는 오해는 무수하다. 도대체 이 세상에서는 특별히 기독교적인 영성만을 영성이라고 하지 않는다. 심지어 게이들의 영성16, 레즈비언의 영성17 등등의 말도 흔히 우리 주변에 나타나고 있다. 여성주의의 관점에서 여신을 추구하는 영성에 대한 관심을 강하게 가지기도 한다.18

이런 것들과 관련해서 오늘 날에는 소위 뉴에이지적 영성에 대한 강조가 가장 특징적인 것의 하나라고 할 수 있다.19 그들은 영성

---

http://www.impurplehawk.com/naspirit.html;
http://www.csp.org/communities/native_american.html;
http://www.lelandra.com/comptarot/tarotindian.htm;
http://www.awomansjourney.com/na.html

14 http://www.experiencefestival.com/aboriginal_spirituality

15 http://www.umsonline.edu/courses/world_spirituality/

16 http://gayspirituality.typepad.com/blog/;
http://tobyjohnson.com/; http://www.gayspirituality.org/;
http://www.timpickles.com/projects/gay.htm;
http://c.webring.com/hub?ring=gayspirituality;

17 http://www.suite101.com/welcome.cfm/gay_lesbian_spirituality;
http://www.johnjmcneill.com/;
http://www.spirit-alembic.com/ishvara.html;
http://www.gayspirituality.freeservers.com/;
http://www.connectqld.org.au/asp/index.asp?pgid=3808.

18 http://www.awakenedwoman.com/goddess_spirituality.htm.

19 Cf. http://www.einterface.net/;
http://www.religioustolerance.org/newage.htm;
http://www.tarotplanet.com/spirit/;
http://www.new-age-spirituality.com/;
http://www.klienwachter.com/; http://www.golddragonpub.com/

을 매우 강조하며, 우리가 영적이어야 하는데 그렇게 될 때 이 세상의 모든 문제를 해결할 수 있다고 한다. 그렇게 영성적인 모습을 지닌 한 표현이 그들이 말하는 어머니 신(母神)인 이 땅을 잘 보호하는 것이라고 그들은 주장한다. 이와 연관하여 지구 영성(earth spirituality)과 마술(witchcraft)을 연관시키는 홈페이지도 있다.[20] 그러므로 이런 뉴에이지적인 영성과 우리가 이야기하는 영성은 전혀 다른 것이다. 모든 복음주의적 그리스도인들은 이런 의미의 영성은 참된 영성이 아니라고 생각하고 말할 것이다. 그러면 이 세상 사람들은 영성이라는 단어를 왜 당신들만 독점하려고 하느냐고 당신들은 배타적 영성 이해를 가졌다고 말하게 될 것이다. 그러므로 "영성"이라는 말을 그냥 사용할 때 문제가 생기지 않을 수 없다.

1-2. 그러면 기독교와 관련된 사람들이 말하는 "영성"만을 말하면 되지 않느냐고 말할 사람들이 있을 것이다. 물론 다른 사람들이 말하는 영성이라는 것을 다 제쳐 놓고, 그렇게 할 수 있다. 그리고 그것이 바로 복음주의권에서 "영성"이라는 말을 사용하는 방식과 의미이기도 하다.

그러나 이 용어가 사용된 역사적 과정을 살펴보면 이것도 그렇게 단순히 이야기할 문제가 아니라는 것을 발견하게 된다. 오늘날 "영성"을 말하는 분들은 대개 이전 천주교 영성 사상가들이 말하던 바를 토대로 하고 이 용어를 사용하고 있기 때문에, 그들과 같이 "영성"이라는 단어를 사용하면서 그들이 이 단어에 부여한 의미를 배제

---

[20] http://www.amystickalgrove.com/

할 수 있으리라고 생각하기는 매우 어려운 것이다. 얼마나 많은 사람들이 천주교의 예수회(Jesuits)의 창시자인 이그나티우스 로욜라(Ignatius Loyola, 1491-1556) 적인[21] 의미의 "영성"을 생각하고, 특히 "영성을 위한 수련"과 같은 것을 말할 때 그가 말한 "영신 수련"에 근거하고 있는지를 생각해 보라.[22] 특히 오늘날 많이 유행하고 있는 영성 자료 같은 것은 결국 모두 그의 사상과 그로부터 발전한 것들을 제시하고 있는 현실을 보라.[23] 서강 대학교 영성 연구소 자료에 의하면 이그나티우스 로욜라와 그로부터 기원하는 영성 훈련의 방법을 다음과 같이 소개 하고 있다.

> 초기에는 매우 단순한 형태로 지도했지만, 시간이 흐르면서 좀 더 섬세한 모습으로 이 〈원리와 기초〉가 제시되었다. 〈영신수련〉을 받고자 하는 지원자의 마음가짐을 오랜 기간 동안 준비시킨 후에, 이냐시오는 피정자에게 〈원리와 기초〉의 내용을 설명해 주었고, 동시에 여러 성찰 방법들을 설명해 주었다. 그리고 그날 오후부터 죄 묵상에 들어갔다.
> 이러한 상황에서 〈원리와 기초〉는 두 가지의 역할을 수행한다. 〈영신수련〉을 체험하기를 원하면서 오랜 기간 마음 자세를 준비해 온 피정자로 하여금 이 피정을 시작하면서 구원에 대한 통괄적이고 객관적인 지평을 상기하도록 이끌어 준다. 이것은 단지 하나의 이상을 제시하는 것은 아니다. 오히려 창조와 구원의 역사 안에 펼쳐진 하느님의 구원 계획 안에서의 자신의 위치를 상기시키면서, 한편으로는 이제 시작하는 〈영신수련〉의 여정을 위해 마음을 준비시키고, 동시에 이 여정의 첫발을 내딛도록

---

[21] 그의 생애에 대해서는 다음을 보라. http://www.ignatiushistory.info/.

[22] Cf. *The Spiritual Exercises of Ignatius Loyola*, trans. Thomas Corbishley, S.J. (Wheathamstead, Hertfordshire, U.K.: Anthony Clarke, 1973), 윤양석 옮김, 『성 이냐시오의 영신 수련』 (서울: 한국 천주교중앙협의회, 1998).

[23] 그 대표적인 예로 다음을 보라.
http://www.creighton.edu/CollaborativeMinistry/online-spty.html. 또한 서강대학교 내의 이그냐시오 영성 연구소 홈페이지 (http://www.sogang.ac.kr/~inigo/Index.htm)도 보라. 그리고 이그나티우스에 대한 다음 카페도 보라(http://cafe.daum.net/ignatius).

이끌어 준다.

하지만 〈영신수련〉을 받고자 하는 사람들이 늘어감에 따라서, 충분한 준비를 하지 못하고 〈영신수련〉을 시작했기에 비교적 덜 성공스러운 결과들을 얻게 되는 경험들을 바탕으로 이냐시오는 좀 더 충분한 준비 묵상들이 필요함을 알게 되었다. 그래서 〈원리와 기초〉 본문을 세분하여 몇 개의 요점으로 나누어 묵상하도록 제시하는 방법이 도입되기 시작했다. 이냐시오는 인간의 창조 목적, 수단들, 어려움 등의 세 개의 요점으로 나누어 이 묵상을 제시했다. 이냐시오의 동지들과 후계자들 역시 때로는 세 가지, 때로는 네 가지의 요점으로 나누어 〈원리와 기초〉의 내용을 묵상하도록 제시했다. 예를 들어 성 베드로 까니시오(St. Peter Canisius)는 인간의 창조된 목적, 창조물의 목적, 창조물을 사용하는 올바른 자세 등의 세 가지 요점으로 나누었고, 폴랑코(J. Polanco) 신부는 창조와 인간의 목적, 창조물의 목적, 창조물의 사용, 불편심 등의 네 가지로 나누어 제시했다. 물론 〈원리와 기초〉를 며칠 동안 계속해서 묵상하도록 하는 것은 〈영신수련〉의 근본 사상에 어긋난다는 제안이 있었지만, 1599년에 공식적으로 출판된 [지침서]는 〈영신수련〉이 올바로 진행되기 위해서 충분한 준비가 반드시 필요함을 강조하면서, 〈원리와 기초〉의 내용이 몇 개의 요점들로 나누어져 묵상하도록 제시하는 것은 사부 이냐시오의 실천적 가르침에서 비롯된 것이라고 재천명했다.

그러므로 〈원리와 기초〉는 〈영신수련〉을 시작하는 피정자로 하여금 하느님의 구원적 사랑의 빛에 의해 자신의 삶이 개선되어야 할 필요를 의식하고, 모든 노력을 기울여 하느님 은총의 도우심으로 자신의 삶을 개선하고 신앙이 성장하기를 원하는 마음을 지니게 해준다. 이러한 열망은 〈영신수련〉에 있어서 절대적으로 필요하다. 만일 피정자가 이미 오랜 준비 기간을 통해 이러한 마음과 열망을 지니고 있으면, 〈원리와 기초〉는 이미 형성된 관대하고 아낌없는 마음으로 자신의 약점과 죄스러움을 의식하게 해주면서 첫째 주간의 묵상으로 이끌어 줄 것이다. 그러므로 피정 지도자는 피정자가 영적 이해력과 성숙에 도움을 주면서, 좋은 피정의 열매를 얻을 수 있도록 충분히 준비시켜야 한다.[24]

천주교회에서는 이런 식의 영성 수련이 일반화되어 있다. 그래서 심상태 신부는 다음과 같이 말한다.

---

[24] http://www.sogang.ac.kr/~jhsim/wld_spex.html.

그리스도교 영성계에서 전통적으로 '수덕적 영성'은 입문 단계인 '정화(淨化)의 길'(via purificativa)로부터 시작하여 '조명(照明)의 길'(via illuminativa)을 거쳐 '일치(一致)의 길'(via unitiva)인 주입적 관상의 단계를 추구하며, '신비적 영성'은 초자연 은총의 결과인 주입적 관상과 수동적 정화 및 변형 일치의 영성 생활을 추구한다.25

또한 십자가의 성 요한(St. John of the Cross)은 초보 단계에서 숙련 단계로 나아가기 전에는 어두운 밤이 있기 마련이라고 하면서, 이를 통과하면 그는 이제 새롭고 더 깊은 종류의 기쁨인 "주입된 관상"(infused contemplation)의 기쁨을 경험한다고 한다. 그것에 대해 십자가의 요한은 영혼을 사람의 영과 함께 불꽃 가운데 두는 하나님의 은밀하고, 평화롭고 사랑이 넘치는 주입(infusion)이라고 묘사한다.26 이와 같이 우리가 어느 단계로 나아가면 은혜의 주입이 주어지고 그것에 의해 우리를 상승시킨다는 것이다.

이와 같이 천주교회에서의 영성 논의에서는 일반적으로 한편으로는 하나님의 주도권을 강조하면서 말하기도 하지만, 동시에 우리가 스스로 준비를 해야 한다는 점을 강조하는 반(半)-펠라기아누스주의(semi-Pelagianism)의 문제점을 그대로 드러내는 훈련 방법을 제시하고 있다. 많은 개신교의 영성 훈련도 기본적으로 이런 방법을 사용하면서 응용하고 있다. 비교적 건전한 개신교적 영성 신학을 제시하는 사

---

25 심상태, "제 삼천년기 한국 그리스도교의 영성의 진로"(1999년 8월 16일에 한국신학연구소와 한국 디아코니아 자매회에서 개최한 〈살림〉지 독자들을 위한 하계 수련회 발제 논문). 그 내용은 다음 사이트 참조: http://www.kclc.or.kr/build/board.php3?table=spirit&query=view&l=73&p=1&go=0.

26 St. John of the Cross, *The Dark Night of the Soul*, 1. 11. 8 in *The Collected Works of St. John of the Cross*, trans. Kieran Kavanaugh, O.C.D. and Otilio Rodriguez, O.C.D. (Washington, D. C.: Institute of Camelite Studies, 1973), cited in Chan, 『영성 신학』, 190.

이몬 챤도 이그나티우스 로욜라의 〈영적 훈련들〉을 상당 부분 긍정적으로 제시하고 있다.27 사이몬 챤은 비록 복음주의적 시각을 유지하려고 많이 애쓰지만, 천주교의 훈련적(ascetical, 일반적으로 "수덕적"이라고 번역함) 특성을 많이 받아들이고, 은사주의적 강조도 많이 포용하면서 자신의 영성 신학을 제시한다. 그래서 결국에는 일정한 복음주의적 틀은 유지하면서도 (구원적 의미에서는 아니지만) 영성 문제에 관한 한 상당히 혼합주의적인 내용을 말하고 이곳저곳의 사상과 기법을 다 용인하는 방법을 지시한다. 예를 들어, 사이몬 챤도 "인도 전통의 요가 훈련과 중국의 태극권 기술에서 보이는) 신체 훈련, 직관적 통찰력과 실제적 지혜와 같은 분야에서 부정적"(apophatic) 전통과 아시아적 전통들로부터 배울 필요를 강조한 틸더른 에드워즈의 영적 지도 방법에 상당히 찬동하면서 이것이 서구적 합리주의적이고 분석적 접근을 보완할 수 있을 것으로 제시한다.28 영성 운동을 강조하는 분들 가운데 많은 분들이 개신교에서는 500년 동안 기독교의 좋은 전통인 수도원 운동을 잃었다고 하면서 그 전통을 복원하는 의미에서 영성 운동이 필요하다고 역설하고 있다.29

특히 현대 천주교 영성 사상가들로 토마스 머튼(Thomas Merton, 1915-1968)이나30 헨리 나우윈(Henry Nouwen, 1932-1996) 등의 영성 개념과

---

27 Chan, 『영성 신학』, 290-92.

28 Tidern H. Edwards, *Spiritual Friends: Reclaiming the Gift of Spiritual Direction* (New York: Paulist, 1980), 164-72, cited in Chan, 329. 나는 김병오 교수의 "무념적"이라는 번역을 "부정적"으로 수정하여 인용했다.

29 Cf. http://yeidam.org/index1.html (기독교 영성 수련원 홈페이지). 감신대를 졸업하고 여러 곳에 공부한 후 가르치고 세종대 교목 실장겸 교수를 했던 김양환 목사님이시라는 분이 1990년에 기독교 영성 훈련원을 창립하고 지도 교수로 있다고 한다.

30 그에 대해서는 다음을 보라: http://www.merton.org/

그들이 말하는 영성 훈련 등이 오늘날 논의의 토대가 되고 있는 현실을 보라. 물론 천주교회에 속한 사람들이나 다른 이들이 영성에 대해서 말할 때 그들은 모두 "그리스도교의 영성은 성서적 영성이어야 한다고 하는 데 각 교계가 일치한다"고 말하고 있다.[31] 그러나 그 성서적 영성이라는 의미가 각기 다르다고 하는 것에 우리는 특히 주목하지 않을 수 없다. 그런데도 불구하고 특히 영성이나 영성에 관련된 말을 할 때는 천주교에서 온 것을 그대로 사용하거나 조금 응용하는 경우가 비일비재하다. 천주교적인 것이 오늘날 개신교 영성 훈련에 영향을 미친 것의 가장 대표적인 예가 "뜨레스 디아스"(Tres Dias) 같은 것이다. 이는 스페인에서 개발된 천주교 영성 수련 프로그램인 꾸르실료에 근원을 둔 것이다. 이를 활용해서 많은 개신 교회들도 이 프로그램을 사용하는 일이 증가하고 있다.

예를 들어서, 상당히 보수적인 복음주의권의 저자는 자신의 책 가운데서 안식년에 있었던 자신의 경험을 다음과 같이 말하기도 한다.

> 안식년 동안 적지 않은 곳을 여행했습니다. 그러나 이제 안식년의 끝자리를 생소한 여행으로 마무리하고 있는 중입니다. 나는 워싱턴 근교의 한 수도원에서 일주일을 관상기도로 보냈습니다. 거의 온종일 깊은 침묵 속에서 기도하며 내면을 성찰하는 시간이었습니다. 조용한 수도원의 침묵 속에서, 태고의 깊은 고요 속 영혼의 평안을 회복했습니다. 때로는 침묵이 고통스러웠지만 그만큼 내게 낯선 친구였음을 확인하며 그와 벗됨을 아픔으로 배워야 하는 시간이기도 했습니다.[32]

---

[31] 예를 들어서 심상태 신부님이 그렇게 말하신다. 그의 "제 삼천년기 한국 그리스도교의 영성의 진로" (1999), 각주 6 부분을 보라.

[32] 이동원, 『비젼의 신을 신고 걷는다』 (서울: 두란노, 2004).

이 복음주의적 저자가 천주교적 영성 훈련에서 가르치는 바와 같은 관상 기도를 하며 유익을 얻었다고 말하고 있다. 이런 일은 오늘날 상당히 일반화되고 있다고 할 수 있다.[33] 조용한 침묵 가운데서 자신을 하나님과 관련하여 깊이 성찰하는 것은 유익한 것이다. 그것은 어떤 방법을 따라 제시되기 전에 모든 진정한 그리스도인들이 하나님과 관련하여 늘 힘써 온 바였다. 그러나 그것이 이와 같은 어떤 방법을 따라 제시되기 시작하면 우리는 그 방법 자체를 중요시하기 시작하게 된다.

때로는 다양한 입장의 사람들이 자신들의 생각의 한 부분으로 영성 생활을 언급하는 일이 많이 있다. 예를 들어서, "신학의 당파성이 아니라 보편성/구체성, 절대성이나 상대성이 아니라 다원성, 탈세속성이 아니라 세속성을 추구하며 홍정수 박사가 1988년 11월 29일 개원한 세계신학연구원을 1995년 5월 15일에 확대 개편한 신학과 목회 연구소"인 한국 기독교 연구소는[34] 그러한 종교다원주의적인 입장을 표명하면서도 영성 생활에 대한 많은 도서를 내고[35] 강조하고 있다. 이는 오늘날 한국 사회에서도 "영성"이라는 말이 매우 다양한, 때로는 혼합주의적인 의미로 사용되고 있음을 단적으로 잘 보여 주

---

[33] 천주교적 관상 기도에 대해서는 다음을 보라: 로버트 훼리시, 루시 루니, 『관상 기도법』 (서울: 성바오로, 1990); 토마스 키팅, 『관상 기도를 통해 하나님께 나아가는 길』, 엄무광 옮김 (서울: 성바오로, 1999); 짐 보스트, 『관상』 (서울: 성바오로, 1999); 엄무광, 『관상 기도의 이론과 실제』 (서울: 성바오로, 2002).

[34] 이에 대해서는 http://historicaljesus.co.kr/kics_info.php를 보라.

[35] 다양한 사람들이 쓴 책들, 특히 신부님들과 수녀님들의 책이 여기 포함되어 있다. 다음을 보라:

http://historicaljesus.co.kr/zboard.php?id=pressed_book&page=1&select_arrange=headnum&desc=asc&category=2&sn=off&ss=on&sc=on&keyword=&sn1=&divpage=1.

는 것이다. 예를 들어서, 심상태 신부는 오늘날의 영성 운동의 과제의 하나로 다른 종교와의 대화를 강조하면서 다음과 같이 말하며, 비슷한 입장을 강조하는 김경재 교수에게 동의하고 있다. 그의 말을 직접 들어 보기로 하자.

> 이러한 대화에서 공동적 묵상, 수행방법의 실시, 잠심, 영적 체험의 심화가 공동 대화를 위한 기초가 될 것이다. 실천적 그리스도교적 삶의 진정성이 동아시아적 명상적 종교나 아프리카-아메리카적 엑스타시스적 종교의 체험들을 통하여 확인될 필요가 있다. 여기서 기도 안에서 성취되는 그리스도교적 신앙의 고유 가치가 드러날 수 있으면 좋을 것이다. "21세기 한국 그리스도교계와 세계 교회는 불교, 유교, 노장사상, 천도교 등 세계적 종교인들이 체험한 영성 체험들과 깊은 대화를 통해서 영성이 새로워지고 깊어질 수 있다는 것입니다. 각각의 종교가 자기 종교의 정체성에 충실하면서도 개방성을 지닐 수 있는가 하는 점이 그 종교의 진정한 실력이고 영적 능력입니다".[36]

이런 혼합주의적 경향은 우리의 일상생활에 이런 사상이 침투할 때 더욱 더 분별하기 어렵게 한다. 요즈음 일반인들 사이에서 많이 읽히는 책의 하나인 파울로 코넬료(Paulo Coelho)의 『피에트라 강가에서 나는 울었네』 앞부분 작가 노트에 인용된 천주교 수도사요 영성 문제와 관련하여 자주 인용되는 토마스 머튼의 다음과 같은 말을 생각해 보라.

> 영적인 삶은 사랑이다. 사람들은 타인을 보호하거나 도와주거나 선행을 베풀기 위해 사랑하는 게 아니다. 우리가 누군가를 그렇게 대한다면, 그건 그를 단순한 대상으로만 여기고 자기 자신을 대단히 현명하고 관대한 사람이라고 착각하는 것이다. [그런 태도는] 사랑과는 전혀 무관하다. 사랑한다는 것은 타인과 일치하는 것이고, 상대방 속에서 신의 불꽃을 발견하는 일이다.[37]

---

[36] 김경재, "심포지엄 · 그리스도교 영성과 영성 훈련", 김성재 편, 『성령과 영성』(수원: 한국신학연구소, 1999),

[37] 파울로 코넬료, 『피에트라 강가에서 나는 울었네』, 이수은 옮김 (서울: 문학 동네,

이를 인용하면서 파울로 코넬료는 자신의 생각을 다음과 같이 전개시킨다. "더 많이 사랑할수록 우리는 영적인 체험에 보다 가까워진다. 참으로 깨달은 자, 사랑으로 뜨겁게 데워진 영혼은 모든 편견을 넘어설 수 있다 … 구체적인 사랑의 경험을 통해서만, 우리는 영적인 길에 가 닿을 수 있기 때문이다."[38] 그런데 천주교적 영성 개념을 사용해서 그가 말하는 영적인 체험은 과연 어떤 것인가? 그 자신이 말하는 대로는 "신은 그/그녀를 허락하는 곳이면 어디든지 임한다"는 것이며, 이 작품 중의 천주교 신학생인 그의 강연의 말로는 마법의 순간, 즉 "모든 별들에 깃들인 힘이 우리 속에 들어와, 우리가 기적을 행할 수 있는 순간"이 있는데, 이 "마법의 순간은 우리가 변할 수 있도록 도우며, 꿈을 실현시키도록 우리를 멀리 떠나 보낸다"고 한다. 또한 그 신은 이 책 중 신학생의 입으로는 다음과 같이도 설명되고 있다.

> 네가 분명히 알아야 할 것은 그녀가 지구상의 모든 종교에 모습을 드러낸다는 거야. 여신, 성모 마리아, 유대교의 셰키나, 어머니 대지, 이시스, 노예이자 주인인 여인의 모습으로. 그녀는 잊혀졌고, 금지되었으며, 사람들은 그녀의 모습을 바꿔버렸지. 하지만 그녀를 위한 제의는 세기를 이어가며 계속되고 있고, 오늘날까지도 여전히 살아 있어. 신의 다양한 면모들 가운데 하나가 바로 여성의 면모야… 모든 종교와 전통 속에서 그녀는 끊임없이 모습을 바꾸면서 우리 앞에 나타나고 있어. 언제나 모습을 드러내지. 나는 가톨릭 신자니까 그녀를 성모 마리아로 보는 거고.[39]

이와 같이 코넬료가 말하는 영적인 것은 이렇게 여성적인 면모도 간

2003), 14f.
[38] 파울로 코넬료, 『피에트라 강가에서 나는 울었네』, 13.
[39] 파울로 코넬료, 『피에트라 강가에서 나는 울었네』, 109, 110.

직한 신적인 것에 대한 감응, 그와의 일치 같은 것이다. 이와 같은 것이 현대인들이 천주교적 영성 개념으로부터 그들 나름대로 발전시켜 생각하고 있는 영성의 모습이다. 대부분의 개신교인들은 이런 것을 영성이라고 말하는 것에 대해 난감해 할 것이 분명하다.

그러므로 이제 우리는 천주교적 영성 개념과 익숙하게 연관된 영성 개념이나, 그로부터 현대에 발전되어 나온 새로운 영성 개념과는 다른 것을 말해야만 한다. 우리는 최소한 우리가 말하는 "영성"이라는 말은 당신들이 말하는 "영성"이라는 말과는 다른 것이라고 말해야 한다. 그것을 쉐이퍼처럼 '참된 영성'이라고 표현하거나 청교도들처럼 '성경적 영성'이라고 표현할 수도 있다. 그러나 그것보다는 오늘날의 복잡한 영성의 혼란 상황 가운데서는 새로운 용어로 그것을 지칭하는 것이 더 나을 것이다. 그렇지 않으면 그들은 우리가 말하는 바를 그들이 추구하는 영성의 한 측면이나 한 방향으로 여기거나, 이 것도 영성을 추구하는 한 방법이라고 할 것이기 때문이다. 심지어 기독교적 영성을 말하는 분들 가운데서도 영성을 추구하는 여러 방향이 있는 중에 우리는 이런 "기독교적 영성"을 말하는 것이라고 말하는 이들도 있을 정도이다. 그러므로 오늘날은 그야말로 영성의 혼동의 시대라고 할 수 있다. 이런 상황 가운데서 우리가 계속 영성이라는 용어를 가지고 말하는 것이 도움이 될까? "영성"이라는 용어가 아니라면 우리는 우리가 추구하는 것을 무엇이라고 해야 할 것인가? 일단 어떤 용어를 사용하는 것이 가장 효과적인가 하는 것에 대한 대답은 뒤로 한 채 우리가 성경적으로 추구하는 그리스도인의 모습이 과연 어떤 것인지를 묘사해 보기로 하자.

2. 우리가 드러내려고 하는 진정한 그리스도인의 모습

그렇다면 이런 문제점들에서 벗어나 우리가 "영성"이라는 용어를 가장 좋은 의미로 말할 때 우리가 의도하는 바가 어떤 것인지 생각해 보기로 하자. 모든 토대에 대한 정지(整地) 작업이 이루어진다면 과연 어떤 것이 "진정한 기독교적인 영성"이며, 그런 의미의 영성으로 충만한 그리스도인은 과연 어떤 사람을 의미하는 것인가? 모든 교회들이 영성 문제로 관심이 높은 이 시점에서 진정한 그리스도인의 모습은 과연 어떻게 묘사되어야 할 것인가?

바울 서신에 의하면, 성령님에 대해서 바르게 가르침을 받고 우리가 성령님 안에, 그리고 성령님께서 우리 안에 영원히 내주하신다는 것을 깨달은 후에 교회의 지체인 성도들에게 남은 한 가지 과제는 이제 계속해서 "성령님으로 행하는 것"이다. 그것은 "성령을 좇아 행하는 일"이며(갈 5:16), "성령의 인도하시는 바가 되는 것"이다(갈 5:18). 그것은 "성령의 충만을 받는 것"(엡 5:18)과도 밀접한 관계를 지니고 있다. 그리고 그것은 결국 성령님께 민감해서 그가 가르치시고 인도하시는 대로, 또한 성령님의 힘에 의존해서 따라가는 인격적인 삶을 사는 것이다. 이것이 우리가 진정한 기독교적 의미의 영성으로 충만한 그리스도인에 대해 말할 때 궁극적으로 생각하는 모습이 될 것이다. 모든 그리스도인들이 이런 성경 구절을 다 알고 있다. 문제는 우리들이 대부분 그것이 과연 어떤 실재인지를 잘 모른다는 것이다. 따라서 이런 구절들이 인용되기는 하지만 그것에 대해서 말하고 생각하는 의미들은 사람마다 다 다른 경우가 많이 있다.

2-1. 이 문제를 해결하기 위해서 먼저 성령님께서 우리를 인도하실 때 우리에게 있을 수 없는 것들을 언급하는 것이 도움이 될 것이다.

첫째, 성령님은 결코 우리를 비성경적인 방향으로 인도하지 아니하신다. 이는 가장 기본적이면서도 현실적으로는 가장 문제를 많이 일으키는 요점이라고 하지 않을 수 없다. 많은 영성 운동가들은 실질적으로 성경의 가르침 밖으로 나아가거나 성경의 가르침 이상의 것을 추구하는 성향이 있다. 그러므로 우리는 무엇보다 먼저 성령님의 인도하심을 받고 성령의 가르침을 받는 이들은 성경의 가르침 밖으로 나갈 수 없다는 점을 말하지 않을 수 없다. 우리 주변에 있는 분들이 결국 성경의 가르침을 무시하게 하는, 성경의 가르침에 무엇이 더해져야 온전한 성령의 사람이 될 수 있다는 식으로 인도할 때에 우리는 항상 주의해야 한다. 그런 의미에서 공적인 계시는 더 이상 계속되지 않지만 사적인 계시는 계속된다는[40] 식의 논의를 하는 것의 문제점을 우리는 주목해야 한다. 우리는 우리의 신앙과 생활에 대한 성경의 온전한 충족성(the sufficiency of the Scriptures)을 가르치시는 성령님의 사역으로부터 시작해야 할 것이다.

둘째, 성령님에 의해 인도되는 이들은 결코 비도덕적인 방향으로 나아갈 수 없다. 이 세상 사람들도 이상하게 여길 정도로 비도덕적인 방향으로 나아가는 이들은 결코 성령님에 의해 가르침 받거나 성령님에 의해 인도되지 않는 것이다.

---

[40] 이런 입장을 드러내는 Chan, 『영성 신학』, 317f.을 보라. 이는 웨인 그루뎀의 입장이기도 하다. 이에 대한 필자의 논의로 『기독교 세계관에서 바라 본 21세기 한국 사회와 교회』 (서울: SFC, 2005), 257-78을 보라.

셋째, 성령님에 의해 인도되는 이들은 비인격적인 방향으로 나갈 수 없다. 성령님은 결코 우리의 인격을 배제하고 우리를 황홀경 가운데서 인도하시고 가르치시는 것이 아니고, 우리를 창조하신 하나님의 형상이 가장 잘 반영되도록 우리를 인격적으로 인도하시고 가르치시기 때문이다. 소위 영적 지도라는 것이 비인격적 관계가 된다면 그것은 진정 성령님에 의해 인도되지 않는 것임을 보여 주는 것이다. 오늘날에는 천주교의 영적 지도도 평등성을 강조하는 방향으로 나아가서 영적 지도보다는 영적인 우정을 강조하는 방향으로 나아가며 공동체 안에서의 상호 사역을 강조하는 쪽으로 나아간다.[41] 이런 입장에서 에드워즈는 이렇게까지 말한다. "영적 지도란 여러 가지 말과 도움과 격려로 그 사람 곁에 기꺼이 앉으려는 심정을 의미하지만, 우리는 성령이 생각과 마음을 열어 주시도록 그의 자각의 방 밖에서 기다려야 한다는 것을 분명히 깨달아야 한다."[42] 이런 변화는 좋은 것이다. 그것이 개혁파에서 예로부터 강조해 온 성경과 성령님을 중심으로 한 상호 사역(mutual ministry)으로 나타나도록 우리는 지속적인 도움을 주어야 한다. 성령님 안에서 모든 관계는 참으로 인격적인 관계이기 때문이다.

넷째로, 성령님에 의해 인도되는 이들은 하나님 나라에 반(反)하는 방향으로 나아갈 수 없다. 하나님 나라를 추구하지 않거나 성경이 하나님 나라에 대해 가르치는 바를 무시하는 방향으로 갈 수 없는 것이다.

---

[41] Cf. Tidern H. Edwards, *Spiritual Friends: Reclaiming the Gift of Spiritual Direction* (New York: Paulist, 1980); Rose Mary Dougherty, S.S.N.D., *Group Spiritual Direction: Community for Discernment* (Mahwah, N.J.: Paulist, 1995).

[42] Edwards, *Spiritual Friend*, 210.

2-2. 그렇다면 이런 문제점을 드러내지 않는, 따라서 진정으로 성령님의 인도하심을 받는 이들, 진정한 의미의 기독교적 영성으로 충만한 이들의 모습은 과연 어떻게 규정할 수 있을까? 성령님으로 행하며, 성령의 인도를 받는 삶에 대한 시금석을 우선 다음 네 가지로 제시해 보고자 한다.

(1) 성령님의 힘으로 온전하고 구비된 그리스도적인 품성을 드러내는 삶을 살게 된다. 즉, "사랑, 희락, 화평, 오래 참음, 자비, 양선, 충성, 온유, 절제"가 잘 조화되어 나타나는 성령의 "한 열매"(κάρπος)를 내는 삶이다(갈 5:22, 23). 이 구절이 문자적으로 잘 말해 주고 있는 것과 같이, 성령의 열매는 단일한 열매(κάρπος)이다.[43] 그러므로 우리도 150년 전에 맥체인(Robert Murray McCheyne)이 기도했다던 대로, "주님, 구원받은 죄인이 할 수 있는 최대한도로 우리를 거룩하게 하옵소서!"[44]라고 기도해야 할 것이다. 그런 삶을 사는 이들에게서는 "음행, 더러운 것, 호색, 우상 숭배, 술수, 원수 맺는 것, 분쟁, 투기, 분냄, 당 짓는 것, 분리함, 이단, 시기, 술취함, 방탕함, 또 그와 같은 것들"이 나올 수 없다(갈 5:19-21). 하루아침에 다 되는 것은 아니라도 날마다 점진적으로 그리스도적인 품성이 온전히 드러나는 삶을 향해 참된 그리스도인은 성령님에 의존해서 나아가는 것이다.

또한 (2) 성령님의 인도하심을 받고 성령님을 좇는 이들은 하나님 나라의 백성으로서 이 나라가 어떤 나라이며, 어떻게 시작되었고,

---

[43] Cf. 이승구, 『사도신경』(서울: SFC, 2004), 289; Chan, 『영성 신학』, 292.

[44] Cited in J. I. Packer, *Keep in Step With the Spirit* (Old Tappan, New Jersey: Fleming H. Revell Company, 1984), 120.

어떤 상황 가운데 있는지에 유의하며 그 나라와 의를 위해 살아나간다.[45] 성령님에 의해 인도되는 이가 하나님 나라에 대해 잘못된 관념을 가지고 있다면 그는 성령님께 온전히 순종하지 않는 것이 된다. 이 점에 있어서 한국 교회는 오랫동안 잘못된 이해를 가져왔고, 바른 관찰을 하는 분들이 처음부터 매우 우려할 만한 상황들이 있어 왔다는 것을 기억해야 한다.

그러므로, 성령님에 의해 인도되는 사람은 (3) 하나님 나라를 증시(證示)하는 교회의 사명을 유의하면서[46] 교회가 참으로 교회답게 그 사명을 다해 나갈 수 있도록 "교회의 지체"[敎會我]로서의 모든 활동을 성령님의 능력 안에서 열심히 하여 나갈 것이다. 교회는 항상 성령님의 능력 안에 있어야 하기 때문이다.[47] "교회는 성령님의 인도하심을 따르고 성령님께서 제공하는 힘 가운데서 전진할 때라야만 유효한 힘을 발휘할 수 있는 것"이다.[48] 그렇게 주님의 뜻에 온전히 순종하는 교회는 항상 하나님 나라의 복음을 온 세상에 적극적으로 드러내는 일을 감당하여 왔고, 또 항상 그리할 것이다.

그리고 (4) 그렇게 배우고 교회를 통해 드러내는 하나님 나라의 가치에 따라 이 세상에서 적극적인 삶을 살 것이다. 그러므로 성령님

---

[45] 하나님 나라에 대한 바른 이해를 위해서는 이승구, 『기독교 세계관이란 무엇인가?』 (서울: SFC, 2003), 제 3 장과 그에 인용된 여러 책들, 그리고 양용의, 『하나님 나라를 어떻게 이해할 것인가?』 (서울: 성서유니온, 2005)를 보라.

[46] 교회에 대한 이런 이해를 위해서 이승구, 『교회란 무엇인가? 하나님 나라 증시를 위한 종말론적 공동체와 그 백성의 삶의 자태』 (서울: 여수룬, 1996; 개정판, 서울: 말씀과 언약, 2022)를 보라.

[47] Cf. 이승구, 『성령의 위로와 교회』 (서울: 이레서원, 2001, 개정판, 2005).

[48] Leon Morris, *Expository Reflections on the Gospel of John* (Grand Rapids: Baker, 1988), 512.

께 순종하며 성령님에 의지하는 자는 반(反)사회적으로 살거나, 사회에 대한 관심이 없이 물러나 살지 아니한다. 그는 수도원적인 영성을 지향하는 사람이 아니다. 오히려 이 세상이 바로 하나님 나라의 가치를 실현해야 할 무대와 장소로 여기면서 적극적으로 살며, 급기야는 지금 여기서도 하나님 나라의 문화를 드러내려는 문화 변혁적인 삶을 살게 된다. 이런 성령의 사람에게는 성속을 지나치게 구별하는 이원론적인 삶의 모습이 있지 아니하며, 좁은 의미의 종교적 영역에만 머무는 것이 아니라, 주께서 주신 소명(vocation)에 따라 이 세상 속에서 주어진 일을 하며, 그 일로 하나님을 섬기고 하나님 나라를 드러내며, 이 땅 가운데 그런 하나님이 원하시는 문화의 모습을 드러내기 위해 애쓰게 된다. 이 세상의 흐름을 유의하면서 기독교 세계관으로, 신국적 관점으로 이 세상의 문제들을 바라보면서 기독교적 노력을 하게 된다.[49] 어떤 의미에서 이것은 성령님을 순종하며 인도하심을 받아가는 것의 (이 세상에서 나타나는) 궁극적 열매라고도 할 수 있다. (물론 최종적 열매는 하나님 나라의 극치 상태에 있다.) 그러므로 우리의 일상생활에서 하나님 나라 백성으로 온전히 살지 않는 오늘 우리의 모습은 우리가 얼마나 성령님의 뜻에 순종하여 가지 않는지를 잘 보여주는 것이다.

이런 것들은 어떤 사람이 과연 성령님 안에 살면서 성령님께 순종하는지를 잘 드러내어 보여 주는 것이다. 다시 강조하여 말한다면, 성령님께서 이루시는 온전한 그리스도인의 인격이 나타나지 않으며, 하나님 나라와 그 나라를 드러내는 교회의 지체 역할을 제대로 하지

---

[49] Cf. 이승구, 『기독교 세계관으로 바라 본 21세기 한국 사회와 교회』 (서울: SFC, 2005, 개정판, 서울:CCP, 2018).

않는 사람, 그리하여 구체적인 일상의 영역과 사회생활에서 성령님의 인도하심을 받아가지 않고 하나님 나라의 가치를 드러내지 않는 사람들은 결코 성령님께 순종하는 사람들이 아니다. 아무리 성령님께 대해서 많은 이야기를 하고, 성령님의 능력을 강조한다고 해도 이와 같이 온전한 성령적 인격성의 드러남과 하나님 나라 중심의 태도가 나타나지 않으며, 성령님의 인도하심을 따라가지 않는다면 그것은 성령님의 역사라고 할 수 없음을 우리는 주의해야 한다.

한국 교회의 모든 성도들이 이런 시금석을 가지고 있는 것이 매우 중요하다. 이런 시금석을 가지고서 신중하게 판단한다면 우리는 이단의 가르침을 따라갈 수 없을 것이고, 더 나아가서 우리 자신이 이단적 방향을 향해 나아가거나 잘못된 방향으로 가는 일을 하지 않게 될 것이다. 상당히 많은 이단 종파가 성령님을 강조하는 것은 이런 점에서 매우 흥미로운 일이다. 이런 점에서 오늘날의 이적과 기사를 용인하는 사람들 가운데서도 명확히 이야기할 때는 "현재의 '표적들과 기사들'에는 신적인 것들보다 인간적인 측면이 더 많이 개입될 가능성이 있다"고 하며, "우리는 환상이 자연적 원인의 결과일 가능성도 있음을 항상 염두에 두어야 한다"고 말하는 이들이 많다.[50] 그러므로 우리는 항상 성령님에 대한 성경의 가르침에 유의해서 우리가 이상한 방향으로 나아가지 않도록 해야 할 것이다. 사이몬 챤 자신이 동방 정교회의 Evagrius의 말을 변용하여 잘 말한 바와 같이 "성숙한 그리스

---

[50] 이 인용은 Chan, 『영성신학』, 316, 317에서 온 것이다. 이적과 기사를 강조하는 존 윔버도 치료 가능성은 30% 정도라고 말하는 것과 오늘날도 예언이 있다고 하는 와그너와 그와 함께하는 이들도 거짓 예언자가 더 많으며, 예언이 항상 맞는 것도 아니라고 하는 것을 용인하는 말을 들어 보라. 후자에 대한 필자의 평가로 "오늘날에도 과연 선지자가 있는가?", 『기독교 세계관에서 바라 본 21세기 한국 사회와 교회』, 257-71을 보라.

도인은 분별하는 사람이고, 분별하는 사람은 성숙한 그리스도인이다."[51] 그리고 "만약 오늘날 그리스도인들이 대규모로 영적인 분별력을 갖추게 된다면, 대부분의 텔레비전 전도자들(Tele-evangelist)은 사라질 것이다!" 그러나 그렇지 않은 오늘의 현실은 우리가 과연 어떤 상태에 있는지를 잘 보여 주고 있는 것이 아닐 수 없다.

2-3. 성령님의 인도하심을 받아 나가는 모습[52]

우리에게 있어서 제일 중요한 것은 항상 성령님의 인도하심에 따라 살아가게 되는 것이라고 했다. 그것은 우리의 구체적 일상생활에서 과연 어떤 형태로 나타나게 될까? 먼저 추상적으로 원리만을 언급한다면 성령님께서 인도하시는 삶은 (1) 하나님의 말씀의 객관적 의미와 (2) 하나님과의 교제라는 주관적 요인이 함께 작용하여 나타나게 된다. 하나님 말씀의 객관적 의미를 충분히 이해하여 그것에 따라 구

---

[51] Chan, 『영성신학』, 319, 297.
[52] 성령님의 인도하심에 대해서는 김홍전 목사님의 여러 강설집, 특히 『교회에 대해서』 I, II, III, IV (서울: 성약, 1999, 2000, 2001); 『성신의 가르치심과 인도하심』 (서울: 성약, 2000) 등을 보라. 또한 Edwin H. Palmer, *The Holy Spirit* (Philadelphia: Presbyterian and Reformed, n. d.), chapters 9, 12, 15을 보라. 김홍전 목사님과 팔머 교수의 책이 아마도 성령의 인도하심에 대하여 개혁주의적으로 가장 잘된 논의일 것이다. 그리스도인 개인을 중심으로 한 오늘날의 성령님의 인도하심에 대한 논의로 졸고, "성령의 인도하심과 성도의 삶", 『개혁신학탐구』 (서울: 하나, 1999): 82-97; 『성령의 위로와 교회』 (서울: 이레서원, 2001), 23-24, 30, 32-36, 51-54, 56, 73-75를 보라. 다른 성령론에 대한 좋은 비판을 위해서는 J. I. Packer, *Keep in Step with the Holy Spirit* (Old Tappen, New Jersey: Fleming H. Revell Company, 1984)를 보라.

오순절주의자들이 말하는 성령의 인도하심에 대한 좋은 정리로 Stephen E. Parker, *Led by the Spirit: Toward a Practical Theology of Pentecostal Discernment and Decision Making* (Sheffield, U.K.: Sheffield Academic Press, 1996)을 보라. 이런 오순절 이해와 위에서 언급한 개혁주의적 이해를 명확히 구별하고 대조시킬 필요가 있을 것이다.

체적인 삶에 대한 하나님의 뜻을 추구하는 하나님과의 깊이 있는 교제에 의해 우리는 성령님의 인도하심을 받아 나가게 된다.53

3. 그런 그리스도인과 교회의 모습을 이루기 위해 우리가 해야 할 일은?

이와 같이 성령님께 철저히 의존해 가는 성령의 사람이 되게 하는 데 과연 어떤 방법을 사용해야 하는가? 과연 영성 수련이나 영성 훈련과 같은 것이 필요한 것일까? 성경은 그에 대해 어떤 구체적인 일정한 방법을 지시해 준 일이 없다. 그런 것들은 사람들이 자신들의 경험에 근거해서 체계화한 것일 뿐이다. 사람들이 자신들의 경험을 말하는 것은 약간의 유익은 될 수 있으나, 문제는 (1) 그런 방법의 제시가 일종의 새로운 율법으로 발전할 가능성이 있고, 또한 (2) 한 사람에게는 경건인 것이 다른 이들에게는 독이 될 수 있다는 점을 유념해야 한다. 사실 오늘날 유행하는 영성 수련의 방법을 실질적으로 그런 새로운 율법으로 나타나고 있다고 할 수 있다. 이것은 복음주의 기독교에 다시 새로운 율법을 도입하는 것이 될 것이므로 복음주의 교회 안에서는 있을 수 없는 것을 시도하는 것이 된다.

성경은 오히려 어떤 영적 수준에 이르렀든지 그 수준에서 성령님

---

53 교회와 관련해서 성령의 인도하심을 받아 나감과 관련해서는 이승구, "한국 교회의 근원적 문제와 그 극복 방안", 『기독교 세계관으로 바라 본 21세기 한국 사회와 교회』, 289-314를 보라.

께 온전히 순종하여 가는 매우 자연스러운 방법을 제시하고 있을 뿐이다. 이것을 전통적인 성경적 경건의 길과 연관해서 생각하는 것이 좋을 것이다. 성경에 대한 바른 이해에 근거해서 전통적으로 성령님께 순종하는 일을 돕기 위한 것으로 (1) 교회 공동체에 회원으로서의 소임을 다하여 그 교회에 내려주시는 하나님의 말씀을 체계적으로 잘 공부하는 것과 (2) 하나님의 말씀을 눈에 보이는 형식으로 내려주시는 성례에 바르게 참여하는 것과 (3) 그런 것에 근거해서 삼위일체 하나님께 기도하는 것을 보여주고 있다. 그리고 그것을 돕기 위해 (4) 성도들의 성령님 안에서의 교제가 도움이 될 수도 있다. 그러나 이 네 번째 방법은 성경의 가르침을 전달하는 방안의 하나이며 그것을 위한 좋은 배경 구실을 하는 것이라고 할 수 있다. 이와 같은 것들이 성경에 근거해서 개혁 교회가 참된 영적 성장의 길로 나아가는 길을 제시해 주는 것들이다. 이와 같은 것들은 성령님께 온전히 순종하는 사람들의 모습이면서 동시에 그것이 우리를 영적으로 성장시켜 주는 것이기도 하다.

그러므로 우리는 첫째로, 교회 공동체의 회원으로 하나님의 말씀을 바르게 공부하여 나가고 그 말씀이 지시하는 방향으로 진전해 가는 일에 힘써야 한다. 교회의 성장은 공동체에서 공적으로 선포되는 말씀의 성장으로 판단될 수 있다. 복음의 바른 선포가 있는 곳이 교회이므로, 교회 안에서는 항상 하나님의 말씀 전체에 대한 균형적인 가르침이 주어져야만 한다. 그럴 때에 기독교회 안의 성도들이 영적으로 바르게 성장하게 된다.

이렇게 공적으로 말씀을 배운 이들은 또한 개인적으로나 집단적으로도 성경을 공부하는 일에 열심을 내게 될 것이다. 그러나 이때 성령님에 의해 인도되는 이들은 이상한 가르침에 좌우되지 않는 일종의 영적 분별력을 보이게 될 것이다.

둘째로, 우리는 교회의 회원들로서 교회의 성례에 바르게 참여하는 일에 힘써야 한다. 이런 점에서 오늘날 특히 한국 교회에는 성례를 형식적인 것으로 보는 생각들이 너무 만연해 있다고 생각될 수 있다. 참으로 성령님께 순종하는 사람은 주님께 순종해서 자신들이 믿은 바 신앙을 고백하고 세례로 나아가는 일에 열심이게 되고 그를 통해 자신이 그리스도와 하나가 되었음에 대한 표(sign)로써 또한 그 일에 대한 인침(seal)으로써의 세례의 의미를 중시하게 되며, 자신들의 자녀들에 대한 유아 세례에 대해서도 이런 의미에서 심각한 참여를 하게 되며, 그런 일이 교회에서 행해질 때 그 일의 교회적 의미를 높이 사면서 함께 주께서 주시는 은혜를 나누는 일에 힘쓴다. 누가 세례를 받고 교회의 회원이 되는지에 대해서 별로 관심이 없는 것은 우리가 성령님께 온전히 순종하는 데 전혀 도움이 되지 않는다. 또한 세례받은 이들은 교회에서 성찬을 같이 나누는 일에 큰 의미를 부여하고, 성찬을 통해서 주께서 은혜 언약에 속해 있음을 표하시고 그 일을 인쳐 주시는 은혜를 누리게 될 것이다. 이와 같이 들리는 말씀과 눈에 보이는 말씀을 사용해서 주께서 우리에게 은혜를 베풀어 주시므로 함께 성장해 가야 한다.

셋째로, 우리는 이런 하나님 말씀에 근거해서 삼위일체 하나님께 기도하는 일에 열심일 것이다. 이런 기도는 하나님의 말씀에 근거하여 하는 기도이므로 말씀에 어긋나는 것을 구하거나 하나님의 뜻은 제쳐 놓고 자신의 주장만을 내세우는 형태의 기도를 피할 수 있다. 참된 기도는 하나님의 뜻을 추구해 가는 기도가 된다. 또한 참된 기도는 일정한 시간이 지난 후에 우리들을 성령님께 온전히 순종하게 하며, 성령님에 따른 온전한 인격을 드러내게 되도록 한다.[54] 따라서 정신없는 기도 행위 등은 있을 수 없다. 개인적으로나 집단적으로 가장 온전한 인격성을 드러낼 수 있는 기도와 기도회가 중요하다. 동방정교회의 Evagrius의 말을 원용하여 말한다면, "당신이 [성령님의 인도하심을 받고 성령님께 순종하는] 그리스도인이라면 당신은 진실로 기도할 것이다. 그리고 당신이 진실로 기도한다면, 당신은 그리스도인이다."[55]

마지막으로 이 모든 것에 근거해서 성도들이 깊이 있는 성령님 안에서의 교제에 힘써야 한다. 이는 성령님 안에서의 교제를 통해 자연스럽게 하나님의 말씀이 전달되어 교회 안에 연약한 지체들을 세워주는 방식으로의 성장을 이루게 한다.

4. 결론: 영성 문제에 대한 제언

이 모든 말을 듣고 난 후에 많은 분들은 그것은 우리가 가장 정상적으로 신앙생활을 하면서 흔히 힘쓰던 바라고 할 것이다. 그렇다. 우리가 속해 있는 교회가 정상적인 교회라면 우리는 늘 그런 가장 정상적

---

[54] Cf. 이승구, "진정한 기독교적 기도와 그 함의", 『신앙과 학문』 8/1 (2003. 6): 121-39.

[55] Cf. Evagrius, "On Prayer," in *The Philokalia* (London: Faber and Faber, 1979), 1:62. 에바그리우스의 말은 "당신이 신학자라면 당신은 진실로 기도할 것이다. 그리고 당신이 진실로 기도한다면, 당신은 신학자이다"이다.

인 신앙생활을 하여 왔을 것이고, 그런 정상적 신앙생활에 근거해서 우리의 일상적인 삶의 모든 측면이 하나님의 뜻에 가장 잘 순종하여 가는 모습을 보였을 것이다. (물론 이 마지막 측면에 적극적으로 긍정적으로 대답할 수 없는 우리의 현실이 우리로 회개케 하고 더욱 더 주의 은혜에 근거해서 정상적인 신앙생활로 나아가도록 할 것이다.)

그렇다면 정리하는 의미로 과연 바르지 못한 영성을 드러내는 모습이 어떤 것인지를 열거해 보기로 한다. 첫째로, 자신의 사상이나 삶에서 하나님께서 성경에서 말한 대로의 방향으로 나아가지 않는 사람들은 전혀 성경적 영성을 향해 가는 사람들이 아니다. 그런 사람들은 성경적으로 경건한 사람들이 아니라는 말이다. 둘째로, 영적인 것에 대해서 말은 많이 하지만 이상한 종교인의 냄새만을 풍기지, 그 삶 전반이 하나님 나라를 지향하여 일관성을 보이지 않을 때 그것은 경건의 모양은 있으나 경건의 능력이 없는 사람의 전형적 모습이라고 할 수 있을 것이다. 셋째로, 교회의 회원 역할을 제대로 하지 않고 그저 예배에 참석하며 자신의 삶을 도덕적이게 하거나 소위 영적이게 하는 이들도 온전한 의미에서 성령님께 순종하지 않는 것이다. 넷째로, 사회 현상 전반에 대해 하나님 나라적 관점에서의 바른 평가와 그런 평가에 따른 노력이 전혀 없을 때 우리는 아직 온전한 성령의 사람이 아니다.

이와는 반대로, 하나님께 온전히 순종하는 진정한 경건의 사람, 성령의 사람은 그 삶 전체가 하나님 나라와 의를 위하는 일관성 있는 삶을 향해 갈 것이요, 그 하나님 나라를 교회를 통해, 그리고 자신의 삶을 통해 이 땅 가운데 드러내는 데 열심인 사람일 것이다. 그는 항상 배우며 진리의 지식에 이르는 사람이요, 항상 기도와 간구로 하나님과 교제하는 사람이요, 먼저는 성도들 그리고 모든 사람들과 성령 안에서 의와 화평과 희락을 드러내는 사람으로 나타날 것이다. 이 땅에 교회가 있는 이유는 예수님을 믿는다고 하는 우리 모두가 이런 사람으로 이 세상에 나타나는 데에 있다. 그럴 때 우리 교회는 그 사명을 다하는 교회고, 그 의미를 잘 드러내는 교회가 된다.

이 모든 일을 다 들은 우리는 이제 어떻게 해야 할 것인가? 첫째로, 우리가 이런 온전한 의미의 "영성" 개념을 가지고 이 용어를 사용하기까지는 될 수 있는 대로 "영성"이라는 말을 사용하지 않는 것이 좋을 것이다. 지금 사용하는 대로라면 많은 그리스도인들이 혼동만을 일으키게 된다. 우리 정황을 그대로 놓고 사방에서 말하는 영성을 그들이 말하는 대로 추구해 보라. 그것은 결국 우리가 말하는 의미의 영성과는 거리가 먼 길로 우리 성도들을 인도하게 될 것이기 때문이다. 그러나 후에 우리가 성경의 가르침을 따르고 그런 의미에 따라 무엇이든지 말하려는 노력의 결과로 모든 사람들이 우리가 말하는 의미의 성경적인 "영성"만을 "영성"이라고 이해하게 될 때에 우리는 성경적 영성, 진정한 영성, 기독교적 영성, 또는 그냥 "영성"이라는 말을 사용해도 좋을 것이다. 그때가 되기까지는 아직은 "영성"이라는 말에 대해 모라토리움(moratorium)을 선언하는 것이 교회를 위해, 그리고 진정한 영성을 추구하는 개인들을 위해서 더 도움이 될 것이다.

둘째로, 특히 "영성 훈련"이나 "영성 수련"이라는 말은 전혀 사용하지 말아야 한다. 성령의 사람이 온전히 되는 것은 훈련으로 되는 것이 아니다. 그런데도 이런 말들을 계속 사용하는 것은 그런 것이 있을 수 있다는 인상을 우리에게 주는 것이다. 이미 그리스도인 안에 계시며 그들 안에서 성도의 성장을 위해 탄식하시며 기도하시는 성령님께 온전히 순종하는 것만이 우리에게 주어진 사명이다. 그것은 어떤 훈련으로 되는 것이 아니다. 사실 영성 훈련이라는 말을 사용하는 이들도 궁극적으로는 이를 잘 알고 있다. 그래서 그들은 "체계적이고 잘 단련된 영성 훈련들이 영성 발달의 주된 수단임을 의미"하면서 영성신학을 수덕적(ascetical)인 측면에서 설명한다고 하면서 때때로 어떤 방법을 제시하면서도 그것은 그렇게 하는 "한 가지 방법일 뿐이다."라는 말을 반복한다.[56] 또한 "어떤 성도들은 큰 노력 없이도 여러 단계를 한꺼번에 올라갈 수 있다"고 말한다.[57] 이 세상에 유일한 방법은 없기 때문이다. 또한 그들은 그런 방법이 상황에 맞게 변용되어야 한다는 점을 늘 강조한다.[58] 그리고 훈련의 규칙은 형식주의의 위험을 늘 가지고 있음도 잘 의식한다. 그래서 때로는 그것을 버려야 한다는 말도 한다.[59] 그러나 영성 훈련의 주창자들은 그 어떤 형태의 규칙은 항상 있는 것처럼 말한다. 그렇지만 본질적으로 훈련으로 우리가 영적인 사람이 되는 것이 아님을 영성 훈련의 주창가들도 알고 있는 것이다. 그들은 결국 "모든 사람을 만족시킬 수 있는 단 하나의 영성은 없다"고 한다.[60]

영성 신학을 말하는 사람들도 어떤 하나의 유형으로 사람을 규정하거나 훈련할 수 없다는 것을 알고 있다. 따라서 우리에게 필요한 것은 어떤 방법에 따라 우리를 훈련하는 것이 아니라, 지금 그리스도

---

[56] 예를 들어서, Chan, *Spiritual Theology*, 한역, 23, 242.
[57] Chan, 『영성신학』, 341.
[58] Chan, 『영성신학』, 242.
[59] Chan, 『영성신학』, 282.
[60] Chan, 『영성신학』, 25. 또한 그가 인용하고 있는 천주교 영성 신학의 저자인 Jordan Aumann, *Spiritual Theology* (London: Sheed & Ward, 1984), 34. 그런데 문제는 이들은 이런 다양성을 그대로 포용하면서 다 인정하려는 경향을 보인다는 데 있다.

인 안에서 역사하시는 성령님께 그때그때 복종하는 것이다. 성령님께서는 우리로 그의 말씀을 읽고 묵상하게 하시며, 우리 상황에 적용하여 이 상황 속에서 우리가 무엇을 하는 것이 주님의 뜻에 일치하는 것인지를 분별하도록 하시며, 순종할 수 있는 힘도 주시기 때문이다.

    마지막으로 우리 모두는 모든 정황 가운데서 진정으로 성령님께 온전히 순종하는 일에 힘써야 한다. 그것만이 우리가 진정 성령님께 속한 사람임을 이 세상에 드러내는 것이다. 영적으로 어린이들도 그 수준에서 성령님께 순종할 수 있다. 그리고 그 결과로 그들은 성령님 안에서 영적으로 성장하게 된다. 그러면 성장한 이들은 더 온전히 성령님께 순종하게 된다. 그러므로 우리가 어떠한 사람이든지 다 성령님께 순종할 때에만 우리는 온전한 성령의 사람일 수 있다. 우리의 노력으로 우리가 성령의 사람이 되는 것이 아니다. 이미 그리스도의 구속으로 우리에게 이미 주어진 중생에 근거해서 우리가 신령한 자들임을 인정하고, 우리 안에 계신 성령님께 온전히 순종해서 우리 개인의 삶과 교회와 이 세상 속에서 [예수 그리스도 안에서 이미 우리에게 임하여 왔으며 그의 재림으로 극치(極致)에 이르게 될] 그 하나님 나라를 강력히 증시(證示)해야만 한다. 여기에 우리의 신령한 자요 그리스도인인 존재의 의미가 있다.

제 5 부

교회와 세상

15

우리가 지향하는 건강한 교회는 과연 어떤 교회인가?

진정한 그리스도인이 되기 원하는 우리들 모두는 건강한 교회를 지향하고 있다. 물론 이 말은 우리들만이 건강한 교회를 지향하고 있다는 뜻은 아니다. 만일에 우리가 조금이라도 그렇게 주장하거나 우리만이 그런 사람들이라는 의식을 한다면 우리는 초대 교회의 이단 중의 하나인 도나티스트(Donatist) 파와 비슷한 사람들로 판단될 것이다. 사실 엘리야 시대에 엘리야가 다른 이들을 다 바알과 아세라 숭배에 굴복하였고 자신만 홀로 남았다고 생각할 때(왕상 19:10, 14) 주께서는 바알에게 무릎 꿇지 않은 이들을 7,000명이나 남겨 놓았다고 하셨다(왕상 19:18). 이런 점을 생각할 때 바르고 건강한 것을 추구한다고 하는 사람들은 항상 도나티스트적 오류를 범하지 않도록 주의해야 할 것이다. 그러므로 구태여 우리를 규정하는 한 가지 특성을 말한다면 우리 모두 도나티스트적 자기 주장(self-assertion) 없이 진정으로 건강한 교회를 지향하는 것이라고 할 수 있다. 그러나 건강한 교회라고 말하면서 그 생각하는 내용이 사람들에 따라서 다 다르다면 그것은 심각한 문제가 될 것이다.

이를 해결하기 위해서 이 글에서는 먼저 건강한 교회를 판단할 수 있는 시금석을 무엇으로 할 것인가 하는 것을 논의한(I) 후에, 그 시금석에 의하면 건강한 교회의 표지는 어떤 것인지를 종교 개혁 시대의 선배들의 말에 따라 정리하고(II), 또한 구체적으로 건강한 교회는 어떤 교회인지를 살피고(III), 이 땅 가운데서 그런 건강한 교회를 이루기 위해 우리가 더 힘써야 할 일이 무엇인지를 논하기로(IV) 하자.

1. 건강한 교회를 판단할 수 있는 시금석

과연 무엇을 기준으로 해서 어떤 교회를 건강한 교회라고 하고, 어떤 교회 공동체를 건강한 교회 공동체가 아니라고 해야 하는가? 이에 대해서 다른 여러 가지 시금석들을 제안하려고들 하지만 우리는 역시 "성경이 말하는 바"를 모든 것의 종국적 판단 기준이라고 해야 한다. 성경이 말하는 바가 우리의 모든 것의 판단 기준이다.

구체적으로 그것은 무엇을 의미하는가? 우리가 그리스도께서 이루신 새 언약 시대에 살고 있다는 점을 생각한다면 우리는 신약 성경이 말하고 있는 것을 기준으로 하여 교회를 규정해야 한다. 이렇게 본다면 건강한 교회는 "성경이 가르치고 있는 새 언약에 근거한 교회 공동체를 이 땅 가운데 눈에 보이는 방식으로 드러내기 위해 애쓰고 있는 공동체"다. 즉, 예수 그리스도의 구속 사역에 근거하여 갱신되고 확장된 하나님의 백성들이 이 세상에 구체적인 모습으로 드러내는 일을 하나님께서는 성경 말씀과 성령님의 사역을 통하여 하심을 믿으면서, 성령님께서 말씀을 은혜의 방도로 사용하셔서 우리에게 은혜를 베풀어 우리들을 성장시키시며 온전한 교회 공동체가 되어 가도록 하시기를 간절히 기원하며, 그와 같은 주님의 인도하심에 순종하려고 애쓰는 교회여야만 한다. 이와 같이 성경이 가르치는 것, 구체적으로는 구약에 근거해서 신약 성경이 신약 교회가 어떠한 모습을 지니고 있어야 한다고 말하는 바를 이 땅 가운데 구현하려고 하는 것이다. 즉, 교회를 판단할 수 있는 유일한 시금석은 이와 같이 구약에 근거한 신약 성경의 가르침이 되어야 한다는 말이다.

이것은 실천적으로 매우 중요한 시금석(criteria)이다. 이것은 건강한 교회를 우리가 느끼고 좋다고 판단하는 것 중심으로 규정하지 않아야 한다는 것이다. 즉, 우리가 (1) 그저 우리가 은혜스럽다고 여기는 바를 중심으로 교회를 판단하는 기준을 삼아서는 안 된다는 것이다. 이는 또한 (2) 우리들이 그저 일반적으로 옳다고 느끼는 바를 중심으로 교회를 판단해서는 안 된다는 말이기도 하다. 사실 우리들의 건강 교회 운동에는 그런 일반적 접근이 상당히 많이 있다는 것을 깊이 의식해야만 한다. 그러나 그렇게 일반적인 생각을 따라가지 않는 것만이 우리가 이 세상에 교회는 이런 것이라고 말하는 유행을 따라가지 않을 수 있는 유일한 방도다.

이는 또한 성경의 가르침에 더해서 다른 것을 부가해서 우리의 판단의 척도를 삼아서도 안 된다는 것을 말해 준다. 우리의 최종적 판단 기준인 성경에 다른 것이 붙어 있게 된다면 그것은 잘못된 길로 나아가는 척도가 된다. 천주교회는 성경의 가르침에 더하여 구전(oral tradition) 등의 교회의 전통(tradition)을 판단 기준으로 삼았기에 우리가 그것을 옳지 않은 길이라고 주장한다. 다른 이단들은 성경의 가르침에 더하고(몰몬교, 여호와의 증인 등), 성경을 왜곡하고 잘못 가르치며, 성경을 제거하는 길로 나아가므로 우리가 이단(heresy)이라고 한다. 이들을 비판하는 우리가 만일 우리의 최종적 판단 기준을 성경 외의 다른 것에 둔다면 우리도 이들과 비슷한 잘못을 하는 것이 된다. 그것은 우리가 이단으로 나아가는 것이 되므로, 우리는 이 점에 가장 유의해야 한다.

그러므로 우리는 성경의 가르침만을 건강한 교회의 판단 기준으로 제시하며 그것을 신봉하는 사람들이다. 이 세상에서 이렇게 구약에 근거한 신약의 가르침을 교회에 대한 최종적 판단 근거로 믿고 나아가는 이들을 우리는 다 건강 교회 운동을 하는 사람들이라고 여기고 형제와 자매로 같이 대우하며 같이 나아가야 한다. 비록 특정한 일에 대해서 우리와 같이 활동하지 않고, 우리를 모르는 사람들이라도 성경이 가르치는 것을 최종적 판단 기준으로 여기며 나아가는 이들은 우리의 형제들이요 함께 참 교회를 이루기 위해 노력해 가는 사람들이다.

그러므로 성경 이외의 다른 것들을 최종적 판단 기준으로 삼지 않도록 우리는 항상 유의해야 한다. 만일 그렇게 한다면 건강 교회를 주장하는 우리가 실상 건강한 교회가 아니라 교회를 해치는 일을 할 수 있는 것이다. 성경의 가르침만이 우리의 판단의 시금석이 되어야 한다. 그러나 이것은 구호로 결정되는 것이 아니라 실제적으로 그렇게 하는지의 여부로만 결정될 수 있는 것이다.

2. 건강한 교회의 표지들

그렇다면 구체적으로 어떤 것이 건강한 교회의 모습인가? 이를 제시하기 위해 먼저 종교 개혁 시대의 우리 선배들이 제시한 참 교회의 표지들(marks of the Church)에 대해서 생각해 보기로 하자. 교회의 표지들이란 그것들이 있으면 교회이고, 그것이 없으면 교회가 아닌 것들을 지칭하는 것이다. 이는 교회의 속성들(the attributes of the Church)과는 다른 것이다. 교회의 속성들은 우리가 참 교회라면 그런 속성을 드러내는 일에서 좀 부족해도 일단 교회이고, 이제 그런 방향을 향해 노력해 가면 되는 것이다. 그러므로 교회의 속성은 주의 은혜로 교회된 우리들에게 이미 주어져 있는 특성들이고, 이제 그 원칙에 부합하게 끊임없이 노력하여 그런 속성을 눈에 보이는 현실로 드러내도록 되어 있다. 그러나 종교 개혁 시대에 논의되기 시작한 "교회의 표지"는 그것이 없으면 우리는 진정한 교회가 아니요 사탄의 회이든지 우리들의 자의적(恣意的) 모임이 된다. 이런 의미에서 사람들이 모여서 예배하고 여러 가지 종교적인 일을 함께 하면 다 교회인 것이 아니다. 교회에 대해서 그렇게 생각하는 경향이 매우 강하다. 그래서 몇몇 사람이 모여서 예배하고, 종교적인 일을 하면 그저 그것을 교회라고 생각하는 것이다. 그러나 본래 교회는 사람들끼리 모이면 되는 것이 아니다. 예수님께서 이 세상에 계실 때 주께서 "내가 … 내 교회를 세우리니"(마 16:18)라고 명백히 선언하신 것처럼 주님의 교회는 주께서 친히 세우시고 통치해 나가시는 것이다. 그러므로 교회는 이런 뜻이 가시적으로 드러나는 방식으로 교회를 이 땅에 드러내도록 해야 한다. 그리고 그런 참된 교회는 다음과 같은 표지들(marks)을 가진다고 종교 개혁자들은 주장하였다.

첫째로, 복음의 순수한 선포를 교회의 표지라고 하였다. 이는 성경에 근거해서 복음의 참된 의미를 드러내는 것을 뜻한다. 그러므로 성경에 근거하지 않은 이야기들이 난무하는 교회, 성경의 가르침과 성경적 사상을 왜곡하고 나아가는 교회는 교회라고 할 수 없다. 성경에 근거해 있고, 성경적 복음과 성경적 사상에 충실한 교회만이 교회다. 종교 개혁 시대의 교회가 가장 중요하게 생각한 복음의 내용은 이신칭의(以信稱義), 즉 예수 그리스도께서 그의 전 생애와 십자가에서 이루신 구속을 믿음으로써만 의롭다 함을 받는다는 복음의 내용이었다. 그러므로 자력(自力) 구원의 사상을 말하는 것(Pelagianism), 반쯤은 그런 사상을 말하는 일종의 신인협력주의의 주장(Semi-Pelagianism), 또한 그에 반대하나 인간 스스로의 힘으로 복음을 믿을 수 있다고 생각하는 사상은 분명히 교회 안에서 있을 수 없는 주장을 하는 것이 된다. 종교 개혁자들이 말한 복음은 오직 하나님 은혜로만 말미암는 구원을 철저히, 절대적으로 믿는 것이다. 또한 오직 하나님의 은혜로 구원받은 사람들의 주님을 따르는 노력을 공로로 생각하거나 그런 식으로 언급하는 교회도 건강한 교회라고 하기 어려운 것이다. 우리는 개혁자들을 따라서 순수한 복음의 선포를 하는 교회만을 교회라고 해야 한다. 더 나아가 우리는 신약 성경이 가르치는 복음의 성격에 주의하여 하나님 나라의 복음을 바르게 선포하여야 한다. 그렇게 하나님 나라의 복음을 제대로 선포할 때에야 우리는 참 교회이다.

둘째로, 성례의 신실한 시행이 교회의 표지로 언급된다. 주께서 믿는 사람들에게 성부와 성자와 성령의 이름으로 세례를 주라고 하셨기에 하나님 나라의 복음을 듣고 참으로 믿어 하나님 나라 백성이 된 사람들을 잘 파악하여서 그들에게 세례를 베푸는 일과 세례받은 성인(成人)들에게, 하나님의 뜻을 따라 그리스도에게 계속해서 참여하며 그로 힘입어 사는 것을 드러내는 성찬에 참여하도록 하는 일이 교회의 중요한 표지다.

셋째로, 성찬이 이렇게 중요하기에 교회 공동체는 모든 지체들이 함께 서로를 돌아보고 함께 하나님의 뜻을 수행해 가는 일을 권면하고 함께 노력해 가게 되므로 이런 일을 하며, 혹시 그 상호 권면을 무시할 때에는 위해서 열심히 기도하여 함께 그리스도의 몸 됨을 드러내도록 하고, 그것이 잘 안 될 때에는 심지어 사랑하는 심정으로 벌을 주어서라도 주의 몸 된 교회 공동체의 모습을 이 세상에 잘 드러내는 일을 하는 것(이를 치리[治理, discipline]라고 부른다)을 교회의 세 번째 표지라고 하였다.

그런데 이 세 가지 표지는 따로 떨어져 있는 것이 아니고 연합하여 있는 하나의 것이라고 할 수 있다. 그래서 우리의 선배들은 교회의 표지들을 말할 때 이 세 가지를 모두 언급하는 경우도 있었고, 그 중 둘만을 언급하는 경우도 있었다. 칼빈의 언급이 그 대표적인 경우이다. 그러나 이때에도 칼빈이나 그와 같은 분들이 세 번째 표지인 치리를 무시한 것은 아니고 성례를 제대로 하는 것에 그 점을 같이 넣어 생각한 것이다. 그러므로 그들은 두 번째 표지 속에 이미 치리에 대한 생각이 포함된 것으로 여긴 것이다. 또한 심지어 '순수한 복음의 선포' 한 가지만을 교회의 표지로 언급한 사람들의 경우에도 바른 성례의 신실한 집행이 눈에 보이는 말씀을 선포하는 것이라고 보았으므로 그 안에 이미 순수한 복음의 선포와 바른 성례의 신실한 집행이 포함된 것이다.

그러므로 교회의 표지를 위에서 언급한 대로 셋으로 언급하거나 순수한 복음의 선포와 바른 성례의 신실한 집행의 둘로만 언급하거나, 아니면 심지어 순수한 복음의 선포 한 가지만을 이야기해도 실제로 이 세 가지를 포함하여 생각하였던 것이다. 이와 같이 종교 개혁 시대의 교회는 성경이 가르치는 것을 중심으로 말씀 선포와 교회의 실천과 교우들의 삶에서 성경의 가르침에 충실한 공동체만이 참된 교회라고 했다. 이것은 우리 시대에도 그대로 타당한 것이 아닐 수 없다.

3. 건강한 교회의 모습

그렇다면 이런 점들을 유념하는 우리들의 교회는 구체적으로 이 세상에서 어떤 모습으로 나타나야 건강한 교회라고 할 수 있을까?

첫째는, 성경이 가르치는 하나님의 경륜 전체를 바르게 알며, 그 가르침에 우리 자신들을 온전히 헌신하는 일에 힘쓰려고 해야만 한다. 이를 위해 주님께서는 예배와 다른 공적인 집회 중에 상당한 시간을 하나님의 말씀을 잘 가르쳐 교훈을 내려 주시는 데 사용하신다고 믿어서 우리들은 무엇보다 먼저 하나님의 말씀을 바르고 온전하게 배우며, 그 교훈에 온전히 헌신하도록 해야 한다. 성경의 가르침을 받고 그대로 사는 일 - 우리는 오직 그것을 추구해야 한다. 비록 여전히 어리고 미약하지만 그래도 성경이 가르치는 사상을 잘 배우고 그런 성경적 사상을 형성하고 그것에 근거해 사는 일을 지속해야 우리는 건강한 교회라고 할 수 있다.

둘째로, 말씀에 근거한 헌신의 가장 직접적 표현은 성경이 가르치는 대로 삼위일체 하나님께 예배하는 일이라고 여겨서, 우리들은 성경이 가르치는 예배에 대한 규정적 원리를 존중하면서 가장 바른 방식으로 하나님께 경배하는 일에 힘쓰려고 해야 한다. 우리의 예배는 예수 그리스도의 구속 사역에 근거하여 성령님의 역사 가운데서 구속받은 우리의 삶을 삼위일체 하나님께 드리는 것의 표현이다. 따라서 우리들의 예배식도 성경의 가르침에 가장 온전히 따르던 이전의 종교 개혁 교회들의 예배 모범을 존중하면서 하나님께만 집중하는 성경적 예배를 드리려고 애써야 우리는 건강한 교회다. 찬송과 기도와 헌상과 말씀 읽기, 말씀 듣기, 성례 등 모든 측면에서 가장 정순하고 바른 방식으로 삼위일체 하나님 예배하기를 힘써야 한다. 다시 말해서, 우리는 예배가 순전히 삼위일체 하나님께 중심적인 것이 되기를 추구한다. 인간들에 대한 고려가 앞서지 않아야 한다. 삼위일체 하나님께서만 중심이 되셔서 그가 규정하신 방식대로 예배하려고 하는 일에 우리는 더욱 힘써야 한다.

셋째로, 이렇게 하나님께 예배한 성도[聖徒], 거룩한 무리들는 항상 구체적인 삶의 현장에서 예배한 자들답게 주께서 맡겨주신 일을 힘써야 한다. 따라서 우리들은 각자의 은사에 따라 주께서 맡겨주신 하나님 나라의 일을 하는 심정으로 우리들의 가정생활과 학교생활, 직장생활 등에 힘써야 한다. 우리는 이것을 매우 강조하면서, 그렇게 우리들의 구체적인 삶의 영역에서 하나님 나라의 일을 하려고 노력해야만 한다. 그렇게 교회의 지체들이 주어진 소명(vocatio)에 따라서 우리에게 주어진 하나님의 일을 힘쓰는 일이 우리의 사명이다. 그래야만 우리들이 건강한 교회다. 우리들이 종교적인 일을 하려고 열심히 모인다고 해도 주어진 삶의 영역에서 하나님의 백성답게, 각자에게 주신 거룩한 직임[聖職]을 감당하지 않는다면 우리는 결코 건강한 교회가 아니다. 이런 의미에서 모든 그리스도인은 다 성직자들이다. 평신도라는 말조차도 어울리지 않는다. 물론 교회의 특별한 직임을 지닌 직분자들이 있음을 우리는 중요시하고 강조한다. 그러나 그것은 기능상의 차이요, 교회의 직분이든지, 다른 직분이든지 우리는 하나님 앞에서 그 일을 소명으로 알고 수행하는 성직자들이다.

넷째로, 건강한 교회는 예배 후와 일상적인 삶 가운데서 성경이 말하는 성도의 교제를 구현하기 위해서 노력해야 한다. 이 일은 교회의 지체들이 성령님께 의존하면서 의식적인 노력을 해야만 이룰 수 있는 일이다. 그래서 함께 기도하며, 성도들을 위하여 기도하는 일을 힘쓰고(수요 기도회), 삶을 나누는 일(주일 오후 성경공부 그룹 모임, 때때로 이루어지는 조모임, 개별적 교제 등)에 더욱 힘써야 한다. 이 점은 아직도 많이 부족한 부분이기에 함께 말씀에 근거해 지난하게 노력하는 진정한 그리스도인들의 헌신에 근거한 동참이 필요하다. 그렇게 하지 않는다면 우리를 건강한 교회라고 하기 어렵다. 우리가 서로 알아가려 하지 않고 진정으로 삶을 나누지 못한다면 우리가 어떻게 건강한 교회이겠는가?

다섯째로, 우리의 교회의 조직과 행정과 교육 등 교회의 모든 활동에 하나님 나라의 질서가 드러나도록 하는 일을 힘써야 한다. 교회의 조직에 대해서는 성경이 가르치는 유기적 원리를 드러내도록 이미 신약 성경이 지침을 주고 있다. 그러므로 우리들의 교회 조직은 하나님 나라의 질서가 드러나도록 신약 성경이 말하는 그 조직을 드러내도록 하는 것이어야 한다. 천주교회의 위계적 교회 조직(hierarchical church system)이 성경의 원칙에서 벗어난 것이기에 잘못된 것이라고 우리가 주장한다면, 우리 교회들의 조직도 성경이 말하는 그 체계가 나타나도록 하되, 그것이 위계적으로 나타나서 하나님 나라의 질서를 해치지 않도록 해야 한다. 성경이 말하는 대로 목사와 장로와 집사의 직분만을 가지고 조직한다고 해도, 실질상 위계질서가 나타난다면 이미 우리는 천주교회처럼 위계적 질서를 드러내는 것이므로 잘못하는 것이다. 모든 사람이 동등하고, 모든 직분이 동등하다는 것(parity of officies)을 눈에 보이는 현실로 드러내어야 한다. 직분자들은 주님과 성도들인 교회를 섬기는 이들이다.

교회의 재정 관리는 집사직에 부여된 고유한 권한이다. 그러므로 우리는 성경이 가르치는 이 원칙에 따라서 집사직이 온전히 제 기능을 발휘하도록 힘써야 한다. 재정관리를 그 고유한 직임자들에게 돌려주고, 그 직임을 맡은 이들은 투명성과 성실성을 가지고 그 일을 감당하려고 해야 한다.

여섯째로, 우리들은 우리 주변의 의미 있는 일들에 될 수 있는 대로 많이 참여하려고 해야 한다. 이 세상에서 이루어지고 있는 가장 선하고 아름다운 일들에 같이 참여하려는 노력을 하려고 해야 한다. 예를 들어서, 가장 건전하고 바른 하나님의 말씀이 이 세상에 제대로 전파되는 일을 위해서 바른 성경 신학적 노력을 하는 기관들의 활동과 철저한 개혁파 신학에 근거한 신학 교육을 하여 졸업생들로 하여금 개혁파적 목회를 하도록 지향하는 신학교들, 기독교적 원리에 따라 각급 학교를 이루어 보려는 기독교 학교 운동을 돕는 일들을 해야 한다.

우리는 또한 성경에 근거한 실천을 위해 기독교적 관점에서 신앙과 학문을 통합하려고 노력하는 〈기독교 학문 연구소〉와 기독교적 윤리 실천을 위해 힘쓰는 〈기독교 윤리 실천 운동〉 등과 같은 일을 돕는 일을 힘써야 한다. 또한 우리 주변의 어려움 가운데 있는 분들을 도우려고 해야 한다. 앞으로도 이렇게 바른 말씀에 근거한 실천 운동에 우리가 좀 더 많이 참여해야 할 것이다.

일곱째로, 하나님 나라의 복음이 온 세상에 바르고 온전하며 진지하고도 신속히 전파되도록 하는 일이 하나님 나라를 중시하는 교회의 중요한 사역임을 생각하면서 우리 주변의 사람들에게 하나님 나라의 복음을 전하고 그렇게 믿게 된 분들을 잘 양육하는 일을 해야 한다. 어려운 일이지만 그것이 우리의 기본적 사명의 하나라고 생각하면서 그런 노력을 계속하려고 해야 한다. 이 일을 할 때에야 우리가 건강한 교회를 이루는 지체라고 할 만하다.

또한 그 하나님 나라의 복음이 온 세상에도 활발하게 전파되어야 한다는 점을 항상 생각하면서, 바르게 선교 사역을 하고 계시는 선교사님 가족의 선교 사역에 동참해야 한다. 이런 세계 선교 사역에 헌신하는 지체들이 더 많이 있고, 온 교회가 이런 일에 좀 더 헌신할 수 있기를 기도하면서 더 노력해야 한다.

또한 성경에 근거한 참 교회를 이루어 가려고 애쓰는 이 땅의 모든 바른 교회들과 함께 형제 의식을 가지고 전진하면서, 이 땅에 있는 바른 교단들에 속한 교회들과 함께 구체적인 협력을 하여 가야 한다.

일곱째로, 건강한 교회는 다음 세대의 교회가 이 같은 성경적 정신에 근거하여 자신들을 온전히 헌신해 갈 수 있도록 다음 세대를 위한 교육에 힘쓰는 교회가 되어야 한다. 오늘날 우리들은 우리들의 문제에 급급하여 다음 세대의 교육, 다음 세대의 교회가 우리들보다 더 든든하고 유력한 교회로 세워져 가는 일을 등한히 하기 쉽다. 그러므로 우리가 정신을 차려서 각 가정이 온전한 '기독교 가정'의 모습을 이루고 기독교 가정의 문화를 가꾸는 일과 각 교회 공동체 내에서 어린이들과 청소년들과 청년들의 교육에 더 힘쓰고, 각급 기독교 학교 운동과 공립학교나 다른 사립학교 내의 기독교 교사와 학생들을 돕는 일에 더 힘써야 한다. 다음 세대의 지도자 양성을 위해 장학금을 내어 인재를 양성하는 일에도 힘써야만 할 것이다.

마지막으로 건강한 교회는 항상 성령님께서 인도하시는 대로 순종을 해 가는 교회임을 분명히 해야 한다. 성령님께서는 늘 성경 말씀을 은혜의 방도로 사용하셔서 은혜를 베푸시며, 교회를 인도해 가신다. 모든 성도는 그들의 일상에서나 중요한 결단의 장에서, 또한 교회의 중요한 문제를 결정해 갈 때에 항상 성령님의 뜻이 무엇인지를 깊이 유념하고 그것에 따라 결정하도록 노력해 가야 한다. 대개 중요한 문제는 교회의 성원 전체가 성령님께 기도하면서 오래 생각한 후에 의결해야 하는데, (1) 이때 각 성원들은 자신의 뜻을 다 비우고서 우리 공동체를 통해서 주께서 우리의 길을 어떻게 인도하실 것인지를 간절히 기다리는 마음으로 그 의결에 참여하고, (2) 혹시 자신의 뜻과 다른 방식으로 결과가 나와도 주께서 우리를 그렇게 인도하시는 줄 알고 함께 순종하면서, (3) 더욱 더 교회 전체가 하나님의 뜻에 부합하는 방식으로 진정할 수 있도록 성경의 가르침을 더 배우고 더 열심히 기도해야 할 것이다.

4. 우리들의 문제들과 해결 방안

한국 땅에서 '건강 교회 운동'을 지향하고, 이를 선언하고 나아가는 우리들에게는 문제가 없는가? 그렇지 않다. 이 땅에 있는 교회는 항상 문제가 있고, 우리는 그것은 겸손히 인정하며 항상 하나님의 말씀인 성경의 가르침을 토대로 하여서 우리들의 문제점을 극복해 나가기를 원한다.

첫째로, 다른 모든 교회들과 같이 우리도 근본적으로 하나님의 경륜 전체를 파악하는 면에서 매우 미약함을 고백하지 않을 수 없다. 부지런히 성경을 탐구하여 하나님의 뜻 전반을 알고 그에 근거해서 살아야 하는데 건강한 교회를 지향하고 나아간다고 하는 우리들조차도 참으로 부지런히 성경을 탐구하는 일에 있어서 매우 게으른 모습을 보일 때가 많다. 그러므로 우리는 성경이 가르치는 하나님의 경륜 전체를 파악하고 그에 충실하려고 힘써야 한다. 특히, 교회와 예배에 대해 성경이 과연 어떤 가르침을 주고 있는지를 잘 파악하려고 노력해야 하고, 그런 바른 가르침 위에 우리들의 교회를 세우려고 해야 할 것이다. 우리들의 생각과 경험을 성경에서 가르침을 받은 것에 근거하여 날마다 고쳐 나가며 성경적 사상과 성경적 세계관을 형성하는 일에 더 힘써야만 한다.

둘째로, 그렇게 파악된 하나님의 말씀에 우리 자신을 전적으로 헌신(commitment)하는 일에 우리의 부족함이 많다는 것을 의식하지 않을 수 없다. 이 시대의 거의 모든 그리스도인들과 마찬가지로 우리도 전적으로 헌신하는 모습을 잘 드러내지 않는다. 각 지교회의 회원들이 온전히 주와 교회에 헌신하지 않는 일은 매우 심각할 정도이다. 각 지체와 교회 전체가 성령님께 의존해서 우리 자신을 성령님께서 성경에 가르침을 근거로 우리를 인도하시는 일에 철저히 헌신하지 않는다. 여기에 우리의 가장 근본적인 문제가 있다. 성경의 가르침을 받은 우리는 전적으로 성경의 사람이 되어서 성령님께서 원하시는 감정과 그런 의지, 그런 인격을 드러낼 수 있어야 한다.

셋째로, 그런 모습의 하나로 성경이 가르치는 교회에 대한 모든 도리에 대한 파악과 그런 가르침에 헌신하지 않는 일을 들 수 있다. 예를 들어서, 목사를 임직하여 세우는 일은 장로의 회(presbytery)에서 하도록 되어 있다는 성경의 가르침(딤전 4:14)과 이를 존중하여 지역 단위의 장로의 회를 조직하여 "교회를 함께 치리하고 목회하던" 과거 교회의 좋은 선례에도 불구하고, 때때로 우리들은 우리 자신의 불쾌한 경험들에 근거해서 이를 회피하려고 하는 마음을 가질 수도 있다. 그래서 열심을 지닌 우리가 마치 새롭게 세워진 교회로서 새로운 방식으로 이 시대에 주님을 섬기는 것으로 자처하여 지난 2,000년 동안 교회를 인도하신 주님의 인도하심을 무시하기 쉽다. 어느 시대에나 열심히 하려고 하던 분들은 과거의 교회의 역사를 모두 부정하는 경향을 가지고 있었는데 이는 우리가 항상 경계해야 할 태도가 아닐 수 없다. 우리는 항상 성경의 가르침을 존중하고, 그 가르침을 가장 충실히 따르려고 했던 과거 선배들의 노력을 이어받아 성경을 존중하는 전통을 귀하게 여기면서 그 위에서 건강 교회 운동을 해야 할 것이다.

넷째로, 우리의 교회 내적인 작업과 대(對) 사회적인 작업의 방법론을 좀 더 개발할 필요가 있다고 여겨진다. 우리는 개교회에만 신경 쓰지 않고 주변의 여러 교회들의 문제에도 관심을 기울인다. 그것은 주의 교회를 사랑하기에 주위의 교회들도 같이 바른 방향으로 나아가기를 신경 쓰기에 그리하는 것이다. 이런 관심은 좋은 것이고 우리가 항상 가져야 할 것이다. 그러나 우리가 관심을 지니는 교회들조차도 우리의 이런 관심을 사랑에서 나온 것으로 보지 않고 남의 일에 간섭하는 것으로 본다는 데에 문제가 있다. 그러므로 교회와 교회와의 관계성에 있어서 우리들끼리의 논의가 사랑에 근거해서 의미있는 대화가 이루어지도록 하는 일에 우리는 좀 더 힘써야 할 것이다. 상대편이 그렇게 받지 않으므로 이 일이 지난(至難)한 것임은 잘 안다. 그러나 대화하려는 우리의 마음은 항상 주님과 교회와 사람들에 대한 사랑에서 나온 것이니 그런 깊은 뜻이 전달되도록 힘써야 한다.

문제는 그런 교회와 교회 사이의 대화가 각종 언론 매체의 특성상 이 세상에 여과 없이 흘러나가서 불신자들에게 이런저런 방식으로 교회 자체가 문제가 있는 듯이 느끼게끔 하며, 그리고 원치 않게 우리가 그런 일에 앞장서는 것과 같은 인상을 주고 있다는 데에 있다. 이것은 우리가 원하지 않는 일이다. 우리는 가능하면 이 땅의 교회가 교회답게 서 있기를 원하며, 교회가 하나님 나라의 복음을 바르게 전해서 사람들을 하나님 나라 안으로 이끌어 들여 하나님 나라 백성으로 살기를 원하기 때문이다. 우리는 교회에 대해서 한국 사회가 불신 풍조를 갖게 하거나, 교회를 경원시하는 것을 목적으로 하지 않는다.

그러므로 어떤 효과적인 방안을 찾아내어서 한국 교회 전체를 더 나은 방향으로 나아가게끔 교회 내적인 논의에 대한 노력이 시급하다. 교회의 갈등과 현실이 일반인들에게 여과 없이 흘러나가 한국 사회가 근본적으로 기독교와 교회에 대해 오해하는 일이 발생하지 않도록 힘써야 할 것이다. 아마 이런 식으로 일하는 것은 별로 효과적이지 않을 수도 있고, 우리가 빛(searchlight)을 많이 받지 못할지도 모른다. 그러나 그것이 우리의 목표가 아니므로 결국 우리는 우리의 개교회는 물론 한국 교회 전체가 정화되도록 하는 일에 그야말로 힘써야 할 것이다.

어쩌면 가장 효과적으로 이 일을 수행하는 것은 묵묵히 우리들이 섬기는 교회가 성경이 가르치는 바른 교회로 서 있어서 그런 교회의 빛을 이 세상에 비추는 일을 하는 것일지도 모른다. 사실 그렇게 작업하는 교회들이 우리 주변에 상당수 있다. 그런 교회들은 당분간은 무엇보다 교회 자체를 바르게 하는 일이 자신들의 사명이라고 여겨서 다른 일에 신경조차 쓰지 않을 정도로 묵묵히 정진하고 있는 것이다. 운동성이 강한 우리들이 조금은 눈여겨보아야 할 행보임에 틀림없다.

5. 마치는 말

이상과 같이 간단히 성경과 종교 개혁 전통에 근거해서 과연 건강한 교회가 어떤 교회인지를 생각하고 그 빛에서 우리 자신들을 돌아보았다. 여기 언급한 것 외에도 우리들의 문제는 더 많을 것이다. 이후에 같이 논의하면서 주께서 깨우쳐 주시는 우리의 문제를 찾아 반성하고 회개하며 이 세상 앞에 하나님을 아는 빛을 잘 비추어 나가야 할 것이다. 주께서 우리 모두에게 그런 은혜를 베풀어 주셔서 우리가 효과적으로 이 일을 감당할 수 있기를 원한다.

16

기독교적 문화 변혁론

먼저 두 가지 가장 일반적인 진술로 이 논의를 시작하고자 한다. (1) 학문 활동을 포함한 인간의 모든 활동은 문화적인 것이다. (2) 그런데 그리스도인의 경우에 있어서는 학문 활동을 비롯한 모든 문화 활동이 궁극적으로 하나님과 관련되어야 하고, 마땅히 하나님 나라적인 것이어야만 한다. 첫째 명제는 가장 일반적인 서술적 진술이고, 두 번째 명제는 기독교인의 당위(ought)를 진술하는 당위적 명제이다.

그런데 이 진술들을 하자마자 우리는 다음과 같은 수많은 문제들에 직면(直面)하게 된다. 그 모든 문화적 활동을 성경적 관점에서 과연 어떻게 이해해야 할 것인가? 그리스도인의 학문 활동을 비롯한 문화 활동은 과연 어떤 의미를 지니는 것인가? 이 세상 문화 전반과 그리스도인의 문화 활동의 관계성은 과연 어떠한 것인가? 그리스도인 됨과 이런 문화 활동의 관계는 무엇인가?

이 글에서 나는 기독교 학문의 의미를 탐구하기 위한 토대로서 기독교 학문이 그 한 부분을 형성하는 기독교적 문화 활동의 토대를 마련하는 작업을 하려고 한다. 성경의 가르침과 정통적 개혁 신학의 생각을 토대로 나는 (1) 하나님의 의도에 따른 문화 활동은 처음부터 하나님의 적극적 의도였으며, (2) 타락한 상황 가운데서 구속함을 받은 사람들은 이미 이 땅에서도 하나님 나라 백성으로 하나님의 의도에 따라 타락한 기존의 문화를 변혁하는 일로 부름을 받았다는 것을 분명히 하고, (3) 구체적인 기독교적 문화 변혁 방법의 하나를 시사(示唆)해 보도록 하겠다.

이는 앞으로 전개되기를 바라는 문화 변혁 운동의 근본적 토대를 다시 점검하여 튼튼히 하려는 의도에서 진행되는 것이다. 외국에서는 물론이거니와 이미 국내에서도 기독교 문화에 대한 논의들이 많이 진행되었다.[1] 그럼에도 이 토대를 더 분명히 하는 논의가 한 번 더 있어야 한다고 생각한 이유는 문화의 각 영역에서의 변혁론을 다루는

---

[1] 그 대표적인 예들로 다음 책들을 언급할 수 있을 것이다: 김영한, 『한국 기독교 문화신학』, (서울: 성광문화사, 1992)); 김경재, 『문화신학담론』, (서울: 대한기독교서회, 1997); 서철원, 『기독교 문화관』, (서울: 총신대학교 출판부, 1999); 신국원, 『신국원의 문화 이야기』, (서울: IVP, 2002); 추태화, 『대중문화시대와 기독교 문화학』, (서울: 코람데오, 2004); 신국원, 『변혁과 샬롬의 대중문화론』, (서울: IVP, 2004); 박양식, 『문화를 알면 사역이 보인다』, (서울: 기독교연합신문사, 2004); 임성빈, 『21세기 문화와 기독교』, (서울: 장로교신학대학교 출판부, 2004); 문용식, 『그리스도인을 위한 문화 이해』, (서울: 예영, 2005); 한국문화신학회, 『한국에 기독교 문화는 있는가?』, (서울: 한들출판사, 2005); 문화선교연구원, 『기독교 문화: 소통과 변혁을 향하여』, (서울: 예영, 2005); 이상훈, 『신학적 문화비평 어떻게 할 것인가?』, (서울: 예영, 2005); 한국 기독교 미술인협회, 『Pro Rege: 영광스런 극장 안에서』, (서울: 예서원, 2006); 신응철, 『기독교 문화학이란 무엇인가?』, (서울: 북코리아, 2006); 문화선교연구원, 『기독교 문화와 상상력』, (서울: 예영 2006).

각론에서 사람들의 의견들이 서로 달라 혼선이 빚어지는 것을 방지해야만 보다 효과적인 기독교 문화 운동이 이루어질 수 있다는 판단 때문이다. 그러므로 이 글에서는 개혁 신학적 입장에서 기독교 문화 변혁론의 토대를 다시 분명히 하는 일을 하려고 한다.

1. 하나님의 형상대로 지음받은 인간의 통치적(문화적) 사명

하나님께서 인간을 창조하실 때부터 하나님께서는 아주 독특한 의도를 가지고 우리를 창조하셨음을 성경은 아주 분명히 하고 있다. 주께서 다른 것을 창조하실 때와는 달리 인간을 창조하시면서 독특하게 하나님의 자기 의논을 하시고(창 1:26),[2] 영원 전의 하나님의 작정과 연관된 그 하나님의 자기 의논에 따라서 온 세상을 잘 다스리도록 인간을 하나님의 형상대로 창조하셨다. 즉, 인간이 하나님의 형상대로 창조된 궁극적 목적은 온 세상을 하나님의 뜻대로 잘 다스리도록 하려는 것이었다. 이 점은 인간을 하나님의 형상대로 만드시겠다고 의논하시는 말에도 그 의도가 명확히 드러나 있다.

그러나 종교 개혁 당시의 이단자들이요 자유주의 사상가들의 비조(鼻祖)격인 소시니우스주의자들과 오늘날의 일부 학자들이 주장

---

[2] 이 점에 대한 관찰들로는 이승구, 『기독교 세계관이란 무엇인가?』, 개정판 (서울: SFC, 2005), 제 5장; Robert L. Reymond, *New Systematic Theology of the Christian Faith* (Nashville: Thomas Nelson Publishers, 1998), 416 등을 보라. 이 의논에 대한 다양한 해석과 가장 건전한 이해에 대한 논의로 이승구, "성경신학과 조직신학," 『21세기 개혁 신학의 방향』 (서울: SFC, 2005), 201-205=『성경신학과 조직신학』 (서울: SFC, 2018), 29-35를 보라.

하는 바와 같이 통치하는 것 자체가 하나님의 형상의 내용이라고 해서는 안 된다. 다른 것이 아니라 통치가 바로 하나님의 형상이라고 소시니안주의자들과 같이 말하기보다는 "하나님의 형상이기에 온 세상을 통치하게 하신 것"이라고 좀 더 정확하게 말해야 한다.[3] 온 세상을 하나님의 뜻대로 잘 다스리도록 하기 위해서 하나님께서는 사람이 하나님의 어떠하심을 잘 반영하는 존재로 지어주신 것이다. 그러므로 하나님을 반영하는 존재라는 의미에서의 "하나님의 형상"(imago dei)이라는 말은 온 세상을 하나님의 뜻대로 다스릴 수 있는 인간의 독특한 능력 전체라고 할 수 있다. 이를 지칭하기 위해서 과거의 개혁 신학은 넓은 의미의 하나님의 형상(광의의 형상)이라는 말을 사용하여 왔다.[4]

온 세상을 하나님의 뜻대로 다스린다는 것은 하나님께서 창조하신 세상(피조계)에 하나님께서 아름답게 창조해 주신 인간의 생각과 힘을 가(加)해서 하나님의 의도대로 그것의 온전한 의미와 잠재성을 드러나게 하고 그 속성에 부합하게 잘 개발하여 하나님이 원하시는 문화(culture)를 드러내도록 하는 것을 함의한다.[5] 혼인, 가족, 예술, 언어, 상업, 그리고 (이상적인) 통치까지가 여기에 포함된다.[6] 하나님께서

---

[3] 이 점에 대한 지적들로 H. D McDonald, *The Christian View of Man* (Westchester, Illinois: Crossway Books, 1981), 36; Reymond, *New Systematic Theology of the Christian Faith*, 428; 이승구, 『기독교 세계관이란 무엇인가?』, 137.

[4] Cf. Louis Berkhof, *Systematic Theology* (Grand Rapiss: Eerdmans, 1941), 206-207.

[5] 같은 이해로 이에 대한 최낙재 교수님의 다음 설명을 참조하라. 최낙재, 『소요리 문답 강해』 2 (서울: 크리스찬 다이제스트, 1999), 185f.: "… 사람은 하나님을 위해서 이 창조계를 개발하고 가꾸어서 현재 하나님이 지으신 세상도 좋지만 그것을 더욱 좋게 빛나게 할 사명을 받은 것입니다. 다른 말로 하면 아주 건전하고 빛나는 문화를 건설하고 이 땅 위에서 살도록 하는 책임을 주신 것입니다."

창조하신 것을 피조계(creature)라고 한다면, 그것을 인간의 힘을 가하여 이런저런 방식으로 선하거나 악하게 변형하는 것을 문화(culture)라고 할 수 있다면 말이다. 하나님의 의도에 따라 피조계를 잘 돌보고 그것의 잠재력을 제대로 드러내는 것이 '온전한 문화라면', 하나님의 의도를 생각하지 않고 인간이 자신들의 의도에 따라서 피조계에 힘을 가해서 자신들의 뜻대로 변형시키는 것을 '잘못된 문화'라고 할 수 있다.

그렇게 본다면, 하나님께서 창조하신 피조계를 잘 돌보면서 그 잠재력을 다 이끌어내고 잘 다스려서 하나님이 원하시는 문화를 드러내고 하나님께서 의도하신 세계로 만들어가는 것이 하나님의 형상인 사람의 존재 이유이다. 그래서 예로부터 우리 선배들은 창조함을 받은 사람들에게 복 주시며 명령하신 하나님의 의도를 표현하고 있는 창세기 1:28을 문화 명령(cultural mandate)이라고 불러 왔다.7 사람은 온 세상을 하나님의 뜻대로 잘 다스려서 그 피조계에 대한 하나님의 의도를 온전히 드러내도록 하는 사명을 부여받은 것이라고 이해한 것이다. 따라서 하나님의 의도하신 문화 상태를 만들어 내는 것은 인간의 하나님 형상됨을 실현하고, 따라서 인간의 인간 됨을 실현하는 매우 중요한 방식의 하나라고 할 수 있다. 그런데, 코넬리우스 프란

---

6 Cf. Cornelius Plantinga, Jr. *Engaging God's World: A Reformed Vision of Faith, Learning, and Living* (Grand Rapids: Eersmans, 2002), 32.

7 개혁 신학에서는 전통적인 이런 진술을 근자에 잘 표현한 것으로 Richard J. Mouw, *When the Kings Come Marching In: Isaiah and the New Jerusalem* (Grand Rapids: Eerdmans, 1983), 16, 32, 33; Albert M. Wolters, *Creation Regained*, Revised Edition (Grand Rapids: Eerdmans, 2005), 42 등을 보라. 이를 때로 창조 명령(creation mandate)이라고 표현하기도 한다. Cf. Arthur F. Holmes, *Contours of a World View* (Grand Rapids: Eerdmans, 1983), 117=이승구 옮김, 『기독교 세계관』 (서울: 엠마오, 1985), 169=개정판, 『기독교 세계관』 (서울: 솔로몬, 2017), 180.

팅가가 잘 표현하고 있는 대로, "그 가능성들을 전개시키는 것 - 예를 들어서, 언어를 말하고, 도구를 만들며, 계약을 하고, 댄스그룹을 조직하고 하는 일들은 - 하나님께서 의도하신 인간 존재의 성격에 부합하게 행동하는 것이다."[8] 그러므로 이처럼 하나님의 의도대로 피조계를 그 온전한 의미가 다 드러나게 할 때에야 인간성의 온전한 의미도 드러나게 되는 것이다. 하나님께서 의도하신 인간 됨과 하나님의 뜻대로 문화를 개발해 내는 것 사이에는 이렇게 밀접한 상관관계가 있다. 그러므로 창조에서 의도된 문화는 하나님의 뜻에 따르는 문화요, 피조계를 잘 보살피고 전개시킴으로 나타나게 되는 문화다.

여기서 우리는 현대를 살고 있는 우리들이 흔히 생각하는 문화와 문명 개념을 뛰어넘는 고도한 문화 이해를 가지게 된다. 창조와 하나님의 의도에 근거한 이런 문화 이해를 바르게 가지지 않을 때 기독교는 반문화적이라는 잘못된 이해가 발생하기 쉽다. 그런 관견(管見)을 벗어나서 하나님께서 의도하신 사물과 사회의 상태, 하나님께서 이루기를 원하시는 사회의 관계성들을 우리는 하나님의 뜻에 따르는 문화라고 할 수 있어야 할 것이다. 그러므로 이런 문화는 하나님과 바른 관계를 지닌 가운데서 나타나는 문화요, 그런 의미에서 하나님께서 의도하신 문화는 하나님과의 바른 관계라는 바른 종교적 뿌리를 지니고, 그런 바른 문화는 그런 바른 종교적 관계성의 표현으로서의 문화라고 할 수 있다.

정리하자면, 하나님께서 이 세상을 창조하신 의도에 따라 피조계의 잠재력을 하나님의 뜻에 일치하게 드러내도록 하는 인간의 모

---

[8] Plantinga, *Engaging God's World*, 33.

든 행위를 하나님의 뜻에 따른 문화, 정상적 문화(normal culture)라고 할 수 있고, 하나님의 뜻을 도외시한 채 인간들이 자신들의 의도대로 피조계를 변형시키는 모든 것을 잘못된 문화, 또는 비정상적 문화 (abnormal culture)라고 할 수 있다. 이런 관점에서 말하면, 하나님께서는 창조 이전부터 인간이 온 세상을 하나님의 의도대로 발전시키는 문화를 형성하시기 원하시는 문화의 하나님이라고 할 수 있다. 또한 다음 절에서 보겠지만 인간은 그런 하나님의 뜻을 저버리고 자신의 의지를 주장한 자기주장적 문화(일종의 반문화, 반신국적 문화)를 형성해 간 것이다. 여기에 하나님의 뜻을 따르는 문화와 이에 반(反)하는 문화 사이의 궁극적 반립(反立, antithesis)이 있다.9

2. 타락한 사람과 반신국적 문화의 등장

앞에서 진술한 바와 같이 인간들은 하나님의 의도대로 하나님께 온전히 순종해서 하나님께서 원하시는 문화를 만들어 내지 못했다. 하나님께서 의도하신 더 고도한 수준으로 올라가서 하나님과 온전히 교제하며, 그런 교제를 잘 표현하는 인간들 간의 관계와 피조계와의 관계를 이루지 못하고, 오히려 창조함을 받은 지위(原狀)로부터도 떨어져 버렸다. 그래서 기독교에서는 전통적으로 이를 타락(墮落, fall, 떨어짐)이

---

9 이 반립에 대한 가장 강한 주장으로는 Kuyper, *Principles of Sacred Theology*, 106-14; 117, 150-76; Cornelius Van Til, *The Reformed Pastor and Modern Thought* (Philisburg, New Jersey: Presbyterian and Reformed Publishing Co., 1971), 이승구 옮김, 『개혁신앙과 현대사상』(서울: 엠마오, 1984), 46-50을 보라.

라고 표현해왔다. 더 높은 위치로 나아가서 하나님의 의도를 온전히 드러내기는커녕, 하나님께서 처음 창조해 주신 상태로부터 더 낮은 상태로 떨어져버렸다는 의식에서 그리한 것이다. 이렇게 타락한 사람은 하나님을 제대로 반영하지 못하는 존재가 되고 말았다. 오히려 하나님을 왜곡되게 반영하는 존재가 되어 버렸다. 정통 기독교의 관점에서는 역사적 타락에 대한 인정과[10] 그 함의에 대한 탐구가 매우 중요한 역할을 한다. 역사적 타락을 인정하지 않는 것은 구자유주의에서와 같이 실질적으로 이 세상의 타락의 실재를 인정하지 않든지, 칼 바르트나 라인홀드 니이버와 같이 이 세상의 사람이 존재하면 그 순간부터 다 타락한 사람이라는 이해를 드러내게 되므로 실질적으로 창조되어 존재하던 사람을 전혀 생각하지 못하는 매우 이상스러운 결과를 내고 만다.

그렇지만 역사적 타락을 다 인정한다고 해서 그 의미를 다 같이 잘 인정하는 것도 아니다. 그 타락의 함의를 어느 정도 인정하느냐에 따라서 순수하지 못한 기독교와 바른 기독교가 나뉘어진다.[11] 우리는 성경과 그에 따라 정통 기독교가 말하는 대로 죄와 허물로 죽었다고 말할 수 있을 정도로 전적으로 타락한 인간성을 제대로 인정하고 그에 충실해야만 한다.

---

[10] 게르할더스 보스(Vos, *Biblical Theology*)나 바톤 페인(J. Barton Payne, *Theology of the Older Testament* [Grand Rapids: Zondervan, 1962])에 이르기까지 정통주의적 입장을 지닌 책들은 모두 이런 입장을 분명히 해 왔었다. 근자에 나온 책들 가운데서 역사적 타락을 명확히 인정하며 진술하는 책들로 다음을 보라: Reymond, *A New Systematic Theology of the Christian Faith*, 440-46; Graeme Goldsworthy, *Preaching the Whole Bible as Christian Scripture* (Grand Rapids: Eerdmans, 2000), 김재영 옮김, 『성경신학적 설교 어떻게 할 것인가?』 (서울: 성서유니온선교회, 2002), 124, 128, 148, 170.

[11] 그 함의의 정도에 따른 여러 사상들에 대한 논의로 이승구, 『진정한 기독교적 위로』 (서울: 여수룬, 1998), 80-86을 보라.

그러나 하나님께서는 이렇게 타락한 사람에 대해서도 계속해서 하나님의 형상이라고 하시면서(창 9:6, 약 3:9), 그렇기에 비록 타락한 사람이라도 그를 죽이거나 미워하거나 저주하지 못하도록 하셨다. 타락한 사람도 비록 타락한 형태로나마 하나님을 반영하는 하나님의 형상(deformed image of God)이기에 사람들 마음대로 훼손하거나 손상하지 못하도록 하셨다. 인권(human rights)의 진정한 기초가 여기에 있다. 하나님의 형상으로 지으심은 받은 사람은 비록 그가 타락했어도 하나님의 형상이기에 비록 타락하여 일그러지고 왜곡된 형상(deformed image)이기는 하나 그런 형태로라도 하나님의 형상인 한(限) 인간으로서의 권리를 지닌 존재로 존중되어야 한다. 다시 한번 더 강조하면서 말하지만, 모든 인간이 존중받아야 하는 근거가 여기에 있다.

그 이유는 창세기 9장의 본문에서도 명백히 찾아볼 수 있으니, 이 본문은 인간이 하나님의 형상으로 지어졌기 때문이라는 것을 강조한다(창 9:6b).[12] 따라서 인간을 손상시킨 이는 하나님의 형상을 손상시킨 것으로 간주되는 것이다.[13] 칼빈이 잘 표현한 바와 같이 "사람들은 그들에게 새겨진 하나님의 형상을 가지고 있기에 하나님께서는 그들이 손상될 때 당신님 자신이 손상받는 것으로 여기신다."[14]

---

[12] 이 점을 강조하는 주해로 이하의 언급된 글도 외에도 Kenneth A. *Mathews, Genesis 4:27–11:26*, The New American Commentary, 1 B (Broadman & Holman Publishers, 1995), 405를 보라. 이 기사 가운데서 이 어구 자체가 하나님께서 친히 말씀한 것으로 되어 있는가, 아니면 "하나님의 형상을 따라"라고 말하는 것으로부터 이 기사의 화자의 설명적인 말로 여겨야 하는가(John H. Sailhamer, "Genesis," The Expositor's Bible Commentary 2 [Grand Rapids: Zondervan, 1990], 94)에 대해서는 그리 심각하게 의견을 나눌 필요는 없다고 여겨진다. 궁극적으로 이 모든 것이 하나님의 말씀으로 여겨져야 하기 때문이다.

[13] W. C. Kaiser, Jr., *Toward Old Testament Ethics* (Grand Rapids: Zondervan, 1983), 91.

그리고 이는 결국 하나님을 침해해 들어가는 것이 되기에 하나님께서는 극형을 선언하셔서 사람들이 사람들을 살해하는 것을 막으시기 위한 금령을 주셨다.15 그리하여 이 구절은 사형 제도의 고전적 근거 구절(the scriptural locus classicus for capital punishment)이다.16 이런 의미에서 우리는 "하나님께서는 노아 시대에 사형을 제정하셨다(창 9:6)."고 말할 수 있다.17 국가가 세워지기도 전에 주어진18 이 선언에 의하면, 스티거즈가 잘 표현한 바와 같이, "살인자는 하나님의 통치를 모독한 것으로 보이고 그럼으로써 하나님의 의지에 의한 보호 밖에 놓여졌다."19 이와 같이 비록 타락한 사람이라도 그를 손상하는 것은 하나

---

14 John Calvin, *Commentaries on the First Book of Moses Called Genesis*, trans. John King (Edinburgh: Calvin Translation Society; Reprinted, Grand Rapids: Baker, 1993), 295.

15 칼빈은 이 구절이 이 이상의 의미를 지닌다는 것을 강조하면서도 "율법이 규정하는 형벌, 그리고 재판장들이 시행하는 그 형벌이 이 신적인 선언에 근거한다는 것을 부인하지 않는다"고 말한다(Calvin, *Genesis*, 295).

16 해밀톤은 이 하나님의 형상이 살인하는 것을 금하는 기능을 하는지, 아니면 공의를 시행하도록 하기 위해 사형을 집행하는 권위를 정당화하는 것인지를 묻는다(Victor P. Hamilton, *The Book of Genesis: Chapters 1-17*, NICOT [Grand Rapids, Michigan: Eerdmans, 1990], 315, n. 13). 그러나 그 둘은 나눌 수 있는 것이 아니라 사람이 하나님의 형상이기에 살인하지 말라고 한 것이며, 따라서 동시에 살인자에 대한 사형 집행자의 권위를 정당화하는 것이 된다.

17 Cf. Andrew F. Uduigwomen, "The Christian Perspective on Capital Punishment: An Evaluation of Rehabilitation," Quodlibet Journal, *Online Journal of Christian Theology and Philosophy*, vol. 6, Num. 3 (July-September 2004), available at:

http://www.quodlibet.net/uduigwomen-rehabilitation.shtml: "God actually instituted capital punishment in Noah's time (Gen. 9:6)."

18 이 점에 대한 논의로 Betty Miller, "What Does the Bible Say About Capital Punishment? *Overcoming Life Digest* (July/August 2000), available at: http://www.bible.com/answers/acapital.html.

19 Harold G. Stigers, *A Commentary on Genesis* (Grand Rapids: Zondervan, 1976), 116: "It would appear that the murderer has assaulted the government of God and so lies beyond the protection of the divine will."

님의 형상을 훼손하는 것이며, 그것은 결국 하나님을 침해하는 것이 된다고 하나님께서 친히 성경에서 선언하신다.

야고보서에서 사람을 저주하지 말아야 한다는 근거도 그 사람이 하나님의 형상으로 지으심을 받았다는 것이다(약 3:9).[20] 이때 이 본문이 말하는 사람도 당연히 이미 타락한 사람이다. 그러나 그렇게 하나님의 형상됨을 손상하고 일그러지게 한 사람도 여전히 하나님의 형상이라고 하신다.[21] 그의 하나님의 형상됨이 우리가 그를 저주하지 못하는 근거가 된다.

이 모든 것은 타락한 인간 배후에도 여전히 하나님이 계시다는 것을 분명히 한다. 하나님께서 모든 인간의 보존자와 변호자로 서 계시며, 일반은총으로 그들을 계속하여 보호하시며 보존하신다. 그러므로 타락한 사람이라도 그를 손상시키는 것은 하나님을 손상하며 하나님을 침해해 가는 것이라고 하시는 것이다.

이렇게 타락한 사람들은 비록 하나님의 뜻에 온전히 순종하지 않고, 때로는 적극적으로 하나님의 의도에 반하기도 하고, 또 때로는

---

[20] 이 언급 배후에 창세기 1:26f.이 있다는 것은 거의 모든 사람들이 지적하는 바이다. Cf. Peter H. Davis, *Commentary on James*, NIGNT (Grand Rapids: Eerdmans, 1982), 146; Douglas J. Moo, *James*, Tyndale New Testament Commentaries (Leicester, IVP and Grand Rapids: Eerdmans, 1985), 128; Ralph P. Martin, *James*, Word Biblical Commentary 48 (Waco, Texas: Word Books, 1988), 119. 더글라스 무는 유대인 랍비들도 같은 이유에서 저주하는 것에 대해 경고를 했다고 하면서 "이웃으로 수치를 당하게 하지 말라, 그렇게 하는 것은 하나님의 형상인 사람을 수치스럽게 하는 것이기 때문이다"는 창세기 5:1에 대한 언급인 Breshith Rabba 24를 인용하고 있다(128). 피터 데이비스는 그 외에도 *Mek. on Ex. 20:26; Sl. Enoch* 44:1; 52:126 *Sipra on Lev.* 19:18도 언급한다(146).

[21] 이 점을 지적하는 Donald W. Burdick, "James," *The Expositor's Bible Commentary* 12 (Grand Rapids: Zondervan, 1981), 188을 보라. 이 점을 잘 지적하면서 "전적 타락"의 의미로 잘 모르고 오용하는 식으로 언급하고 있는 James Adamson, *The Epistle of James*, NICNT (Grand Rapids: Eerdmans, 1976), 146도 주의하면서 보라.

하나님과 하나님의 뜻에 대해서 무관심하다. 그러나 이렇게 타락하여 하나님의 뜻에 순종하지 않을 뿐만 아니라 순종할 수도 없는 사람들도 하나님의 일반은총적 배려 가운데서 그들 나름대로 문화를 발전시켜 나간다. 일반은총은 에드윈 팔머(Edwin Palmer)가 잘 요약하고 있는 바와 같이 "버림받은 자들의 악행을 억제하고, 선행을 하도록 그들을 장려하고, 그들에게 문화적 과업을 수행하도록 능력을 고취시키는 일"이기 때문이다.[22]

그러므로 타락한 인간들이 만들어 내는 문화는 양면적 성격을 지니고 있다. 그것이 문화적 활동이라는 점에서 하나님께서 창조하신 피조계의 어떤 측면을 연구하며 그것에 부합하게 그 의미를 드러내는 측면이 있다. 예를 들어서, 의학의 진전을 생각해 보라. 아브라함 시대의 의학과 예수님 당시의 의학과 16세기의 의학과 오늘날의 의학을 비교하면 우리는 의학의 발전적 측면이 있다는 것을 분명히 말할 수 있다. 이렇게 타락한 세상에서 나타나고 있는 이 세상의 문화에도 진전하며 발전하는 요소가 있다. 이는 이 세상이 타락에도 불구하고 일반은총 가운데서 여전히 유지되며, 통치되고 있기 때문이다. 그리하여 이 세상의 죄악이 상당히 억제되어 항상 극에 치우치는 악으로 나아가지 않고, 그래도 사회 질서가 유지되며, 진전하고 발전하는 측면도 있는 것이다.

---

[22] Edwin H. Palmer, *The Holy Spirit*, Revised Edition (Philadelphia, Pennsylvania:, The Presbyterian and Reformed Pub. Co., 1973), 최낙재 옮김, 『성령』 (서울: 한국 개혁주의 신행협회, 1967, 3판, 1977), 27. 일반은총의 기능에 대한 아주 정교한 논의를 보려면 Cornelius Van Til, 『개혁신앙과 현대사상』, 30-42; idem, *An Introduction to Systematic Theology* (1971), 이승구 옮김, 『개혁주의 신학 서론』 (서울: 기독교문서선교회, 1995), 399-405, 421-35를 보라. 특히 435쪽 마지막에 있는 일반은총에 대한 반틸의 정의에 가까운 진술을 참조하라.

그러나 타락한 이 세상의 문화를 근본적으로 철저하게 판단해 보면 반신적(反神的)이고, 심지어 사탄적인 문화도 있는 것을 볼 수 있다. 공공연한 사탄 숭배가 아니더라도 하나님을 떠나 타락한 인간의 부패한 심성에서 나온 어떤 종교적 표현은 악마적이어서 몰록 숭배에서와 같이 자녀를 불에 살라 몰록에게 드리기도 하고, 하나님이 창조하신 인간성을 온전히 무시하는 형태를 가지기도 한다. 그러나 이런 것만이 잘못된 것은 아니다. 인간들이 하나님과 상관없이 그들 나름으로 진선미(眞善美)를 추구하는 것도 잘못되어 있기 때문이다. 극한 악으로 나아가지 아니하고 그래도 진선미를 추구하는 것에 하나님의 일반은총이 작용하여 사회를 보존하는 면이 있으나, 그 안에서 인간은 자신들이 추구하는 진선미가 궁극적인 것이고 이는 하나님과 상관없이도 존재하는 것이라고 생각하게 된다는 점에서 이는 반신적이고 죄악적인 것이기도 하다.

이와 같이 타락한 인간의 문화는 양면성을 지니고 있다. 한편으로 이는 일반은총으로 말미암아 진전하며 의미 있는 것을 진술하고 진리에 가까운 것을 말하기도 하며 인류에게 유익이 되는 일도 한다. 그러나 또 한편으로는 그것 때문에 하나님께 순종하고 하나님을 존귀하게 여기는 것을 무시하게 하기도 하는 것이다. 이것이 타락한 인간 문화의 이중성이다.

그리하여 급기야 종교성을 상당히 제거하면서 인간성을 높인다는 허울 좋은 이름으로 하나님을 무시하는 방식의 문화가 현저하게 나타났다. 계몽주의 이후의 문화는 이런 측면을 잘 드러내고 있다. 볼테르(Voltaire) 등의 사상이나 그 모든 것을 전제로 하고 있는 현대 문화와 현대주의(modernism)가 그 전형이다. 종교나 하나님, 성경 등을 고려하지 않고 오직 인간성 일반과 인간 이성에 근거한 추구를 하려고 하는 것에서 인간의 자기주장(self-assertion)이 현저하게 나타나는 것이다. 또한 이와 같은 현대주의(modernism)를 비판하고 나서는 후-현대주의(post-modernism)도 현대주의와는 다른 방식으로 문화를 이해하고 만들어 가려고 하지만, 궁극적으로는 하나님의 존재나 그의 뜻에 기꺼이 순종하려고 하지 않는다는 점에서는 같은 자기주장(self-assertion)을 하는 것이다.23

그러므로 사탄적인 성격이 아주 명확히 드러나는 문화만 문제가 있고 반신국적인 것이 아니고, 타락한 인간이 생성해 내는 모든 문화는 궁극적으로 하나님께 순종하지 않고 할 수도 없으므로 반신적(反神的)이고, 하나님 나라를 위한 활동이 아니라는 점에서 반신국적(反神國的)이다.24 이 세상의 문화를 그 근본 뿌리로부터 살피면 하나님에게 불순종하는 아담과 하와의 범죄의 영향력 아래 있음을 드러내고야 말기 때문이다.

이렇게 타락한 문화적 상황 속에 있는 우리는 과연 어떻게 해야 하는가? 이제 모든 문화적 활동은 우리와는 상관없는 것으로 여기고 그리스도인들은 반문화적(反文化的) 세력으로 있어야 하는 것인가? 이

---

23 오늘날 어떤 복음주의자들은 후-현대주의를 비판하면서도 좀 더 과감히 포용하려고 한다(Alister McGrath, Stanley J. Grenz, Leslies Newbigin, William Willimon, Philip Kenneson 등). 이들에 반하면서 포스트-모더니즘에 대해 기독교적 입장에서 비판적 입장을 유지하는 Douglas Groothuis, *Truth Decay: Defending Christianity Against the Challenges of Postmodernism* (Downers Grove, Ill.: and Leicester, England, IVP, 2000), 특히 제 5장(111-38)과 6장(139-60)을 보라.

24 미국에서는 코넬리우스 반틸이 이런 것을 가장 잘 지적했었다고 할 수 있다. 우리나라에서 이 점을 가장 잘 드러낸 논의는 김홍전 박사님의 논의라고 할 수 있다. 그의 저작을 전체적으로 보라. 특히 김홍전, 『순결하고 능력 있는 교회』(서울: 성약, 2005), 19-23; 김홍전, 『사무엘시대』 II (서울: 성약, 2006), 394-402 등을 보라.

세상의 잘못된 문화 현상을 잘 관찰한 사람들은 때때로 그렇게 극단적인 생각도 하여서 소위 "문화에 대항하는 기독교" 유형의 대답을 하기도 하였으나,25 창조와 구속의 온전한 의미를 생각할 때는 그렇지 않다는 것이 성경을 따르는 정통 기독교의 대답이었다. 이를 잘 생각하기 위해서 먼저 "이런 상황 속에 있는 우리에 대해서 하나님께서는 과연 어떻게 하셨는가?"를 먼저 생각해 보기로 하자.

3. 타락한 인간과 반신국적 문화에 대한 하나님의 조치

인간의 타락과 그와 더불어 온 문화의 타락에 대해서 하나님께서는 하나님께서 친히 마련하시는 구원의 방도를 제정하시고 타락한 인간을 당신님 편으로 끌어들이셔서26 구원하시겠다는 약속을 주시고(창 3:15),27 그 약속을 이루어 가시면서 동시에 그 약속을 점점 더 구체화시켜 가시면서 구원의 역사를 타락한 인간들이 지어 나가는 역사의 한 가운데서 이루어 가셨다. 하나님께서는 당신님께서 이루어 가시는 구원 역사(*Heilsgeschichte*)가 타락한 인간의 역사 속에서 진행되도록

---

25 이에 대해서는 H. Richard Niebuhr, *Christ and Culture* (New York: Harper and Row, 1951)와 Robert E. Weber, *The Secular Saint* (Grand Rapids: Zondervan, 1979), 이승구 옮김, 『기독교 문화관』 (서울: 엠마오, 1984)을 보라. 터툴리안, 재세례파, 근본주의적 기독교의 전형적 반응이 이와 같은 것이었다고 요약할 수 있다.

26 이 점에 대한 가장 좋은 논의로 Geerhardus Vos, *Biblical Theology* (Grand Rapids: Eerdmans, 1948), 42을 보라.

27 이에 대한 좋은 이해들로 Vos, *Biblical Theology*, 42-44; 이승구, 『진정한 기독교적 위로』, 107-13; Goldsworthy, 『성경신학적 설교 어떻게 할 것인가?』, 74, 128 등을 보라.

하셨다. 구원 사역과 구원사는 이 세상의 흐름을 벗어나서 진행되는 것이 아니라 그 구원의 근원은 진정으로 이 세상 밖인 (초월적인) 하나님으로부터 기원하는 것이지만(이런 의미에서 초월적이면서), 구원 역사의 진행은 이 세상 역사 한 가운데서 진행해 가도록 하셨다(내재적). 그러므로 하나님 자신이 이 세상과 관련하여 초월적이면서 내재적이듯이, 하나님의 사역도 초월적이며 내재적이고, 그의 구원 역사도 초월적이며 내재적인 것이 된다.

바로 여기서 (1) 하나님은 이 세상의 역사적 발전과 함께하신다고 하면서 내재성만을 말하는 구자유주의 사상이나, (2) 그에 대한 비판을 의식하면서 초월을 말하되 진정한 초월을 생각하지 못하고 내재적 초월만을 말하는 라너 등의 사상이나, (3) 하나님의 초월을 그 이상으로 말하기는 하지만 하나님도 결국 역사의 과정에 의해 영향을 받으신다는 것을 인정하는 범재신론적(만유재신론적 견해)나,[28] 또한 이들과는 달리 (4) 하나님의 초월을 인정하고 말하되 하나님의 내재성을 극단적으로 부인하여 하나님의 초월성만을 말하는 신정통주의의 문제점이 잘 드러나게 된다.[29] 바른 성경적 사상은 하나님의 초월성과 내재성을 동시에 말할 수 있어야 하기 때문이다. 여기서 정통적 기독교 사상의 균형 잡힌 성경적 태도가 사실 얼마나 우월한가 하는 것도 잘 드러나게 된다.

---

[28] 현대 신학의 만유재신론적 성격에 대한 논의와 비판적 이해로 이승구, "존재론적 삼위일체와 경륜적 삼위일체의 관계에 대한 새로운 십자가 신학의 입장에 대한 비판적 고찰", 『개혁신학탐구』 (서울: 하나, 1999, 2쇄 2002), 185-99; 이승구, "21세기 한국 사회 속에서의 장로교회의 의의", 『21세기 개혁신학의 방향』 (서울: SFC, 2005), 412f.를 보라.

[29] 이에 대해서는 Seung-Goo Lee, *Barth and Kierkegaard* (Seoul: Westminster Theological Press, 1996), 1장과 2장을 보라

역사의 과정에서 바로 하나님께서는 역사에 대해 초월하시면서도 내재적이셨음을 잘 드러내어 보여준다. 인간이 타락한 그 상황에서 여인의 후손을 통해 우리를 구원하실 것이라는 약속을 하나님께서 친히 역사 한 가운데서 주셨다(창 3:15). 그리고 하나님 자신의 이 약속에 충실하셔서 더 타락해 가는 인간의 역사 속에서 노아와 그 자손을 보존해 주시고 계속해서 자연계와 인간을 보존해 주시겠다는 언약을 주시고(노아 언약), 그럼에도 불구하고 그들이 계속해서 타락과 죄악의 역사를 지어갈 때에도 당신님의 약속에 충실하셔서 한 사람 아브람을 불러내서 그에게 씨(후손)를 주셔서 그들로 새로운 백성을 이루어 주실 것임을 약속해 주시고(아브라함 언약), 급기야 그 약속을 이루셔서 구약적인 하나님의 백성을 이 땅에 세우시어 그들로 하여금 하나님의 통치와 그 통치에 순종하는 백성들의 문화를 이 세상에 증시(證示)하여 가게 하셨다.[30] 여기 구약적 하나님 나라 백성인 이스라엘 백성들의 신국적 사명이 있었다. 그들은 이 세상 역사 한 가운데서 하나님의 뜻을 이해하고 그 뜻을 아는 빛을 온 세상에 비추어 가야 하는 사명을 지닌 민족이었다. 하나님께서 의도하신 뜻을 잘 드러내므로 하나님 나라를 드러내어 온 세상에 하나님의 역사하심을 찬연히 비추어 나가는 것이 이스라엘 백성들의 역사적, 민족적 사명이었다.[31]

---

[30] 이에 대한 좋은 요약으로 Berkhof, *Systematic Theology*, 290–300; Goldsworthy, 『성경신학적 설교 어떻게 할 것인가?』, 130–31, 171–72 등을 보라. 이 과정을 좀 더 구체적으로 설명하고 있는 O. Palmer Robertson, *The Christ of the Covenants* (Grand Rapids: Baker, 1980) 등도 보라.

[31] 이에 대한 좋은 강조로 김홍전, 『사무엘시대』, II (서울: 성약, 2006), 138f.; 243–45를 보라.

때때로 그들이 소박하게라도 비추는 그 빛을 향해 나아 온 이방인들이 있었고, 그들의 하나님을 자신들의 하나님으로 고백하고 나온 사람들이 있었음은 그들이 하나님 나라 백성으로서의 사명에 충실하여 그들의 삶을 살고 하나님께서 원하시는 종교 중심의 문화적 형태를 이루어 가고 있었음을 보여준다. 그들은 하나님의 계시에 근거하여 그들의 삶 전체를 하나님 섬김을 중심으로 조직하여 나가는 문화적 사명을 인식하고 그런 종교적 문화를 드러내는 역할을 하였다.

그러나 이스라엘 백성들이 그 하나님 나라 백성으로서의 사명에 충실하지 않자, 하나님께서는 선지자들을 보내어 그들을 책망하셨다. 그래도 그들이 계속해서 죄를 범하며 사명을 이루어 가지 않을 때 하나님께서는 또 다시 선지자들을 통하여 심판을 선언하시고 앗시리아나 바빌론과 같은 이민족의 제국들을 보내서 그들을 심판하셨다. 죄로 인한 심판이라는 선지자들의 공통된 메시지가 이것을 분명히 보여준다. 그러나 이렇게 죄를 심판하시되 하나님께서는 이스라엘 백성들을 끝까지 버리지는 아니하시고 남은 자에 대한 약속을 주시며 메시아에 대한 약속을 주셔서 메시아가 이루실 이스라엘의 회복, 즉 하나님 나라의 회복을 바라보도록 하셨다.

급기야 그 약속의 성취로 진정한 "여인의 후손"이요, "아브라함의 자손"이요, "다윗의 자손"으로 오신 나사렛 예수에게서 메시아에 대한 예언을 이루어 주시고, 온 세상 만민이 그의 온전하신 순종의 삶과 대속적 죽음을 통해 진정한 희망의 근거를 가지게 하셨다. 그리하여 여기 예수님을 믿고서 그를 통해서 하나님과의 바른 관계를 화복하고, 하나님께서 창조하셨을 때 의도하신 온전한 사람의 모습을 회복한 사람들이 있게 하신 것이다. 사람들이 저버리고 왜곡해 버린 하나님의 온전한 형상으로 오신 예수 그리스도로 말미암아, 그의 구속과 온전한 순종의 삶으로 말미암아[32] 하나님의 참된 의도를 구현할 수 있는 사람들이 이 세상에 있게 된 것이다.

4. 원칙적으로 하나님의 형상을 회복한 하나님 나라 백성들의 책임

이렇게 하나님 혼자의 힘으로 이루신 독특한 구원[獨力的 救援, monergistic salvation]에[33] 참여한 이들은 하나님의 힘으로 원칙상(in principle) "하나님의 형상"이 회복된 사람들이라고 할 수 있다. 이는 오직 예수 그리스도의 구속 사역에 근거하여 그 사역을 우리에게 신비하게 적용하시는 성령 하나님의 사역으로 말미암아 이미 예수님을 그리스도(메시아)로 믿는 이들인 그리스도인들 안에서 이루어진 일이다.

이 은혜에 참여하게 된 그리스도인들에게는 이제 성령님의 능력과 인도하심 안에서 원칙상 회복된 그 하나님의 형상됨이 사람의 전 영역에서 온전히 드러나게 해야 할 책임과 의무를 지니고 있다. 개인의 내면에서나 다른 사람들과의 관계에서나 온전한 하나님의 형상됨이 나타나도록[34] 그리스도 안에서 원칙상 회복된 지식의 새롭게 함

---

[32] Cf. Phillip E. Hughes, *The True Image: Christ as the Origin and Destiny of Man* (Grand Rapids: Eerdmans, 1989).

[33] 이에 대해서는 B. B. Warfield, *The Plan of Salvation*, Revised Edition (Grand Rapids: Eerdmans, 1955)을 보라.

[34] 이에 대한 좋은 논의로 Berkhof, *Systematic Theology*, 206-207; Holmes, *Contours of a World View*, 112-17=『기독교 세계관』, 163-69=개정역, 166-68을 보라.

의 구체적 실현이 나타나며(골 3:10), 그 바른 지식에서 오는 온전한 하나님께 대한 헌신의 거룩함이 나타나고 하나님의 의도하신 의가 구현되고 추구되도록 해야 한다(엡 4:23-24).[35] 여기에 주리고 목마르며, 하나님의 나라와 그의 의를 추구하는 사람들이 있게 된다(마 6:33). 성령님 안에서 의와 평강과 희락을 누리며 추구하는 사람들이 나타나는 것이다(롬 14:17). 이들을 예수 그리스도 안에서 이미 이 세상에 임하여 온 하나님 나라에 속한 백성이라고 한다.

그런데 이렇게 그리스도적 품성이라는 성령님의 단일한 열매가 (갈 5:22-23)[36] 우리 속에서, 그리고 우리의 인간관계에서 나타나게 되는 하나님의 형상의 회복자들은 개인의 내면이나 사회적 관계에서만 하나님의 뜻을 추구하는 것이 아니라, 피조계 전체에서 하나님의 의도하신 뜻이 실현되도록 하는 일을 하지 않을 수 없다. 창조하실 때 우리를 하나님의 형상으로 만드신 그 궁극적 의도를 살핀 그리스도인들은 이제 그들이 그리스도 안에서 누리는 새로운 삶을 사용해서 하나님께서 창조하신 이 세상을 하나님의 뜻대로 다스리는 일을 하고, 이 세상 가운데서 그들을 사용하셔서 이루게 하시는 하나님의 문화를 드러내는 일에 힘쓰지 않을 수 없다.[37] 여기에서라야 우리를 그리스도 안에서 하나님의 형상으로 회복하신 하나님의 의도의 진정한

---

[35] 원의의 회복이라는 점에 대한 가장 자세한 설명의 하나로 최낙재, 『소요리문답 강해 2』(서울: 크리스챤 다이제스트, 1999), 174-82를 보라.

[36] 이 점에 대한 분명한 지적과 강조로 이승구, 『성령의 위로와 교회』, 개정판 (서울: 이레서원, 2005), 26; Simon Chan, *Spiritual Theology: A Systematic Study of the Christian Life* (Downers Grove, Ill.: IVP, 1998), 김병오 역, 『영성 신학』(서울: IVP, 2002), 292를 보라.

[37] 같은 견해의 표명으로 최낙재, 『소요리문답 강해 2』, 183-91; Holmes, *Contours of a World View*, 110-12=한역, 159-62=개정역, 178-80.

실현이 온전히 이루어지게 된다. 그리고 거기서 이 세상의 구체적인 현실 가운데서 (예수 그리스도의 사역과 성령님의 역사로 말미암아) 그들이 속한 그 하나님 나라를 증시(證示)하는 일이 있게 된다. 그렇게 될 때에야 하나님께서 우리를 구원하신 그 의도의 온전한 실현이 있게 된다. 성경적 입장에서는 구원받은 성도는 항상 하나님의 의도에 충실한 문화적 사역을 하지 않을 수 없다.[38] 그렇게 하지 않는 것은 하나님의 의도를 무시하는 것이다. 그것은 구원하신 구원의 의도를 무시하니 그들은 구원하여 자신들을 하나님 나라 백성으로 삼으신 왕의 뜻에 온전히 순종하지 않는 것이다. 이런 의미에서 보면 도대체 개인주의적 그리스도인이라든지, 좁은 의미의 경건주의적 그리스도인이라는 말은 있을 수 없다. 진정한 구속의 동참자는 신국적 그리스도인이며, 교회아(敎會我) 의식을 지닌 그리스도인일 뿐만 아니라,[39] 기독교 문화적 그리스도인일 수밖에 없다.

그렇다면 우리는 어떻게 구체적으로 이 세상 가운데서 우리에게 주신 문화적 사명을 다시 이루어 가는 사람들이 될 수 있을 것인가?

5. 하나님 나라를 위한 문화 변혁적 사명의 특성

---

[38] 이 점은 Cornelius Plantinga의 책 5장인 "하나님 나라 안에서의 소명"(Vocation in the Kingdom of God," 103-36)에서와 이승구, 『기독교 세계관이란 무엇인가?』의 8장 "하나님 영광의 증시(證示)을 위한 소명으로서의 직업"에서 논의되고 있다.

[39] 이에 대해서는 김홍전 목사님의 다양한 책과 이승구, 『개혁신학탐구』 (서울: 하나, 2002), 113-16; 이승구, 『성령의 위로와 교회』, 75 등을 보라.

구속함을 받은 우리의 문화적 사명은 이 세상에 처음으로 창조함을 받아 하나님의 형상으로 하나님의 통치를 이루어 가야 했던 아담과 하와의 문화적 사명과 어떤 면에서는 같으나, 또 어떤 면에서는 그와는 좀 다른 측면도 있다. 아담과 하와는 그들을 하나님의 형상으로 고귀하게 창조해 주신 하나님의 의도에 따라서 하나님이 원하시는 대로 온 세상을 다스리며 온 피조계로 하여금 하나님의 뜻에 복종하도록 하여 하나님이 원하시는 상태(하나님이 원하시는 문화)를 만들어 내는 이른바 하나님의 뜻을 따른 문화 창조의 사역을 해야 했었다. 그 이전에 어떤 문화가 있지 않았었다는 뜻에서 말이다. (혹시 그들 이전에 문화가 있다면 그것은 하나님께서 피조계에 대해 가지고 계신 뜻이[즉, "하나님의 문화적 의도"]가 있었다고 할 수 있다.) 최초의 사람들은 하나님의 문화적 의도에만 충실하여 그것을 구현하는 일을 해야 했다.

그런데 타락의 상황 가운데서 구속함을 받은 그리스도인들은 이미 잘못된 형태로 발전해 온 문화 속에서 구속함을 받은 성도로서 문화 구속적 사역을 해야 한다. 따라서 우리의 사역은 아담과 하와와 같이 단순히 순종하여 문화를 드러내고 이루는 사역이 아니라, 기존의 잘못된 형태의 문화를 하나님의 의도에 따라 변혁해 가는 문화 변혁적 사역을 해야 하는 것이다.[40] 물론 이런 문화 변혁적 사역이 제대로 이루어지면, 그 토대 위에서 하나님의 의도에 부합하는 문화 창

---

[40] 리처드 니이버는 그리스도와 문화의 한 유형으로 문화의 변혁자로서의 그리스도 유형을 제시한다. 그가 말하는 것과 개혁신학적 변혁론이 말하는 연관성과 차이를 깊이 유념해야 할 것이다. 리처드 니이버는 영국의 모리스를 변혁론자의 예의 하나로 든다. 니이버는 (1) 모리스의 노력에 대한 매우 긍정적 평가에 있어서나 (2) 다양한 유형을 제시하며 각각이 다 성경과 역사적 뿌리를 가지고 있다고 제시한다는 점에서 개혁주의적 변혁론과의 차이를 지적해야 할 것이다.

조적 사역도 이루어져야 한다. 그리고 사실 그 둘의 차이는 정도의 차이이지 본질적인 차이라고 할 수는 없다. 타락한 문화가 있었던 상황이기에 문화 변혁적인 것이지, 본질적으로는 하나님께서 의도하신 대로 문화적 사역을 해 나가는 것이기 때문이다.

구속함을 받은 그리스도인들의 문화적 사명은 기본적으로 문화 변혁적인 것이다. 구원을 받은 성도가 문화 변혁적 사역을 하지 않는다는 것은 우리를 구속하신 하나님의 근본적 의도를 온전히 다 수행하지 않는 것이며, 회복된 하나님의 형상을 온전히 드러내지 못하는 것이 된다. 그의 내면이 성령님의 감화 가운데서 변화되어 그리스도적 품성을 드러내는 이는 반드시 문화적 활동, 즉 문화 변혁적 활동으로까지 나아가야만 한다. 이것이 이 시대의 그리스도도인들이 반드시 의식하고 의식적으로 노력해 가야 할 삶의 내용이다.

우리의 문화 변혁적 사역은 근본적으로 그리스도께서 이루신 구속 사역에 의존하는 것이며, 그것을 우리에게 적용시키시는 성령님의 사역에 부속하는 것이다. 그런 의미에서 우리의 문화 변혁 사역은 그리스도의 구속 사역의 열매로 나타나야 하며(의식적으로 그리스도와 상관없는 문화적 활동은 기독교 문화 사역이 아니다!),[41] 그 동기에 충동력의 근원이 성령 하나님에게 있다(따라서 기독교 문화 사역은 반드시 영적인 활동이어야만 한다!).[42] 의식적으로 그리스도와 성령님께 의존하는 문화 변혁 사역만이 하나님의 뜻에 순종하는 문화 사역이며, 우리를 창조

---

[41] 이 점을 강조하는 Klaas Schilder, *Heaven, What is It?*, translated and condensed by Marian M. Schoolland (Grand Rapids: Eerdmans, 1950)을 보라.

[42] 따라서 구속하신 주님께 대한 헌신과 문화 활동의 이원화를 상정하는 것은 건강하지 않은 것이다. 이런 뜻에서 문화명령과 대위임령의 관계를 명확히 해야 할 것이다. 이 점에 대해서 이승구, 『기독교 세계관이란 무엇인가?』, 제8장을 보라.

하시고 구속하신 하나님의 의도를 실현하는 사역이다. 그러므로 우리의 문화 변혁 사역은 결국 중생의 열매이다.43 그리고 그런 것만이 하나님 나라적(神國的)인 것이다.44 중생한 마음과 존재로부터 나오지 않는 문화 사역은 하나님 나라적인 것일 수 없고, 따라서 영존할 수 없다.

그러므로 의식적으로 성경에 온전히 표현된 하나님의 경륜 전체를 통해서 가르침을 받은 사람들이 그 성경적 가르침에 따라서 자신들의 개인적 사회적 삶을 주께 다 드리는 헌신의 삶으로 표현되는 문화적 활동이 요청된다.45

6. 효과적인 문화 변혁 방법론

위에서 언급한 특성을 지닌 우리의 문화 변혁 활동이 그래도 의미 있는 결과를 내기 위해서는 다음과 같은 두 가지 요점이 유념되고 이루어져야만 한다.

첫째는, 그리스도인들이 하나님이 주신 소명(召命, vocatio, Beruf,

---

43 개혁자들과 청교도들의 소명론의 이런 전포괄적인 문화사역적 의미가 항상 유념되어야 한다. 오늘날 소명을 다시 강조하면서도 이를 문화 사역 전반으로 확대하여 인식하지 못한다면 그것은 기독교적 소명을 바로 이해한 것이라고 하기 어려울 것이다.

44 이런 기독론에 근거한 문화 활동, 구원에 근거한 문화 활동이라는 이해와 표현에 대해 바르트는 강하게 비판하며 기독교 문화 기독교 정치 기독교 경제 등에 대해 비판한다는 의미에서 바르트의 이해와 개혁파의 문화 변혁론의 차이가 명확히 드러난다.

45 이 점이 더 강조되어야 할 것이다. 성령님께 의존하지 않는 문화 활동은 기독교적이지 않고, 영속할 수도 없다.

calling)에 따라서 각 문화 영역 속에서 전문가들이 되어야 한다.[46] 문화를 실질적으로 만들어 내고 가장 큰 영향을 만들어 나가는 사람들은 각 문화 분과의 전문가들이기 때문이다. 그 분과들은 세상에 진전해 감에 따라서 점점 더 많아지고 있다. 그 다양한 분야의 진정한 전문가들이 있어야만 문화 영역에 참된 영향을 미칠 수 있다. 아마추어들만으로는 문화 영역에서 그 어떤 큰 영향력을 발휘할 수 없다. 그러므로 각각의 그리스도인들은 과연 어떤 분야에서 한 사람 한 사람이 하나님으로부터 부름을 받아서 그것을 위해 살고 그것을 위해 죽을 수 있는 자신의 소명과 사명의 영역인지를 깊이 있게 생각하고, 주 안에서 그 일에 온전히 헌신해야 한다. 그 각 문화 영역의 일을 하나님께서 우리에게 주신 사명의 일로 수행해 가야 한다. 각 문화 분야에 주님께 헌신하여 나아가는 전문가들이 온 세상의 문화 영역에 고루 퍼져 있을 때에만 우리는 문화 변혁의 일을 비로소 효과적으로 하기 시작한다고 말할 수 있다.

둘째는, 그리스도인이 이런 각 분야의 전문가들의 활동을 진정으로 높이 평가하고 그들의 활동을 넓게 지지해 갈 수 있는 교양인과 시민인 그리스도인들의 폭넓은 층이 있어야만 한다. 이런 지지 기반이 없으면 그리스도인인 전문가는 아무리 전문적 능력을 지니고 있다고 해도 한 사회 속에서 지속적인 영향력을 발휘할 수 없다. 그리스도인의 전문가를 폭넓게 지지할 수 있는 문화적인 시민인 그리스도인들이 폭넓게 있어야만 문화 변혁이 진정으로 이루어지기 시작한다.

그러나 우리의 이런 노력과 활동으로 하나님의 온전하신 뜻이

---

[46] 이 점에 대한 강조로 Kuyper, *Principles of Sacred Theology*, 152, 154, 162, 175, 177, 178 등을 보라.

이 세상 역사 가운데서 다 이루어지는 것은 아니다. 그것은 우리 자신들이 하나님의 뜻에 온전히 순종하지 않기 때문에 나타나는 현상이기도 하고(우리의 경험이 이를 확증해 준다), 또한 이 세상에서 작용하는 악한 세력과 이런 인간의 연약성을 잘 알고 계시는 하나님께서 이미 그의 말씀 가운데서 명확히 보여주신 하나님의 뜻에서도 잘 드러나는 바이기도 하다. 즉, 성경은 세상 끝에 믿음을 볼 수 있겠느냐고도 하시고, 우리 주님의 재림 때가 가까울수록 이 세상의 모습을 밝게 그리기보다는 어둡게 그리고 있다. 이것은 성경이 어둡고 비관주의적인 색조로 물들어 있다는 말이 아니고, 인간의 연약성과 부패성이 어떻게까지 영향을 미칠 것임을 잘 아시는 하나님의 뜻의 표현이다. 그러므로 신실하게 주님의 뜻에 근거해서 이런 문화 변혁 활동을 하는 신실한 그리스도인의 존재에도 불구하고 이 세상에는 하나님의 뜻에 불순종하는 세력도 크게 나타나서, 결국 이 세상은 끝까지 영적인 전쟁터(spiritual warfield)일 것이다. 그러므로 그리스도인들은 모두 이런 영적 전쟁터에서 깨어서 진정한 영적 전쟁(spiritual warfare)을 수행하는 일을 잘 감당해야 한다.

    그 상황에서 주께서 성도와 그 진(陣)을 보호하시고 그들을 종국적으로 보호하기 위해 강림하여 오심으로 급기야 적그리스도적인 세력을 멸하실 것이다. 그러므로 온전한 문화 변혁은, 그리스도인의 모든 다른 활동과 같이, 그리스도의 재림으로서만 완수될 수 있다. 우리는 우리의 노력으로 이 세상에 무엇이 이루어질 것이라는 소망을 가지고 문화 변혁 사역을 하는 것이기보다는, 이것이 우리에게 주어진 사명이기에 우리의 힘겨운 노력에도 불구하고 아무런 성과가 없어 보여도 이 일을 꾸준히 진행해 나가야만 한다. 이것이 우리가 가진 문화 변혁에 대한 선지자적 비관주의(prophetic pessimism)다.[47] 그러나 이것은 근본적 비관주의는 아니고, 우리의 모든 사역의 최종적 근거와 소망을 하나님께 두는 '하나님 낙관주의'이니, 주께서 결국 '문화의 주'로 임하셔서 우리의 노력을 의미 있다고 하시고 위로하시며, 우리의 힘씀에 의미를 부여하시고, 새 하늘과 새 땅에서 영원히 그 차원이 지극히 높여진, 우리가 감히 생각하지도 못할 놀라운 문화적 활동을 해 나가도록 하실 것이기 때문이다.

그리스도의 구속에 근거해서 하나님 나라의 힘이신 성령님에 의존하여 이루어 나가는 우리의 문화 활동은 오직 하나님의 손으로만 온전함을 얻게 될 것이다. 그러나 그리스도인들은 지금 여기서 그 사역을 이루어 가는 하나님 나라의 백성이요, 하나님 나라의 첨병들이다. 우리들의 학문 활동과 모든 문화 사역을 바로 지금 여기서 구속함을 받은 사람으로서의 일을 하는 것이며, 이는 다른 것이 아니라 결국 구속함을 받은 사람으로서의 삶을 사는 것이다. 우리의 삶이 이렇게 주께 드려지는 의미를 지닐 수 있다는 그 헌상적(獻上的) 의미에 충실하여 우리에게 주어진 소명의 삶을 살아가야 한다. 여기에 우리의 학문 활동과 문화 활동의 의미가 있다.

---

[47] 이 점은 손봉호 교수님께서 당신의 박사학위 논문에서부터 항상 강조하는 요점임을 모든 이들이 잘 기억할 것이다.

부록 & 참고 문헌

[부록]

우리 시대 한국 교회의 바른 정향 형성을 위한 한 편의 설교

"네 사랑하는 독자 이삭을 드리라"
본문: 창세기 22:1-19

영생하시는 하나님 여호와의 이름을 불러 경배하며 기도하고 살아가던 아브라함, 그래도 때때로는 불신앙을 나타내 보이던 이전과는 대조되게 상당히 오랜 세월을 제대로 살아가서 이방 왕인 아비멜렉과 그 군대 장관 비골이 찾아와 "네가 무슨 일을 하든지 하나님이 너와 함께 계시도다"(창 21:22)라고 하면서 서로 언약을 맺을 것을 청할 정도로 영적으로나 물리적으로 안정된 삶을 하나님 앞에서 살아가던

아브라함에게 "그 하나님", 즉 아브라함의 하나님의 음성이 들려왔습니다.

"아브라함아!" 하시는 그 음성에 대해 "내가 여기 있나이다"라고 반응하면서(창 22:1), 아마 우리 같으면 이만큼 제대로 살고 하나님을 제대로 섬기고, 또 하나님을 섬기는 증거를 다른 이방인들이 증거할 정도면 하나님께서 좋은 말씀, 축복의 말씀을 하시리라고 기대했을지도 모르겠습니다. 그러나 이 시점에서 아브라함은 그야말로 청천벽력(靑天霹靂)의 말씀을 듣게 됩니다. "네 아들, 네 사랑하는 독자 이삭을 데리고 모리아 땅으로 가서 내가 네게 지시하는 한 산 거기서 그를 번제로 드리라"(창 22:2).

창세기 본문은 이 말씀에 대해 아브라함이 어떻게 생각했는지, 무엇을 생각했는지를 전혀 시사해 주지 않습니다. 본문은 그런 것에 전혀 관심이 없습니다. 본문은 그저 그 다음 날 새벽에 아브라함이 한 행위만을 담담하게 그려줄 뿐입니다. "아브라함이 아침에 일찍이 일어나 나귀에 안장을 지우고 두 사환과 그 아들 이삭을 데리고 번제에 쓸 나무를 쪼개어 가지고 하나님이 자기에게 지시하는 곳으로 가더니"(창 22:3). 누군가가 잘 지적하였듯이, 아브라함은 마치 잔치라도 있는 듯이(Kierkegaard), 아니면 마치 무슨 중요한 일이라도 있는 듯이 "아침에 일찍이 일어나" 여행 준비를 하였습니다. 본문은 아브라함의 심리 상태를 전혀 말해 주고 있지 않지만, 과거의 수많은 사람들이 이때의 아브라함의 심리와 그의 마음속에서 오고간 수많은 대화를 상상하였습니다. 그 모든 것을 한편으로는 허용하면서, 그러나 또 한편으로는 그런 심리화(心理化)에 저항하면서 본문은 아브라함의 단호한 행동만을 그려줍니다. 또한 본문은 아브라함이 그 남아 있는 가족들, 특히 사라에게 무슨 언질을 주었는지, 무슨 말을 하였는지도 말하지 않습니다. 아마 여행을 떠나는 일행을 배웅하면서 사라와 다른 이들은 그들이 올 때까지 기다리고 있었을 것입니다. 여기 〈기다리는 사람들 1〉이 있습니다.

그들을 뒤로한 채 떠나간 아브라함 일행은 그저 잠시 여행한 것이 아닙니다. 제삼일에 비로소 그들이 이르러야 할 곳에 이르러 아브라함은 "눈을 들어 멀리 바라봅니다"(4절). 그 삼일 동안이 아브라함에게 얼마나 힘든 날이었을지도 본문은 관심을 가지고 있지 않습니다. 그저 그가 한 행동만을 묘사합니다. 그리고는 그와 함께 동행했던 사환들, 종들에게 이렇게 말합니다. "너희는 나귀와 함께 여기서 기다리라. 내가 아이와 함께 저기 가서 경배하고 너희에게로 돌아오리라"(5절). 이 말에 대해 사환들은 별 심상치 않게 주인의 의도를 받아들이고 주인이 떠나가는 것을 돕고, 그들이 오기를 기다리고 있었을 것입니다. 우리가 정확히 말하기는 어렵지만 아브라함은 거짓말을 한 것도, 혼동한 가운데 잘못 말한 것도, 그저 조용한 희망(quiet hope)을 표현한 것도, 의도하지 않게 진리를 말하게 된 것(Jacob)도, 아브라함의 고민하는 마음 상태를 드러내면서 신앙과 불신앙이 같이 있는 그런 마음을 표현한 것도 아니며, 하나님의 놀라운 능력으로 그가 이 일을 이룰 수 있으리라고 믿으면서 이렇게 말할 수 있었을 것입니다. 더구나 그의 종들은 아브라함이 그가 말한 대로 하나님을 경배하고 그들에게로 올 것이라고 생각하면서 기다리고 있습니다. 여기 〈기다리는 사람들 2〉가 있습니다.

그들을 뒤로 한 채 아브라함은 "번제 나무를 취하여 그 아들 이삭에게 지우고 자기는 불과 칼을 손에 들고 두 사람이 동행합니다"(6

절). 여기 가장 어려운 길을 걸어 가는 두 사람이 있습니다. 이 부자(父子)는 평소에도 하나님께 번제하기 위해 이렇게 동행한 적이 있는 듯합니다. 그때와 같은 심정으로 아들은 "내 아버지여"라고 아버지를 부르고, 아버지는 "내 아들아 내가 여기 있노라"라고 대답합니다(7절 상). 그들이 부자 됨이 이 대화 가운데서 더욱 강조되어 나타나고 있습니다. 그러자 번제를 위한 이전의 동행을 상기하면서 아들은 이렇게 묻습니다. "불과 나무는 있거니와 번제할 어린 양은 어디 있나이까?"(7절) 이전의 번제를 위한 동행을 생각할 때 이는 매우 자연스러운 질문입니다. 다른 모든 준비는 되어 있는데 번제할 어린 양이 없는 이 동행의 의미를 묻는 이 질문은 그 아버지에게는 어쩌면 살 속은 물론이거니와 뼛속 깊은 곳에까지 비수를 들이미는 듯한 말로 느껴졌는지도 모릅니다. 그러나 본문은 그 아버지, 아브라함의 심리에 대한 그 어떤 추측도 허용하지 않으면서 그가 한 대답만을 우리에게 전해 줍니다. "아들아, 번제할 어린 양은 하나님께서 자기를 위하여 친히 준비하시리라"(8절).

그리고는 다시 오랜 침묵이 흐릅니다. 이때만이 아니라, 이 여행은 상당히 침묵으로 가득 찬 여행으로, 등장 인물들의 몇 가지 언급들이 침묵을 깨는 그런 식의 여행으로 나타납니다. 이 경배 여행은 침묵이 중심이 된 여행이라고 할 수 있습니다. 장엄함과 엄숙함이 이 경배 여행을 감싸고 있습니다. 이 침묵은 잠시 후에 일어난 이상한 광경 가운데서도 깨지지 않고 지켜지고 있는 듯합니다.

더 나아가 하나님께서 지시하신 곳에 이르러 아브라함은 단을 쌓고 나무를 벌여 놓고 그 아들 이삭을 결박합니다(9절). 그 결박(Aqedah)의 상황에서도 본문은 아무런 소리를 허용하지 않습니다. 아무 소리 없이 이 일이 일어났는지 우리는 알 수 없지만 본문은 그 소리 없는 광경을 우리에게 전달할 뿐입니다. 더 나아가서 결박한 이삭을 "단 나무 위에 놓고, 손을 내밀어 칼을 잡고 그 아들을 잡으려 할"(9-10절) 그때까지도 본문은 아무런 소리도 허용하지 않습니다. 이삭은 바로 자신이 하나님께서 준비하신 양이 되리라고 생각하고 있는 듯합니다. 그때까지 아브라함은 설명하는 말도 하지 않고, 이삭도 아우성이나 해명의 요구도 없이 침묵 가운데서 사건은 진행됩니다. 침묵 속에서 결박하고 단에 놓고 칼을 잡고 치켜드는 일만이 진행됩니다. 본문은 이때 이들 사이의 대화도, 그 심리의 흐름에도 관심을 가지지 않습니다. 아브라함과 이삭이 어떤 눈빛을 가지고 있었는지, 그 칼이 얼마나 번쩍였는지, 얼마나 날카로왔는지, 그것을 드는 순간의 모습이 어떠하였는지, 그때 아브라함이 어떤 표정이었는지에 대한 그 어떤 상상도 허용하지 않습니다. 그저 침묵 가운데서 사건이 진행됩니다.

침묵을 깬 것은 하늘의 소리였습니다. 본문은 그 소리의 주인공이 "여호와의 사자"라고 밝히고 있습니다. 여호와의 사자는 "아브라함아, 아브라함아!"라고 외치십니다. 아마도 다급한 음성으로 그 소리가 들려 왔을 것입니다. 오랜 침묵을 깨고 들려온 이 음성에 대해 아브라함은 이렇게 반응합니다. "내가 여기 있나이다"(11절 하). 그러자 그 음성은 계속해서 이렇게 말합니다. "그 아이에게 네 손을 대지 말라"(12절 상). 이것이 과연 사실일까라고 물을 것을 예상하듯이, 여호와의 사자는 계속해서 이렇게 말해 줍니다. "네가 네 독자라도 내게 아끼지 아니하였으니 내가 이제야 네가 하나님을 경외하는 줄을 아노라"(12절).

여기서야 왜 하나님께서 처음에 독자 이삭을 드리라고 하였었는지, 이 과정의 의미가 무엇인지, 그리고 본문이 제일 처음에 "하나님이 아브라함을 시험하시려고"라고 말한 그 의미가 무엇인지가 비로소 드러납니다. 독자들은 창세기 22장 1절에 언급된 지문을 통해서 처음부터 이 사건이 "연단적인 시험"(Anfechtung)임을 알고 있었지만, 이 이야기의 중심 인물로 나타나고 있는 아브라함과 이삭은 이 침묵을 깨는 여호와의 사자의 소리를 통해서 비로소 이 사건의 본질적 의미를 깨닫게 됩니다. 물론 하나님께서 아브라함이 하나님을 경외하는 줄을 몰라서 이런 시험을 통과하게 하신 것은 아닙니다. 그랬다면 하나님은 어떤 사건이 있기 전까지는 어떤 일을 잘 모르는 하나님이실테니 말입니다. 하나님의 이 말씀은 오히려 이 사건을 통해서 아브라함이 하나님을 경외하는 것을 확실히 드러내시고 인치시는 말씀입니다. 하나님께서는 이미 알고 계셨던 그것을 아브라함에게도 드러내시고, 온 세상 독자들을 향해서도 공개적으로 인쳐 주시는 것입니다.

이것을 깨닫게 된 아브라함은 눈을 들어 살펴보니 뿔이 수풀에 걸린 한 숫양이 뒤에 있는 것을 발견합니다. 여기 하나님께서 친히 준비하신 양이 있습니다. 그 양이 언제부터 거기 있었는지 우리는 알 길이 없습니다. 그러나 하나님께서 친히 준비하신 양이 있었던 것입니다. 아브라함은 가서 그 숫양을 가져다가 아들을 대신하여 번제로 드렸습니다(13절). 아브라함의 입장에서는 아들을 대신하여 숫양을 번제로 드린 것이지만, 하나님의 입장에서는 처음부터 이 양을 준비하신 것이고, 아브라함이 그 양을 번제로 드리는 것을 자신의 모든 것이 걸려 있는 아들인 이삭을 드리는 것으로 받으시려고 하신 것입니다.

이 번제와 관련하여 아브라함의 말씀 준행에 대한 칭찬과 축복의 소리가 울려 퍼지고(16-18절), 아브라함은 이삭과 함께 자신이 약속한 바와 같이 그 사환에게로 돌아갑니다(19절). 아브라함은 하나님의 크신 도우심으로 전혀 거짓말하지 않은 사람으로 그들에게로 돌아온 것입니다. 물론 이 기다리던 사람들은 그 사이에 어떤 일이 있었는지 모릅니다. 아무것도 눈치채지 못하는 〈기다리던 사람들 2〉를 만나서 그들은 함께 떠나 브엘세바에 이릅니다. 여기서 우리는 〈기다리던 사람들 1〉에게로 돌아온 이들의 모습을 보게 됩니다. 그리고 그들은 모두 거기서 거합니다(19절). 이후에는 사라의 죽음(창 23장), 아브라함이 죽기 전에 이삭의 배필을 준비하는 일(24장), 그리고는 아브라함의 후일(창 25:1-6)과 175세에 "수가 높고 나이 많아 기운이 진하여 죽어 그 열조에게로 돌아간" 일(창 25:8)을 기록하고 있을 뿐입니다. 그러므로 이 사건 뒤에 아브라함의 가족은 하나님을 잘 섬기면서 하나님으로부터 인정 받은 자로 살아갔다고 추론할 수 있습니다. 그런 뜻에서 창세기 22장 사건은 아브라함 신앙에 대한 최후의 시험이요, 그 신앙의 바름을 증언하는 사건이라고 할 수 있습니다.

도대체 이 사건이 우리에게 주는 의미는 무엇입니까? 성경 전체가 그러하듯이 이 사건도 아브라함을 우상시하며 높이는 것이 아닙니다. 아브라함의 신앙의 참됨과 전심(全心)을 기울인 순종을 드러내려는 것이 그 유일한 목적인 것도 아닙니다. 오히려 "여호와 이레"라는 지명이 말해 주듯이 이 사건과 지명은 여호와의 애호적인 행위와 언약에 대해 신실하심, 따라서 그의 은혜스러운 제공과 보장을 강조해 줍니다. 그러나 동시에 이 일은 우리 인생살이에서 일어나고 하나님께서 요구하시는 바 하나님께 대한 철저한 의존과 그의 말씀과 언약에 대한 신실성을 드러내어야 할 필요를 우리에게 말해 줍니다.

물론 우리에게는 하나님께서 "네 독자를 내게 드리라"고 명령하시지 않습니다. 누군가가 그리 말한 것처럼, 설교 중에 졸다가 갑자기 자신이 이런 명령을 받았다고 하면서 아들을 잡아 번제하려는 아버지가 있다면 그는 하나님의 말씀에 바로 반응하는 신앙의 사람이 아닙니다. 또한 자녀들에 대한 모든 배려를 저버린 채 자신은 더 높은 사명을 이루기 위해 살아가야 한다고 하면서 가족과 자녀를 돌아보지 않는 사람들도 진정한 신앙의 사람은 아닙니다. 아브라함이 이 사건 가운데서 신앙의 기사로 나타난 것은 결국 자신의 모든 것이 걸린 그 존재, 심지어 하나님의 약속이 걸려 있는 아들에 대해서도 하나님과 하나님의 약속에 근거해서 생각하고 행동하며 살아 나갔다는 데에 있습니다.

그러므로 두 가지가 중요합니다. 나의 모든 것이 걸려 있고, 심지어 하나님의 약속이 걸려 있다고 내가 생각하는 그것이 무엇이든지, 그것보다 하나님을 더 존중하며 하나님의 말씀을 더 귀중하게 여기는가가 하나님의 백성에게 있는 궁극적 시험입니다. 결국 자기 자신이 궁극적인 것이라고 생각하는 바를 믿고 신뢰하는 것인가, 아니면 하나님과 그의 뜻과 말씀을 믿고 신뢰하는가가 핵심적인(critical) 문제입니다. 이는 아마 기본적 태도에 대한 질문이라고 할 수 있습니다.

우리는 과연 무엇을 궁극적인 것으로 여기며 살아갑니까? 우리는 우리의 온 마음과 정신과 힘을 다해 하나님을 사랑하는 것입니까? 우리의 기본적인 태도는 과연 하나님 중심적입니까? 아니면, 하나님 이외의 다른 것, 심지어 우리가 생각하기에 하나님의 뜻을 이룰 수 있는 방도라고 생각하는 것입니까? 그것까지 절대적으로 포기하지 않는 한 우리는 아직도 하나님 중심적이지 않은 것입니다. 후에 사무엘이 말하는 것과 같이 "순종이 제사보다 나은" 것입니다(삼상 15:22).

둘째로, 하나님을 존중하며 그의 말씀을 귀하게 여긴다는 것은 결국 하나님께서 이제까지 역사적으로 주신 계시의 내용과 그 진전(進展)을 잘 주의하면서 그 내용을 자신의 신념과 사상의 내용으로 삼아 가는 것이라는 것을 말해 줍니다. 아브라함의 신앙은 그가 그 무엇보다도 하나님을 존중하였다는 것에 의해서만 나타나는 것이 아니라, 그런 사람이므로 하나님께서 계시하신 내용에 근거해서 하나님께서 그 조상들과 자신에게 친히 약속하신 내용을 이루시리라는 것을 믿고 하나님의 방식으로 그가 친히 당신님의 약속을 이루어 가시리라는 것을 믿었음을 드러내었다는 점에서 찬연히 빛나는 것입니다. 더구나 아브라함이 믿은 바 그 약속의 실현을 이 사건 후에 하나님께서 자신이 보증하시면서 다시 확언(確言)해 주심으로써 그의 기대가 과연 하나님의 계시 내용에 근거한 것임을 하나님께서 친히 재확언(確言)해 주십니다. 이는 아브라함의 신앙을 높이는 말이 아니고, 이 땅을 살아가는 하나님의 백성으로서 우리가 하나님의 계시의 내용과 그 역사적 진전에 주의하면서 우리의 신앙의 내용을 가다듬어야 함을 강조하는 말입니다. 우리는 과연 주께서 지금까지 계시하신 바 그 역사적 계시 내용의 진전 과정을 제대로 파악하며, 그 뜻을 제대로 이해하고 있습니까? 또한 우리의 위기의 순간에 하나님의 계시의 내용에 근거해서 하나님의 백성다운 판단을 하여 나감으로 우리의 신앙을 확증 받아 가는 것입니까?

하나님께서 준비하심, '여호와 이레'를 믿는 이들은 이런 신앙의 태도와 신앙의 내용을 가지고 여호와께서 친히 준비하셔서 우리의 모든 위기를 능히 이기고 극복하게 하심을 믿어 나가야 할 것입니다. 그래야만 우리는 창세기 22장을 읽고 그것을 목격한 사람다운 모습을 가져 나가는 것이 될 것입니다. 부디 우리 모두가 그런 사람들일 수 있기를 원합니다.

(기도) 하나님, 우리에게 당신님의 백성으로 살아간다는 것의 의미를 보여 주시기 위해서, 아브라함을 시험하신 이 사건을 보여 주시니 감사합니다. 우리가 연약해서 주께서 이 말씀을 통해서 주시려고 하는 모든 풍성한 의미를 다 파악하기는 어려워도, 우리 나름대로 주께서 이 사건과 이 사건에 대한 기록을 통해 우리에게 가르쳐 주시려고 하신 바를 상고하였습니다. 우리의 인식을 주께서 원하시는 수준에로 올리셔서 주님의 백성으로서 우리가 마땅히 가져야 할 사상을 가지게 하시며, 이 일을 위해 당신님의 계시에 주의하게 하옵시며, 기록된 이 말씀의 본래적 의미를 잘 드러내어 주시기를 원합니다. 우리가 생각한 바, 우리의 모든 것에 대해 주님께만 철저하게 의존해 나가는 태도와 그것을 가능하게 하는 주님의 계시 내용에 대한 바른 이해를 우리에게 풍성히 허락하여 주셔서 주님의 백성다운 모습을 이 세상에서 드러내고 살아가게 하옵소서. 우리의 연약한 생각과 주를 절대적으로 의지하지 못하는 마음을 고쳐 주시며 바꾸셔서 항상 주의 백성의 바른 모습을 성령님의 힘에 의존하여 가져가게 하옵소서. 우리 주 예수 그리스도의 이름으로 기도하옵나이다. 아멘.

참고 문헌

기본 문헌

김홍전. 『헌상에 대하여』, 1 & 2. 서울: 성약, 1996.
_____. 『예배란 무엇인가』 서울: 성약, 1987.
_____. 『성신의 가르치심과 인도하심』 서울: 성약, 2000.
_____. 『교회에 대해서』 I, II, III, IV. 서울: 성약, 1999, 2000, 2001.
_____. 『순결하고 능력 있는 교회』 서울: 성약, 2005.
_____. 『사무엘시대』 II 서울: 성약, 2006.
이승구. 『교회란 무엇인가?』 서울: 여수룬, 1996.
_____. 『진정한 기독교적 위로』 서울: 여수룬, 1998.
_____. 『사도신경』 서울: SFC, 2004.
_____. 『성령의 위로와 교회』 개정판. 서울: 이레서원, 2005.
_____. 『기독교 세계관이란 무엇인가?』 개정판. 서울: SFC, 2005.

Berkhof, Louis. *Systematic Theology*. Grand Rapids: Eerdmans, 1941.
Clowney, Edmund. *The Church*. Leicester: IVP, 1995.
Murray, John. *Collected Writings of John Murray*. 1. *The Claims of Truth*.
    Edinburgh: The Banner of Truth Trust, 1976.
_____. Collected Writings of John Murray 2: *Systematic Theology*. Edinburgh:
    The Banner of Truth Trust, 1977.

Reymond. Robert L. *A New Systematic Theology of the Christian Faith*. Nashville, Tennessee: Thomas Nelson Publishers, 1998.

제3장 예배

김영재. 『교회와 예배』 수원: 합동신학교 출판부, 1995.
김홍전. 『예배란 무엇인가』 서울: 성약, 1987.
_____. 『찬송』 서울: 성약, 1988.
_____. 『헌상에 대하여』, 1 & 2. 서울: 성약, 1996.
이승구. "종교의 내적 본질과 외적 표현의 상관성: 이사야 1:10-15 석의". 『개혁신학에의 한 탐구』 서울: 웨스트민스터 출판부, 1995: 15-25.

Barkley, John M. *The Worship of the Reformed Church*. London: Lutterworth, 1966.

Calvin, John. *Tracts and Treatises on the Doctrine and Worship of the Church*. Vol. 2. Edinburgh: Calvin Translation Society, 1849; reprinted, Grand Rapids: Eerdmans, 1958.

Carson, D. A. "'Worship the Lord Your God': The Perennial Challenge." In *Worship: Adoration and Action*. Ed. D. A. Carson. Carlislie: The Paternoster & Grand Rapids: Baker, 1993: 113-18.

Clowney, Edmund P. "Distinctive Emphasises in Presbyterian Church Polity." In *Pressing Toward the Mark: Essays Commemorating Fifty Years of the Orthodox Presbyterian Church*. Ed. C. G. Dennison and R. C. Gamble. Philadelphia: Orthodox Presbyterian Church, 1986: 100-105.

_____. *The Church*. Leicester: IVP, 1995

Gaffin, Jr., Richard B. *Perspectives on Pentecost*. Phillipsburg, N.J.: Presbyterian and Reformed, 1979.

Hageman, Howard G. *Pulpit and Table*. London: SCM, 1962.

Hetherington, William Maxwell. *History of the Westminster Assembly of Divines*. Third Edition. Edinburgh, 1956; Reprinted, Edmonton, Canada: Still

Water Revival Books, 1993.

Hodge, Charles. *Systematic Theology*. 1871; Reprint, Grand Rapids: Eerdmans, 1952.

Hoekema, Anthoney A. *What about Tongue-speaking?* Grand Rapids: Eerdmans, 1966.

_____. *Saved by Grace*. Grand Rapids: Eerdmans, 1989.

MacGregor, Geddes. *Corpus Christi*. London: MacMillan, 1959.

Maxwell, W. D. *The Liturgical Portions of the Genevan Service Book*. New York: Oliver and Boyd, 1931.

Morris, Leon. *The Gospel According to John*. Grand Rapids: Eerdmans, 1971.

Murray, John. "Worship." In *Collected Writings of John Murray*. Vol. 1: *The Claims of Truth*. Edinburgh: The Banner of Truth Trust, 1976.

Nichols, James Hastings. *Corporate Worship in the Reformed Tradition*. Philadelphia: Westminster, 1968.

Old, Hughes Oliphant. *Worship. Guides to the Reformed Tradition*. Atlanta: John Knox, 1985.

Peterson, David. "Worship in the New Testament." In *Worship: Adoration and Action*. Ed. D. A. Carson. Carlislie: The Paternoster & Grand Rapids: Baker, 1993: 51-91.

Reymond. Robert L. "The Puritan Approach to Worship." Diversity in Unity. London: The Evangelical Magazine, 1964: 4-5.

_____. *A New Systematic Theology of the Christian Faith*. Nashville, Tennessee: Thomas Nelson Publishers, 1998.

Robertson, O. Palmer. *The Final Word*. Carlislie, Pa.: Banner of Truth, 1993.

Runia, Klaas. "The Reformed Liturgy in the Dutch Tradition." In *Worship: Adoration and Action*. (Ed.) D. A. Carson. Carlislie: The Paternoster & Grand Rapids: Baker, 1993=이승구 역. "화란 개혁파 전통의 예배 의식". 『개혁신학』 제10권. 서울: 웨스트민스터 출판부, 1998: 189-224.

Schaff, Philip. Ed. *The Creeds of Christendom*. Vol. III: The Evangelical Protestant Creeds. Harper and Row, 1931; Reprinted. Grand Rapids: Baker, 1990.

White, R. Fowler. "Richard Gaffin and Wayne Grudem on I Cor. 13:10: A

Comparison of Cessationist and Nocessationist Argumentation." *Journal of the Evangelical Theological Society* 35, No. 2 (1992): 173-81.

_____. "Gaffin and Grudem on Ephesians 2:20: In Defense of Gaffin's Cessationist Exegesis." *Westminster Theological Journal* 54 (Fall 1993): 303-20.

Williamson, G. I. *The Shorter Catechism*. Vol. I & II. Philadelphia: Presbyterian and Reformed Pub. Co., n. d., 최덕성 역. 『소요리 문답 강해』 서울: 한국개혁주의 신행 협회, 1978.

http://www.athens.net/~wells/dpwg/

제4장 헌상에 대하여

Barrett, C. K. *A Commentary on the First Epistle to the Corinthians*. 1968; Reprinted. Peabody, Mass.: Hendrickson, 1987.

Barrett, C. K. *A Commentary on the Second Epistle to the Corinthians*. Harper & Row, 1973. Reprinted. Peabody, Mass.: Hendrickson, 1987

Bruce, F. F. *I & II Corinthians. The New Century Bible Commentary*. 1971; Reprinted, Grand Rapids: Eerdmans, 1990.

Calvin, John. *The First Epistle of Paul the Apostle to the Corinthians*. Trans. John W. Fraser. Grand Rapids: Eerdmans, 1976.

Craig, Clarence Tucker. "Exegesis, The First Epistle to the Corinthians." *The Interpreter's Bible*. Vol. 10. Nashville: Abingdon, 1953.

Dibelius, Martin and Hans Conzelmann. *The Pastoral Epistles* (1966). Hermenia. Philadelphia: Fortress Press, 1972.

Fee, Gordon D. *The First Epistle to the Corinthians*. NICNT. New Edition. Grand Rapids: Eerdmans, 1987.

Filson, Floyd V. "Exegesis: The Second Epistle to the Corinthians." *The Interpreter's Bible*. Vol. 10. Nashville: Abingdon Press, 1953.

Grosheide, F. W. *The First Epistle to the Corinthians*. NICNT. Grand Rapids: Eerdmans, 1953.

Gromacki, R. G. *Called to be Saints: An Exposition of I Corinthians*. Grand Rapids, 1977.

Guthrie, Donald. *The Pastoral Epistles*. Revised Edition. Tyndale New Testament Commentaries. Grand Rapids: Eerdmans, 1990.

Harris, Murray J. "2 Corinthians." *The Expositor's Bible Commentary*. Vol. 10. Grand Rapids: Zondervan, 1976.

Hodge, Charles. *An Exposition of the First Epistle to the Corinthians*. New York, 1857; Reprinted. Grand Rapids: Eerdmans, 1974.

Kruse, Colin. *2 Corinthians. Tyndale New Testament Commentaries*. Grand Rapids: Eerdmans, 1987.

Lock, Walter. *The Pastoral Epistles*. ICC. Edinburgh: T. & T. Clark, 1924.

Mare, W. Harold. "I Corintians." *The Expositor's Bible Commentary*. Vol. 10. Grand Rapids: Zondervan, 1976.

Maxwell, William D. *A History of Christian Worship*. Grand Rapids: Baker, 1973.

Mounce, William D. *Pastoral Epistles. Word Biblical Commentary 46*. Nashville: Thomas Nelson, 2000.

Robertson, Archibald and Alfred Plummer. *First Epistle of St. Paul to the Corinthians*. ICC. Second Edition. Edinburgh: T. & T. Clark, 1914.

Thiselton, Anthony C. *The First Epistle to the Corinthians*. NIGTC. Grand Rapids: Eerdmans, 2000.

Webber, Robert E. *Worship, Old & New*. Grand Rapids, 1982.

제13장 영성 문제에 대하여

양용의. 『하나님 나라를 어떻게 이해할 것인가?』 서울: 성서유니온, 2005.
엄무광. 『관상 기도의 이론과 실제』 서울: 성바오로, 2002.
이동원. 『비젼의 신을 신고 걷는다』 서울: 두란노, 2004.
이승구. "진정한 기독교적 기도와 그 함의." 『신앙과 학문』 제8권 1호 (2003. 6): 121-39.
짐 보스트. 『관상』 서울: 성바오로, 1999.

토마스 키팅. 『관상 기도를 통해 하나님께 나아가는 길』 엄무광 옮김. 서울: 성바오로, 1999.

파울로 코넬료. 『피에트라 강가에서 나는 울었네』 이수은 옮김. 서울: 문학 동네, 2003.

로버트 훼리시, 루시 루니. 『관상 기도법』 서울: 성바오로, 1990.

Baumer, Mettina. "The Guru in the Hindu Tradition." *Studies in Formative Spirituality* 11, no. 3 (November 1993): 341-53.

Chan, Simon. *Spiritual Theology: A Systematic Study of the Christian Life*. Downers Grove, Ill.: IVP, 1998. 김병오 역. 『영성 신학』 서울: IVP, 2002.

Dougherty, Rose Mary. S.S.N.D. *Group Spiritual Direction: Community for Discernment*. Mahwah, N.J.: Paulist, 1995.

Edwards, Tidern H. *Spiritual Friends: Reclaiming the Gift of Spiritual Direction*. New York: Paulist, 1980.

Houston, James M. *The Holy Spirit in Contemporary Spirituality*. Bramcote, Nottingham, UK: Grove, 1993.

Lovelace, Richard F. *Dynamics of Spiritual Life: An Evangelical Theology of Renewal*. Downers Grove, Ill.: IVP, 1979.

Loyola, Ignatius. *The Spiritual Exercises of Ignatius Loyola*. Trans. Thomas Corbishley, S.J. Wheathamstead, Hertfordshire, U.K.: Anthony Clarke, 1973. 윤양석 옮김. 『성 이냐시오의 영신 수련』 서울: 한국 천주교중앙협의회, 1998.

Morris, Leon. *Expository Reflections on the Gospel of John*. Grand Rapids: Baker, 1988.

Packer, J. I. *Keep in Step With the Spirit*. Old Tappan, NJ: Fleming H. Revell Company, 1984.

Packer, J. I., J. M. *Houston & Loren Wilkinson*. Eds. Alive to God: Studies in Spirituality Presented to James M. Houston. Downers Grove, Ill.: IVP, 1992.

Parker, Stephen E. *Led by the Spirit: Toward a Practical Theology of Pentecostal Discernment and Decision Making*. Sheffield, U.K.: Sheffield Academic Press, 1996.

Peterson, Eugene H. *The Contemplative Pastors: Returning to the Art of Spiritual

Direction. Grand Rapids: Eerdmans, 1993.

_____. _Take and Read: Spiritual Reading: An Annotated List_. Grand Rapids: Eerdmans, 1996.

_____. _Leap Over a Wall: Earthly Spirituality in Everyday Christians_. San Francisco: Harper/San Francisco, 1998. 이종태 옮김. 『다윗: 현실에 뿌리 박은 영성』 서울: IVP, 1999.

_____. _A Long Obedience in the Same Direction: Discipleship in an Instant Society_. Grand Rapids: Eerdmans, 2000. 김유리 옮김. 『한 길 가는 순례자』 서울: IVP, 2001.

_____. _Christ Plays in Ten Thousands Places: A Conversation in Spiritual Theology_. Grand Rapids: Eerdmans, 2005.

Rice, Howard L. _Reformed Spirituality_. Lousville, KT: Westminster/John Knox, 1991.

Richards, Laurence. _A Practical Theology of Spirituality_. Grand Rapids: Zondervan, 1988.

Schaeffer, Francis. _True Spirituality_. Wheaton, Ill.: Tyndale House, 1972.

Stevens, Paul. _Marriage Spirituality: Ten Disciplines for Couples Who Love God_. Downers Grove, Ill.: IVP, 1989. 강선규 옮김. 『영혼의 친구 부부』 서울: IVP, 2003.

_____. _Disciplines of the Hungry Heart_. 『현대인을 위한 생활 영성』 박영민 옮김. 서울: IVP, 1996.

_____. _The Other Six Days: Vocation, Work, Ministry in Biblical Perspective_. Grand Rapids: Eerdmans, 2000. 홍병용 옮김. 『21세기를 위한 평신도 신학』 서울: IVP, 2001.

_____. _Down-to Earth Spirituality: Encountering God in the Ordinary Boring Stuff of Life_. Downers Grove, Ill.: IVP, 2003.

_____ and Michael Green. _Living the Story: Biblical Spirituality for Everyday Christians_. Grand Rapids: Eerdmans, 2003.

http://gayspirituality.typepad.com/blog/
http://happyvil.hani.co.kr/section-005300002/home01.html
http://historicaljesus.co.kr/kics_info.php.

http://religiousmovements.lib.virginia.edu/nrms/naspirit.html

http://tobyjohnson.com/

http://www.csp.org/communities/native_american.html

http://www.dharmacentral.com/

http://www.einterface.net/

http://www.godrealized.com/

http://www.hinduwomen.org/spiritual.htm

http://www.impurplehawk.com/naspirit.html

http://www.inthelight.co.nz/spirit.htm

http://www.islam-usa.com/SpiritMed.htm

http://www.lelandra.com/comptarot/tarotindian.htm

http://www.new-age-spirituality.com/

http://www.quran.or.kr/Islam/f4.htm#2

http://www.religioustolerance.org/nataspir.htm

http://www.religioustolerance.org/newage.htm

http://www.sahajayoga.org/

http://www.sahajmarg.org/

http://www.evonline.net/

http://www.sogang.ac.kr/~jhsim/wld_spex.html.

http://www.spirit-alembic.com/ishvara.html;

http://www.gayspirituality.freeservers.com/

http://www.suite101.com/welcome.cfm/gay_lesbian_spirituality

http://www.tarotplanet.com/spirit/

http://www.timpickles.com/projects/gay.htm;

http://c.webring.com/hub?ring=gayspirituality

http://www.yoga-for-health-and-fitness.com/spirituality.htm

http://yeidam.org/index1.html

http://cafe.daum.net/ignatius.

http://chondogyo.or.kr/shiningan/n2003/n08/n0804.htm

http://globalspirit.org/home.htm.

http://godrealized.com/essays/

http://historicaljesus.co.kr/zboard.php?id=pressed_book&page=1&select_arrange=h
 eadnum&desc=asc&category=2&sn=off&ss=on&sc=on&keyword=&sn1=&divpage=1.

http://www.al-islam.org/topical.php?sid=748806680&cat=133.

http://www.amystickalgrove.com/

http://www.awakenedwoman.com/goddess_spirituality.htm.

http://www.awomansjourney.com/na.html

http://www.chondogyo.or.kr/shiningan/n2003/n12/n1203.htm.

http://www.connectqld.org.au/asp/index.asp?pgid=3808.

http://www.creighton.edu/CollaborativeMinistry/online-spty.html.

http://www.experiencefestival.com/aboriginal_spirituality

http://www.faizani.com/

http://www.gayspirituality.org/;

http://www.ignatiushistory.info/.

http://www.johnjmcneill.com/;

http://www.kclc.or.kr/build/board.php3?table=spirit&query=view&l=73&p=1&go=0.

http://www.klienwachter.com/;http://www.golddragonpub.com/

http://www.merton.org/

http://www.native-languages.org/religion.htm

http://www.sogang.ac.kr/~inigo/Index.htm

http://www.umsonline.edu/courses/world_spirituality/

제16장 기독교 문화 변혁론

김경재. 『문화신학담론』 서울: 대한기독교서회, 1997.

김영한. 『한국 기독교 문화신학』 서울: 성광문화사, 1992.

김홍전. 『순결하고 능력 있는 교회』 서울: 성약, 2005.

_____. 『사무엘시대』 II 서울: 성약, 2006.

문용식. 『그리스도인을 위한 문화 이해』 서울: 예영, 2005.

문화선교연구원 편. 『기독교 문화: 소통과 변혁을 향하여』 서울: 예영, 2005.

_____. 『기독교 문화와 상상력』 서울: 예영 2006.

박양식. 『문화를 알면 사역이 보인다』 서울: 기독교연합신문사, 2004.

서철원. 『기독교 문화관』 서울: 총신대학교 출판부, 1999.

신국원. 『신국원의 문화이야기』 서울: IVP, 2002.

_____. 『변혁과 샬롬의 대중문화론』 서울: IVP, 2004.

신응철. 『기독교 문화학이란 무엇인가?』 서울: 북코리아, 2006.

이상훈. 『신학적 문화비평 어떻게 할 것인가?』 서울: 예영, 2005.

이승구. 『진정한 기독교적 위로』 서울: 여수룬, 1998.

_____. "존재론적 삼위일체와 경륜적 삼위일체의 관계에 대한 새로운 십자가 신학의 입장에 대한 비판적 고찰". 185-99. 『개혁신학탐구』 서울: 하나, 1999, 2쇄 2002.

_____. 『성령의 위로와 교회』 개정판. 서울: 이레서원, 2005

_____. 『기독교 세계관이란 무엇인가?』 개정판. 서울: SFC, 2005.

_____. "성경신학과 조직신학". 189-221. 『21세기 개혁 신학의 방향』 서울: SFC, 2005.

_____. "21세기 한국 사회 속에서의 장로교회의 의의". 397-435. 『21세기 개혁신학의 방향』 서울: SFC, 2005.

임성빈. 『21세기 문화와 기독교』 서울: 장로교신학대학교 출판부, 2004.

최낙재. 『소요리문답 강해 2』 서울: 크리스찬 다이제스트, 1999.

추태화. 『대중문화시대와 기독교 문화학』 서울: 코람데오, 2004.

한국 기독교 미술인협회 편. 『Pro Rege: 영광스런 극장 안에서』 서울: 예서원, 2006.

한국문화신학회 편. 『한국에 기독교 문화는 있는가?』 서울: 한들출판사, 2005.

Adamson, James. *The Epistle of James*. NICNT. Grand Rapids: Eerdmans, 1976.

Berkhof, Louis. *Systematic Theology*. Grand Rapiss: Eerdmans, 1941.

Burdick, Donald W. "James." *The Expositor's Bible Commentary* 12. Grand Rapids: Zondervan, 1981.

Calvin, John. *Commentaries on the First Book of Moses Called Genesis*, trans. John King Edinburgh: *Calvin Translation Society*, Reprinted. Grand Rapids: Baker, 1993.

Chan, Simon. *Spiritual Theology: A Systematic Study of the Christian Life*. Downers Grove, Ill.: IVP, 1998. 김병오 역, 『영성 신학』 서울: IVP, 2002.

Davis, Peter H. *Commentary on James*. NIGNT Grand Rapids: Eerdmans, 1982.

Douglas J. Moo. *James*. Tyndale New Testament Commentaries Leicester, IVP and Grand Rapids: Eerdmans, 1985.,

Goldsworthy, Graeme. *Preaching the Whole Bible as Christian Scripture*. Grand Rapids: Eerdmans, 2000. 김재영 옮김. 『성경신학적 설교 어떻게 할 것인가?』 서울: 성서유니온선교회, 2002.

Groothuis, Douglas. *Truth Decay: Defending Christianity Against the Challenges of Postmodernism*. Downers Grove, Ill.: and Leicester, England, IVP, 2000.

Hamilton, Victor P. *The Book of Genesis: Chapters 1–17*. NICOT. Grand Rapids, Michigan: Eerdmans, 1990.

Holmes, Arthur F. *Contours of a World View*. Grand Rapids: Eerdmans, 1983. 이승구 옮김. 『기독교 세계관』 서울: 엠마오, 1985.

Hughes, Phillip E. *The True Image: Christ as the Origin and Destiny of Man*. Grand Rapids: Eerdmans, 1989.

Kaiser, W. C. Jr. *Toward Old Testament Ethics*. Grand Rapids: Zondervan, 1983.

Lee, Seung-Goo. *Barth and Kierkegaard*. Seoul: Westminster Theological Press, 1996.

Martin, Ralph P. *James*. Word Biblical Commentary 48. Waco, Texas: Word Books, 1988.

Mathews, Kenneth A. Genesis 4:27–11:26. The New American Commentary 1 B Broadman & Holman Publishers, 1995.

McDonald, H. D. *The Christian View of Man*. Westchester, Illiniois: Crossway,. 1981.

Miller, Betty. "What Does the Bible Say About Capital Punishment?" *Overcoming Life Digest*, July/August 2000. Available at:
http://www.bible.com/answers/acapital.html.

Mouw, Richard J. *When the Kings Come Marching In: Isaiah and the New Jerusalem*. Grand Rapids: Eerdmans, 1983.

Niebuhr, H. Richard. *Christ and Culture*. New York: Harper and Row, 1951.

Palmer, Edwin H. *The Holy Spirit*. Revised Edition Philadelphia, Pennsylvania: The Presbyterian and Reformed Pub. Co., 1973. 최낙재 옮김, 『성령』 서울: 한국 개혁주의 신행협회, 1967, 3판, 1977.

Payne, J. Barton. *Theology of the Older Testament*. Grand Rapids: Zondervan, 1962.

Plantinga, Cornelius. Jr. *Engaging God's World: A Reformed Vision of Faith, Learning, and Living*. Grand Rapids: Eersmans, 2002.

Reymond, Robert L. *New Systematic Theology of the Christian Faith*. Nashville: Thomas Nelson Publishers, 1998.

Robertson, O. Palmer. *The Christ of the Covenants*. Grand Rapids: Baker, 1980.

Sailhamer, John H. "Genesis." *The Expositor's Bible Commentary 2*. Grand Rapids: Zondervan, 1990.

Schilder, Klaas. Heaven, *What is It? Translated and condensed by Marian M. Schoolland* Grand Rapids: Eerdmans, 1950.

Stigers, Harold G. *A Commentary on Genesis*. Grand Rapids: Zondervan, 1976.

Uduigwomen, Andrew F. "The Christian Perspective on Capital Punishment: An Evaluation of Rehabilitation." *Quodlibet Journal. Online Journal of Christian Theology and Philosophy*. Vol. 6. Num. 3 (July-September 2004). Available at http://www.quodlibet.net/uduigwomen-rehabilitation.shtml:

Van Til, Cornelius. *The Reformed Pastor and Modern Thought*. Philipsburg, New Jersey: Presbyterian and Reformed Publishing Co., 1971. 이승구 옮김. 『개혁신앙과 현대사상』 서울: 엠마오, 1984.

_____. *An Introduction to Systematic Theology*, 1971. 이승구 옮김. 『개혁주의 신학서론』 서울: 기독교문서선교회, 1995.

Vos, Geerhardus. *Biblical Theology*. Grand Rapids: Eerdmans, 1948.

Warfield, B. B. *The Plan of Salvation*. Revised Edition. Grand Rapids: Eerdmans, 1955.

Weber, Robert E. *The Secular Saint*. Grand Rapids: Zondervan, 1979. 이승구 옮김. 『기독교 문화관』 서울: 엠마오, 1984.

Wolters, Albert M. *Creation Regained*. Revised Edition. Grand Rapids: Eerdmans, 2005.